法学专业必修课、选修课系列教材

自然资源法学

Natural Resources Law

主　编　黄锡生　韩卫平

副主编　叶　轶　韩英夫

撰稿人（以撰写章节先后为序）

　　　　黄锡生　刘　茜　落志筠　叶　轶　杨　睿

　　　　任洪涛　韩英夫　王　江　曾彩琳　陈宝山

　　　　谢　玲　邓可祝　史玉成　施志源　韩卫平

　　　　周海华　何　江

中国教育出版传媒集团

高等教育出版社·北京

图书在版编目（CIP）数据

自然资源法学 / 黄锡生，韩卫平主编；叶轶，韩英
夫副主编. -- 北京：高等教育出版社，2024.12.
ISBN 978-7-04-063735-9

Ⅰ. D912.6

中国国家版本馆CIP数据核字第2024FG5298号

Ziran Ziyuan Faxue

| 策划编辑 | 可　为 | 责任编辑 | 可　为 | 封面设计 | 杨立新 | 版式设计 | 杜微言 |
| 责任校对 | 张　然 | 责任印制 | 刁　毅 | | | | |

出版发行	高等教育出版社		网　　址	http://www.hep.edu.cn
社　　址	北京市西城区德外大街4号			http://www.hep.com.cn
邮政编码	100120		网上订购	http://www.hepmall.com.cn
印　　刷	北京市大天乐投资管理有限公司			http://www.hepmall.com
开　　本	787mm×1092mm　1/16			http://www.hepmall.cn
印　　张	21			
字　　数	450千字		版　　次	2024年12月第1版
购书热线	010-58581118		印　　次	2024年12月第1次印刷
咨询电话	400-810-0598		定　　价	55.00元

本书如有缺页、倒页、脱页等质量问题，请到所购图书销售部门联系调换
版权所有　侵权必究
物　料　号　63735-00

前　言

　　自然资源是推进美丽中国建设、实现绿色低碳发展的基础性要素；自然资源法治建设对于推进我国生态文明建设、实现人与自然和谐共生的中国式现代化具有重大意义。党的十八大以来，我国自然资源法治理论取得了长足发展，自然资源法治建设取得了显著成效。习近平新时代中国特色社会主义思想为自然资源法治建设注入了崭新的理论源泉，自然资源部的组建为自然资源法治建设提供了坚实的组织保障，自然资源资产产权制度改革为自然资源法治建设贡献了宝贵的实践经验。党的二十大报告明确指出："我们要推进美丽中国建设，坚持山水林田湖草沙一体化保护和系统治理，统筹产业结构调整、污染治理、生态保护、应对气候变化，协同推进降碳、减污、扩绿、增长，推进生态优先、节约集约、绿色低碳发展。"随着《土地管理法》的修改、《湿地保护法》等自然资源领域重要法律的出台，自然资源法律规范体系不断完善，自然资源综合立法的呼声日渐高涨。在这一时代背景下，我们组织编写了《自然资源法学》教材。本教材从基本理论、管理体制机制、单行实体法、涉外法治、纠纷解决程序法五个方面全面系统探讨了自然资源领域的重要法律问题，遵循的是从总论到分论、从理论到实践、从国内到国际、从实体到程序的内在逻辑。本教材兼具历史性、展望性与时代性：教材内容不仅对现行自然资源法进行介绍，也对其历史沿革进行梳理；不仅涉及已出台的自然资源法律制度，也包含纳入立法规划的自然资源法律制度；不仅包括矿藏、土地等传统领域自然资源法律制度，也涵盖太阳能、风能等新兴领域自然资源法律制度。

　　本教材可以作为高等院校法学专业的教学用书，对自然资源法治学术研究也具有基础性参考价值。希望本教材的出版能对我国自然资源法治建设有所裨益。

　　本教材由黄锡生、韩卫平担任主编，叶轶、韩英夫担任副主编。编写工作具体分工如下：第一章，黄锡生（重庆大学）、刘茜（河北大学）；第二章，落志筠（内蒙古财经大学);第三章,叶轶(云南财经大学);第四章,杨睿(河南大学);第五章,任洪涛(海南大学);第六章,韩英夫(辽宁大学);第七章,王江(重庆大学);第八章,曾彩琳(山东师范大学);第九章,陈宝山(石河子大学);第十章,谢玲(广东海洋大学);第十一章,邓可祝(安徽工业大学);第十二章,史玉成(甘肃政法大学);第十三章,施志源(福建师范大学);第十四章,韩卫平(山西师范大学);第十五章,周海华(西南大学);第十六章,何江(西南政法大学)。

由于时间仓促和能力有限,纰漏之处在所难免,欢迎各位读者批评指正。

黄锡生

2024 年 5 月

目录

第一章

自然资源法学概述

导语 自然资源法学是指对自然资源开发、利用、保护和管理规律，以及自然资源立法、执法和司法实践进行理论概括的科学。本章的主要内容为：(1) 自然资源。主要阐释自然资源的概念、特征以及不同角度下自然资源的分类。(2) 自然资源法。主要阐释自然资源法的概念、调整对象、特征、目的、地位及体系。(3) 自然资源法学。主要围绕自然资源法学的概念、研究对象以及研究方法三个方面，对自然资源法学进行总体性、概括性描述。本章重点为自然资源法的概念及调整对象。

第一节 自然资源

一、自然资源的概念

(一) 不同学科视角下自然资源的概念

词源视角下，自然资源中的"自然"通常指与人类社会相区别的客观物质世界，"资"代表财物、钱财，表明了价值性和有用性，"源"是指来源或源头，"资源"的含义为生产资源或生活资料的来源，[①]广义上包括人类生存发展所需要的一切物质和非物质要素，狭义上仅指自然资源。[②]语言学中的自然资源通常指人类生存所需的天然物质。其他较早关注自然资源概念的学科是地理学和资源学。地理学学者认为，只有当环境或者其他某些构成部分能够满足人类需求时，才能被认为是自然资源；资源学学者认为，自然资源是指存在于自然界中能被人类利用或在一定经济、技术和社会条件下能被用来作为生产、生活原材料的物质、能量的来源，或在现有生产力发展水平和研究条件下，为了满足人类的生产和生活需要而被利用的自然物质和能量。[③]政治学学者将自然资源界定为国家主权的重要部分，认为其是国

---

① 夏征农、陈至立：《辞海》，上海辞书出版社 2010 年版，第 2540 页。
② 魏天兴：《自然资源学导论》，中国林业出版社 2020 年版，第 21 页。
③ 李文华等：《自然资源科学的具体特点及其发展的回顾和展望》，载中国自然资源研究会编：《自然资源研究的理论和方法》，科学出版社 1985 年版，第 1 页。

家的战略性物资。经济学学者更关注自然资源的有用性和经济价值,认为自然资源是由人类发现的在自然状态中有用途和有价值的物质。[①]

法学学科中自然资源的概念与其他学科存在本质区别。不同于其他学科侧重于自然资源的自然属性和利用价值,法学学科更关注自然资源的权利归属,具有学科视角上的独特性。法学学科中各部门法对自然资源的概念同样存在不同规定和不同解读,如民法学领域通常重视自然资源作为"物"的法律属性,经济法学领域则侧重于自然资源的利用效率与经济价值。在环境与资源保护法学学科内部,学者对自然资源的界定也莫衷一是。例如,在自然资源是否包括太阳能、风能、大气、空间等能够为人利用的物质和能量,采取广义自然资源概念还是狭义自然资源概念,自然资源是否包括在天然物中凝结了人类劳动的自然物等问题上,均存在争议。

(二) 法学学科视野下自然资源的概念

1. 自然资源法律概念的内涵

法律上的自然资源须符合以下几方面的要求:

首先,自然资源须具备天然性。一方面,自然资源须为天然生成或形成,而不能是人为加工形成的劳动产品;另一方面,自然资源不能是已经进入市场自由流通的商品。因此,经过人为加工、进入市场流通的资源产品,如商品煤、商品水、商品电能等都应被排除在自然资源法律概念之外。此外,由于我国《宪法》第9条规定自然资源归国家或集体所有,私人所有并自由转让的资源产品不属于法律上的自然资源。

其次,自然资源须具备价值性及社会性。自然资源应能够为人类利用并产生价值,尽管自然资源首先应具备天然性,但自然物成为资源的前提是能为人类所利用。此外,只有自然资源的利用能产生经济价值、生态价值或社会价值等,才能在法律上成为权利客体。因此,人类无法有效利用的自然物和能量,也不属于法律上的自然资源。

最后,自然资源须具备权利性。某个物能够成为权利客体的条件包括:一是具备一定程度的稀缺性,[②]只有无法满足所有人类需求时才存在设置权利的必要性;二是能够特定化,为权利主体所支配,如果只是一个抽象的整体,无法确定其范围,就无法产生边界明确的法律权利。因此,整体性生态系统、太阳能、大气空间等均因缺少稀缺性或无法特定化而不属于法律上的自然资源。

综上所述,自然资源法律概念的内涵是:自然界中能为人类所利用,能够设定权利,且没有成为劳动产品,属于国家或集体所有的天然形成或生成之物。[③]

---

① [美]阿兰·兰德尔:《资源经济学:从经济角度对自然资源和环境政策的探讨》,施以正译,商务印书馆1989年版,第12页。

② 对于资源稀缺性,有学者提出应当立足于现在和未来综合判断,即资源是否稀缺或在未来存在稀缺风险,谢高地等:《自然资源资产产权制度的发展趋势》,载《陕西师范大学学报(哲学社会科学版)》2015年第5期,第162页。

③ 黄锡生、王中政:《论自然资源的法律概念》,载《资源科学》2022年第1期,第215—216页。

2. 自然资源法律概念的外延

自然资源法律概念外延界定的关键是区分自然资源与自然资源产品。自然资源产品，是指由自然资源经过人为加工，能够为私人所有并自由支配和交易的劳动产品。它们与一般民法上的物并无二致，其上无需设立国家所有权，归属于普通私主体所有，并可进入市场领域流通。[①] 根据自然资源的天然性特征，自然资源产品不属于法律上的自然资源。具体而言，应注意以下四个方面内容：

第一，自然资源与资源产品的界分。自然资源与资源产品区分的一般标准为是否介入人工劳动成为劳动产品。例如，界定法律上的水资源需区分"资源水"与"产品水"。"资源水"是指处于自然界一定的水载体范围内，具有使用价值，能在某一地点为满足某种用途而被利用的具体淡水，即法律意义上的水资源，如江河湖泊水、地下水等。反之，利用资源水生产的，经过水库蓄集、净化加工储存的城市自来水，制水企业生产的饮用水，以及居民取用江河湖水或接取雨水储存的生活用水，由于介入了人类劳动而具有鲜明的劳动产品属性，并可进入市场流通，是属于个人或单位所有的"产品水"，不能作为法律意义上的水资源，否则将与自然资源国家所有的性质相矛盾。[②] 同理可区分矿产资源与"矿产品"：矿产资源是指国家或地区领土范围内的一切探明和未探明的以天然状态存在的矿物，如矿脉蕴藏的煤矿；而矿产品则是经过采掘、提取、运输并经过产品化改造的产品矿物，如矿场开采待销售的煤炭。此外，森林资源是林地中生长状态下的森林有机体，而经过砍伐、加工的木材产品应排除在森林资源法律概念之外。

第二，土地产权性质决定土地资源性质。土地资源作为不动产资源，是其他自然资源的空间载体，相较于动产资源具有特殊性。一方面，土地资源与动产资源不同，其性质不能直接取决于占有状态，而是取决于设置的权利。我国宪法明确规定土地由国家和集体所有，无论何种形式的土地都是法律上的自然资源，不是私人所有的资源产品。国家和集体作为法定土地所有权主体具有虚拟性，通常无法直接占有和使用土地，土地资源的价值通常通过配置其他土地产权来实现。根据规划用途管制要求，土地资源可以被划分为耕地、建设用地、林草地、荒地、沙漠等不同资源类型，并在一定条件下可实现不同类型间的变更和转化。另一方面，在土地承载了其他自然资源时，土地是其他资源的必要载体和组成成分。[③] 例如，林地是森林的载体，也是森林资源的组成部分。如果将土地作为单独的资源类型与其承载的其他资源相剥离，会导致其他资源失去依托的载体，并且无法在法律上设置完整权利。[④] 土

---

① 单平基：《自然资源之上权利的层次性》，载《中国法学》2021年第4期，第78页。

② 黄锡生：《水权制度研究》，科学出版社2005年版，第55页。

③ 有学者基于此提出自然资源具有整体性，这种整体性突出表现为任何一种自然资源都不可能脱离土地而独立存在。谢高地等：《自然资源资产产权制度的发展趋势》，载《陕西师范大学学报（哲学社会科学版）》2015年第5期，第164页。值得注意的是，在关注以土地作为必要载体的自然资源整体性的同时，也不应忽视各自然资源的独立属性。

④ 关于土地与其承载资源的关系，理论上存在"土地中心主义"与"资源中心主义"两种理念："土地中心主义"认为土地吸收其承载的自然资源，自然资源不具有独立的权利客体地位；"资源中心主义"则认为土地应依附于其承载的自然资源，其所承载的资源具有独立的权利客体地位，土地不具有独立的客体地位。金海统：《自然资源使用权：一个反思性的检讨》，载《法律科学（西北政法大学学报）》2009年第2期，第114—115页。

地与其承载的其他资源资产的关系取决于该资源之上的产权范围：在土地上设置了其他自然资源资产产权的情形，土地包含于该产权范围内的部分，应与该自然资源资产一起被视为一个整体。例如，在林权的范围内，设置林权的森林土地应被视作森林资源资产的一部分。反之，在该产权范围之外，土地及其承载的其他资源仍具有独立的资源属性，与该自然资源资产产权无关。例如，享有某区域杉树林地承包经营权的经营者不得干涉其他人在该区域土地上通行观光的权利，也不得禁止有权主体对该区域其他种类树木的合法采伐。

第三，土地使用权性质决定土地植物资源性质。土地上生长的各种植物资源性质同时取决于土地使用权性质以及植物是否为人工种植。生长中的植物不能与土地分离，一旦从土地上脱离，性质就发生了改变，植物对土地具有依附性，其性质决定于土地产权的性质。以下分情况讨论：(1) 土地经营权是经营性权利，设置经营权的土地上生长的一切经济性植物都包含在经营权的范围内，无论自然生长还是人工种植，经营权人均对其享有所有权，可自由处分、收益，不属于法律意义上的自然资源。这在《森林法》第17条有所体现："集体所有和国家所有依法由农民集体使用的林地（以下简称集体林地）实行承包经营的，承包方享有林地承包经营权和承包林地上的林木所有权，合同另有约定的从其约定……" (2) 天然生长的濒危、珍稀保护植物的重要生态价值反而不能为土地经营权所包含，属于国家或集体所有的自然资源，不属于土地产权人的所有物。产权人因该植物生长占据部分土地造成土地产权受到限制的，国家或集体应给予相应补偿。(3) 如果该濒危、珍稀保护植物系人工栽植，即转变为劳动产品，不属于法律意义上国家或集体所有的自然资源。[①] 这在《森林法》第20条第2款有所体现："农村居民在房前屋后、自留地、自留山种植的林木，归个人所有。城镇居民在自有房屋的庭院内种植的林木，归个人所有。"[②] 但出于对濒危、珍稀物种生态价值的特别保护，产权人对植物所有权的行使须受到源自生态公共利益的必要限制。对濒危、珍稀树木进行采伐、处置，须经林草行政主管部门许可。同时针对产权人权利所受限制，国家或集体应依法给予补偿。(4) 在未取得土地产权的主体对抛荒闲置的土地进行开垦种植的情形下，尽管种植人不享有土地产权，但因种植物是其人工劳动的产品，故应肯定其对于种植物的所有权。该土地产权应依照国土空间规划，经相应行政程序加以确定。在不能取得土地产权时，该种植人应及时退出土地利用并有权获得其种植物及孳息。保障土地利用者对其劳动产品及孳息的所有权，有利于激励闲置土地充分利用，实现地尽其利。

[①] 一方面，由自然资源法律概念的天然性特征所决定，经人工栽植的濒危、珍稀保护植物本质上已经转化为自然资源产品；另一方面，人工栽植的濒危、珍稀保护植物属于土地产权人的私有财产，也有利于激励濒危、珍稀保护植物的人工栽植，有利于扩大种群规模，实现对濒危物种的更有效保护。

[②] 《国家林业局关于人工培育的珍贵树木采伐管理有关问题的复函》第2条规定，"除古树名木外，列入国家重点保护野生植物名录、但属于人工培育的树木，可按照一般树木进行采伐利用管理"。这一规定也能佐证，人工培育的珍贵树木不再具备天然公共属性，与一般经济性树木在法律性质上不具有区别，在土地经营权的范围内应归属于经营权人所有，不再属于国家或集体所有的自然资源。

第四,法律上认定野生动物资源,应区分人工驯养的动物与野生动物。[①]尽管人工驯养的动物与野生动物的生理结构基本无异,但是由于其已与野外生态环境相脱离,不会对野外生态造成实质影响,并且已经具有私人产权属性,不属于法律上的自然资源。2022年4月,《最高人民法院、最高人民检察院关于办理破坏野生动物资源刑事案件适用法律若干问题的解释》第13条第2款规定体现了这一区分标准,即:"涉案动物系人工繁育,具有下列情形之一的,对所涉案件一般不作为犯罪处理;需要追究刑事责任的,应当依法从宽处理:(一)列入人工繁育国家重点保护野生动物名录的;(二)人工繁育技术成熟、已成规模,作为宠物买卖、运输的。"此外,对于经过人工驯养迭代,或在取得时系合法,后加以驯养或持有的动物及其制品,即便该物种后来被划定为受法律保护的野生动物,也不属于法律上的野生动物资源,不是野生动物保护相关法律的规制对象。[②]值得注意的是,人工驯养的动物在特定条件下可以重新转变为野生动物,如基于遗弃、放生等原因,驯养的动物被放回大自然并复归野生状态后就会发生这种法律属性上的转变。

综上所述,只有自然界中能为人类所利用,能够设定权利,且没有成为产品,属于国家或集体所有的天然形成或生成之物,才能成为法律上的自然资源。经过人为加工成为劳动产品,以及私人所有、进入市场流通的物,都应排除在自然资源法律概念之外。

(三)环境与自然资源的关系

环境是指影响人类生存和发展的各种天然的和经过人工改造的自然因素总体,它是经常与自然资源并列提及的概念。

1. 环境与自然资源的联系

首先,两者密不可分。现代环境科学已经证明,环境由环境要素构成,而环境要素则是一定区域内具有生态联系的一切能为人类所利用的各种天然的和经过人工改造的物质和能量(即自然资源)。离开了具体的物质和能量,环境就无从形成。

其次,两者相互依存。侵害环境或自然资源的任何一方通常会损害另一方,比如大规模的林木砍伐活动,不仅会破坏森林资源,还会使作为环境因素之一的森林的防风固沙、水土保持、吸收温室气体和净化空气等生态功能下降或丧失。保护环境或自然资源的任何一方通常会有利于另一方的保护,两者呈现一种互补和依存的关系。

最后,两者均具有经济价值。众所周知,自然资源具有经济价值,环境的一些功能也具有经济价值,如排污权交易实质上就是有偿地转让环境容量使用权。当前,我国在不断拓展

---

① "人工驯养的动物"不包含从野外捕获后短暂养殖的野生动物,而是指已经过长期人工驯养繁殖,驯养技术成熟的动物。

② 厘清自然资源的法律概念,能够从起点上避免司法判决中出现法律适用错误的情况。以"马戏团案"为例,某马戏团为了表演跨省运输1只老虎、3只狮子、1只黑熊、1只猕猴,因未办理运输许可证,两名团主分别被法院以非法运输珍贵、濒危野生动物罪判处有期徒刑10年和8年。根据《野生动物保护法》第26条的规定,经过行政许可可以对野生动物进行驯养繁殖,该马戏团的运输行为没有侵害野生动物资源,不应以犯罪论处。范春生:《马戏团运输野生动物触犯刑律》,载《人民法院报》2017年1月7日;张明楷:《避免将行政违法认定为刑事犯罪:理念、方法与路径》,载《中国法学》2017年第4期,第46页。实际上,经许可人工驯养的动物,本身就不属于自然资源,不是法律规制的对象。

环保市场,各地也在相关领域开展了有益的尝试。例如,广东省碳排放交易权试点工作和排污权交易试点工作的展开就是基于环境部分功能的价值化和资产化。

2. 环境与自然资源的区别

第一,两者所反映的动静关系不同。在一定的时空范围和缺乏生态联系的条件下,资源表现为各种相互独立的静态物质和能量;而环境不仅是静的自然资源和能源的组合,还是动的统一体,它是由处在特定时空范围内的一定数量、结构、层次并相似相容的物质和能量所构成的物质循环、能量流动和信息传递的统一体。

第二,两者的形态不同。自然资源要么看得见,要么能为人类所直接感知;而环境还包括各种无形的生态功能和信息传递功能。

第三,两者强调的价值和效益属性不同。自然资源强调经济价值和经济效益,其经济价值大部分属于有形价值,如煤的经济价值是建立在煤的有形物质性使用价值基础上的;环境强调生态价值和生态效益,包括一些无形的生态功能、生态关联和信息的使用或可利用价值。

综上所述,尽管环境和自然资源的含义有所差别,但是我们用生态学的观点来看待自然资源,两者又是不可分割的。例如,按照《中国自然保护纲要》的分类,主要的自然资源包括土地、森林、草原和荒漠、物种、陆地水资源、河流、湖泊和水库、沼泽和滩涂、海洋矿产资源、大气以及区域性的自然环境与资源。而所有这些,大多已经在《环境保护法》对"环境"的定义中作出列举。也就是说,当我们在环境立法中提到"环境"的概念时,已经将自然资源包括在内。因此,环境和自然资源的关系是一种包含与被包含的逻辑关系。

二、自然资源的特征

尽管不同学者对自然资源的理解不尽相同,却在以下方面达成了一定的共识:第一,自然资源是天然的,具有自然属性;第二,自然资源是在一定的时空内可供人类利用并造福人类的自然物质和能量,具有经济价值;第三,自然资源的概念、范畴与经济社会技术密切相关,随着人类社会发展和进步而不断地丰富其内涵。因此,对于自然资源基本特征的把握,既要看到自然资源的客观性(自然属性),也要看到自然资源的主观性(社会属性)。基于此,本书将自然资源的特征概括为:天然性、社会性、稀缺性和历史性。

(一)天然性

自然资源的天然性揭示了自然资源的客观性,即自然资源本身的存在不以人的意志为转移,无论人类是否识别或利用,自然资源本身都是客观存在的。自然资源的天然性又包括以下两个方面:

第一,自然资源的整体性。地球上的各种自然要素相互影响、相互制约,共同构成有机联系的统一整体。习近平提出的"生命共同体"理念正是对自然资源和生态环境整体性的理论抽象。"山水林田湖草沙是一个生命共同体",人类若改变其中的一种自然资源或者生态系统的某种成分,都会形成连锁反应,从而影响整个自然资源系统的变化。自然资源的整体性和系统性表明,生命和物质世界并非存在于"孤立的隔间"之中,相反,在有机生物与环境之间形成一种非常特殊的统一体。[①]

第二,自然资源的空间性。自然资源的空间性也是自然资源天然性的重要方面,其强调自然资源地理空间分布的区域差异性。自然资源的形成服从于一定的地域分布规律,有的受地带性因素的影响,有的受非地带性因素的制约,如太阳辐射、大气环流、地质构造和地表形态结构等因素。由于影响自然资源地域分布的因素基本上是恒定的,在特定条件下必定会形成和分布着相应的自然资源区域。[②]我国自然资源分布不均主要表现在东西差异与南北差异两个方面,如90%以上的耕地资源、森林资源、水资源集中分布在东部地区,而能源、天然草地等资源主要集中在西部地区;长江以北地区耕地多,占全国总量的63.9%,但水资源匮乏,仅占全国总量的17.2%,而长江以南地区恰好相反,耕地面积少,仅占全国耕地总量的36.1%,但水资源却极为丰沛,占全国总量的82.8%。我国矿产资源主要分布在北方,长江以北地区煤炭资源储量占全国总量的90%,仅山西、内蒙古、新疆、陕西、宁夏5个省(自治区)煤炭资源储量就占全国总储量的70%,而长江以南地区煤炭资源严重缺乏,导致"北煤南运""西电东送""西气东输"压力较大,磷矿绝大部分分布在西南地区,铝土矿集中分布在华北、西南,铁矿主要分布在东北和西南,铜矿以长江中下游及赣东北最为富集、其次是西部,铅、锌矿主要分布在华南和西部,钨、锡等我国优势矿产则主要分布在赣、湘、桂、滇等南方省区。

(二) 社会性

美国历史地理学家卡尔·奥特温·苏尔曾说,"资源是文化的函数"。人类的认知源于自然,情感寄寓于自然,艺术创作和感官审美也都是在模仿和学习自然的过程中受到感触和启发而形成的,故人类特需的精神资源也来自自然界。同样地,自然界也因为人类的介入而变得精彩多样,正是人类的劳动使得自然资源体现出其社会性的一面。自然资源上附加的人类劳动是人类世世代代利用自然、改造自然的结晶,是自然资源中的社会因素。自然资源的社会性至少表现在以下三个方面:

第一,技术方面。随着人类社会科学技术水平的不断提高,对自然资源开发利用的深度、广度和精度也在不断地扩大。例如,在人类历史上,结构材料曾经历过多次变化,起初青铜代替石头,铁代替青铜,后来钢又代替铁,现在铝和强化的塑料正在取代钢作为某些结构原料。这从侧面有力地说明了技术能力与自然资源的密切相关性。

第二,经济方面。经济能力的强弱也在一定程度上影响着对自然资源的开发利用程度。例如,尽管地球的两极地区蕴含了世界上绝大多数的淡水资源,但由于开采和运输的成本问题,其目前还不能成为世界大多数国家的淡水来源。

---

① [美]约翰·贝拉米·福斯特:《马克思的生态学:唯物主义与自然》,刘仁胜、肖峰等译,高等教育出版社2006年版,第19页。

② 刘金龙:《自然资源治理》,经济科学出版社2020年版,第40页。

第三,行政方面。公共决策和制度的因素也会在一定程度上对可开发利用的自然资源范围产生影响。例如,目前世界上有些国家或地区出于多种考虑,往往在一定时间和空间内对某些种类的自然资源进行封存。姑且不对此进行优劣评价,这种做法本身势必对自然资源所涵盖的外延产生明显的影响。[①] 除上述因素外,还有其他的外部社会因素会令人类对自然资源的认识产生不同程度的影响。

(三) 稀缺性

自然资源的稀缺性派生于自然资源的社会性,其强调自然资源相较于人类需求的不足。稀缺性是自然资源最本质的特征之一,如果自然资源不稀缺就无所谓法律的规制。稀缺是指,供给相对于需求的不足。从理论上看,自然资源的稀缺性具有两方面的内涵:

第一,自然资源的绝对稀缺。自然资源的绝对稀缺是指自然资源的总需求超过总供给,这里的需求包括当前的需求和未来的需求。很多不可再生资源按照现在的开采量计算,将在不久的将来面临枯竭。而在其枯竭之前,绝对稀缺的问题将日益突出,这意味着获得这些资源的成本和代价会越来越大。从全球和人类的整个历史来看,所有自然资源都是绝对稀缺的。在此前提下,有时还会面临更紧迫的相对稀缺问题。

第二,自然资源的相对稀缺。自然资源的相对稀缺是指自然资源的总供给尚可满足需求,但自然资源的空间分布不均会导致局部的资源短缺。如上文所述,自然资源的空间分布不均是自然资源的基本特征,这也就意味着自然资源的相对稀缺是不可避免的现象,在人类命运共同体伟大进程不断推进的当下以及社会分工逐渐细化的时代,相对稀缺问题显得更加突出。例如,当前世界粮食总产量可以满足总人口的需要,但一些发展中国家农业生产相对落后,人口增长过快,食物不能自给自足,又无足够的外汇用于进口粮食,因而产生显著的相对稀缺。

(四) 历史性

自然资源具有历史性,其开发利用的深度和广度与人类社会的进步和发展密切相关。一方面,随着人类对自然界的认识不断深化,生产力的迅速发展和科学技术的不断进步,有许多新的资源被发现;另一方面,人类也不断地扩大利用自然资源的范围和程度。自然资源的历史性主要体现在以下两个方面:

第一,自然资源的来源具有历史性。在人类认识并利用自然资源之前,它们就以自然之物的形式存在于地球之上。然而,人类的出现使得自然之物具备了成为资源的可能。马克思认为,劳动是一切财富的源泉。其实,劳动和自然界在一起它才是一切财富的源泉,自然界为劳动提供材料,劳动把材料转变为财富。[②] 自然界给人类提供的基本材料,就是我们所说的自然资源的主要部分。只有在一定生产方式下与特定人类目的相结合,成为劳动对象和生产条件,自然事物才会转变成资源。在此之前,它们是纯自然的存在,至多只能算作潜在

[①] 张璐:《自然资源损害救济机制类型化研究——以权利与损害的逻辑关系为基础》,法律出版社 2015 年版,第 2 页。

[②] 《马克思恩格斯选集》第三卷,人民出版社 2012 年版,第 357 页。

资源。[1]因此,自然之物在与人类劳动生产相结合的历史过程中逐渐转变为资源。

第二,自然资源的品种具有历史性。从人类文明的发展史可以看出,自然资源的品种随着人类社会的发展而不断地丰富。在原始社会,人类所利用的自然资源比较有限,以容易获得的自然资源为主,如土地、林木等。到了工业社会,人类可以利用的自然资源逐渐增多,如这一时期石油被广泛地开采和利用,已成为工业的血液。可见,一直以来,人类既在不断扩大资源利用范围,从地表资源到地下资源、从陆地资源到海洋资源、从大地资源到天空资源等;又在不断增加资源利用的对象和层次,包括动物、植物、微生物、矿物。可以预见的是,随着科技进步,越来越多的自然事物和条件逐渐为人类所用,由"潜在资源"转变为"现实资源",种类、数量和取用范围都在不断增加。然而,自然资源的消亡也在发生,或是基于耗竭而消失,或是基于自然因素而消失。总之,自然资源的品种和范围处于历史的、动态的变化之中。

三、自然资源的分类

(一) 按再生性的划分

按再生性的划分是自然资源科学和生态学中最常用的自然资源分类方法。通常可划分为可再生资源和不可再生资源。

1. 可再生资源

可再生资源是指具有自我更新复原特性,并可持续利用的自然资源。这类自然资源的特点是,它们被人类合理开发利用后,可以依据生态系统自身的功能恢复和再生,从而持续为人们所利用。例如,土地资源、水资源、生物资源等均是可再生资源。然而,如果此类资源被利用的速度超过了其再生速度,则也可能耗竭或转换为不可再生资源。可再生资源还可以进一步划分为恒定性资源和可循环再生资源。前者是指按人类的时间尺度来看是无穷无尽,也不会因为人类的利用而枯竭的资源,如太阳能、风能、地热能等。后者则如一个地区由光热、年降水量、年光照时间、年积温等构成的气候资源,以及主要由年降水量决定的区域水资源和水能资源。

2. 不可再生资源

这类资源一般是指它的储量在人类开发利用后,逐渐减少以致枯竭,而不能再生的自然资源。这类资源的特点是储量固定,用一点少一点。例如,包括能源矿物、金属矿物、非金属矿物等在内的矿产资源。需要注意的是,不可再生资源只是一个相对概念,不是一个绝对概念。因为地质资源是在漫长的地质年代中形成的,它本身是可以再生产出来的,只不过各种地质资源的富集程度、质量好坏、分布特点及诸矿之间的组合关系往往受到以地质年代为周期的漫长自然再生产过程制约。我们常说某些矿产资源是不可再生的,是指具有一定富

---

[1] 王利华:《"资源"作为一个历史的概念》,载《中国历史地理论丛》2018年第4期,第37页。

集程度的某些矿藏相对于人类在生产和经济再生产的周期和时间而言,往往是不可再生的。人们应该十分重视不可再生资源的保护与充分利用:对金属矿物和非金属矿物可以视情况通过回收等方法实现重复利用、循环利用或综合利用;对所有的非再生资源都应节约利用;一些贵重、稀缺资源还应尽量采用其他资源替代的方法,力求延长其使用年限。

(二)按排他性和竞争性的划分

排他性是指,把潜在受益者排除或限制在资源使用之外;竞争性是指,个人消费该物品时,对他人从该物品所能获得的收益的减损[①]。按排他性和竞争性的划分依据是自然资源获取的难易程度及产权属性。根据此种标准,可以将自然资源分为私益资源、公益资源、使用者付费资源、公共池塘资源,具体如表1-1所示。

表 1-1 自然资源的分类

排他性	竞争性	
	低	高
困难	公益资源	公共池塘资源
容易	使用者付费资源	私益资源

一方面,公益资源如太阳能很难通过将资源圈界的方法排除他人的使用,所以排他性弱;另一方面,由于特定主体的使用并不会给他人的使用收益带来减损,所以竞争性低。一方面,若将公共池塘资源如草场、森林等通过圈界等方法排除他人的使用,成本过高或难以实施,排他难度高,而难以排他所带来的不仅是公共池塘资源被多个人使用,还难以有效地通过抑制负外部性的方法对使用者的资源利用行为进行限制;另一方面,由于公共池塘资源的稀缺,特定主体的使用就意味着会给他人使用的收益带来减损,所以竞争性高。一方面,由于只有缴纳费用的主体才有权享有污水处理等生态服务,所以排他性强;另一方面,由于其通常不具有稀缺性,不会对他人使用的收益带来减损,所以竞争性低。一方面,由于私益资源如专属个人所有或收益的物设置了独占支配的排他性权利,所以排他性强;另一方面,由于其总量有限颇具稀缺性,所以竞争性高。

(三)按文本列举的划分

列举法也是最常用的自然资源分类方法,其优点是不必将自然资源穷尽,从而避免分类体系复杂、分类不清、不同类别间交叉重叠等问题。《中国自然资源手册》按列举法将自然资源分为9类,包括土地资源、森林资源、草地资源、水资源、气候资源、矿产资源、海洋资源、能源资源和其他资源。《大英百科全书》也采取了类似的方法,将自然资源分为自然生成物和形成这些成分的源泉的环境功能。前者如土地、水、大气、岩石、矿物、生物及其群集的森林、草原、矿藏、陆地、海洋等;后者如太阳能、环境的地球物理机能(气象、海洋现象、水文地理现象等)、环境的生态学机能(植物的光合作用、生物的食物链、微生物的腐蚀分解作用等)、

---

① 罗薇:《协商与共赢:自然资源利用集体行动中的财产权研究》,法律出版社2014年版,第33—34页。

地球化学循环机能(地热现象、化石燃料、非金属矿物的生成作用等)。

我国《宪法》第9条对自然资源的类型进行了列举式规定,即"矿藏、水流、森林、山岭、草原、荒地、滩涂等自然资源,都属于国家所有,即全民所有"。这种表述是1982年《宪法》确定的,最早来源于1954年《宪法》第6条第2款的规定,即"矿藏、水流,由法律规定为国有的森林、荒地和其他资源,都属于全民所有"。事实上,我国《宪法》的规定在一定程度上借鉴了苏联的立法经验。苏联在1936年通过的《苏维埃社会主义共和国联盟宪法(根本法)》(即《斯大林宪法》)第6条中规定,"土地、矿藏、水流、森林、工厂、矿井、矿山、铁路运输、水上和空中运输、银行、邮电、国家所建立的大型农业企业(国营农场、机器拖拉机站等)、城市和工业区的公用企业和主要住宅,都是国家的财产,即全民的财产"[①]。1982年我国《宪法》修改时,如何表述土地、矿产等自然资源类型并明确其产权归属,再次成为讨论的重点,最终将国家所有自然资源类型的表述确定为"矿藏、水流、森林、山岭、草原、荒地、滩涂等",延续了1954年《宪法》的立法精神。

《中共中央关于全面深化改革若干重大问题的决定》在"加快生态文明制度建设"部分,提出"健全自然资源资产产权制度和用途管制制度。对水流、森林、山岭、草原、荒地、滩涂等自然生态空间进行统一确权登记,形成归属清晰、权责明确、监管有效的自然资源资产产权制度"。该文件依据我国《宪法》的规定,以列举的方式将水流、森林、山岭、草原、荒地、滩涂等自然生态空间作为自然资源资产产权制度的重要组成部分。《生态文明体制改革总体方案》中对自然资源的列举也延续了《宪法》的规定。随着经济社会的不断发展,依据《宪法》对自然资源的列举,各部门根据管理和保护需求,在实际工作中形成了不同的分类体系,这些分类体系对自然资源的保护、利用和监管发挥了积极作用。其中,山岭、荒地、滩涂以土地的形态存在,而矿藏、水流、森林、草原依附于土地存在。因此,土地是列举式分类体系中最基本的资源依托和载体。

第二节　自然资源法

一、自然资源法的概念

自然资源法是指调整可持续发展需要下开发、利用、保护和管理自然资源的过程中产生的各种社会关系的法律规范的总称。具体包括自然资源的权属关系、流转关系、管理关系及其他关系。自然资源法是一个综合性概念,通常包括土地资源、矿产资源、森林资源、草原资源、野生动植物资源、水资源、海洋资源等方面的法律规范。

[①]　马永欢、吴初国、曹清华等:《生态文明视角下的自然资源管理制度改革研究》,中国经济出版社2017年版,第7页。

由于环境法与自然资源法的关系最为密切，因此有必要通过阐述二者的关系以明晰自然资源法的内涵和外延。自然资源法与环境法的关系之争在学术界由来已久，大致分为三种观点，即宏观环境法论、中观环境法论和微观环境法论。宏观环境法论认为，环境法不仅包括环境污染防治法、自然生态保护法，还包括自然资源法；[①] 中观环境法论认为，环境法包括环境污染防治法、自然生态保护法和自然资源法中关于自然资源保护的规定；[②] 微观环境法论认为，环境法包含环境污染防治法和自然生态保护法。[③] 本书认为，环境与自然资源存在一定的差异，但二者并非毫无关系，环境是指人类周围所有客观存在的自然要素，自然资源则是从人类能够利用以满足需要的角度来认识和理解这些要素存在的价值。[④] 换言之，自然资源首先是自然要素，其次才是能够满足人类需要的资源。既然自然资源是环境的组成部分，环境法就理应涵摄调整因开发、利用、保护和管理自然资源而产生的各种法律关系的法律规范。同时，自然资源法较之环境污染防治法、自然生态保护法更关注自然要素的经济价值，从这个层面而言其又有别于环境污染防治法和自然生态保护法。因此，自然资源法能被环境法所囊括，但又不失自身的独立性。

二、自然资源法的调整对象

自然资源法调整的社会关系贯穿自然资源的开发、利用、保护、管理的全过程。依据具体内容的不同，可以将自然资源法的调整对象划分为自然资源权属关系、自然资源流转关系、自然资源管理关系以及其他社会关系。

（一）自然资源权属关系

自然资源权属关系主要包括三种关系：自然资源产权主体之间的权属关系，自然资源产权主体与第三人之间的关系，自然资源产权主体与环境产权主体之间的关系。[⑤] 自然资源权属关系主要解决由何人占有、使用、收益、处分自然资源的问题，其涉及自然资源所有权和自然资源开发利用权。自然资源权属关系是自然资源法调整的核心和基础，只有如何确定自然资源的权利归属这一问题得到有效解决，所有关于自然资源的社会活动才有可能得到进一步展开，并形成稳定的自然资源开发、利用、保护、管理的社会秩序。自然资源权属关系并非一成不变，一方面取决于一国的基本社会经济制度，另一方面受国家自然资源管理政策的影响。迄今为止，我国的自然资源所有权历经了私有、国家所有到国家、集体所有二元结构的变化。以土地所有制变更为例，新中国成立初期，城市土地主要由帝国主义势力、外国资

---

① 蔡守秋：《论我国法律体系生态化的正当性》，载《法学论坛》2013年第2期，第16—18页。
② 吕忠梅：《环境法学》（第二版），法律出版社2008年版，第1—3页；汪劲：《环境法学》（第四版），北京大学出版社2018年版，第1—5页。
③ 韩德培：《环境保护法教程》，法律出版社1987年版，第1—4页；金瑞林：《环境法学》，北京大学出版社2016年版，第1—6页。
④ 蔡运龙编著：《自然资源学原理》（第二版），科学出版社2007年版，第25页。
⑤ 肖国兴、肖乾刚主编：《自然资源法》，法律出版社1999年版，第34页。

本、政府官僚、民族资本所有;农村土地由农民所有。经过"一化三改",城市土地基本完成了向国家所有的转变,农村土地基本完成了向集体所有的转变。此种土地所有制结构,一直延续至今。最早将自然资源所有制结构确认为二元结构的法律是宪法,1982年《宪法》规定:"矿藏、水流、森林、山岭、草原、荒地、滩涂等自然资源,都属于国家所有,即全民所有;由法律规定属于集体所有的森林和山岭、草原、荒地除外。"

(二)自然资源流转关系

自然资源流转关系是从动态角度对自然资源的配置进行的描述。自然资源作为稀缺资源,其经济价值和部分生态价值需要通过流转方能得到展现。在社会主义市场经济中,自然资源流转关系主要表现为不同市场主体基于自愿、平等、有偿等原则进行的自然资源权利交易。我国的自然资源历经不可流转到无偿流转、无偿流转到有偿流转的变革。《民法通则》(1986年)确定了对公民、集体的自然资源使用权的保障,[①]同时期还出现了大量自然资源单行法,如《森林法》(1984年)、《草原法》(1985年)、《土地管理法》(1986年)、《矿产资源法》(1986年)、《渔业法》(1986年)等,基本上规定了国家所有和集体所有的自然资源可以由单位和个人依法开发利用,并规定了各种自然资源开发利用产权,如使用权、承包经营权、矿业权、渔业权、林业权、狩猎权等[②]。这时期从立法层面打破了传统自然资源所有权、使用权合并的情形,改变了行政专断的自然资源使用模式,形成了企业、单位、个人等多元化的使用权主体。[③]所有权和使用权的分离虽然从理论上为自然资源使用权的流转奠定了基础,但彼时的自然资源使用权处于无偿使用和禁止交易状态。直至1988年《宪法》的修改,规定土地使用权可依照法律规定进行转让,首次在宪法层面上明确了土地产权交易的内容。同年修改的《土地管理法》不仅确认了土地使用权的可转让性,而且规定了国有土地使用权的有偿取得。这标志着自然资源使用权制度开始迈入可交易且有偿的新阶段。为进一步推动自然资源所有权、使用权和经营权的分离与发展,2015年中共中央、国务院印发的《生态文明体制改革总体方案》明确提出构建自然资源资产产权制度的改革目标。而后,《关于统筹推进自然资源资产产权制度改革的指导意见》(以下简称《产权改革指导意见》)、《全民所有自然资源资产所有权委托代理机制试点方案》(以下简称《委托代理机制试点方案》)等政策性文件陆续出台,为自然资源资产产权的流转和自然资源的保护、可持续利用提供了良好的制度基础。

(三)自然资源管理关系

自然资源管理关系主要指向行政主体和行政相对人以及行政主体内部间的法律关系,其形成源于自然资源所具有的公共物品或准公共物品属性、稀缺性和社会性。一方面,自然资源作为一国经济发展的物质基础,其重要性决定了自然资源所有权须由国家垄断,国家对自然资源拥有永久主权。基于此,政府对自然资源的开发、利用行为具有管理权。另一方

---

① 1986年《民法通则》第80条第1、2款,第81条第1、2、3款。

② 肖国兴:《论中国自然资源产权制度的历史变迁》,载《郑州大学学报(哲学社会科学版)》1997年第6期,第7页。

③ 洪旗等:《健全自然资源产权制度研究》,中国建筑工业出版社2017年版,第19页。

面,自然资源系公共物品或准公共物品,加之自然资源具备稀缺性和社会性特征,倘若其缺乏监管,"搭便车"行为将不断出现,因开发利用自然资源而引致的环境污染等负外部性影响也将不断"外泄"。而政府在制裁"搭便车"和降低开发利用自然资源负外部性等方面具有得天独厚的优势:一是政府作为人民意志的集合,是社会公共利益的象征和具体化;二是政府作为国家进行统治和社会管理的机关,可以通过法律手段对污染环境的行为予以制裁;三是政府相对于其他主体在制度创建与公共事务处理的日常性、数量以及专业性、经验等方面更有优势。[①] 因此,由政府作为自然资源的管理者和监管者更具科学性。

(四) 其他社会关系

自然资源法所调整的社会关系十分复杂,除却前文所述的自然资源权属关系、自然资源流转关系、自然资源管理关系,还涉及劳动、保险等社会关系,这些关系则主要由其他部门法律调整。因此,还存在自然资源法与其他部门法的协调问题。

三、自然资源法的特征

自然资源法除具备规范性、强制性等法的一般特征外,还具有自身独有之属性,主要表现在如下三个方面。

(一) 宏观性

自然资源是人类社会存在和发展的最根本的物质基础,自然资源法调整的是人类在开发、利用、保护和管理自然资源过程中所产生的各种关系。换言之,有关自然资源的制度安排和规则设计应着眼于社会经济发展与进步的宏观大局,在充分认识和掌握自然资源自身发展与演化规律的基础上,依凭人类社会对自然资源的开发利用需求对其进行合理的配置,通过对人与自然资源关系的有效调整和规范,实现和维持自然资源供需间的动态平衡,从而推动并保证社会发展进步的基础物质条件,最终实现人与自然的和谐共生。譬如,根据《宪法》第9、10条的规定,矿藏、水流、森林、山岭、草原、荒地、滩涂、土地等自然资源属于国家或集体所有。由此可知,《宪法》已然在根本法层面将自然资源的所有权配置给了国家或集体。自然资源国家所有的制度并非中国独有,美国、英国、日本等国家均有类似规定。此外,党的二十大报告亦从宏观大局出发对自然资源法提出基本要求,"要推进美丽中国建设,坚持山水林田湖草沙一体化保护和系统治理"。

(二) 技术性

自然资源法不仅调整人与人之间的关系,还调整人与自然之间的关系。这体现了自然资源法的技术性。具体表现如下:

第一,自然资源法应遵从自然规律。所谓"自然规律",是指自然资源法的制定、实施需要遵循自然资源自身的特性,如自然资源的整体性、社会性、稀缺性、历史性。因此,应将尊

[①] [美]杰里·马肖:《贪婪、混沌和治理——利用公共选择改良公法》,宋功德译,商务印书馆2009年版,第168页。

重自然、顺应自然、保护自然、可持续发展等与自然生态规律相符的理念和价值贯彻到自然资源法的全过程。

第二，自然资源法涉及技术性规范。自然资源开发、利用、保护和管理具有专业技术性，因而自然资源法在制定时应考虑对相应技术的法律规制，避免不必要的法律风险。譬如，针对自然保护区中利用遥感技术对人类活动进行的监测行为，原环境保护部发布了《自然保护区人类活动遥感监测及核查处理办法（试行）》进行法律调整。

第三，自然资源的立法、执法、司法均需其他学科的专业支持。自然资源法涉及众多学科，如地理学、生态学、气象学、环境科学等，需相应学科的专家学者参与到自然资源法的制定、执行、适用过程中。譬如，在生态环境损害赔偿或环境公益诉讼案件中，关于环境损害的种类、范围、大小、赔偿金额、修复方案等内容的确定均离不开相关专家的支持。

（三）综合性

自然资源法的综合性主要体现在以下方面：

第一，调整对象的综合性。自然资源法既调整人与人的关系，又调整人与自然的关系；既保护与自然资源相关的社会秩序，又保护与自然资源相关的人类共享的生态环境。自然资源法调整的关系涉及各类错综复杂的社会关系。因此，自然资源法调整对象的综合性体现在其多元化上。

第二，调整方法的综合性。自然资源法的调整方法包括民事、行政、刑事等各种方法，其法律措施涉及经济、行政、技术等各种手段。此外，行政执法机构执法和公众广泛参与相结合也是这种综合性的突出表现。

第三，法律渊源的综合性。自然资源法的渊源包括宪法、法律、行政法规、地方性法规、规章及其他规范性文件中有关开发、利用、保护和管理自然资源的各层级规范。此外，相关的国际法也是自然资源法律体系的重要组成部分。

四、自然资源法的目的

任何立法活动均受到特定意旨的牵引，自然资源法也不例外。自然资源法的目的是指国家在制定自然资源法时，希望达到的目标或实现的效果。立法目的决定立法的指导思想和法律调整的内容。自然资源法中明确规定立法目的，有益于推动自然资源法的实施，促进自然资源的开发利用和保护。

关于自然资源法的目的，各国立法表述不一。美国 1969 年《国家环境政策法》第 2 条将其概括为为后代保护环境、创造安全健康和优美的环境、合理利用环境、维护文化环境、确保人口和资源使用平衡、提高可更新资源质量等几个方面。丹麦《环境保护法》第 1 条规定，保护丹麦的自然资源和环境，从而确保作为人的生存条件的社会持续发展和动植物的保护。

当前我国尚无自然资源综合性法律，自然资源法的目的分散于宪法及自然资源相关单行法的条文中,又集中体现在自然资源单行法总则部分的目的条款上。具体如表1-2所示。

表1-2　自然资源法的立法目的汇总

名称	条文内容
《宪法》	第9条第2款:国家保障自然资源的合理利用,保护珍贵的动物和植物。禁止任何组织或者个人用任何手段侵占或者破坏自然资源。
	第10条第5款:一切使用土地的组织和个人必须合理地利用土地。
《土地管理法》	第1条:为了加强土地管理,维护土地的社会主义公有制,保护、开发土地资源,合理利用土地,切实保护耕地,促进社会经济的可持续发展,根据宪法,制定本法。
《矿产资源法》	第1条:为了发展矿业,加强矿产资源的勘查、开发利用和保护工作,保障社会主义现代化建设的当前和长远的需要,根据中华人民共和国宪法,特制定本法。
《森林法》	第1条:为了践行绿水青山就是金山银山理念,保护、培育和合理利用森林资源,加快国土绿化,保障森林生态安全,建设生态文明,实现人与自然和谐共生,制定本法。
《草原法》	第1条:为了保护、建设和合理利用草原,改善生态环境,维护生物多样性,发展现代畜牧业,促进经济和社会的可持续发展,制定本法。
《野生动物保护法》	第1条:为了保护野生动物,拯救珍贵、濒危野生动物,维护生物多样性和生态平衡,推进生态文明建设,促进人与自然和谐共生,制定本法。
《渔业法》	第1条:为了加强渔业资源的保护、增殖、开发和合理利用,发展人工养殖,保障渔业生产者的合法权益,促进渔业生产的发展,适应社会主义建设和人民生活的需要,特制定本法。
《水法》	第1条:为了合理开发、利用、节约和保护水资源,防治水害,实现水资源的可持续利用,适应国民经济和社会发展的需要,制定本法。
《海洋环境保护法》	第1条:为了保护和改善海洋环境,保护海洋资源,防治污染损害,保障生态安全和公众健康,维护国家海洋权益,建设海洋强国,推进生态文明建设,促进经济社会可持续发展,实现人与自然和谐共生,根据宪法,制定本法。

经分析,可以发现自然资源法的目的包括三个方面,即保护自然资源、合理开发利用自然资源、促进人与自然的和谐共生。

第一,保护自然资源。保护自然资源是自然资源法的首要目的。除《土地管理法》《矿产资源法》外,其他自然资源单行法均以保护自然资源本身作为首要目的,这意味着较之合理开发利用,保护具有优势地位。这符合自然资源自身的规律,自然资源开发利用须以自然资源保护为基础。自然资源法作为环境法的重要组成部分,其必然要遵守《环境保护法》设置的保护优先、预防为主原则。

第二,合理开发利用自然资源。强调保护自然资源重要性的同时,也不能忽视自然资源的合理有序开发。具言之,需要在立法中体现对合理开发利用行为的支持和鼓励。譬如:对积极主动采用先进技术以提高自然资源利用效率的行为,以税收减免等方式给予鼓励;对自然资源开发利用中的违法行为予以法律制裁,追究相应的民事责任、行政责任抑或刑事责任。

第三,促进人与自然的和谐共生。人与自然和谐共生,即人不仅是社会中的人,更是自然界中的人,需要在保证自然资源可持续利用的基础上发展经济,实现人与自然的双赢。这是党和国家对生态文明建设的总体要求,并在党的二十大报告中被再次强调。

五、自然资源法的地位

(一)自然资源法地位之争

针对自然资源法部门属性的问题,理论上争论颇多,总体上大致分为两类:第一类认为自然资源法系行政法或经济法的子部门;第二类认为自然资源法作为环境法的重要组成部分,其以环境法或环境与资源保护法的形式呈现,应与环境污染防治法、自然生态保护法共同构成一个独立的法律部门。

持第一类观点的学者认为,社会主义法的体系可以分为四个层次的部门法:第一个层次是宪法部门,第二个层次是基本部门,第三个层次是各基本部门的子部门,第四个层次是第三个层次各部门的子部门。其中,自然资源法属于第二个层次中行政法的子部门,属于上述划分的第三个层次。[①] 另外有学者认为,环境法和自然资源法均属于经济法的子部门。[②]

持第二类观点的学者认为,自然资源法是一个生态化内涵不断增强的新兴领域,它与环境污染防治法、自然生态保护法等邻近法律领域相互影响、融合发展,并将在今后共同作为完整意义上环境法(等同于下文的"环境与资源保护法")的组成部分。[③]

虽然有学者认为环境法不囊括或部分囊括自然资源法,但环境法包含自然资源法的"大环境法"观念已成为主流观点。因此,本书认为,讨论自然资源法的地位,必须在大环境法的视域下展开。

(二)环境与资源保护法为独立法律部门

1. 环境与资源保护法有特定的调整对象

一般认为,凡在法律体系中具有独立地位的法,就一定能够以法律部门的形式存在,而划分法律部门的标准是法的调整对象,因此只有具有独立调整对象的法才能形成一个独立的法律部门。此外,各法律部门虽具有相对稳定性,但并不是一成不变的,它们始终潜藏着分解和重构的趋势。各个法律部门的分立、合并和重组,可以使各种法律规范"同质组合",形成更为科学的法律部门。

环境与资源保护法正是这样发展起来的一个独立的法律部门。环境与资源保护法的调整对象是环境资源社会关系。这类社会关系是在人们开发、利用、保护、改善环境的过程中产生的,以人类与环境资源的关系为基础,并且与人类对环境资源保护的认识水平密切相关。环

---

① 孙国华、朱景文主编:《法理学》,中国人民大学出版社 1999 年版,第 301—302 页。
② 赵威主编:《经济法》,中国人民大学出版社 2017 年版,第 270—274 页。
③ 张梓太主编:《环境与资源保护法学》,北京大学出版社 2007 年版,第 399 页。

境资源社会关系,既包括国家及其职能部门在环境资源管理活动中所产生的社会关系,也包括相关主体在社会生产和生活过程中开发、利用、保护和改善环境资源所产生的社会关系。这类社会关系具有广泛性、复杂性和综合性的特征,既不是单纯的行政关系,也不是单纯的经济关系。环境资源社会关系不是其他任何法律部门调整的社会关系所能包含的。

环境与资源保护法的直接调整对象和直接立法目的是保护环境资源,这是所有环境与资源保护法开宗明义规定的目的。在 2014 年修订的《环境保护法》中,该立法目的被进一步明确为"为保护和改善环境,防治污染和其他公害,保障公众健康,推进生态文明建设,促进经济社会可持续发展"。环境与资源保护法的直接防治客体是环境污染和生态破坏以及一切对环境有不利影响的人为活动。环境与资源保护法既调整人与人之间的关系,又调整人与自然之间的关系,既保护对人类社会有利的社会环境,又保护对全社会、全人类有影响的自然环境,这是环境与资源保护法区别于其他法律部门的一个根本特点。

2. 环境与资源保护法有独特的调整方法

调整方法是划分法律部门的重要标志。环境与资源保护法为实现协调人类与环境关系的目标,采用独特的调整方法,建立了体现自身独立规范品格的法律原则和制度,如环境保护坚持保护优先、预防为主、综合治理、公众参与、损害担责的原则,以及环境影响评价制度、"三同时"制度、排污收费制度、许可证制度、限期治理制度等,这些原则和制度明显不同于其他法律部门。环境与资源保护法为防止环境问题的产生和恶化,大多采取预防性手段;为保证人们的活动符合生态规律,在环境与资源保护法中大量采用技术规范等,这些都是其他法律部门所不能包含和取代的。

3. 环境与资源保护法具备成为独立法律部门的条件

首先,环境与资源保护法业已具有相当规模。当下,我国有 30 多部环境资源单项法,[①]大致可以分为四类:第一类是环境污染防治法,如《大气污染防治法》《水污染防治法》《噪声污染防治法》《固体废物污染环境防治法》《土壤污染防治法》等;第二类是自然资源保护法,如《矿产资源法》等;第三类是自然生态保护法,如《长江保护法》《黄河保护法》《湿地保护法》《自然保护区条例》《风景名胜区条例》等;第四类是综合性立法,如《环境影响评价法》《可再生能源法》《环境保护税法》等。

其次,生态文明建设需要独立的法律部门加以保障。党的十八大明确提出要大力推进生态文明建设,将生态文明纳入"五位一体"的总体布局。党的十九大全面诠释了生态文明建设的意义、理念和措施。十三届全国人大一次会议通过的《宪法修正案》直接将生态文明写入序言,宪法对生态文明法律地位的确定,为我国未来生态文明制度建设提供了基本保障和依据。党的二十大报告在生态文明专章提出要推动绿色发展,促进人与自然和谐共生,强调要加快发展方式绿色转型,深入推进环境污染防治,提升生态系统多样性、稳定性、持续性,积极稳妥推进碳达峰碳中和。环境与资源保护法作为下位法,理应以宪法为根本依据,

---

① 吕忠梅:《环境法典编纂:实践需求与理论供给》,载《甘肃社会科学》2020 年第 1 期,第 6 页。

将习近平生态文明思想贯彻到底。

最后,从价值层面看,环境与资源保护法自身独有的理念和价值追求使其具备成为独立法律部门的条件。虽然环境与资源保护法所调整的关系既涉及私法关系,又涉及公法关系,其调整方法也具有综合性,但环境与资源保护法并未脱离传统部门法的理念和价值追求,只是因其自身的特点在传统部门法的理念上融入了新的、独特的理念和价值追求——以生态环境利益为其利益追求,以生态环境安全、环境正义、可持续发展等为价值主导。[①] 环境与资源保护法有其自身独有的价值追求,这使得环境法律体系化成为可能。

(三)自然资源法与其他部门法的区别

1. 自然资源法与行政法的区别

首先,立法目的不同。自然资源法的目的包括保护自然资源、合理开发利用自然资源、促进人与自然的和谐共生。行政法则是关于行政权授予、行使以及监督的法律规范,调整的是行政机关与行政相对人之间因行政管理活动发生的关系。质言之,行政法的目的在于规范和控制行政权。[②] 其次,调整对象不同。行政法调整的社会关系在本质上是一种权力从属关系,但自然资源法律关系中除却权力从属关系(如行政相对人在获得采矿权、探矿权、狩猎权等过程中会与行政主体产生具有隶属性的权力从属关系),还包括平等关系,如在自然资源权利流转过程中产生的生产性权益、使用性权益以及流转性权益均是平等主体在市场活动中取得的权益。最后,救济方式不同。除行政措施和行政救济手段之外,自然资源法还运用经济、民事、刑事等多种手段保护生态环境和自然资源,并通过民事侵权诉讼、民事公益诉讼等手段救济生态损害。

2. 自然资源法与民法的区别

自然资源法与民法的区别主要体现在调整对象的差异上。民法主要调整平等主体之间的财产关系和人身关系,平等性是这类法律关系的基本特征,也就是说,在民事法律关系中,主体在法律地位上是平等的,不存在任何纵向的隶属关系或命令和服从的关系。但如上所述,自然资源法的调整对象不仅包括平等关系,还包括权力从属关系。此外,两者存在法律本位上的差异。民法对社会关系的调整以法律关系主体的意思自治为基本起点,以个人本位为指导思想。自然资源法则属典型的以社会为本位的法律领域,虽然其中包含部分调整财产关系的内容,在这些财产关系中却少有完全意思自治的体现,在法律关系的运行过程中或多或少地都会有基于社会公共利益而对主体行使自然资源财产权利的限制。

3. 自然资源法与经济法的区别

自然资源法与经济法的区别主要在于所涉社会利益形态的复合性。就目前的情况而言,经济法在整个国家法律体系中的法律地位并不明确,在理论研究中,经济法的部门法属性也存在诸多争议。总的来说,经济法的调整对象主要是特定的经济关系,一般认为主要

---

① 徐以祥:《论我国环境法律的体系化》,载《现代法学》2019 年第 3 期,第 89 页。

② 马怀德主编:《行政法与行政诉讼法》(第 2 版),中国政法大学出版社 2012 年版,第 4 页。

是国家与经济组织之间、经济组织与经济组织之间以及这些主体与公民个人之间在经济活动和经济管理过程中发生的经济关系。现在比较公认的属于经济法调整的社会关系主要有竞争、消费者权益保护、产品质量、会计统计等。不难看出，经济法所调整的这些社会关系领域基本上着眼于社会的经济再生产过程，其主要功能和目标在于促进和保证社会利益中经济利益的实现。而自然资源法对社会关系调整的基本指向是与社会相关的自然的再生产过程。虽然自然资源法的贯彻与实施也在一定程度上促进了社会的经济利益，但其更要保证的是与社会相关的生态利益的维持和实现，这一点并不在经济法的作用范围之中。

六、自然资源法的体系

（一）自然资源法律体系的概念

法律体系是由法律要素以一定结构联合而成的整体。[①]法律体系可以划分为实质理性层面的内部体系和形式理性层面的外部体系。在实质理性层面，法律体系的内部体系要求法律原则具有价值融贯性。价值融贯性包括消极和积极两个方面：消极层面上要求法律原则之间具有连贯性，即彼此之间无逻辑矛盾；积极层面上要求法律原则之间积极关联，这种关联不仅是效力上的衍生关系，还包含着评价上的相互支持和证立。[②]在形式理性层面，法律体系的外部体系是由法律规则所构成的内容完整、前后一致、结构合理、逻辑严密的有机整体。具体而言，法律体系应当具有内容的全面性、规范的一致性和逻辑的自洽性。[③]

自然资源法律体系是由一国有关自然资源法律组成的统一整体，由内部体系和外部体系两个向度构成。在内部体系向度，其主要指自然资源的法律原则间应具备融贯性，原则间在抽象层面不发生根本冲突，并且保证在评价上能相互支持和证立。具体到自然资源法律体系的建构和完善，一要确立一条能贯彻自然资源法始终的逻辑主线，在价值和目的上起到统领作用。二要明确自然资源法应当遵循的基本原则，以使逻辑主线能以法律条款的形式呈现出来。在外部体系向度，自然资源法律体系应当首先保证法律规则在内容上的完备性。同时，要加快起草和出台单项自然资源法律的步伐，填补法律空白，完善具象层面的法律规则。其次，要加快法律法规的"立改废释"，剔除重复和矛盾的条款，更新陈旧的法律规范，升级效力层级较低的法律法规，以保障自然资源法律规则在规范逻辑上的一致性。最后，自然资源法律应当呈现为有序的结构，如形成以自然资源基本法为核心，以自然资源单行法为主干，以法规、规章、规范性文件为辅助的自然资源法律体系。

（二）自然资源法律体系的构成

1. 自然资源法律体系的内部体系

任何融贯的法律体系背后都有一套成熟的、能够支撑自己的政治理论和道德信念体系，

---

① 雷磊：《法律体系、法律方法与法治》，中国政法大学出版社 2016 年版，第 13 页。
② 劳东燕：《功能主义刑法解释的体系性控制》，载《清华法学》2020 年第 2 期，第 32 页。
③ 徐以祥：《论我国环境法律的体系化》，载《现代法学》2019 年第 3 期，第 87 页。

它们常常以"高级法"的形态扮演着法律体系背景墙的角色。[①]可持续发展是矗立在自然资源法律规范背后的"高级法",它是自然资源法律内部体系是否具备较高融贯性的关键。

法律原则是自然资源法目的和价值的最直接表达,能够使自然资源法在最大程度上成为一个逻辑自洽的体系。自然资源法中直接规定法律原则,一方面可以增强各组成部分之间的逻辑性;另一方面可以防止法外造法,当对某一行为不存在具体的法律规范但又需要用自然资源法予以评价时,法律原则就为评价提供了依据和边界。基于自然资源法调整对象的特性和可持续发展的逻辑主线,加之对现有自然资源单行法总则的考察,自然资源法的基本原则应当包括有偿使用原则、节流优先原则、可持续利用原则和系统保护原则。

2. 自然资源法律体系的外部体系

第一,宪法中的自然资源规范。根据《宪法》第9条的规定,自然资源由国家和集体所有,国家保障自然资源的合理利用,保护珍贵的动物和植物,禁止任何组织或个人用任何手段侵占或破坏自然资源。根据第10条第5款的规定,一切使用土地的组织和个人必须合理利用土地。根据第26条的规定,国家保护和改善生活环境和生态环境,防治污染和其他公害;国家组织和鼓励植树造林,保护林木。《宪法》对自然资源保护、利用的规定,为自然资源立法奠定了基调。

第二,单行法律中的自然资源规范。自然资源单行法律主要包括《土地管理法》《黑土地保护法》《农村土地承包法》《矿产资源法》《矿山安全法》《可再生能源法》《森林法》《草原法》《野生动物保护法》《水法》《水土保持法》《湿地保护法》《防沙治沙法》《渔业法》《海域使用管理法》《海岛保护法》《领海及毗连区法》《深海海底区域资源勘探开发法》《资源税法》《耕地占用税法》《环境影响评价法》等。

第三,行政法规中的自然资源规范。自然资源行政法规主要包括《对外合作开采海洋石油资源条例》《渔业法实施细则》《航道管理条例》《国务院关于严格保护珍贵稀有野生动物的通令》《海洋石油勘探开发环境保护管理条例》《河道管理条例》《土地管理法实施条例》《城镇国有土地使用权出让和转让暂行条例》《陆生野生动物保护实施条例》《对外合作开采陆上石油资源条例》《水生野生动物保护实施条例》《基本农田保护条例》《矿产资源法实施细则》《矿产资源补偿费征收管理规定》《乡镇煤矿管理条例》《自然保护区条例》《野生植物保护条例》《矿山安全法实施条例》《森林法实施条例》《长江河道采砂管理条例》《退耕还林条例》《取水许可和水资源费征收管理条例》《濒危野生动植物进出口管理条例》《土地调查条例》《国有土地上房屋征收与补偿条例》《土地复垦条例》《太湖流域管理条例》《海洋观测预报管理条例》《不动产登记暂行条例》《国务院关于预防煤矿生产安全事故的特别规定》《地下水管理条例》等。

第四,地方性法规、规章等立法文件中的自然资源规范。由于部门规章、地方性法规、部门规范性文件和地方规范性文件数量庞杂,因此不在文中一一列举。据统计,截至2023年

[①] 雷磊:《法律体系、法律方法与法治》,中国政法大学出版社2016年版,第87页。

3月,共有有关自然资源的地方性法规 1 050 部、部门规章 95 部、地方政府规章 366 部、部门规范性文件 721 部、地方规范性文件 4 069 部。[①]

第五,其他部门法中的自然资源规范。《刑法》中有关自然资源保护的规定,如第 340 条的非法捕捞水产品罪;第 341 条的危害珍贵、濒危野生动物罪,非法狩猎罪,非法猎捕、收购、运输、出售陆生野生动物罪;第 342 条的非法占用农用地罪;第 343 条的非法采矿罪、破坏性采矿罪;第 344 条的危害国家重点保护植物罪;第 345 条的盗伐林木罪,滥伐林木罪,非法收购、运输盗伐、滥伐的林木罪等。民法中有关自然资源保护的规定,如《民法典》第 247、250 条规定了矿藏、水流、海域属于国家所有,森林、山岭、草原、荒地、滩涂等自然资源属于国家所有或集体所有;第 255 条规定了国家机关对其直接支配的不动产和动产享有占有、使用以及依照有关规定处分的权利。行政法中有关自然资源保护的规定,如《治安管理处罚法》第 63 条关于故意污损国家保护的文物、名胜古迹的规定等。

第六,自然资源相关强制性标准。自然资源强制性标准是由法定机关针对自然资源及其产品的质量、数量、资源利用限度及相关检测方法等制定的一系列准则。自然资源强制性标准具有法律效力,是自然资源法律体系的重要组成部分,如《土壤环境质量标准》《渔业水质标准》等。

第七,国际法中的自然资源规范。我国参加、批准的专门性自然资源国际公约、条约以及其他国际公约和条约中关于自然资源保护的条款也是我国自然资源法律体系的组成部分。目前,我国参加、批准的和自然资源保护有关的国际公约和条约主要有《联合国海洋法公约》《联合国防治荒漠化公约》《联合国气候变化框架公约》《控制危险废物越境转移及其处置巴塞尔公约》《生物多样性公约》《关于特别是作为水禽栖息地的国际重要湿地公约》《濒危野生动植物种国际贸易公约》等。

第三节　自然资源法学

一、自然资源法学的概念

在法学领域,判定一门法学学科独立性的基本要素包括:(1) 以某一特定的法律或法学现象及其规律为研究对象;(2) 研究方法具有不同于其他学科的独特性。自然资源法学,是指对自然资源开发、利用、保护和管理规律,以及自然资源立法、执法和司法实践进行理论概括的科学。自然资源法学是法学与资源科学相结合的一门领域性学科,具有明显的社会科学与自然科学交叉的学科特点。

从发展的过程来看,自然资源法学是法学领域中一门正在形成和发展的新兴学科,在

---

① 数据来源:北大法宝数据库。

工业化纵深发展的当代,自然资源法学面临着前所未有的发展机遇与挑战。一方面,人类社会发展对自然资源不断增长的需求以及当前严峻的自然资源形势,为自然资源法学的理论更新与进化奠定了现实基础。另一方面,经济发展与自然资源保护的两难选择以及自然资源自身不同于一般社会生产要素的特点,又在一定程度上使自然资源法学的理论发展步履维艰。面对这样的局面,作为一门新兴法学学科的自然资源法学,至少应从以下三个方面着手,以推动自身理论的不断丰富与完善。

首先,自然资源法学是法学理论与资源科学相关学科融合发展的结果。自然资源法学需以传统的法学理论为基础,同时关注地理学、气象学、生态学、资源经济学等自然资源相关学科的新发展,及时借鉴和吸收自然资源相关学科知识理论的新成果,为自然资源法学自身的发展提供丰富的专业素材。

其次,自然资源法学可结合相关法学知识理论以突出自身的学科特性。自然资源法学应注意法学各学科部门间的相互借鉴与继承发展,但不能被既有的法学理论所禁锢,而应展现其作为新兴法学学科的独特属性。自然资源法学还应根据学科发展需要,在充分吸收和借鉴既有法学理论的基础上,勇于进行理论创新,不断完善该门既具有自然资源法自身特点又具有时代属性的新兴法学学科。

最后,自然资源法学的发展应以法学理论为基础,以衔接融汇资源科学为特色。自然资源法学在继承和发展法学学科知识理论的同时,可在一定程度和范围内吸取数学、化学、物理学、生物学、医学、地理学等相关资源科学的发展成果,还应密切关注国内外自然资源开发、利用、保护和管理的实践进展。

二、自然资源法学的研究对象

自然资源法学以自然资源法为主要研究对象。自然资源法学对自然资源法的研究是一个动态发展的过程,它不仅要从自然的角度注释和说明现行的自然资源法律制度,更要深入分析自然资源法在人类社会发展过程中的作用方式及其运行规律,及时总结自然资源立法、执法、司法过程中的经验与教训,并通过科学的理论分析与论证为国家自然资源法律制度的发展与完善提出指导性建议。因此,自然资源法学与自然资源法之间关系密切,自然资源法为自然资源法学提供了研究、发展和完善的基础,而自然资源法学则为自然资源法的法治实践提供了有力的理论支持与指导。离开自然资源法的立法、执法和司法实践,自然资源法学将失去现实的依托而成为"空中楼阁";而如果没有自然资源法学的理论发展与完善,自然资源法的立法、执法和司法实践也将举步维艰,陷入盲目发展的境地。因此,自然资源法与自然资源法学二者相辅相成,缺一不可。

具体而言,自然资源法学的研究内容主要包括自然资源的概念、种类与特征,自然资源与人类社会的相互影响,自然资源与法的关系,自然资源法的法律形态与法律理念变迁,自然资源法的调整对象,自然资源法的目的和任务,自然资源法的体系,自然资源法的性质与特点；制定自然资源法的理论、政策、现实依据和立法理由，自然资源法的基本原则与基本制度构成，违反自然资源法的法律责任及其制裁形式，自然资源法的立法、执法、司法理论与实践和条文解释等。除此之外，其他与自然资源法相关的交叉领域也可成为自然资源法学的研究内容。

三、自然资源法学的研究方法

（一）历史分析方法

自然资源法经历了从无到有的历史演进，伴随着法律形态的嬗变，其法律理念也历经变迁。因此，对自然资源法学的研究必须注意运用历史分析方法，充分考虑特定历史条件对自然资源法形成和发展的影响，从分析自然资源法的产生过程入手，考察自然资源法在不同历史时期的基本法律形态，并以此为前提深入探讨不同法律形态的自然资源法所蕴含的差异性法律理念及其发挥的社会作用。在上述研究的基础上，归纳自然资源法律形态演变与法律理念变迁的基本规律，为及时改进和完善自然资源法的立法、执法与司法实践提供科学的理论指引。历史分析方法的优势在于，通过对自然资源法历史发展过程的分析与考察，可相对准确地把握自然资源法的内在本质和发展规律，从而更加深入地理解其法律属性并以此为基础对其进行准确的理论定位。

（二）比较分析方法

自然资源法律问题兼具全球性、地域性，自然资源法学的建立与发展离不开国际比较分析及本土化改造。自然资源法学理论和实务研究需要对美、日、欧盟成员国、新加坡、韩国等发达国家及社会主义国家的自然资源法学理论，自然资源法的立法、执法和司法实践进行比较分析和研究，并根据我国国情辩证地加以借鉴。尤其是在我国经济市场化转型过程中，我们应该认真学习发达国家自然资源开发利用和保护管理的法治经验。当然，切忌不顾我国的现实国情而僵化移植别国的经验，而要立足我国的基本国情和现有的经济、技术发展阶段及条件，批判性地加以学习借鉴，并在分析比较和研究中找出能为我国所用的东西。

（三）经济分析方法

在自然资源法学研究中，以"成本—效益"为代表的经济分析方法是不可或缺的。在围绕自然资源开发利用和保护管理所产生的多重利益主张中，经济利益是最基础和主要的利益类型。对不同主体之间经济利益的有效协调和处理，将在一定程度上决定其他利益要求（如社会利益和生态利益等）实现的程度和效果。因此，应充分运用经济分析方法，以"效益"为核心强化自然资源法实施过程中成本与收益的比较与衡量，在自然资源的开发利用和保护管理过程中建立经济绩效导向的激励和约束机制，引导促进并逐步形成符合自然资源法调整目的和规范要求的社会行为模式。应以经济利益的实现为中介，在多方主体经济利益得到有效平衡的基础上，最大限度地促进社会利益和生态利益的实现。

（四）实证分析方法

　　自然资源法学也是一门实践性学科,我们在理论研究的同时,应对自然资源相关法律规范的实践效果进行实证考察,以强化学科的实践属性。自然资源法的立法、执法和司法实践必然受到多种现实因素的制约,只有对其实施过程及实际效果进行具体的分析论证,才有可能对自然资源法的现实可操作性及其法律实效作出实事求是的评价与诊断,进而发现问题、总结经验,有针对性地改进现行自然资源法,优化其运行过程。坚持实证分析方法,是在自然资源法学研究中践行理论联系实际原则的重要途径之一,它在推动自然资源法治实践不断完善的同时,也为自然资源法学理论的丰富和发展提供了充分的实证依据。

自测习题

第二章

自然资源法的基本原则

导语　　自然资源法的基本原则是自然资源法的核心和灵魂,是自然资源法治建设的指导思想,是为我国自然资源法所确认并为国家自然资源开发、利用、保护所遵循的基本准则。自然资源法的基本原则作为自然资源法律制度的价值载体,在自然资源立法、执法、司法活动中具有重要意义,指导着国家自然资源开发、利用、保护的全过程。本章主要内容为:(1)自然资源法基本原则概述。主要包括自然资源法基本原则的概念、特征,用以阐释自然资源法基本原则的基本问题,是第二节到第五节具体原则的理论基础。(2)经济效益与生态效益统一原则。主要包括该原则的概念、依据、内容及贯彻四方面。(3)自然资源国家所有原则。主要包括该原则的概念、依据、内容及贯彻四方面。(4)自然资源可持续利用原则。主要包括该原则的概念、依据、内容及贯彻四方面。(5)自然资源系统性治理原则。主要内容包括该原则的概念、依据、内容及贯彻四方面。本章重点难点为:经济效益与生态效益统一原则、自然资源国家所有原则、自然资源可持续利用原则。

第一节　自然资源法基本原则概述

一、自然资源法基本原则的概念

自然资源法的基本原则是自然资源法学理概念。它是指贯穿于整个自然资源法之中,所有自然资源开发、利用、保护法律规范都必须遵循和贯彻的,调整一切自然资源法律关系主体所有行为的指导思想和基本准则。它反映了自然资源法的本质和技术原理,以及国家开发、利用、保护自然资源的基本政策。

自然资源法的基本原则和自然资源法的立法指导原则是两个既有联系又有区别的概念。金瑞林和汪劲教授指出,社会主义法的指导思想和基本原则是社会主义国家立法所必须共同遵循的指导思想和基本原则[①]，是指导我国各部门立法的政治性原则。自然资源法的立法指导原则是指在社会主义国家立法中，为实现自然资源开发、利用、保护的目标，在法律上充分体现自然资源的生态价值与经济价值，在起草、制定或修改自然资源法律的过程中，对立法者具有指导意义的基本原理和基本方法；自然资源法的基本原则是在自然资源法中必须规定或体现，并贯穿于全部自然资源法律规范中的具有普遍意义的原则。可见，自然资源法的立法指导原则适用于自然资源立法过程，是自然资源立法的方法论基础；自然资源法的基本原则是全部自然资源法律规范应当遵循的普遍性原则，自然资源法中的法律制度、具体规范应当落实或体现自然资源法的基本原则。

二、自然资源法基本原则的特征

自然资源法呈现鲜明的领域法特点，因循自然资源特有的法律调整需求，从不同角度考察，自然资源法基本原则具有以下特征。

（一）法定性

从表现形式上看，自然资源法基本原则必须由环境法或自然资源法规定、确认或体现。不能认为某个理念、原则或主张重要就随意将其列入自然资源法基本原则，而必须得到环境法或自然资源法规定、确认或体现。之所以强调基本原则要在环境法或自然资源法中规定、确认或体现，是因为目前我国环境法与自然资源法既相互独立又部分重叠，尤其在自然保护部分，可能既处于环境法的"射程"范围，也可能包含在规范自然资源开发利用行为的自然资源法中。因此，自然资源法基本原则可能在环境法领域体现出来，更多地则是在自然资源法中予以规定、确认或体现。从理论上讲，属于自然资源法基本原则的表现形式可以直接规定于环境法或自然资源法之中，也可以通过一个或是几个具体的法律条文间接体现。所谓直接规定，是指在法律条文中明确提到某项原则，例如，《环境保护法》第5条规定："环境保护坚持保护优先、预防为主、综合治理、公众参与、损害担责的原则。"该条即属于环境法基本原则的直接规定，其成为环境保护中的自然保护的基本遵循。由于我国目前尚未颁布统一的自然资源基本法，因此并不存在自然资源法基本原则直接规定的立法形式，但各自然资源单行法中普遍存在发挥基本原则作用的法律条款。例如，《水法》第4条规定："开发、利用、节约、保护水资源和防治水害，应当全面规划、统筹兼顾、标本兼治、综合利用、讲求效益，发挥水资源的多种功能，协调好生活、生产经营和生态环境用水。"这一规定可以视为调整水资源特定领域法律关系的基本原则，但并不适用于所有自然资源种类。又如，《森林法》第3条规定："保护、培育、利用森林资源应当尊重自然、顺应自然，坚持生态优先、保护优先、保育结合、可持续发展的原则。"该条同样可以被视为调整森林资源特定领域法律关系的基本原则。所谓间接体现，是指涉及自然资源开发、利用、保护的法规中，虽然没有某项具体原

---

① 金瑞林、汪劲主编：《中国环境与自然资源立法若干问题研究》，北京大学出版社1999年版，第47—48页。

则的文字表述,却通过有关法律条款体现了该原则的立法精神。例如《矿产资源法》中有关探矿权、采矿权有偿取得以及有偿开采矿产资源的条款,体现了矿产资源有偿使用的基本原则;《草原法》第3条规定的"科学规划、全面保护、重点建设、合理利用"草原的方针,体现了草原可持续利用的基本原则。一般来说,自然资源法基本原则应当更多地出现在自然资源基本法中,而自然资源单行法的立法一般都不对基本原则作明文宣示,而是通过对具体的自然资源法律制度的规定,较隐晦地表现出基本原则的指导性以及对基本原则的从属性。目前,囿于我国尚未颁布统一的自然资源基本法,基本原则更多地是间接体现在自然资源单行法中,由各单行法规定各自领域的基本原则(如《水法》和《森林法》)。

(二)独特性

从价值内涵来看,自然资源法的基本原则应当贯穿于自然资源法这一法律部门,体现自然资源法独特的价值和基本特点。不能把自然资源法所必须遵循的基本原则同一般的立法原则、司法原则或其他法律原则混为一谈,也不能将其与环境保护法的基本原则简单等同。当然,法律之间有些通用原则或共同原则,如"实事求是,从实际出发"的立法原则、"法律面前人人平等"的执法原则等,也是指导自然资源法立法和执法的一般原则。环境法中的"预防为主"原则也对防止资源破坏,保护自然资源具有指导意义,但是不能相互取代。自然资源法基本原则应当显示出自然资源法作为一个特殊法律领域,在调整对象、运作机制、法律功能等方面的独特价值取向,既能够为自然资源法自身的发展与完善提供理论上的指引,又能够把自然资源法与其他法律部门明确区分开来。[①]

(三)普遍性与整合性

从法律地位来看,自然资源法的基本原则是自然资源开发、利用、保护的基本方针在法律上的体现,是贯穿于整个自然资源法的、具有普遍指导性意义的、规范整个自然资源法的基本原则,彰显了自然资源法自身法律价值的普遍性与整合性。自然资源法基本原则构成自然资源法的基础和核心价值体系,应当能够在自然资源法律体系中得到广泛适用,并适用于自然资源法体系的各个环节,是自然资源法各个有机组成部分体现法律价值的归纳和整合,而非仅仅适用于某个环节、某个领域的具体原则,即自然资源法基本原则具有普遍性。"与其他法律的结构成分只分载法律的一两项价值不同,基本原则几乎是法律的所有价值的负载者,它对法律诸价值的承载通过两个方向进行:第一,以其自身的模糊形式负载法律的灵活、简短、安全的价值;第二,通过它对其他法律的结构成分运行的干预实现法律的正义价值,并实现其整合功能。"[②]自然资源法基本原则具有指引性和原则性,其贯彻实施需要通过具体的法律制度、法律条文、法律规范或者法院的判决加以具体化。这是自然资源法基本原则区别于一般法律规范之所在,也表现出其整合性要求。自然资源法律规则的制定要以自然资源法的原则为本位,并据此进行自然资源法律制度及具体法律规则的设计。[③]我国现

① 张梓太主编:《自然资源法学》,科学出版社2004年版,第59页。
② 徐国栋主编:《民法基本原则解释——成文法局限性之克服》,中国政法大学出版社1991年版,第352页。
③ 李永宁主编:《环境资源法前沿热点问题研究》,中国政法大学出版社2018年版,第72页。

行的自然资源单行法一般先在总则部分作出"原则"性的规定,分则的具体规则是对于总则部分"原则"性规定的具体化。例如,《森林法》总则部分第 3 条规定:"保护、培育、利用森林资源应当尊重自然、顺应自然,坚持生态优先、保护优先、保育结合、可持续发展的原则",在分则中有关森林权属、发展规划、森林保护、造林绿化、经营管理、监督检查以及法律责任的具体条款,需要贯彻尊重顺应自然,坚持生态优先、保护优先、保育结合以及可持续发展原则。同时还要注意,由于我国尚未制定自然资源基本法,因此不能简单把自然资源单行法中确认的、只适用于某种特定资源的个别原则或者个别政策称为自然资源法基本原则。

(四)时代性

从历史发展角度来看,自然资源法基本原则的具体内容不是一成不变的。随着科学技术发展和人类认知的变化,"自然资源"的范畴也在不断发生着变化;[1] 同样,经济社会在不同发展阶段也决定了自然资源法追求的价值不尽相同,由此导致其所反映出的基本原则也会发生一定变化。以正确处理国家、集体和个人三者关系原则为例,该原则的提出主要因应 1984 年《中共中央关于经济体制改革的决定》中提出的"我们要迅速发展各项生产建设事业,较快实现国家繁荣富强和人民富裕幸福,必须调动一切积极因素,在国家政策和计划的指导下,实行国家、集体、个人一起上的方针"和"突破把计划经济同商品经济对立的传统观念,明确社会主义计划经济必须自觉依据和运用价值规律,是在公有制基础上的有计划的商品经济"的战略要求。正确处理国家、集体和个人三者关系原则强调在资源开发、利用、保护中充分发挥国家、集体、个人三者的积极性、主动性和创造性,因此在具体制度设计时突出自然资源所有权、使用权、经营管理权方面对三者合法权益的法律保障。[2] 该原则体现了当时经济体制改革的时代要求。然而,随着社会主义市场经济体制不断完善,需要发挥市场在资源配置中的决定性作用,国家、集体、个人在市场中的市场主体地位平等,在自然资源开发、利用、保护中也不存在市场主体差异,因此不再需要强调自然资源法中正确处理国家、集体和个人三者关系这一原则。当前,适应时代要求的自然资源法基本原则至少包括经济效益与生态效益统一原则、自然资源国家所有原则、自然资源可持续利用原则及自然资源系统性治理原则。

第二节　经济效益与生态效益统一原则

自然资源经济效益与生态效益统一原则是指在自然资源开发、利用、保护工作中,应当将实现自然资源经济效益与生态效益统一起来,既不能片面追求自然资源经济价值而忽略自然资源本身承载的生态功能,破坏人类生存的基本自然条件,也不能因噎废食。自然资源

---

① 落志筠:《矿产资源利益公平分配制度研究》,中国政法大学出版社 2015 年版,第 31—32 页。

② 法学教材编辑部编审:《自然资源法教程》,法律出版社 1986 年版,第 20—21 页。

的开发使用应当秉承"绿水青山就是金山银山"的理念,统一实现自然资源的经济效益与生态效益。进入法律规则以及法学研究视野中的自然资源盖因其对人类具有"有用性"。但现代社会以来,这一"有用性"的内涵正在逐渐发生变化,从最初为人类带来的单一经济效益逐渐发展到当下自然资源对人类的多元价值供给,集中表现为经济效益与生态效益。不限于此,由于在社会时间的真实场景中经济效益与生态效益实现往往存在不同程度上的利益冲突,涵盖同一利益内部不同主体间的利益冲突和不同利益间的冲突,因此需要以法律原则的总体要求形式对其予以规范。总而言之,自然资源经济效益与生态效益统一原则在充分认识自然资源双重属性的基础上作用于自然资源法立法、执法、司法、守法全过程,自然资源的开发与保护应切实统一发挥经济效益和生态效益。

一、经济效益与生态效益统一原则的概念

经济效益与生态效益统一原则,是指对自然资源的开发、利用、保护必须充分了解和尊重生态规律,在人类活动中将追求经济效益与维持自然界的生态平衡统一起来,以"绿水青山就是金山银山"为指导,统筹考虑自然资源开发利用与保护的关系,以及自然资源开发、利用中的经济效益与生态效益的统一问题。经济效益与生态效益一直是自然资源开发、利用、保护中的两难选择。一般而言,对经济效益的过度关注必然导致重开发利用而轻生态保护,在自然资源开发利用过程中忽视生态规律,关注短期经济效益,损害自然资源的可持续利用;反之,单纯以生态效益的维持作为唯一目标,"不仅对自然资源开发利用会因内在动力的缺乏而难以为继,而且还会导致自然资源从根本上丧失其应有的社会价值"[①]。从短期或者微观层面来看,自然资源开发利用过程中存在经济效益与生态效益的冲突和对立,如矿产资源开发造成的地下水、地面土壤以及地表植被的破坏。但是从长远来看,二者在根本上具有一致性,忽视生态破坏的资源开发是不可持续的。因此,只有将自然资源的经济效益与生态效益统一起来,自觉践行"绿水青山就是金山银山"理念,才是人类与自然资源关系最和谐的状态。一方面,经济效益与生态效益统一原则集中揭示了自然资源开发利用与自然生态保护的对立关系;另一方面,该原则也蕴含了经济效益与生态效益的统一关系,是"绿水青山就是金山银山"理念在自然资源法中的学理阐释,为在实践中将经济效益与生态效益统一起来提供了可供遵循的基本指导思想。在自然资源法基本原则体系中,经济效益与生态效益统一原则既是自然资源开发、利用、保护工作中基本价值取向的体现,也是自然资源法作为一个特殊新兴法律领域区别于其他相关法律部门的重要标志之一,更是自然资源法律制度、法律规则设计的基本出发点。

---

① 张梓太主编:《自然资源法学》,科学出版社 2004 年版,第 68 页。

二、经济效益与生态效益统一原则的依据

(一)经济效益与生态效益的利益冲突

法经济学理论认为,诸如土地、水、矿产、林木、动植物等自然资源,能够给人类带来直接经济效益。以矿产资源为例,2022年1月至11月,受煤炭、天然气等大宗矿产品价格大幅上涨影响,我国规模以上采矿业的利润达到1.5万亿元,创历史最高水平,占到全国工业企业利润的19.6%[1]。但是,自然资源对人类的价值并非单纯的经济效益,而是多元价值体系,除经济效益外,自然资源的生态属性也会带来巨大的生态效益,且因生态效益具有更多的公共属性而具有较为明显的社会溢出效益。自然资源先天具有调节地球上物质运动与能量转换的功能,该功能并非以人类的产生与存在为条件,其功能的发挥也不以人类的意志为转移。[2]在人类尚未出现之际,自然资源已经以内在的运行规律为地球提供能量与物质。人类产生之后,尤其是产权观念、产权制度形成之后,原本存在的能够给人类带来经济效益的那些自然资源被纳入人类价值体系,实现了由客观形态向主观形态的转化。但是,在很长一段时间的自然资源开发利用过程中,经济效益与生态效益是存在冲突的,这种冲突反映出当前利益与长远利益、局部利益与整体利益的对立与矛盾。在自然资源开发利用过程中,最大限度地实现经济利益是开发利用主体最直接和最强烈的动机与目标。在这种情况下,"经济效益自身所具有的强大的扩张性必然对自然资源开发利用过程中生态效益的实现构成现实的威胁"[3]。当前,我国因资源开发无度而造成的环境与生态破坏仍较为严重,如因过度开发所造成的地下水位下降、地表植被破坏、生物多样性减少、沙漠化荒漠化等一系列生态环境问题。显然,对经济效益的偏好会导致自然资源开发利用中出现短视,市场主体的行为趋向遵循经济规律而违反生态规律。但如果仅以自然的生态效益维持作为人类活动的唯一目标而放弃开发利用活动,人类的生存以及发展质量又会大打折扣,也不符合自然界中原本的能量流动与物质循环规律。自然资源经济效益和生态效益的冲突解决,应当放在一个更为宏观的背景下,放在解决经济行为的局部性和短期性与生态环境保护的整体性和长远性之间的利益衡平的议题中。这就要求自然资源法应着眼于改进经济行为模式,调整经济效益目标的实现方式和途径,将经济效益与生态效益统一起来。

(二)经济效益与生态效益相互依存、相辅相成

从表面上看,经济主体在资源开发利用过程中关注短期效益和局部利益,追求眼前经济利益的做法会导致主体忽视生态规律,经济与生态的对立冲突明显。但深入分析不难发现,这种无视生态效益的做法最终会导致经济效益的持续降低,或者表现为人类为了修复、治理被破坏的生态环境而耗费更加高昂的成本,事实上也反向减损了自然资源带来的经济效益。

---

[1] 郭娟、崔荣国、周起忠等:《2022年中国矿产资源形势回顾与展望》,载《中国矿业》2023年第1期,第1—6页。

[2] 邓海峰:《环境容量的准物权化及其权利构成》,载《中国法学》2005年第4期,第59—66页。

[3] 张梓太主编:《自然资源法学》,科学出版社2004年版,第68页。

可见,自然资源的经济效益与生态效益是相互依存的,二者一荣俱荣、一损俱损。随着中国生态文明建设与乡村振兴的不断推进,更多的乡村依赖其原有的自然生态与地理风貌保护,获得了比原先单纯进行资源开发更多的经济效益,人民群众生活水平明显得到了提升。自然资源经济效益与生态效益相互依存的特性是由自然资源本身的自然属性所决定的,自然资源形成的天然性决定了其受自然规律的支配。

(三)贯彻生态文明及可持续发展理念

生态文明建设是中国特色社会主义理论体系的重要组成部分,是党中央面对经济社会发展中出现的生态环境问题、立足中国国情提出的重大发展战略。生态文明建设要求充分尊重和顺应自然规律,体现人与自然的和谐统一。生态文明建设要求全面贯彻可持续发展理念,充分保护自然资源的生态价值。从可持续发展理念来看,自然资源不仅是人类建设物质文明和推动社会发展的物质基础,更是人类维系美好生活和繁衍生息的基本环境。[①]从法律上来看,"可持续发展观念要求转变人们对自然资源的权利观念,正视自然资源的生态整体性与非财产性,使人们在保护自然资源生态完好性的前提下对自然资源的经济价值进行开发利用,这才是现代环境危机背景下人们对待自然的正确态度"[②]。社会主义生态文明建设不仅是对已经发生生态损害的恢复,更是涵括了经济效益与生态效益统一的可持续发展理念,要求人类发展与自然环境融为一体,"望得到山,看得见水,记得住乡愁"。自然资源法作为调整人类开发、利用、保护自然资源的法律依据,不仅要合理开发和有效保护自然资源,更要主动发力,美化自然、营造生态,真正实现经济效益与生态效益的统一。

三、经济效益与生态效益统一原则的内容

(一)经济效益与生态效益并重,而非顾此失彼

各主体从事自然资源开发利用的直接目的是获取自然资源的经济价值,而对自然资源开发主体而言,经济价值具有私益性,是推动其从事自然资源开发利用活动的直接动因。囿于自然资源本身又是生态系统的重要组成部分,具有较强的生态功能,肩负着满足生态性公共福祉的重要使命,自然资源法不能单纯关注经济效益获取中的规则与秩序,还应当积极赋予自然资源开发利用活动以公益性管制要求,使经济效益和生态效益得以并重。我国已经颁布的自然资源单行法更多关注自然资源的经济效益,在生态效益的重视和保护上存在不足。例如,《矿产资源法》主要关注对矿产资源勘查、开采活动的监督管理,很少关注矿业活动带来的生态保护与恢复问题。该法第 32 条对矿山企业恢复生态作出了原则性规定,但缺乏具体可操作性内容以及法律责任之规定。自然资源法中的经济效益与生态效益统一原则,旨在通过法律原则

---

① 魏胜强:《生态文明视域下自然资源法的完善》,载《扬州大学学报(人文社会科学版)》2015 年第 6 期,第 5—13 页。
② 刘卫先:《论可持续发展视野下自然资源的非财产性》,载《中国人口·环境与资源》2013 年第 2 期,第 82—87 页。

及相应的法律规则明确经济效益和生态效益并重,强调二者不应顾此而失彼。

(二)自然资源开发利用应避免对生态功能的损害和破坏

自然资源经济效益的实现体现在一系列对自然资源的开发利用活动中,而人类的开发利用活动必然对原生自然状态产生扰动,如果这些活动不能按照自然规律和生态规律进行,则产生的扰动多为负面的、破坏性的。例如,人类生产生活离不开水资源,但是对于水资源的利用,有可能造成下游水量减少或者是地下水位下降;人类工业生产和城市化建设依赖的矿产资源开发利用,对于矿区植被、地质环境则会产生不利影响,造成地面裂缝、塌陷等。因此,人类的开发利用活动首先应当遵守自然规律,尽量减少对于自然生态的损害和破坏。如果确实无法避免对自然生态产生不利影响,则应当尽量降低这种影响的频率与幅度,同时采取各种有效措施,及时修复自然资源生态功能。对生态效益的重视和保护,并不意味着绝对地停止资源开发利用活动或者严格限制自然资源开发利用。"经济与社会协调发展问题,既是一个经济问题,也是一个社会问题,但归根结底是一个政治问题。"[1] 这就决定了人类要在经济发展和生态保护中围绕当时的核心问题进行衡量。人类社会的发展既不能以牺牲生态利益为代价换取经济发展,也不能以牺牲经济发展为代价换取生态利益,经济效益与生态效益统一要求在新时代的自然资源开发利用中尽量避免造成自然生态破坏,对于已经造成的自然生态破坏不能听之任之,要采取积极的治理、修复措施,保障自然资源原有的生态功能能够得到正常发挥。

(三)充分重视自然资源开发利用对生态效益的积极影响

一般而言,自然资源开发利用活动对自然生态的扰动是负面的,但并不意味着开发利用活动就与生态保护绝对对立,一些开发利用活动本身有可能产生积极的生态影响。例如,一些基于现代农业理念而开展的生态性、有机类农业活动所带来的土壤改良,利用沙漠发展沙产业带来的水土保持、植被恢复等。这些开发利用活动产生的正外部性有利于生态效益的实现。自然资源法应当对此类经济效益与生态效益统一的经济活动进行正向激励,鼓励开发活动的正外部性产出。对于能够产生积极生态影响的自然资源开发利用活动,可以通过生态补偿等形式弥补开发主体付出的成本,以增加其正外部性的产出量。[2] 自然资源开发利用工作的政策与法律不仅要重视开发利用活动对生态效益产生的负面影响,也要注意充分发挥开发利用活动对生态效益的正面效应,通过政策、制度等激励行为主体的正向活动,切实实现经济效益与生态效益相统一。

四、经济效益与生态效益统一原则的贯彻

(一)合理规划,科学评估

经济效益与生态效益统一原则的贯彻执行需要体现在自然资源开发、利用、保护、管理等

---

[1] 瞭望新闻周刊编辑部:《和谐社会若干问题解读》,载《瞭望新闻周刊》2005 年第 9 期,第 42—45 页。

[2] 黄河、李永宁:《西部生态农业的外部性损害与国家补偿法律制度片论》,载《法律科学》2004 年第 1 期,第 94—99 页。

各项工作的宏观和微观领域,需要国家从政策、法律层面作出明确的制度安排,各微观主体予以贯彻执行。其一,国家应当在宏观决策和各项规划中以"绿水青山就是金山银山"理念为指导,充分体现经济效益与生态效益统一原则。国家在宏观决策上充分综合考虑自然资源的分布状况、承载能力及社会经济需求,并以此为基础对自然资源开发利用的范围、方式和程度等作出合理的安排和部署,将围绕资源而产生的不同利益主张的冲突化解在源头,在资源配置的过程中统筹兼顾经济价值的实现、生态价值承载的特点及不同的利益需求。其二,科学开展对资源开发利用的生态影响评估。这就要求在对自然资源开发利用之前,按照《环境影响评价法》对自然资源开发利用的专项规划可能造成的生态环境影响进行全面、科学的评估,分析和预测开发利用活动可能对生态环境造成的不利影响,并事先提出保护和恢复自然资源生态功能的对策和措施,将对自然生态造成的负面影响控制在自然承载能力范围之内。

(二)强化开发利用过程中的生态保护

我国现行自然资源立法均采用针对具体资源类型的单行法立法模式,每部资源单行法均体现出对生态保护的要求,但在未来的法律修订中,自然保护问题的法律调整应当更具可操作性。例如,《矿产资源法》第 32 条第 2 款规定开采矿产资源应当节约用地,因采矿破坏土地的,矿山企业应当因地制宜地采取复垦利用、植树种草或者其他利用措施。该规定虽能够体现出在矿山开采中对土地以及植被破坏的关注,但是具体怎么落实则缺乏进一步规定;同时,《矿产资源法》没有涉及矿产开采可能造成的地下水影响。《森林法》在立法目的上确认了森林资源的多元价值保护并将生态价值放在首位,但依旧存在生态价值保护相关制度较为原则性的问题。与森林资源经济价值实现的制度体系相比,生态价值保护的制度供给十分单薄。自然资源法应当更加强化资源开发利用中的生态保护制度建设,增强规定的可操作性,在保护中开发,在开发中保护,以实现经济效益与生态效益的统一。

(三)建立完善的生态补偿机制

自然资源开发利用会产生正负外部性,针对产生负外部性的资源开发利用活动需要不断完善生态资源补偿费制度,针对产生正外部性的资源开发利用活动则需要强化生态补偿。生态资源补偿费是指针对矿产开发、土地开发、旅游开发等自然资源开发利用活动可能造成的生态环境损害征收的用于生态环境保护、治理与恢复的费用。目前针对矿产资源开发征收的资源补偿费、针对森林资源征收的育林费、针对土地征收的土地补偿费、针对水资源征收的水资源费等更多考虑的是资源的经济价值,很少考虑资源的生态价值及资源生态功能丧失后如何进行恢复与补偿。[①]2005 年,党的十六届五中全会通过的《中共中央关于制定国民经济和社会发展第十一个五年规划的建议》首次提出要按照"谁开发谁保护、谁受益谁补偿"的原则,加快建立生态补偿机制;《国民经济和社会发展第十二个五年规划纲要(2011—2015 年)》就建立生态补偿机制问题作了专门阐述;党的十八大报告明确要求建立反映市场供求和资源稀缺程度、体现生态价值和代际补偿的资源有偿使用制度和生态补偿制度。生

---

① 李爱年:《征收生态环境补偿费的法律思考》,载《湖南师范大学社会科学学报》1997 年第 3 期,第 47—51 页。

态资源补偿费是落实生态补偿资金的重要渠道,是体现"谁开发谁保护原则"的重要内容,是实现经济效益与生态效益统一的有效路径。同时,针对能够产生积极生态环境效益的开发利用活动要通过生态补偿对提供生态效益的主体给予及时且合理的补偿,以激发其生态保护的积极性。

第三节　自然资源国家所有原则

《宪法》第 9 条第 1 款规定:"矿藏、水流、森林、山岭、草原、荒地、滩涂等自然资源,都属于国家所有,即全民所有;由法律规定属于集体所有的森林和山岭、草原、荒地、滩涂除外。"第 2 款规定:"国家保障自然资源的合理利用,保护珍贵的动物和植物。禁止任何组织或者个人用任何手段侵占或者破坏自然资源。"第 12 条规定:"社会主义的公共财产神圣不可侵犯。国家保护社会主义的公共财产。禁止任何组织或者个人用任何手段侵占或者破坏国家的和集体的财产。"这些原则规定是我国自然资源立法的重要依据。[1] 自然资源立法必须确保自然资源国家所有原则得以落实,确保自然资源合理利用,不被侵占和破坏。自然资源国家所有原则是实现自然资源经济效益与生态效益统一的保障,只有在自然资源国家所有模式下,才能确保充分实现自然资源经济效益与生态效益的统一。

一、自然资源国家所有原则的概念

自然资源国家所有原则是指主权国家对其管辖范围内的自然资源具有排他性的支配权,自然资源只能由国家所有,并由国家保护。我国自然资源国家所有原则具有明确的宪法依据。《宪法》规定自然资源"国家所有","是国家主权的宣示,是特定的国家经济制度,是意识形态在宪法领域的重要展现"[2]。我国是社会主义国家,人民是国家的主人,国家意志反映着人民的利益。自然资源作为国家重要的资源,不仅是支撑经济社会发展的基础物质资源,更在国家安全、主权独立上具有战略意义。作为社会主义国家,自然资源应当归属国家所有,即全民所有,且自然资源国家所有"是我国自然资源所有权存在的客观事实"[3],能保障我国自然资源的合理开发、利用、保护,满足各方面对自然资源不断增长的需求,促进自然资源经济效益与生态效益的统一。[4]

---

① 肖乾刚主编:《自然资源法教程》,法律出版社 1986 年版,第 20 页。
② 彭中礼:《论"国家所有"的规范构造——我国宪法文本中"国家所有"的解释进路》,载《政治与法律》2017 年第 9 期,第 56—69 页。
③ 李永宁主编:《环境资源法前沿热点问题研究》,中国政法大学出版社 2018 年版,第 76 页。
④ 王文革主编:《自然资源法——理论·实务·案例》,法律出版社 2016 年版,第 24 页。

二、自然资源国家所有原则的依据

（一）体现和贯彻社会主义公有制的基本要求

坚持和发展中国特色社会主义，不能丢弃以公有制为主体、多种所有制经济共同发展的中国特色社会主义基本经济制度。社会主义公有制是中国共产党和中国人民的历史选择，是社会主义的根本特征和显著标志。社会主义公有制是中国特色社会主义制度的基石，是实现人民当家作主、实现中华民族伟大复兴的制度保障。[1] 在十九届中央全面深化改革领导小组第一次会议上，习近平再次重申坚持社会主义公有制是全面深化改革必须恪守的前提。自然资源法作为调整我国经济社会发展重要基础的自然资源开发、利用、保护的法律规范，应当体现和贯彻我国社会主义公有制的基本要求。这就要求自然资源的立法、执法、司法、守法活动应当回应和实现社会主义公有制。自然资源国家所有原则从根本上体现和贯彻了我国社会主义公有制的基本要求，明确了自然资源属于国家所有。

（二）发挥国家宏观调控和保护自然的重要职能

自然资源对国家经济发展具有重要价值，但自然资源本身的属性又决定了自然资源具有维护国家安全、保障良好生态环境的重要功能。自然资源天然赋予的特性及其与自然生态的整体性决定了单个经济主体很难全面实现自然资源的多元价值，需要国家从全局的角度出发合理划定各利益主体的权利边界，尤其是当自然资源涉及国防、国家战略储备及生态效益实现时，自然资源国家所有并进行全局调配能够使国家作为社会公益的代表，"在干预自然资源开发利用的过程中处于一个合法的优越地位，在社会不同需求和自然资源多种用途的实现之间寻求一条解决的途径，在社会公益和个体私益之间找到一个合理的均衡"[2]。自然资源具有重大经济价值，但自然资源的稀缺性、自然资源分布的区域不平等性以及一些资源的不可再生性等特征都决定了对自然资源的开发利用不能够完全交由市场，任由个体无限制追求其经济价值。自然资源国家所有能够确保在尊重自然资源自身特性前提下按照社会需求配置自然资源，避免单纯依赖私人主体开发带来的短视与片面。同时，自然资源国家所有能够确保自然资源所具有的生态价值这种公共物品属性受到关注，减少开发利用自然资源的负外部性，强化正外部性，从而推进自然资源的可持续利用。

三、自然资源国家所有原则的内容

（一）自然资源开发利用应保障全民公共利益

自然资源国家所有，即全民所有，保障自然资源掌握在全民手中，自然资源所有权的行

---

① 韩平、吴怀友：《不忘初心：巩固和发展社会主义公有制——兼论毛泽东对建立社会主义公有制的历史贡献》，载《思想理论教育导刊》2018 年第 2 期，第 55—60 页。

② 张梓太主编：《自然资源法学》，科学出版社 2004 年版，第 63 页。

使反映、维护并实现全民公共利益,促进人类与自然界的和谐发展。自然资源是公共物品,在其变成生产资料或原料为投资主体产生经济利益之前,本身就承载着促进人类生存与发展的经济与生态功能,这显然无法由单个的个体实现。贯彻自然资源国家所有原则要求从维护全民公共利益的高度出发配置资源,最大程度维护、实现公共利益。一方面,允许社会成员平等自由使用自然资源,享受自然资源的生态福利;另一方面,通过宏观部署不断提高自然资源开发利用效率,增加社会财富,保证社会公平的实现。自然资源开发利用中经济效益的实现也存在效率与公平冲突的问题,自然资源国家所有在生态效益层面上保证社会公共利益实现的同时,也不能忽视经济效益实现中的公平问题。脱离了国家监管,私主体在资源开发利用中往往重视经济效益的最大化,无法有效解决经济公平问题。自然资源国家所有原则要求代表国家行使自然资源国家所有权的国家机关要制定和执行兼顾公平和效率的资源配置、利用和收益分配规则,既提高资源利用效率,又维护自然资源国家所有权行使的公平性和公正性。[①]

(二)自然资源开发利用应关注自然生态保护

自然资源本身就兼具经济价值与生态价值。工业革命以来,自然资源的经济价值在提升人们物质生活方面发挥了巨大作用,但由于生态功能不断遭到破坏,自然生态危机日益凸显。新中国成立后,我国自然资源开发利用对经济社会发展的意义不言而喻,但无序的开发利用也造成了资源过度开发与浪费、自然生态遭受破坏等不利后果。充分有效发挥自然资源国家所有权的行权效果,就要充分重视国家所有模式在资源保护中相较于私人所有的独特价值。《宪法》第9条在规定自然资源国家所有的同时,也明确了国家所有权行使中的保护义务,体现了自然资源多元价值全面实现的基本要求。自然资源法在贯彻落实国家所有原则时,既要充分关注全民经济利益高效公平地实现,还要关注资源节约自然保护的要求,发挥国家所有在公共利益保障中的先天优势,绝不能为追求经济效益而不顾全民的整体生态效益。

(三)自然资源开发利用应发挥国家的行政管理职能

《宪法》第9条对自然资源国家所有作出规定的同时,还规定了国家要保障自然资源的合理利用,保护珍贵的动物和植物,禁止任何组织或者个人用任何手段侵占或者破坏自然资源。可见自然资源国家所有中包含了所有权的行使与管理权的行使。这是因为国家人格具有双重性,国家人格的双重性是由国家既是政权代表者、行使者,也是包括自然资源在内的一些财产的所有者的双重身份决定的。[②]宪法总纲部分规定的国家所有不仅是一项经济制度,也是法学上的一种所有权,具体某一种某一类自然资源是否属于国家所有,依赖于法律对宪法"国家所有"条款的具体化和立法形成。[③]当《民法典》、自然资源单行法或其他法律对特定自然资源的国家所有进行立法规定后,国家以自然资源所有者身份将其各项权能予以许可或配置,从而实现自然资源的财产性收益。没有被法律具体化或者没有完成国家所

① 叶榅平:《论自然资源国家所有权行使的基本原则》,载《法治研究》2019年第4期,第36—45页。
② 张作华:《论我国国家法律人格的双重性——兼谈国家所有权实现的私法路径》,载易继明主编:《私法(第3辑)》第2卷,北京大学出版社2004年版,第279页。
③ 程雪阳:《中国宪法上国家所有的规范含义》,载《法学研究》2015年第4期,第105—126页。

有权立法形成的自然资源则属于共有物,国家可以对这一部分自然资源基于行政管理权规定开发使用规则;同时,国家基于行政管理者身份还要对自然资源开发利用中可能造成的公共利益或公共秩序受损、资源浪费、资源破坏以及生态破坏进行干预管理。因此,自然资源国家所有权的实现不仅包括国家代表全民实现自然资源的财产性收益,还包括充分发挥国家的行政管理职能,保障全民实现自然资源领域的公共利益。

四、自然资源国家所有原则的贯彻

(一)立法规定自然资源国家所有权的种类和范围

宪法明确的自然资源国家所有原则得以落实和实现有赖于国家立法的进一步具体化,要通过宪法之外的法律对国家所有的自然资源的权利范围、行使机制、收益等作出具体规定,即需要法律明确:《宪法》第9条列举的自然资源种类中哪些区域的土地、矿藏、水流、森林、山岭、草原、荒地、滩涂或其他自然资源可以属于国家所有;哪些区域的哪些自然资源属于集体所有(《宪法》第9条同时作出了法律可以规定属于集体所有的自然资源的例外规定);除了宪法已经列举的自然资源种类外,还有哪些自然资源可以属于国家所有;已经规定为属于国家所有的那些自然资源的权利该如何行使、收益该如何分配。《宪法》第9条规定的自然资源属于国家所有,"意指那些价值重大、决定国民经济命脉、影响国计民生的,作为生产资料的特定(狭义)的自然资源属于国家所有,即自然资源国家所有权"[1],并非自然界存在的所有自然资源(诸如空气等),都属于国家所有权的客体。目前,《民法典》《矿产资源法》《水法》《森林法》等单行法对各自调整范围内的自然资源国家所有作出了具体规定,并且就探矿权、采矿权、建设用地使用权、取水许可、砍伐许可等具体实现自然资源所有权的方式进行了规定。未来,那些尚未规定国家所有的自然资源,诸如风能、太阳能特定自然资源也有可能通过立法具体化为国家所有。当然,国家立法将风能、太阳能等自然资源具体化为国家所有时,应当尊重自然规律和财产权的一般原则和规则。[2]

(二)持续完善自然资源资产产权制度

2019年中共中央办公厅、国务院办公厅印发的《产权改革指导意见》指出,我国自然资源资产产权制度改革的目标是完善中国特色自然资源资产产权制度体系,构建起归属清晰、权责明确、保护严格、流转顺畅、监管有效的自然资源资产产权制度,促进自然资源开发利用效率和保护力度明显提升,推动生态文明建设。新中国成立后,我国建立起自然资源公有产权制度。随着国家的不断发展,自然资源资产产权制度经历了自然资源完全公有、自然资源所有权和使用权相分离但使用权不可交易、自然资源使用权可以有偿交易三个阶段,自然资源国家所有权制度不断丰富,自然资源资产产权制度变迁过程呈现出所有权和使用权相分

---

① 刘卫先:《"自然资源属于国家所有"的解释迷雾及其澄清》,载《政法论丛》2020年第5期,第138—150页。
② 程雪阳:《中国宪法上国家所有的规范含义》,载《法学研究》2015年第4期,第105—126页。

离且使用权可以交易的趋势,国家逐渐向社会放权、分权,注重发挥市场在资源配置中的作用。[①]2019年《产权改革指导意见》中要求构建归属清晰、权责明确、保护严格、流转顺畅、监管有效的自然资源资产产权制度,在已形成的自然资源所有权与自然资源使用权分离制度基础上解决所有者不到位、使用权边界模糊等问题,核心就是处理好所有权和使用权的关系,创新自然资源全民所有权和集体所有权的实现形式。具体来说,完善自然资源资产产权制度可以从以下几个方面着手:

(1)针对土地,落实承包土地所有权、承包权、经营权"三权分置",通过经营权入股、抵押等提高承包土地的经济效益;探索宅基地所有权、资格权、使用权"三权分置";加快推进建设用地地上、地表和地下分别设立使用权,促进空间合理开发利用。(2)针对矿产,加强探矿权、采矿权授予与相关规划的衔接,完善探矿权、采矿权与土地使用权的衔接机制;针对探矿权,依据地质工作规律合理延长有效期及延续保留期限;针对采矿权分类设定有效期及延续期限,明确采矿权抵押权能;探索油气探采合一权利制度。(3)针对海洋,立体分层设立海域使用权,加快完善海域使用权出让、转让、抵押、出租作价出资入股等权能;构建无居民海岛产权体系,探索无居民海岛使用权转让、出租等权能。(4)针对水域,完善水域滩涂养殖权利体系,明确权能,允许流转和抵押;理顺水域滩涂养殖权利与海域使用权、土地承包经营权,取水权与地下水、地热水、矿泉水采矿权关系。

(三)全面集中统一管理自然资源资产国家所有权

2018年3月17日,第十三届全国人民代表大会第一次会议通过《关于国务院机构改革方案的决定》,明确组建自然资源部履行全民所有土地、矿产、森林、草原、湿地、水、海洋等自然资源资产所有者职责,负责自然资源资产有偿使用工作并合理配置全民所有自然资源资产,负责自然资源资产价值评估管理,依法收缴相关资产收益,负责自然资源的合理开发利用。自然资源部的成立意味着我国的自然资源管理由相对集中走向全面集中统一管理。[②]无论是否为法律具体规定的所有权对象,自然资源本身就是一个兼具多种自然要素且各资源要素间相互联系和影响的完整循环体系,需要整体考虑。通过对原国土资源部、国家海洋局和国家测绘地理信息局的职责进行整合,以及统合国家发展改革委、住建部、水利部等机构的相关职能,使得新成立的自然资源部能够完成对资源的综合利用、管理和规划、保护,有效消除原先政出多头、部门间互相掣肘的现象,消除部门利益,使机构更高效地协调运转,减少政府行政成本,提升政府效能。[③]

---

① 卢现祥、李慧:《自然资源资产产权制度改革:理论依据、基本特征与制度效应》,载《改革》2021年第2期,第14—28页。

② 付英:《自然资源部语境下的自然资源统一立法研究——初论自然资源法通则》,载《中国国土资源经济》2018年第5期,第4—8页。

③ 付杨、徐红:《国家治理现代化:中央政府机构改革新趋向——以自然资源部为例》,载《领导科学》2019年第10期,第23—26页。

第四节　自然资源可持续利用原则

自然资源可持续利用原则是可持续发展理念在资源开发利用中的具体体现和要求。可持续发展作为全人类的发展战略提出于 20 世纪。世界环境与发展委员会于 1978 年正式使用了"可持续发展"概念，于 1987 年在联合国大会上提交的《我们共同的未来》研究报告指出，可持续发展是指既满足当代人的需要，也不损害未来世代发展需要的发展方式。自然资源开发利用对人类的生存与发展意义重大，承担着人类可持续发展过程中极为重要的使命，这就要求自然资源开发利用也要遵循可持续原则，使得自然资源既能满足当代人的开发利用需要，又为后代人开发利用自然资源留下可能性。自然资源经济效益与生态效益统一原则是从横向上关注自然资源利益的全面实现，而自然资源可持续利用原则是从纵向上关注自然资源经济效益与生态效益在历史维度上的持续性，是实现自然资源国家所有的内在要求，也是自然资源法的基本原则之一。

一、自然资源可持续利用原则的概念

自然资源可持续利用原则不是单纯强调其经济价值的可持续，而是指在开发、利用自然资源时，不能只看眼前利益，而要注重开源节流、开发与保护并举，保障后辈子孙对自然资源的持续性利用。自然资源可持续利用原则要求人类的经济活动和社会发展要控制在自然资源和生态环境可承载范围之内，遵循自然规律，既不能使当前资源利用处于停滞状态，又不能无节制地开发利用自然资源，剥夺后代人利用自然资源的可能性，应当留给子孙后代足够的自然资源以及保持自然资源可再生的能力。自然资源具有有限性，即使是可再生资源，也应当在其可承载能力范围内开发利用，一旦超过其更新速率，也会变得不可再生。因此，人类对自然资源的利用应当遵循这一基本规律，既要反对"为保护而保护"的片面观点，也要反对竭泽而渔那种只利用不保护的做法，[①] 确保自然资源的可持续利用，既为当代人利用资源发展提供保障，又为后代人使用自然资源留足空间与可能性。

二、自然资源可持续利用原则的依据

（一）自然资源的稀缺性与人类需求的冲突

自然资源并非取之不尽用之不竭，相对于人类日益增加的各种需求而言，自然资源的稀缺性是显而易见的。自然资源在人类发展过程中扮演着重要的角色，人类对自然资源的认识

---

① 肖乾刚主编：《自然资源法教程》，法律出版社 1986 年版，第 23 页。

和利用有着悠久的历史。自然资源广泛存在于自然界中,但能够进入法律视野并由法律调整其分配以及利益的仅是那些"与社会经济条件密切相关的""可由法律主体直接行使支配权或由主体享有特定法益的(该法益可以是经济利益,也可以是社会利益、生态利益)"自然资源。人工制造的、虽天然而对人类无用的、虽天然且有用但不具备稀缺性的均不属于法学上自然资源的范畴,也不会进入法律的调整视野。人类利用自然资源是由于自然资源对人类是有用的,能够满足人类生产生活的不同需要,但人类通过法律、制度对自然资源予以调整则是由于自然资源是稀缺的,需要在人类诸多需求主体之间确立分配有限自然资源的规则,保证资源开发利用的有序进行,避免因资源开发利用引发冲突。要持续满足人类对自然资源的需求,就要对这种有用的、稀缺的资源设置开发利用规则,确保自然资源的可持续利用。

(二)自然资源对子孙后代生存与发展的有用性

自然资源的有用性不仅体现在为当代人的生存发展提供重要支撑,也对子孙后代的生存发展具有重要价值,即人类持续的生存与繁衍离不开自然资源的持续支持。人类繁衍具有持续性,并非短期线性的。要想保持人类生存繁衍的可持续性,就需要自然资源持续支撑,即人类社会的可持续发展离不开自然资源。1972年在瑞典斯德哥尔摩召开的联合国人类环境会议讨论了自然环境与人类的关系及二者的相互影响,通过了《人类环境宣言》,决定成立由挪威首相布伦特兰夫人为首的世界环境与发展委员会,研究世界面临的环境问题及制定应采取的战略。美国的艾迪·B.维思教授于1984年在《生态法季刊》上发表题为《行星托管:自然保护与代际公平》论文,提出每一代人在开发、利用自然资源上应权利平等,强调当代人在发展与消费时应承认并努力使后代人有同样的发展机会。1987年世界环境与发展委员会发表的《我们共同的未来》的报告,明确提出了三个观点:一是环境危机、能源危机和发展危机不能分割;二是地球的资源和能源远不能满足人类发展的需要;三是必须为当代人和下代人的利益改变发展模式。[①] 在此基础上该报告提出了非常重要的命题,即可持续发展不仅应当关注当代人的公平发展,还应当关注自然资源环境对子孙后代的有用性,要实现代际公平,不削弱子孙后代通过开发利用自然资源及自然环境的能力。因此,自然资源对子孙后代的有用性决定了当代人类在作出自然资源制度安排时应当坚持可持续利用原则,以保证当代人与子孙后代持续利用的能力。

(三)自然资源的整体性与多重价值的持续实现

自然资源具有多重价值,但自然资源的整体性决定了实现自然资源的多重价值要从全局、长远出发,要考虑多元价值的持续实现,而非仅关注眼前、当下的经济价值,从而导致自然资源生态环境价值以及社会价值无法实现甚至遭受破坏。换言之,自然资源的整体性决定了自然资源价值不只在经济利益上的实现,而是多元价值在空间维度和时间维度上的综合实现,自然资源开发利用不能简单关注某一特定矿产、水资源等当前的经济价值,而要综合考虑特定自然资源当前与未来的经济价值以及经济价值与生态环境价值、社会价值的全

---

① 戚道孟主编:《自然资源法》,中国方正出版社2005年版,第46页。

面实现。以水资源为例,其为人类生产生活提供包括饮用、灌溉、工业用水、发电、航行等在内的重要经济价值,同时地表水资源作为自然界中的水体又与地下水位高低、动植物生存的生态系统紧密相关,水体本身又具有容纳消解污染物的功能。水体的这些多元价值会在时间空间上出现抵牾甚至冲突,这就要求在对水资源进行开发利用时应当考虑多价值、多时空的安排与布置,不能仅关注当前生产对水资源的经济需求。

三、自然资源可持续利用原则的内容

自然资源可持续利用内涵丰富,包含三方面的内容:尊重自然规律,合理利用自然资源;坚持开源节流,节约利用自然资源,不浪费资源;体现资源价值,有偿使用自然资源。

(一)尊重自然规律,合理利用

尊重自然规律,合理利用自然资源,就是要求一切自然资源开发利用活动应当合乎自然规律,不能突破自然规律而肆意、随意利用自然资源。具体包括三个方面的要求:一是自然资源不同于人类加工形成的物,其产生是按照自然规律天然形成的。自然资源自身的特点,自然资源的发展、变化和使用都遵循着自然界的规律,无法随意更改,人类活动应当尊重这一规律。例如,自然资源本身存在的赋存差异、性能特征等方面的独特性决定了开发利用的方式以及强度。如矿产资源可能存在品位差异,开发活动要结合现有的开发能力与条件,有选择地进行矿产资源的开发利用,不能不顾条件地进行利用,特别是要避免对自然资源的粗放式开发利用。从自然资源的形成规律上看,自然资源可以区分为可再生资源与不可再生资源,对于可再生资源要在其可以承受的更新速率范围内开发利用,开发利用以不超过其再生能力为限;对于不可再生资源,则要考虑以"保存和不以使其耗尽的方式的利用"[1]。二是对自然资源的合理利用还包括遵循资源与周围环境的共生关系,即对特定自然资源的开发利用不能破坏周围环境,要确保生态平衡。资源是一个经济学上的概念,自然资源因其具有巨大经济效应而被冠以资源的称谓,但其本身又与自然环境是一个系统的整体,为人类所开发利用的特定自然资源同时是生态环境的重要组成部分,人类的开发利用活动会对资源本身的生态环境功能构成影响,甚至出现不可逆的毁灭性后果。因此,人类对自然资源的开发利用应当尊重自然规律,关注自然资源与生态环境的交互关系,不能突破生态环境的底线。三是遵循自然规律,对自然资源的合理利用还应最大限度地发挥自然资源的效率,实现资源综合利用,实现一种资源的多元价值,使有限的资源发挥出最大的效益。遵循生态规律底线,并不意味着为了生态环境价值的保护就放弃自然资源的经济价值,而是强调底线之上的效率最大化,不断提高自然资源利用效率,避免低水平利用产生的浪费。尤其对不可再生资源而言,由于其总量有限,当前对于不可再生资源利用中的低效率甚至是浪费将严重制约子孙后代使用该资源的可能性及使用水平。例如,对于共生、伴生有益组分的矿床就不能只关注其

---

[1] 王曦:《论国际环境法的可持续发展原则》,载《法学评论》1998 年第 3 期,第 69—74 页。

中储量最丰富的矿种,而要多目标开发,提高矿床利用效率,实现多种矿产资源综合开发,从而事实上提高对多种矿产资源的开发利用效率,避免因"采富弃贫"造成的矿产资源浪费。

(二)坚持开源节流,节约利用

开源节流语出《荀子·富国》,"故明主必谨养其和,节其流,开其源,而时斟酌焉。潢然使天下必有馀,而上不忧不足"。后以"开源节流"指开辟财源、节约开支。自然资源利用领域中的开源节流不是指加大开发力度,减少资源使用量,而是要尊重自然资源的形成规律以及更新规律,提高利用效率,节约利用自然资源。对于可再生资源和不可再生资源而言,开源的内涵并不相同。前者是指在尊重自然资源更新速率的基础上,尽量提高资源产出效率,如农作物生产领域,人类通过地膜、大棚以及现代农业生产技术不断提高其产量;后者更侧重节流,但对于一些特殊的矿产资源,如金属,可以通过回收利用等方式重复利用,增加其对人类的价值,同时通过人类科学技术水平的进步,提高不可再生资源的开采利用率,也能够起到满足人类需求的开源效果。节流是要求无论自然资源储量充分还是紧缺,都要提高资源利用效率,节约利用资源,不能浪费。所谓节约,一是指"节省",与浪费相对立;二是指"集约",与粗放相对立。[1]中国式现代化要坚持山水林田湖草沙一体化保护和系统治理,统筹产业结构调整、污染治理、生态保护、应对气候变化,协同推进降碳、减污、扩绿、增长,推进生态优先、节约集约、绿色低碳发展。节约集约发展体现在人与自然关系的处理上,也逐渐成为自然资源法规制自然资源开发利用的基本原则与遵循。

(三)体现资源价值,有偿使用

一段时间里,我国实行计划经济体制,对各种自然资源的使用均是无偿的。随后,我国开始征收资源税和资源使用费,但是这种税、费的征收范围较小。已有的资源税、费仅针对原油、煤炭、天然气、黑色和有色金属矿原矿及其他非金属矿原矿和盐征收;对土地仅仅征收耕地占用税和土地增值税;对水资源费的征收,仅限于城市中直接使用地下水的单位。计划经济时代形成的"资源无价、原料低价、产品高价"不合理价格体系一直没能从根本上得到矫正。[2]这种出现在自然资源开发利用领域的无偿使用和价格偏低的现象,严重助长了人们对自然资源的掠夺式使用和破坏性使用。[3]事实上,自然资源属于国家所有,其有用性和稀缺性决定了自然资源对人类而言具有重大价值,且包含经济价值、生态价值、社会价值等多元价值。其他主体对自然资源的开发利用不能忽视资源本身的价值,否则就会产生掠夺式使用和破坏性使用的现象,进而造成自然资源破坏和生态环境破坏。自然资源有偿使用,是指"直接利用自然资源的单位和个人应当依法缴纳法律规定的税费,提高利用自然资源的成本,增加保护自然资源的收益,以利于自然资源容量的恢复、整治、再生和养护,实现自然

---

① 孟庆瑜:《自然资源法基本原则新探》,载《河北大学学报(哲学社会科学版)》1999年第3期,第135—138,第142页。

② 刘乃军、路卓铭:《我国资源价格重构的理论思考与机制探讨》,载《求是学刊》2007年第4期,第57—61页。

③ 靳文辉、曾涛:《可持续发展视野下自然资源法的基本原则》,载《商洛师范专科学校学报》2003年第4期,第85—87页。

资源的可持续利用"[1]。自然资源有偿使用是在市场经济体制下,以价值规律为基础,充分体现自然资源自身价值的基本实现途径,[2] 也是保证自然资源能够被珍惜、被节约,实现可持续利用的经济途径。自然资源有偿使用原则的贯彻执行有助于形成自然资源开发利用经济激励与约束机制,促进开发利用效率和水平的不断提高,进而强化自然资源的可持续利用。

四、自然资源可持续利用原则的贯彻

(一)合理规划,强化资源开发利用环境影响评价

合理规划就是对工业和农业、城市和乡村、生产和生活、经济发展和环境保护等各方面的关系进行通盘考虑,通过国土空间规划、自然资源开发利用规划、城乡规划与环境规划等合理安排人类经济社会活动与资源环境保护。国家经济社会建设活动离不开自然资源开发利用,我国《环境保护法》作为资源环境保护的综合性法律,明确规定"国家采取有利于节约和循环利用资源、保护和改善环境、促进人与自然和谐的经济、技术政策和措施,使经济社会发展与环境保护相协调"。同时规定了"县级以上人民政府应当将环境保护工作纳入国民经济和社会发展规划"。2018 年,中共中央、国务院颁布了《关于统一规划体系更好发挥国家发展规划战略导向作用的意见》,要求"建立以国家发展规划为统领,以空间规划为基础,以专项规划、区域规划为支撑"的国家规划体系;2019 年,中共中央、国务院颁布了《关于建立国土空间规划体系并监督实施的若干意见》(以下简称《国土空间规划实施意见》),为国土空间规划体系搭建起了四梁八柱。国土空间是一个地域空间,这一地域空间由人文要素和自然要素构成,其中自然要素既是资源又是环境,与人类生活密切相关。国土空间规划即是对全国范围或者国内某一区域内的资源、环境以及人类活动作出安排,这种配置还应当包括时间维度上的配置,要考虑到资源、环境、人类关系在该区域内短期的、长期的配置,实现人与自然的和谐发展,推动人类社会进步。2019 年,中共中央办公厅、国务院办公厅印发了《产权改革指导意见》,要求"编制实施国土空间规划,划定并严守生态保护红线、永久基本农田、城镇开发边界等控制线,建立健全国土空间用途管制制度、管理规范和技术标准,对国土空间实施统一管控,强化山水林田湖草整体保护"。世界上其他国家原有的规划体系在面对新的发展挑战之下,均开始注重空间发展的协调性、整体性与战略性,将传统的城乡规划、土地利用规划等转向统一的空间规划,体现对国土空间的全局性安排。

在满足国土空间规划以及用途管制的总体要求后,具体的自然资源开发利用规划也应当进行生态环境影响评价,不仅要就评价开发利用可能造成的环境污染问题,还要就资源破坏、生态退化以及资源可持续利用等内容进行全面评价,从时间上和空间上全面合理平衡协调人类活动与资源环境的关系。

---

[1] 王文革主编:《自然资源法——理论·实务·案例》,法律出版社 2016 年版,第 27 页。
[2] 张梓太主编:《自然资源法学》,科学出版社 2004 年版,第 70 页。

（二）积极推动绿色生产与绿色消费

要解决自然资源开发利用的不可持续问题,既要关注生产环节,也要关注消费环节。人类发展与资源开发利用密切相关,当前推进生态文明建设、实现高质量发展迫切要求处理好人与自然的关系。要实现自然资源的可持续利用,就需要在绿色发展理念下不断推进绿色生产和绿色消费。绿色生产能够推动节约使用自然资源、循环使用自然资源、减少环境问题产生;绿色消费则是从消费端对产品、服务以及人的消费行为产生约束,反向制约资源浪费行为。具体而言,绿色生产与绿色消费制度包括绿色设计、清洁生产与循环经济(尤其是针对能源清洁开发利用)、绿色农业与服务业、绿色产品认证与标识以及绿色生活等内容。以上制度措施有的直接约束自然资源开发利用行为,有的则是通过对工业、农业、服务业等生产环节控制来实现资源节约、循环等可持续目标。例如,就工业清洁生产而言,出台重点行业深入推进强制性清洁生产审核制度,完善评价指标体系,支持重点行业企业实施清洁生产技术改造;就工业循环经济而言,完善共伴生矿、尾矿、工业三废、余热余压综合利用,落实生产者责任延伸制度,强化生产者废弃产品回收处理责任,加大资源回收利用力度;就农业生产而言,实施化学农药减量替代,推广生物防治替代,规范养殖业的饲料添加和兽药使用规范,减少人类活动对生物资源的干扰,同时提高食品安全保障水平;等等。从消费角度来看,推行绿色产品政府采购制度,支持消费者购置节能产品,推广新能源和清洁能源汽车;完善居民用电、用水、用气阶梯价格制度,推行城乡居民生活垃圾资源化利用制度,建立健全使用绿色建材、建设绿色农房的农村住房建设机制。通过生产与消费环节双向发力,扭转过去高耗能、高污染的发展方式,转而形成绿色低碳的可持续发展模式。

（三）不断完善自然资源税费制度

自然资源可持续利用要求实现自然资源有偿使用,明确各主体应当承担的成本。自然资源的有偿使用要求直接利用自然资源的单位和个人应当依法缴纳法律规定的税费,提高利用自然资源的成本,增加保护自然资源的收益,以利于自然资源容量的恢复、整治、再生和养护,实现自然资源的可持续利用。[①] 值得注意的是,自然资源有偿使用不仅包括直接利用自然资源的单位和个人应当支付相应的资源税费,还包括自然资源的受益者为了资源持续更新而应当承担的经济补偿。一般而言,自然资源有偿使用以税费的形式出现,包括自然资源使用费、自然资源补偿费或税、生态补偿费以及排污费如土地出让金、水资源费、矿产资源补偿费和矿产税、排污税。早在 2015 年,中共中央、国务院印发的《生态文明体制改革总体方案》就明确了健全资源有偿使用和生态补偿制度的要求。具体而言包括:(1) 加快自然资源及其产品价格改革。建立自然资源开发使用成本评估机制,将资源所有者权益和生态环境损害等纳入自然资源及其产品价格形成机制。建立自然垄断环节的价格定价成本监审制度和价格调整机制,完善价格决策程序和信息公开制度。推进农业水价综合改革,全面实行非居民用水超计划、超定额累进加价制度,全面推行城镇居民用水阶梯价格制度。(2) 完善土地有偿使

---

① 高桂林、杨雪婧主编:《生态文明视野下自然资源法治研究》,中国政法大学出版社 2021 年版,第 101 页。

用制度。扩大国有土地有偿使用范围,扩大招拍挂出让比例,减少非公益性用地划拨,将国有土地出让收支纳入预算管理。改革完善工业用地供应方式,探索实行弹性出让年限以及长期租赁、先租后让、租让结合供应。完善地价形成机制和评估制度,健全土地等级价体系,理顺与土地相关的出让金、租金和税费关系。建立有效调节工业用地和居住用地合理比价机制,提高工业用地出让地价水平,降低工业用地比例。探索通过土地承包经营、出租等方式,健全国有农用地有偿使用制度。(3) 完善矿产资源有偿使用制度。完善矿业权出让制度,建立符合市场经济要求和矿业规律的探矿权采矿权出让方式,原则上实行市场化出让,将国有矿产资源出让收支纳入预算管理。厘清有偿取得、占用和开采中所有者、投资者、使用者的产权关系,研究建立矿产资源国家权益金制度。调整探矿权采矿权使用费标准、矿产资源最低勘查投入标准。推进实现全国统一的矿业权交易平台建设,加大矿业权出让转让信息公开力度。(4) 完善海域海岛有偿使用制度。建立海域、无居民海岛使用金征收标准调整机制。建立健全海域、无居民海岛使用权招拍挂出让制度。(5) 加快资源环境税费改革。理顺自然资源及其产品税费关系,明确各自功能,合理确定税收调控范围。加快推进资源税从价计征改革,逐步将资源税扩展到占用各种自然生态空间,在华北部分地区开展地下水征收资源税改革试点。加快推进环境保护税立法。(6) 完善生态补偿机制。探索建立多元化补偿机制,逐步增加对重点生态功能区转移支付,完善生态保护成效与资金分配挂钩的激励约束机制。制定横向生态补偿机制办法,以地方补偿为主,中央财政给予支持。鼓励各地区开展生态补偿试点,继续推进新安江水环境补偿试点,推动在京津冀水源涵养区、广西广东九洲江、福建广东汀江—韩江等开展跨地区生态补偿试点,在长江流域水环境敏感地区探索开展流域生态补偿试点。(7) 完善生态保护修复资金使用机制。按照山水林田湖系统治理的要求,完善相关资金使用管理办法,整合现有政策和渠道,在深入推进国土江河综合整治的同时,更多用于青藏高原生态屏障、黄土高原—川滇生态屏障、东北森林带、北方防沙带、南方丘陵山地带等国家生态安全屏障的保护修复。(8) 建立耕地草原河湖休养生息制度。编制耕地、草原、河湖休养生息规划,调整严重污染和地下水严重超采地区的耕地用途,逐步将 25 度以上不适宜耕种且有损生态的陡坡地退出基本农田。建立巩固退耕还林还草、退牧还草成果长效机制。开展退田还湖还湿试点,推进长株潭地区土壤重金属污染修复试点、华北地区地下水超采综合治理试点。

第五节 自然资源系统性治理原则

自然资源系统性治理基于山水林田湖草沙生命共同体的基本事实而提出。习近平指出:"自然是生命之母,人与自然是生命共同体";"人的命脉在田,田的命脉在水,水的命脉在山,山的命脉在土,土的命脉在林和草,这个生命共同体是人类生存发展的物质基础"。[①] 山水

---

① 《习近平著作选读》第二卷,人民出版社 2023 年版,第 165、173 页。

林田湖草沙通过能量流动与物质循环相互联系、相互影响,形成相对独立又彼此依存的关系,共同维持着地球生态系统正常运行。山水林田湖草沙一体化保护和系统治理工作要求对自然资源的开发利用以及保护恢复活动也应当坚持系统性管理原则,深刻认识和把握生态文明建设规律,突出人与自然和谐共生的价值追求,从保护生态系统整体性出发,立足生态系统自身条件,遵循"宜耕则耕、宜林则林、宜草则草、宜湿则湿、宜荒则荒、宜沙则沙"的原则,在自然资源开发利用过程中系统考虑资源的生态整体性,在不同价值之间进行理性判断,综合决策。

一、自然资源系统性治理原则的概念

自然资源系统性治理原则是指基于自然资源作为完整生态系统重要组成部分的客观事实,在自然资源管理过程中,要充分认识生态系统的整体性内涵,尊重生态整体性,按照整体性原则办事,最终达到科学管理、合理保护、可持续利用的目的。具体地讲,自然资源系统性治理原则是在自然资源开发利用以及保护修复活动中,政府部门和公民个人都应当充分遵循自然规律,运用生态学知识深刻理解自然资源问题,认识生态系统结构、功能和动态的整体性,强调自然资源利用与保护的科学性、一定时空尺度内的生态整体性与可恢复性、生态系统的不稳定性与不确定性,以此为基本指导设定制度和规则,以规范管理人类的自然资源开发利用行为,实现人与自然和谐共生。

二、自然资源系统性治理原则的依据

(一)自然资源开发利用导致资源整体性被割裂,产生生态破碎化现象

长期以来,人类对自然资源的开发利用主要关注其经济价值,如利用森林生产木材、利用水力发电灌溉、利用土地开展农业生产及工业建设等。以上开发利用活动均服务于具体的生产目的,一般只关注在所涉资源种类、数量允许范围内的效益最大化问题,难以突破具体项目范围或行政区划而从生态系统整体性出发考虑资源的系统性保护问题。可以依据在"陆地上"或"水域中"两种不同方式将人类活动进行简单的空间划分,但实际上,无论是在陆地上,还是在水域中,均存在人类的开发利用活动导致生态破碎化的现象。以长江流域为例,其包括长江干流和支流流经的广大区域,共计 19 个省(区、市),流域总共面积约 180 万平方千米,几乎覆盖我国国土面积的 1/5,长江流域内蕴含着丰富的自然资源,它依托生产力布局、流域内自然特征和自然资本,支撑着流域经济社会过去、现在和未来的发展。[1]过去,人类基于经济社会发展的需要"靠水吃水",大量利用长江流域的水资源、水力资源、渔业资源以及水体的环境容量,开展过度捕捞、水域污染、拦河筑坝、航道整治、岸坡硬化、挖沙采石

---

[1] 李琴、马涛、杨海乐:《长江十年禁渔:大河流域系统性保护与治理的实践》,载《科学》2021 年第 5 版,第 7—10 页。

等一系列开发利用活动,导致长江流域生态系统严重退化或破碎化,物种栖息地以及生态多样性受到不同程度的影响,甚至出现物种灭绝的情况。此外,黄河流域作为我国重要的生态屏障建设区、粮食主产区和经济发展区,其流域内自产水量不足,粮食、能源和生态竞争激烈,不同功能用水之间相互冲突,整体协调性不足,生态环境问题也十分突出,水沙治理与水资源保障形势严峻。[①] 除水域外,人类在陆地上的资源开发利用活动也导致了陆地生态系统的破碎化问题,比较典型的即为耕地破碎化带来的土地破碎化问题。土地利用,尤其是农村耕地由于缺乏整体性规划,多呈现出小块化、碎片化使用状态,从而导致土地景观破碎化。由于生态系统具有整体性,生态景观破碎化和生境破碎化是物种灭绝速率加快的主要原因。[②] 有研究表明,我国荒野地占到国土总面积的 42%,其中只有 23% 被现有自然保护区等覆盖,约有 3/4 的现存荒野地处于自然保护区边界之外。[③] 荒野地成为人工世界中的孤岛,缺乏必要的连通性以支持相应的生态系统过程和生态功能,其本身对于保护那些对人类活动较为敏感的物种的栖息地具有重要作用。[④] 可见,人类对自然资源的开发利用活动导致生态系统原有的整体性被破坏,生态破碎化现象严重。

(二)自然资源立法多为单行立法,缺乏对自然资源系统性保护的制度安排

我国现有自然资源立法模式是典型的单行法立法模式,以横向单行法立法为主、纵向分散式立法为辅的形式进行。在此种立法模式下,自然资源法律体系横向结构主要由各自然资源单行法组成,包括《森林法》《土地管理法》《矿产资源法》《水法》《草原法》《渔业法》《野生动物保护法》《海域使用管理法》《海岛保护法》等;自然资源法律体系纵向结构主要由自然资源法律、行政法规、部门规章和地方性立法组成,单个自然资源的管理、规划、开发、利用、确权、流转等方面分别通过不同层级的法律文件加以规定。既有自然资源法立法模式着眼于适应我国改革开放初期的市场化经济需求,有利于解决各类自然资源在开发和利用中的特性问题,在自然资源管理领域确实发挥了及时和短期的效用,但其弊端是缺乏对各类自然资源的整体性保护和统筹性考量。

单行法横向立法模式结合纵向分散式立法模式具有效率高、灵活性和针对性强等优势。每一部自然资源法律法规的新设和修改都能够在一定程度上弥合当时的社会需求,却不能掩盖自然资源立法统筹性考量不足的弊端。单行法立法模式下的自然资源法律体系由多部自然资源单行法组成,这些单行法位列宪法和部门法之下的第三层级。单行法立法模式的一大特征在于缺乏一部统领性的基本法,各自然资源单行法有其独立的原则、目的、制度、调整对象等内容,据此各自然资源单行法之下又衍生出大量行政法规、规范性文件等法律文

① 傅伯杰:《加强基础研究的系统性和综合性,助力黄河流域生态保护与高质量发展》,载《中国科学基金》2021 年第 4 期,第 503 页。

② 傅伯杰、陈利顶:《景观多样性的类型及其生态意义》,载《地理学报》1996 年第 5 期,第 454—462 页。

③ Cao Y,Carver S,Yang R. Mapping wilderness in China: Comparing and integrating Boolean and WLC approaches [J]. *Landscape and Urban Planning*,2019,192(C).

④ 曹越、杨锐:《2020 年后全球生物多样性框架下中国荒野地的系统性保护策略》,载《中国园林》2022 年第 8 期,第 6—9 页。

件,法律碎片化严重。既有立法模式下,自然资源法律体系日益复杂冗余并呈现诸多负面表征,较为代表性的有以下几点:第一,自然资源法律体系缺乏系统性。每部自然资源单行法产生于不同的时期,各部法律具有相对独立的立法目的、原则和概念,自然资源法律体系的整体性被割裂。第二,自然资源法律文件数量庞杂。我国自然资源法律体系不仅包含众多资源要素,还涉及国家层面的法律、行政法规、部门规章和地方法律法规等多个层级的法律规范。一部单行法下配套的多层级法律文件数量呈几何倍数增长,严重影响自然资源法律法规在司法和执法活动中的实际使用效果和效率。第三,自然资源法律体系结构失衡。在整个自然资源法律体系中,具有较高法律效力的自然资源法律占比偏低,法律效力层次较低的行政法规、部门规章占比过高。第四,自然资源法律内容矛盾冲突。各单行法的立法目的、调整对象、监管职责等均存在矛盾和冲突的现象,例如:以保障经济为立法目的和以自然资源、生态保护为立法目的的法律文件之间存在矛盾与冲突;由于特定自然资源被重复规制在多部自然资源法律法规中,因规定不同而产生的矛盾与冲突;由于自然资源单行法关于管理权限和责任的规定不明,导致各行政部门因利益分歧出现监管职责上的矛盾与冲突等。第五,自然资源法律应有规范空白或缺失。部分未受重视的自然资源尚未上升至法律层面进行规制,甚至有些自然资源的管理和保护存在立法空白。《宪法》第 9 条以列举方式规定自然资源包括矿藏、水流、森林、山岭、草原、荒地、滩涂等,《民法典》第 247 至 251 条将自然资源补充扩大至无居民海岛、海域、野生动植物资源,但《宪法》《民法典》列举的部分种类自然资源仍旧处于立法空白或缺失状态。[①]

三、自然资源系统性治理原则的内容

(一) 将生态整体主义作为自然资源立法的逻辑基础

生态整体主义形成于 20 世纪,与人类中心主义、生态中心主义相比,体现出一种非中心化的思维方式,强调保持生态系统整体与内部各要素和谐、稳定、平衡和持续的关系。在生态整体主义核心思想中,人类是生态系统中的一部分。该主义认为,人类开发和利用自然资源的行为会对生态系统产生一系列影响,人类应当承认这些影响确实会干扰生态系统内部的动态平衡。同时,人类的行为必须通过法律才能予以规制,所以人类只有从生态整体主义的角度出发制定相应的法律规范,才能保证人类将生态系统的整体利益作为人类的最高价值,同时有利于人类社会的可持续发展。各自然资源在整个生态系统中作为特定部分而存在,单个自然资源难以脱离其他自然资源而单独存在,应当对各自然资源进行系统性的整体立法。将生态文明写入宪法是生态整体主义在我国法律体系顶层设计上的体现,为与生态环境、自然资源等有关的立法提供了法律渊源。生态文明思想与生态

---

① 黄锡生、杨睿:《法典化时代下自然资源法立法模式探究》,载《中国人口·资源与环境》2021 年第 8 期,第 101—111 页。

整体主义的共同之处在于对生态系统"整体性"的重视和解读,生态文明思想也是生态整体主义在我国法治建设中具有本土特色的升华。自然资源法律制度是生态文明制度体系的重要一环,应当以生态整体主义为逻辑起点构建中国特色社会主义自然资源法律制度体系。

(二)自然资源立法要强调对自然资源基本属性的关注

自然资源的生态价值和经济价值一样都是客观存在的,人类认可的自然资源价值属性随着社会需要和能力的发展而变化,自然资源的生态价值逐步受到人类的关注。自然资源通过被人类开发利用以满足人类社会的经济需求和生态需求,具有满足人类生存和发展的服务功能,自然资源的生态价值体现的正是自然资源所具有的生态服务功能。自然资源法需要确认生态价值、量化生态价值并对生态利益进行合理分配。首先,自然资源法充分认可自然资源具有经济价值和生态价值双重属性。其次,人类需要找寻自然资源生态服务功能在人类社会中的财产表达方式,即对自然资源生态价值进行经济性量化。自然资源法对自然资源生态价值予以确认需要对其生态服务功能财产权化(又称资产产权化),使自然资源生态系统服务功能可以通过货币的方式被表达和计算,这需要自然资源学、生态学、经济学等相关知识和技术的支持。最后,将自然资源生态利益纳入自然资源法利益衡平的范围。设计自然资源法律制度时需要以自然资源基本属性为前提,充分考虑自然资源的基本属性、生态功能和承载能力,以此实现社会的可持续发展。

(三)自然资源立法要强调资源环境的系统性与整体性

长期以来,以防治污染和其他公害为主要内容的环境污染防治法、以维护生态系统功能为主要内容的自然生态保护法、以规范自然资源的开发利用和保护为主要内容的自然资源法、以规范能源的开发利用与节约保护为主要内容的能源与节能减排法,均并未考虑资源环境的整体性,以致未能构建出一个内容贯通、逻辑自洽的体系,[①] 生态环境法与自然资源法事实上呈现出分置状态。其实,"资源"和"环境"的差异并不是客观状态,而仅在于认识角度的不同。对于同一自然物,往往既是资源,又是环境。"资源"概念强调个体和经济,而"环境"概念更加强调整体和安全,二者并不是非此即彼的关系。[②] 可以说,环境即资源,资源即环境。对于同一存在于自然界的自然物来说,其在法秩序中是被作为"资源"对待还是被作为"环境"对待,并不是绝对的,在不同情境下可能会形成不同的法律关系,适用不同的法律规范。这导致不关注系统性与整体性的法律体系就无法有效解决资源环境的系统性与整体性保护问题,因此,需要将与资源环境相关的立法进行系统性与整体性修正,以满足这一客观需求。

① 史玉成主编:《环境法典编纂中的关系与结构》,法律出版社 2021 年版,第 73 页。
② 巩固:《环境法典自然生态保护编构想》,载《法律科学(西北政法大学学报)》2022 年第 1 期,第 96—105 页。

四、自然资源系统性治理原则的贯彻

(一)明确环境资源一体化保护

习近平强调:"要从系统工程和全局角度寻求新的治理之道,不能再是头痛医头、脚痛医脚,各管一摊、相互掣肘,而必须统筹兼顾、整体施策、多措并举,全方位、全地域、全过程开展生态文明建设。"[1]《生态文明体制改革总体方案》要求:"树立山水林田湖是一个生命共同体的理念,按照生态系统的整体性、系统性及其内在规律,统筹考虑自然生态各要素、山上山下、地上地下、陆地海洋以及流域上下游,进行整体保护、系统修复、综合治理";"坚持城乡环境治理体系统一"。在制度层面,要将资源环境一体化保护体现出来:一是坚持统一规划;二是打破信息藩篱;三是形成统一监管;四是一体化问责;五是按照山水林田湖系统治理要求统一修复自然环境。

(二)实现基于生态系统的区域整体性治理

习近平指出:"要打通地上和地下、岸上和水里、陆地和海洋、城市和农村、一氧化碳和二氧化碳,贯通污染防治和生态保护,加强生态环境保护统一监管。"[2]《产权改革指导意见》要求:"强化自然资源整体保护。"中共中央办公厅、国务院办公厅印发的《建立国家公园体制总体方案》要求:"按照自然生态系统整体性、系统性及其内在规律,对国家公园实行整体保护、系统修复、综合治理。"《长江保护法》《黄河保护法》实现了以整体流域进行开发利用与保护管理的立法尝试。其一,要充分关注以国家公园为主体的自然保护地体系的建立;其二,对于流域、海域、湖泊、湿地等整体性特征明显的特殊区域,进一步实现综合性管理,破除行政区划管理的障碍。

(三)协调资源利用管控与绿色生产

习近平指出,"要牢固树立绿水青山就是金山银山理念,坚定不移走生态优先、绿色发展之路"[3]。在自然生态保护领域,绿色发展包含两个方面:一是,通过制度强化对传统资源开发利用行为的生态环境约束,通过划定生态保护红线、环境质量底线以及资源利用上线确保人类活动"不能超出当地水土资源承载能力和环境容量";二是,通过制度创新实现生态要素、空间、服务等资产化、资源化,构建生态产品价值实现制度体系。

(四)形成资源环境惠益分享与公众参与机制

习近平指出,"要提供更多优质生态产品以满足人民日益增长的优美生态环境需要"[4]。生态环境保护与资源保护中的生态利益应当由全民共享,建立惠益分享与公众参与机制。一方面,通过资源环境立法赋予重要生态要素、空间、服务等"生态产品"与重要自然资源同

---

[1] 《习近平著作选读》第二卷,人民出版社 2023 年版,第 173 页。
[2] 习近平:《论把握新发展阶段、贯彻新发展理念、构建新发展格局》,中央文献出版社 2021 年版,第 265 页。
[3] 习近平:《论坚持人与自然和谐共生》,中央文献出版社 2022 年版,第 273 页。
[4] 《习近平著作选读》第二卷,人民出版社 2023 年版,第 172 页。

等的"全民所有"法律地位,明确公众享有的资源环境权益的范围、类型和内容,建立公众惠益的具体制度体系;通过环境资源财税制度和生态补偿、公共服务等方式平衡不同区域的生态成本与收益,保障为生态收益作出巨大贡献的主体能够获得公平、合理的发展利益。另一方面,广泛实行信息公开,鼓励公众参与资源环境保护。保障公众资源环境知情权,充分鼓励公众参与自然资源环境的许可、立项、实施、后评价等环节,扩大公众参与决策范围,增强公众参与程度。

自测习题

第三章

自然资源基本法律制度

导语　　自然资源基本法律制度属于自然资源法学的基础理论。本章的主要内容为:(1) 自然资源基本法律制度的概念及特征;(2) 自然资源所有权主体制度现状、问题及完善思路,自然资源所有权的取得、变更及消灭,自然资源所有权权能;(3) 确立自然资源流转制度的必要性,自然资源流转立法现状、构建目标和思路及完善路径;(4) 自然资源资产负债表和离任审计制度的概念、制度实施现状、困境及完善路径;(5) 自然资源行政管理制度现状、问题及改革完善的基本思路。

第一节　自然资源基本法律制度构成概述

一、自然资源基本法律制度的概念及特征

自然资源基本法律制度,是指在自然资源法中,彰显自然资源法价值理念和基本原则,调整特定自然资源社会关系,由具有相同或相似法律功能的一系列法律规范所组成的有机统一的规范系统。自然资源法律制度既不同于自然资源法的基本原则,也不同于单个的自然资源法规范,有其独特的质的规定性。对自然资源基本法律制度内涵的准确理解应把握其以下特点。

(一)调整对象特定性

自然资源法的调整对象是统一的,都是事关自然资源的某类社会关系,但在该社会关系内部,根据不同领域和层面社会关系所表现出的不同特点,仍有必要对自然资源法的调整对象划分出不同的社会关系类型,以便使其调整更具现实针对性,从而优化法律实施的实际效果。例如,在自然资源法调整的社会关系中,有些需要对权属的问题作出规定,还有些涉及政府管理权限和方式等,所以应以调整对象中不同类型社会关系的特点和需求为基础,在法律上作出针对性的回应,以使自然资源法的法律调整做到有的放矢。自然资源基本法律制度即是针对自然资源法调整对象中的不同社会关系类型,根据特定类型社会关系所表现出来的外在特征和对法律调整的内在需求,通过对同类法律规范的遴选而组成的规则系统。

因此,调整对象特定性是自然资源基本法律制度的首要特征。

(二) 法律规范整合性

单个条文或法律规范无法组成法律制度,自然资源基本法律制度是一系列有特定调整对象的法律规范的集合体。构成自然资源基本法律制度的法律规范并非简单相加,而是相互关联、互相支持、互通融合,共同构成一个相对独立且完整的规则系统。通过特定法律规范整合而成的自然资源基本法律制度,更能有效发挥法律调整的系统优势,进而扩大和强化单个或零散法律规范的功能。同时,从自然资源法整个法律系统的结构功能看,正是以各个不同的自然资源基本法律制度为基础才形成了自然资源法的主干。自然资源基本法律制度对法律规范的整合作用,为整个自然资源法律部门系统化、条理化发展及法律体系的不断完善提供了不可或缺的结构上的支持。

(三) 法律功能同质性

由于调整对象的特定性,自然资源基本法律制度只对某一类型的自然资源社会关系发生作用,对自然资源法调整对象进行不同的类型划分是因为不同类型社会关系的特点和对法律调整的要求不一样。自然资源基本法律制度只对那些外在特征相似、对法律调整内在需求相同的特定社会关系进行规范和调整,因此,构成自然资源基本法律制度的法律规范应具有同质的法律功能。也就是说,同一自然资源基本法律制度所统率的法律规范在价值判断的取舍方面及发挥作用的方式上是一致的,这取决于调整对象的特定性和法律规范的整合性。自然资源基本法律制度的法律功能同质性既是对法律规范进行选择和取舍的重要标准,也是体现法律制度“整体大于部分之和”,发挥其法律调整系统优势的根本保证。

(四) 法律实施可操作性

自然资源基本法律制度是一个相对务实的理论范畴,它和自然资源法基本原则的根本区别在于,自然资源基本法律制度并非理论上的抽象与概括,而是从现实中特定的调整对象出发,为增强法律调整的针对性和适应性,由相关法律规范整合而成的。特定而明确的调整对象和具体的法律规范,决定了自然资源基本法律制度在实践中必然具有较强的可操作性。自然资源基本法律制度的可操作性是自然资源法成熟与完善的重要标志。任何部门法的理论研究和法律实践都是一个从粗略到精细的发展完备过程,只有比较完备的立法才具有较强的可操作性和现实针对性。自然资源基本法律制度健全和完善的过程也是一个操作性不断强化的过程,自然资源基本法律制度的操作性越强,自然资源法就越容易贯彻和实施,也就表明自然资源法的发展水平越高。

二、自然资源基本法律制度的理论论争

对自然资源基本法律制度的研究,不同于对其他部门法制度的研究,因为就目前情况而言,在理论上并没有对自然资源基本法律制度的构成作出明确的概括和归纳,学者们的相关研究也往往针对某些特定方面,就某个具体制度进行分析。譬如,金瑞林先生认为,自然资

源基本法律制度包括主体功能区划制度和生态补偿制度[1]；秦天宝教授认为，自然资源基本法律制度包括自然资源权属制度、自然资源奖励制度[2]；张璐教授根据自然资源法调整对象的有关理论，把自然资源法的调整对象分为自然资源权属关系、自然资源流转关系、自然资源行政管理关系三类，[3] 进而认为自然资源法基本制度包括自然资源权属制度、自然资源流转制度、自然资源行政管理制度。总之，目前对自然资源法基本制度的研究缺乏内在的联系性和理论的一致性，在自然资源法的基本理论中还没有形成稳定的自然资源基本法律制度体系，这是对自然资源基本法律制度研究的基本现状。

造成此种现状的主要原因是：首先，在当前的自然资源法律体系中，各单行立法发展迅速但综合性立法一直进展缓慢且处于缺位状态，这种体系上的缺陷决定了目前的自然资源法缺乏从基本法的角度对法律制度作出总体性的归纳和设计，没有为自然资源基本法律制度的理论与实践提供战略层面的指导思想；其次，从单行法角度来看，目前自然资源法的各单行法基本上是以不同的自然资源品种或行业为基础的，规范对象的差异性在一定程度上决定了自然资源各单行法之间的联系相对比较松散；最后，在生态文明建设的新时代背景下，自然资源基本法律制度也在不断地调整、完善中。2013 年，党的十八届三中全会作出的《中共中央关于全面深化改革若干重大问题的决定》在第十四部分"加快生态文明制度建设"中首次规定了要健全自然资源资产产权制度和用途管制制度，"对水流、森林、山岭、草原、荒地、滩涂等自然生态空间进行统一确权登记，形成归属清晰、权责明确、监管有效的自然资源资产产权制度"。2014 年，党的十八届四中全会作出的《中共中央关于全面推进依法治国若干重大问题的决定》提出，"建立健全自然资源产权法律制度，完善国土空间开发保护方面的法律制度，制定完善生态补偿和土壤、水、大气污染防治及海洋生态环境保护等法律法规，促进生态文明建设"。2015 年，中共中央、国务院印发《生态文明体制改革总体方案》从建立统一的确权登记系统、建立权责明确的自然资源产权体系、健全国家自然资源资产管理体制、探索建立分级行使所有权的体制、开展水流和湿地产权确权试点等方面提出了健全自然资源资产产权制度的具体措施。2016 年，国务院印发《关于全民所有自然资源资产有偿使用制度改革的指导意见》，针对土地、水、矿产、森林、草原、海域海岛等六类国有自然资源的不同特点和情况，分别提出了建立完善有偿使用制度的重点任务。党的十九大报告提出要"设立国有自然资源资产管理和自然生态监管机构，完善生态环境管理制度，统一行使全民所有自然资源资产所有者职责，统一行使所有国土空间用途管制和生态保护修复职责"。《产权改革指导意见》明确规定：加快自然资源统一确权登记、强化自然资源整体保护、促进自然资源资产集约开发利用、推动自然生态空间系统修复和合理补偿、健全自然资源资产监管体系、完善自然资源资产产权法律体系等九大主要任务。

上述原因所导致的自然资源基本法律制度的不明确性，给研究自然资源法带来了很大

---

① 金瑞林主编：《环境与资源保护法学》（第三版），高等教育出版社 2013 年版，第 184—185 页。
② 秦天宝主编：《环境法——制度·学说·案例》，武汉大学出版社 2013 年版，第 219—222 页。
③ 张梓太主编：《自然资源法学》，北京大学出版社 2007 年版，第 74—90 页。

困难。所以,对该问题的研究必须转换研究视角,创新研究思路,即自然资源法基本制度的研究、建构及完善必须立足生态文明建设实践和环境资源法典化这一新时代背景,总结提炼生态文明建设和自然资源制度改革成果,在确保自然资源法律制度体系的稳定性、系统性和整体性的基础上,构建完善我国自然资源基本法律制度体系。自然资源基本法律制度构成需综合考虑下列因素:首先,研究应着眼于自然资源法的基本制度构成,尽量避免因局限于单行法具体法律制度而形成形而上的、相对机械的研究思路,使对自然资源法的制度研究更具有内在的联系性和理论的一致性,突出自然资源基本法律制度应有的理论特征;其次,对自然资源基本法律制度构成的研究,应具有较为明显的应然性,加强对构建自然资源基本法律制度体系的必要性、可行性的分析和论证,为我国综合性自然资源立法的法律制度设计及其总体上的发展与完善提供有针对性的理论支持;最后,自然资源法的基本制度构成要增强实践性和可操作性。

三、自然资源基本法律制度的构成内容

根据部门法划分的标准,相对一致的调整对象和法律功能是判断法律制度基本构成主要的、在质的方面的规定性因素。其中,比较而言,调整对象的一致性将发挥主导性作用,因为法律制度所针对的同一类型的社会关系是其产生相同或相似法律功能的基本前提。同时,考虑到自然资源基本法律制度中,调整手段和过程对其影响也相当明显,故研究自然资源基本法律制度构成时应予以关注和重视。因此,根据自然资源法调整对象和调整方法等理论的有关内容,本书认为,自然资源法调整对象分为自然资源权属关系、自然资源流转关系、自然资源资产负债表和离任审计关系、自然资源行政管理关系四类,与之相对应,自然资源法的基本制度构成也应包括自然资源权属制度、自然资源流转制度、自然资源资产负债表和离任审计制度、自然资源行政管理制度。

第二节　自然资源权属制度

一、自然资源权属制度概述

自然资源权属制度是与自然资源权属相关的法律制度安排在理论上的抽象和概括,其主要通过对自然资源权属的界定,明确对自然资源的归属、支配以及由此产生的法律后果分配的规范体系,是对自然资源开发利用、保护和管理进行相关法律制度设计的逻辑起点。根据现行有关法律、法规规定,我国自然资源权属制度主要包括两个层次的权利形态,即自然资源所有权和自然资源使用权。

自然资源权属制度与传统的民法物权理论既有联系又有区别。与一般物的所有权一

样,自然资源所有权也具有完全性、绝对性和有用性等特点。其与一般物的所有权的区别在于：首先，自然资源所有权主体具有特殊性。并非所有的民事主体都可以成为自然资源所有权主体。我国是社会主义国家，实行的是公有制为主体的经济制度。自然资源实行公有产权制度，即自然资源归国家所有和集体所有，只有国家和集体才能成为自然资源所有权主体。其次，自然资源所有权客体具有特殊性。自然资源与传统物权法上的物不同，自然资源除了具有经济性外还具有自然性、整体性、相关性、生态性等特点。自然资源所有权客体的这些特性，使自然资源所有权在权利义务的配置上、权利的行使方式上、权利的救济等方面具有特殊性。最后，自然资源所有权的流转也具有特殊性。对于国家所有的自然资源，是不能流通的，国家作为所有权人是自然资源的唯一主体。例如，《民法典》第 242 条规定："法律规定专属于国家所有的不动产和动产，任何组织或者个人不能取得所有权"；对于集体所有的自然资源，在符合法定条件下国家可将其征收为国家所有，如《宪法》第 10 条第 3 款规定："国家为了公共利益的需要，可以依照法律规定对土地实行征收或者征用并给予补偿。"这种单向流转方式实际上也不是一般意义上的流通，而是具有较强的公共性和行政性。[1] 自然资源国家所有权主体的全民性、客体的公共性决定了自然资源国家所有权的公权力属性。这是一种以公权力方式行使的所有权，本质上是国家对自然资源的管制权。[2]

二、我国自然资源所有权制度

（一）我国自然资源所有权制度的现状

1. 自然资源所有权制度采取分散式立法模式

自然资源所有权目前还只是一个法学概念，在法律制度上没有使用自然资源所有权概念。因此，还没有关于自然资源所有权总则性的专门规定。有关自然资源所有权制度，分别规定在《宪法》《民法典》等相关法律中。如《宪法》第 9 条规定："矿藏、水流、森林、山岭、草原、荒地、滩涂等自然资源，都属于国家所有，即全民所有；由法律规定属于集体所有的森林和山岭、草原、荒地、滩涂除外。"《民法典》第 247 至 253 条分别规定了矿藏、水流、海域、森林、山岭、草原、荒地、滩涂等自然资源的国家所有和集体所有两种形式。《水法》《矿产资源法》《草原法》《森林法》等单行法分别对具体的自然资源所有权进行了专门规定。

2. 自然资源所有权制度设计遵循二元结构

自然资源或者属于国家所有，或者属于集体所有。法律采用两种方法对具体的自然资源的归属进行划分：一是用列举法，对常见的自然资源的归属进行明确的规定；二是用排除法，将不属于集体所有的自然资源规定为国家所有。这种二元结构是由我国现阶段的基本经济制度所决定的。我国是社会主义国家，现阶段实行的是以公有制为主体、多种所有制经

---

① 黄锡生：《自然资源物权法律制度研究》，重庆大学出版社 2012 年版，第 113 页。
② 王克稳：《自然资源特许权有偿出让研究》，北京大学出版社 2021 年版，第 303 页。

济共同发展的基本经济制度。自然资源关乎国计民生,所以我国实行自然资源公有制形式,即国家所有制和集体所有制。这种自然资源所有制结构必然要求相应的所有权结构与之相适应,由此形成了我国自然资源国家所有权和集体所有权这种二元所有权结构。

3. 我国自然资源所有权的行使主体

现行法律规定国家所有权由国务院代表国家统一行使,即自然资源国家所有权的主体是国家或者全民,而代表国家或者全民行使所有权的主体是国务院。《民法典》第246条第2款规定:"国有财产由国务院代表国家行使所有权。法律另有规定的,依照其规定。"对于集体所有权,《民法典》《土地管理法》《农村土地承包法》均规定由一定范围内的集体经济组织或者集体成员代表来行使。《民法典》第262条规定:"对于集体所有的土地和森林、山岭、草原、荒地、滩涂等,依照下列规定行使所有权:(一)属于村农民集体所有的,由村集体经济组织或者村民委员会依法代表集体行使所有权;(二)分别属于村内两个以上农民集体所有的,由村内各该集体经济组织或者村民小组依法代表集体行使所有权;(三)属于乡镇农民集体所有的,由乡镇集体经济组织代表集体行使所有权。"

(二)我国自然资源所有权制度的问题

1. 自然资源所有权立法上存在缺陷

我国现行自然资源所有权制度分别体现在各个单行法中,且自然资源所有权概念在民事立法上还不具有独立性,宪法之下的相关立法规定,或见于行政法色彩浓厚的各项自然资源法中,或隐于传统意义上的物权法中。自然资源所有权的特点没有得到应有的体现,如自然资源作为所有权客体与传统的物权法上的物的关系、自然资源的生态性价值如何转化为所有权上的权利和义务、自然资源所有权的行使如何贯彻可持续发展的理念、传统物权保护和救济制度是否适应自然资源所有权制度需要等。而且,现行所有权制度相当一部分分散规定在单行自然资源法律中,造成一些规定重复,甚至冲突。

2. 自然资源所有权主体存在虚位现象

我国现行自然资源所有权制度实行的是国家、集体二元所有结构,自然资源所有权的主体是国家和集体。国家和集体作为民法上的主体,在我国是一个比较常见的现象。"但由于国家本身的虚拟性、抽象性以及模糊性导致其行为能力的局限性,不可能真正去行使所有权人的占有、使用、收益、处分等权能,这就必然导致国家对自然资源的所有权是一种'虚所有权',其结果往往是分解或架空了国家所有权。"[1]如果从自然资源国家所有权行使的代理人来观察的话,其主体虚位性就更加明显了。根据我国现行法律的规定,在自然资源国家所有的情况下,其所有权行使的主体是国务院。实践中,自然资源国家所有权实际上是由各级政府或者政府的相关部门行使的。由于地方利益和部门利益的存在,在主体和利益统一的自然资源国家所有权主体之下,出现了主体不同、利益不同的多个行使主体。代理人的行为有可能背离自然资源所有权主体的利益目标。

---

① 戴谋富:《论我国自然资源物权体系的构建》,载《长沙理工大学学报》2005年第3期,第35页。

在集体作为自然资源所有权主体的情况下,也存在主体虚位现象。《宪法》第 8 条和《民法典》第 260 条、第 261 条均肯定了农民集体的所有权主体地位。农民集体因此成为包括农村土地在内的自然资源所有权的主体。农民集体虽然是集体所有权的法定主体,但从民事主体理论来看,农民集体作为所有权主体存在诸多问题。农民集体既非个人(即自然人),也非法人,不能作为人格者享有集体土地所有权,现行民法主体理论和相关法律规则无法适用于"集体"。农民集体不是某个具体的人,而是作为人的集合体存在。在现实中,这个集合体尚未形成一个实体,不符合民事主体的要求,不能成为所有权的主体。于是造成自然资源所有权主体虚位现象,引发了集体所有权行政化等一系列问题。

(三)自然资源所有权制度的完善

1. 坚持自然资源的公有形式

我国现行自然资源所有权结构符合我国现阶段的基本国情,应当继续坚持。《民法典》以坚持社会主义基本经济制度作为总的原则之一,在所有权结构安排上继续坚持现有的二元结构。原因如下:首先,坚持二元结构是由我国现阶段的基本政治制度和经济制度决定的。我国是社会主义国家,实行的是以公有制为主体的经济制度,所有权是所有制在法律上的体现,必须反映所有制的要求。我国《宪法》第 6 条规定,"中华人民共和国的社会主义经济制度的基础是生产资料的社会主义公有制,即全民所有制和劳动群众集体所有制"。同时,在第 9 条规定了自然资源国家和集体所有两种形式。其次,自然资源的重要性也要求实行公有产权。自然资源对于一国的国民经济和生态环境具有重大意义,实行公有产权,有利于一国经济的健康发展和环境保护。由于自然资源具有多元价值,在其开发利用过程中,自然资源多元价值之间会产生冲突。例如,自然资源生态价值与经济价值的冲突与矛盾,处理不好既影响经济发展还会导致自然资源枯竭、环境恶化。在实行自然资源私有化产权模式的国家,这种矛盾实质上就是个人利益与社会公共利益之间的矛盾,这种矛盾的持续带来了一系列严重的资源、环境问题。坚持自然资源公有产权,使自然资源所有权人处于公有地位,有利于消除公、私利益冲突。特别是在实行自然资源国家所有的情况下,国家作为社会公益的代表,在干预资源开发利用的过程中处于一个合法的优越地位,可以以资源所有者的身份在社会不同需求和资源多种用途的实现之间寻求一条解决途径,在社会公益和个体私益之间找到一个合理均衡。最后,自然资源公有产权与市场机制并不矛盾。主张自然资源产权私有化者通常从我国现行自然资源所有权存在的不足出发,运用西方产权经济学理论,指出现行自然资源产权不符合市场经济的要求,不能通过市场实现自然资源的优化配置,促进自然资源的有效利用。事实上,将所有权与资源配置和利用效率挂钩,并不科学。我国现行自然资源所有权存在的种种问题,完全可以通过建立健全所有权行使的代理人制度、完善他物权制度等在公有制内部化解,现行自然资源所有权制度存在的缺陷并不必然构成否定公有所有权的理由。

2. 自然资源国家所有权主体制度的完善思路

首先,明确自然资源国家所有权本质上为公法权利。(1)建立与自然资源所有权相适应的、以限制国家处分全民所有资源权力为目的的公法制度。在我国,《宪法》第 9 条将矿藏、水流、森林、山岭、草原、荒地、滩涂等自然资源规定为国家所有,即全民所有,表明这些自然资源都应是全民所有的公共财产。"这类财产本质上是属于国家范围内的全体人民的共同财富,是人类生存所必需依赖的物质财富,因此,它理应归属于全民。"[①] 国有自然资源类似于大陆法系国家的自然公产或英美法系国家的公共信托资源,非国家可用于经营和处分的私法上的财产。(2) 建立法律上的公产制度以及公法人制度。产权制度以及公法人制度的缺失导致归属全民所有的公共财产和国家可用于营利的经营性财产混为一体,国家在两类不同性质的财产中都被当作私法主体(即民法所有权主体)看待。我国学界多以民法所有权理论解释自然资源国家所有权并将自然资源国家所有权纳入民法所有权的范畴。[②] 作为自然资源国家所有权主体的国家在法律上完全被视作一种民事主体,对国有自然资源享有与行使民法所有权等同的全部权能,包含占有权、使用权、收益权和处置权四项权能。把自然资源国家所有权主体视为私法主体,国家就可以对国有自然资源行使民法所有权权能,可以利用自然资源进行经营、自由转让和处分自然资源,从而导致自然资源的"全民所有"沦为一句口号。因此,我国亟须建立符合自然资源国家所有的公产制度及公法人制度。

其次,明确全国人民代表大会是国有自然资源的代表者。我国国有自然资源的所有者是全民,因此,国有自然资源的代表也就是全民的代表。换言之,只有有资格代表全民的主体才有资格成为国有自然资源法律上的代表者。《宪法》第 2 条第 2 款规定,人民行使国家权力的机关是全国人民代表大会和地方各级人民代表大会;第 85 条规定,中华人民共和国国务院,即中央人民政府,是最高国家权力机关的执行机关,是最高国家行政机关。依据上述规定,人民的代表机关应是全国人民代表大会和地方各级人民代表大会而非国务院。实行国有自然资源的人大代表制,不仅能够让国家所有体现和同归全民所有,实现创设自然资源国家所有权的立法初衷,而且可以明确政府行使的自然资源国家所有权的权力来源,为规范、约束国家所有权的行使提供法理基础和法律依据。人大代表制意味着人大是有权设定自然资源国家所有权的唯一合法主体,自然资源国家所有权的权能及行使主体只能由法律设定和分配,任何行政机关行使自然资源国家所有权的权能均须经法律明确规定,任何行政机关行使国家所有权都只能以法律的授权为限,法律未授予政府行使的权力都是为人民所保留的权力,政府一律不得行使;人大代表制还意味着,人大有权代表人民对行政机关执行法律、履行国家所有权权能的活动实施监督,行政机关应当向人大报告履行国家所有权权能的情况并接受人大的监督。如此方能解决行政机关在行使自然资源国家所有权中普遍存在的权力行使不受约束等一系列弊端。

最后,明确政府是国有自然资源的管理者。在纵向上,建立国家所有权的分级行使制度,合理划分中央政府与地方政府管辖的国有自然资源范围并赋予地方政府对所辖资源完

---

① 王克稳:《论自然资源国家所有权的法律创设》,载《苏州大学学报(法学版)》2014 年第 3 期,第 93 页。

② 刘灿等:《我国自然资源产权制度构建研究》,西南财经大学出版社 2009 年版,第 50—51 页。

整的所有权权能。依自然资源法的规定,我国享有国家所有权权能的政府有四级:一是中央政府,二是省、自治区、直辖市政府,三是设区的市、自治州政府,四是县(县级市)政府。四个不同层次的政府都在行使自然资源国家所有权,但只有中央政府享有国家所有权的完整权能,地方政府并不享有国家所有权的完整权能。这种国家所有权权能配置模式最大的问题是,无法调动资源所在地政府和民众在资源管理与保护中的积极性,而资源的管理和保护又不得不高度依赖地方政府。在横向上,建立国家所有权的集中行使制度,以一级人民政府作为行使国家所有权的权力主体,同时相对整合资源行政部门的所有权权能。一是相对分离资源配置权与资源监管权。以现在的自然资源部门为基础,将资源配置权从其他部门分离出来集中到自然资源部门,由自然资源部门统一履行土地、矿产、能源、海洋、林业、草原、水等国有自然资源的配置权能,包括代表国家出让资源使用权、确认资源产权、进行产权界定与产权登记,同时剥离自然资源部门的资源监管职能。二是相对集中资源监管权。以现行的环境保护部门为基础,建立大部制的生态与环境保护部门,将原国土资源部门以及林业、草原、海洋等部门的资源监管职能从各部门分离出来,统一集中于生态与环境保护部门;对于无法合并的监管权力,应当清晰划分生态与环境保护部门与其他部门之间的职权与职责;对于仍然需要由两个以上部门共同承担监管职能的,也确定一个部门承担监管的主体责任。

3. 自然资源集体所有权主体制度的完善思路

首先,需将"农民集体"实体化。"农民集体"作为组织体,其实体化要求有自己的名称、治理机构和必要的办公场所、经费等,并依法进行登记。其次,应将"农民集体"法人化。为使集体所有权主体与我国现行民事主体制度衔接,应当将"农民集体"法人化,使用法人制度规则进行治理。我国《民法典》规定了三类民事主体,即自然人、法人和非法人组织。自然资源所有权主体应采用法人这种民事主体类型,"农民集体"可以组成一个社团以取得法人资格进而成为民事主体。最后,集体所有权主体既然是一个组织体,其内部需要一定的治理规则。法人作为组织体,与自然人的意思形成机制不同,且存在内部成员之间、成员与组织体之间、组织体与外部主体之间的层次关系。这些关系要形成有序状态,需要对其进行内部治理,如明确成员权、制定章程、构建法定代表人制度等。

4. 自然资源所有权权能制度的完善思路

根据所有权理论,所有权包含占有、使用、收益、处分四项权能。从现阶段自然资源所有权的立法来看,国有自然资源所有权和集体自然资源所有权都存在所有权权能缺位问题。在市场经济体制下,要使自然资源所有权权能在经济上真正得以实现,首要途径就是将所有权的各项权能进行分解,实行自然资源占有权与使用权、收益权和部分处分权相分离。国有自然资源所有权权能的完善,需要结合市场经济的要求,按照市场机制将使用、收益和处分等权能分离出去。从现行立法来看,可以从以下几个方面进行努力:一是坚持自然资源有偿使用的原则,将自然资源所有权的使用权能及相应的其他权能分离出去;二是注重市场机制的作用,采用招标、拍卖等公开、公平的方式分离所有权的权能;三是将分离出去的权能落实,避免分离出去的权能受到不必要的行政干扰。

三、自然资源所有权的取得、变更及消灭

（一）自然资源国家所有权的取得、变更及消灭

1. 自然资源国家所有权的取得

在我国，根据相关法律法规规定，自然资源国家所有权的取得有法定取得、强制取得、天然孳息和自然添附几种方式。(1) 法定取得。法定取得是指国家根据法律规定直接取得自然资源的所有权。在我国，法定取得是国家取得自然资源所有权的主要方式。我国在与自然资源相关的立法中大多都明确规定了自然资源的国家所有权。如《宪法》对自然资源的国家所有权作出了概括性的规定;《矿产资源法》《水法》《海域使用管理法》《野生动物保护法》等自然资源单行立法也在各自总则中明确规定了矿产资源、水资源、海域资源、野生动物资源属于国家所有。(2) 强制取得。强制取得是指在法律规定的特定场合下，国家从社会公共利益出发，不顾及所有权人的意志和权利，直接采用没收、征收、国有化等强制手段取得所有权的方式。其中，国有化和没收是新中国成立初期取得自然资源所有权的主要形式;对于征收，现行立法有明确规定，比如《土地管理法》规定，国家为了公共利益的需要，可以依法对集体所有的土地实行征收并给予补偿。征收之后，国家就取得了对征收土地的所有权。(3) 天然孳息和自然添附。天然孳息是指按照物质的自然生长规律而产生的果实与动物的出产物。[①] 天然孳息主要是针对那些可再生资源而言的，比如，树木的自然生长导致森林资源木材蓄积量的增加，野生动物在自然条件下通过自身生殖繁衍导致野生动物种群数量的扩大等，这些都属于自然资源的天然孳息。根据民法所有权的有关理论，除非法律另有规定或当事人另有约定，天然孳息的所有权一般应由原物所有权人享有。因此，在拥有这些资源所有权的前提下，也相应地取得天然孳息的所有权。自然添附是指在自然条件的作用下自然资源产生或增加的情形。这种情况较为典型地体现在土地资源上，比如，由河流冲积而形成的成片土地因使国家所有的土地面积增加而成为自然添附物。

2. 自然资源国家所有权的变更

自然资源国家所有权的变更，是指自然资源所有权主体的变化，亦即将自然资源从一主体转移给另一主体。自然资源所有权可因征收、所有权主体分立与合并、对换或调换等而变更。

3. 自然资源国家所有权的消灭

自然资源国家所有权的消灭，是指因某种法律事实致使所有权人丧失其所有权的情形。自然资源国家所有权的消灭只有一种情况，即所有权客体的消灭。由于自然或人为的原因导致某种自然资源消灭，该自然资源的所有权也就随之消灭。比如，某种野生动物资源因滥捕滥猎而导致种群灭绝，森林资源因火灾而不复存在，那么在上述自然资源上的所有权也随

[①] 王利明主编:《民法学》，法律出版社 2005 年版，第 404 页。

之消灭。

（二）自然资源集体所有权的取得、变更及消灭

1. 自然资源集体所有权的取得

在我国，自然资源集体所有权的取得有法定取得、天然孳息、劳动生产取得三种方式：（1）法定取得。法定取得是指集体组织根据法律的规定直接取得自然资源所有权。我国的相关立法大多在规定自然资源国家所有权的同时，通过列举或排除的方式明确规定集体可以取得的自然资源所有权的范围。《宪法》明确规定集体可以依法取得森林、山岭、草原、荒地、滩涂等自然资源的所有权；还规定了农村和城市郊区的土地，除由法律规定属于国家所有的以外，属于集体所有；宅基地和自留地、自留山也属于集体所有。为落实《宪法》的规定，《土地管理法》《森林法》《草原法》等自然资源单行法也分别对土地、森林、草原的集体所有权作出了进一步详细的规定。此外，在所有权取得的确认方式上，自然资源国家所有权与自然资源集体所有权存在差异。国家依法取得的自然资源所有权不需要登记注册确认，而自然资源集体所有权的取得，必须按照法定的程序，由一定的政府机构登记注册并核发证书。（2）天然孳息。集体组织同样可以依法取得其所有的自然资源天然孳息的所有权。（3）劳动生产取得。主要是指集体组织通过投入劳动而新产生的自然资源，如集体组织通过植树造林而新产生的森林资源，这些自然资源是集体组织开发利用行为的劳动成果，集体组织当然取得这些自然资源的所有权。通过劳动生产取得所有权是一种基本的所有权取得方式，对自然资源的集体所有权而言，这种取得方式有着尤其重要的意义，它从制度安排上鼓励和保障了集体组织对自然资源的劳动投入，对于改善我国广大农村生态环境和自然资源状况发挥了积极的促进作用。

2. 自然资源集体所有权的变更

自然资源集体所有权的变更，是指自然资源所有权主体或内容的变化，即将自然资源从一主体转移给另一主体或者自然资源所有权客体因对换调换而发生所有权内容变化。自然资源集体所有权的变更包括两种情形：（1）作为自然资源集体所有权主体的乡（镇）、村民委员会、村民组分立与合并而导致的主体变更；（2）作为自然资源集体所有权客体的各类资源对换或调换等导致的变更。

3. 自然资源集体所有权的消灭

自然资源集体所有权的消灭，是指因某种法律事实致集体所有权人丧失其所有权的情形。自然资源集体所有权的消灭有两种情况：（1）所有权客体的消灭。由于自然或人为原因导致某种自然资源消灭，该自然资源的所有权即随之消灭。比如，集体森林资源因火灾而不复存在，该自然资源上的集体所有权就随之消灭；又如，集体所有土地因为地震或者河流改道而致标的物灭失。（2）强制消灭。国家基于公共利益需要依法采用强制手段，致使原自然资源集体所有权的权利消灭。比如，国家对集体所有土地或者林地资源等进行征收，征收后国家取得了被征收土地、林地资源的所有权，而乡（镇）、村民委员会、村民组土地、林地上的所有权随之消灭。

四、自然资源使用权

自然资源使用权是指在自然资源开发利用过程中,自然资源的非所有权人对自然资源享有的以开发利用为主要内容的各种权利的统称。从传统民法物权理论发展与变迁的基本趋势来看,随着物权法从"归属"到"利用"的重心转变,以使用权为核心的用益性权利受到法律的重视,出现了他物权优位和所有权虚化的倾向,用益性的物权类型逐步取代所有权成为物权法的中心。这样的发展趋势实际上反映了一个基本思路:权利的行使并不等同于权利的归属,权利归属的单一性也并不妨碍权利行使方式的多样性和灵活性。对自然资源使用权的研究也应遵循这样的基本思路,主要着眼于对自然资源的有效利用及其权利的实际运作,在强化"使用"的过程中,不断丰富和发展我国自然资源权属的理论与实践。

(一)自然资源使用权的种类

我国现行的自然资源使用权主要有以下几种:《土地管理法》规定的土地使用权;《水法》规定的取水权;《森林法》规定的林地、森林、林木的使用权和承包经营权;《矿产资源法》规定的探矿权和采矿权;《渔业法》规定的养殖权和捕捞权;《草原法》规定的草原使用权和承包经营权;《海域使用管理法》规定的海域使用权;《野生动物保护法》规定的狩猎权、驯养繁殖权等。

(二)自然资源使用权的取得

根据现行的有关立法以及实践的基本情况,自然资源使用权的取得有法律授权取得、许可或承包经营取得、转让取得、开发利用取得等方式。

1. 法律授权取得

授权取得是指自然资源权利主体通过法律规定的授权取得自然资源的使用权。比如,《土地管理法》规定,国有土地和农民集体所有的土地,可以依法确定给单位或者个人使用;《草原法》规定,国家所有的草原,可以依法确定给全民所有制单位、集体经济组织等使用。

2. 许可或承包经营取得

许可取得和承包经营取得分别适用于国家所有的自然资源和集体所有的自然资源。对于国家所有的自然资源,是由有关的行政主管部门颁发许可赋予相对人自然资源的使用权。比如,通过向自然资源行政主管部门申请采矿许可,相对人取得采矿权;通过向水行政主管部门申请取水许可,相对人取得取水权等。对于集体所有的自然资源,则是依据法律规定,通过承包经营合同的方式由承包经营者取得一定期限内某类自然资源的使用权。比如,《土地管理法》规定,农民集体所有和国家所有依法由农民集体使用的耕地、林地、草地,以及其他依法用于农业的土地,采取农村集体经济组织内部的家庭承包方式承包,不宜采取家庭承包方式的荒山、荒沟、荒丘、荒滩等,可以采取招标、拍卖、公开协商等方式承包,从事种植业、林业、畜牧业、渔业生产。发包方和承包方应当依法订立承包合同,约定双方的权利和义务。

3. 转让取得

转让取得是指单位或者个人通过自然资源使用权的买卖取得其使用权。转让取得是在我国市场化取向改革的进程中,实现自然资源的市场化流转、优化自然资源配置的重要途径。各自然资源单行立法结合自然资源自身的特点,从实际操作的现实需要出发,对自然资源使用权转让的途径、方式、范围、条件等问题作出了相应的规定。但是,自然资源的社会性和公益性特点决定了自然资源使用权的转让不同于一般物的买卖,法律对自然资源使用权的转让规定了诸多限制性条件。比如,《矿产资源法》规定,禁止将探矿权、采矿权倒卖牟利。

4. 开发利用取得

开发利用取得是指权利主体通过对自然资源的开发利用活动取得对该自然资源的使用权。比如,《土地管理法》规定,开发未确定使用权的国有荒山、荒地、荒滩从事种植业、林业、畜牧业、渔业生产的,经县级以上人民政府依法批准,可以确定给开发单位或者个人长期使用。

(三) 自然资源使用权的变更

自然资源使用权的变更,是指自然资源使用权的主体或内容所发生的变化。它通常因主体的合并或分立、使用权的转让、破产或抵债、合同内容变更等而变更。[①]

(四) 自然资源使用权的消灭

自然资源使用权的消灭,是指自然资源使用权因为某种法律事实的出现而丧失的情形。自然资源使用权的消灭,主要基于三种法律事实,即使用权客体消灭、出现特定的法律事由、使用权期限届满。

1. 使用权客体消灭

由于自然或人为的原因导致某种自然资源消灭,该自然资源的使用权也随之消灭。比如,由于水流侵蚀导致土地面积减少,减少部分土地的使用权也随之消灭;由于矿产资源开发利用耗竭导致采矿权的消灭等。

2. 出现特定的法定事由

这种情况是指出现了约定或法定的事由,导致自然资源使用权的消灭。比如,《土地管理法》规定,已经办理审批手续的非农业建设占用耕地,连续二年未使用的,经原批准机关批准,由县级以上人民政府无偿收回用地单位的土地使用权。

3. 使用权期限届满

在我国,大多数自然资源的使用权都是有期限的,在使用权期限届满后,原使用权随之消灭。原权利人如果需要继续使用该自然资源,必须重新依法取得自然资源使用权。

---

① 金瑞林主编:《环境与资源保护法学》,北京大学出版社 2006 年版,第 160 页。

第三节　自然资源流转制度

自然资源流转制度,主要是在自然资源的社会配置领域,要求充分发挥市场机制的决定性作用,通过各种自然资源开发利用权利的市场化流动和转让,实现自然资源的优化配置,促进和推动自然资源开发利用效率和水平的不断提高。比较而言,自然资源权属制度通过对自然资源权利归属的法律规定体现法律制度设计对静态安全方面的要求,而自然资源流转制度更多体现法律对自然资源社会关系调整在动态安全方面的保证。自然资源流转以自然资源有关权利的市场化交换和转让为主要表现方式,也就是说,以交换和转让为主要内容的自然资源权利交易是自然资源市场化流转的基本实现途径,同时构成了自然资源流转法律制度的主要内容。

一、确立自然资源流转制度的必要性

我国目前正处于市场经济体制改革完善的关键时期,顺应市场经济对社会资源配置的基本要求,及时形成和确立以市场机制为基础的自然资源流转制度,对于进一步发展和完善自然资源法律制度体系而言,不仅可能而且必要。其必要性体现在以下三个方面。

(一)确立自然资源流转制度是充分发挥市场机制的必然要求

在实质上,市场经济是一种以交易为基础的经济形态,从法律上来讲,可以认为交易实际上就是权利的流动和转让,尤其是具有明显经济属性的权利之间的相互交换。就各种自然资源开发利用权利的基本属性而言,它们是不同社会主体展开对自然资源开发利用的基本起点,通过何种方式取得与行使这些权利将与自然资源开发利用所获得的经济效益密切相关。在市场化的条件下,经济效益作为基本的内生变量,其实现程度与交易或者说权利的交换紧密相连,内在经济效益的存在促成了权利流动和转让的动机和基本需求,而不断进行的各种权利流动和转让促进和推动了经济效益的实现和扩大。因此,不断地进行市场化流动和转让,应成为各种自然资源开发利用权利在市场经济体制中实际运作的基本形式,及时形成与确立自然资源的流转制度则为自然资源开发利用及流转提供了有力的法律保障。

(二)确立自然资源流转制度有利于推动自然资源资产价值的真正实现

长期以来对自然资源价值的否认,固然有认识方面的问题,但在计划经济体制中对自然资源无偿划拨的分配方式也是实践中造成忽略自然资源价值的重要原因所在。在市场化的条件下,基于价值规律形成的等价交换为自然资源价值的真正实现提供了现实可行的途径。其一,等价交换意味着物品在价值上相等是进行交换的基本前提,对于自然资源而言,这就从根本上肯定和确认了自然资源价值的存在,有效地纠正了自然资源无价的错误认识。其二,自然资源市场化流转的过程实质上是自然资源与其他商品和媒介物进行交换的过程,

在这个过程中其他商品或媒介物的价值就会表现在自然资源身上,并使其价值化。实际上,"自然资源具有价值是一个事实,其关键是能否将自然资源作为商品推向市场及法律是否作出了权利交易的制度安排"[①]。因此,只要自然资源进入市场,自然资源的价值就是现实可见的。所以,市场化的流转是有效确认自然资源资产价值并推动该价值得以真正实现的基本途径。

(三) 确立自然资源流转制度有利于促进自然资源的优化配置

自然资源的市场化流转必然决定了每一个开发利用自然资源的社会个体在自然资源的取得方面是要付出成本的,这就会使成本与效益的对比衡量成为自然资源开发利用过程中的主导性因素,从而建立与市场机制发挥作用内在机理一致的经济激励与约束机制,这种机制的形成和实际运作是提高自然资源开发利用效率和水平的基本保证。因为对于每一个开发利用自然资源的社会个体而言,只有在经济效益方面的损益才会对其产生内在的约束和促进作用。在充分考虑成本的前提下,为保证最终取得尽可能大的经济效益,每个自然资源的开发利用者都会自觉通过避免浪费、优化开发利用行为、加强管理等方式促进产出的最大化,这将使提高自然资源的开发利用效率和水平从可能变为现实。从其产生的社会效果来看,自然资源开发利用效率和水平的提高,也最大限度地减轻了自然资源开发利用过程中的外部性问题对环境造成的负面影响。

二、我国法律对自然资源使用权流转的规定

目前,我国的相关法律对自然资源使用权流转中的权利种类、主体资格、流转条件、一级市场和二级市场的建设、流转的审批登记、流转的自然资源价值评估等制度予以规定。其主要内容如下。

(一) 流转的权利种类

1. 可转让的权利种类

《矿产资源法》第6条第1款规定,对符合条件的矿业权经审批可以转让;《草原法》第15条第1款规定,草原承包经营权可以按照自愿、有偿的原则依法转让;《海域使用管理法》第27条第2款规定,海域使用权可以依法转让;《水法》第48条及《水权交易管理暂行办法》第2条、第3条,对取水权许可、水权交易概念和形式作出了规定。

2. 禁止或限制转让的权利种类

《矿产资源法》第6条规定,对探矿权、采矿权的转让除法律规定的上述情形外一律禁止,而且作出了禁止将探矿权、采矿权倒卖牟利的规定;《渔业法》第23条第3款规定,捕捞许可证不得买卖、出租和以其他形式转让;《野生动物保护法》第42条规定,禁止转让特许猎捕证、狩猎证、人工繁育许可证及专用标识。

[①] 肖国兴、肖乾刚主编:《自然资源法》,法律出版社1999年版,第24页。

3. 自然资源使用权的流转方式

（1）国有土地使用权可采取出售、交换、赠与、作价出资、入股或其他方式转让，集体土地使用权可采取转包、出租、互换、入股等方式或其他方式转让。（2）矿业权可以通过招标、拍卖、在企业合并、分立、与他人合资或企业资产出售等情形下转让。（3）林权可入股、合资、合作出资流转。（4）海域使用权可招标、拍卖、出租和抵押流转。（5）草原承包经营权只作出了允许自愿、有偿依法转让的原则性规定。

（二）流转的主体资格

我国自然资源使用权流转的主体包括国内的自然人、法人、非法人组织。同时，在有些自然资源领域，有条件地允许外国的法人和自然人进入。

（三）流转的法律条件

为了鼓励自然资源使用权的交易，又最大限度地保护自然资源不被浪费，自然资源单行法及相关法规对自然资源使用权的流转规定了相应的限制条件。例如，转让主体必须完成一定的资金和技术投入，缴纳相关的税费，并经相关行政机关的审批才可转让；农用地使用权流转不得擅自改变空间用途；等等。

（四）两级市场的法律规定

自然资源一级市场指向使用权的创设环节，在一级市场上，国家作为自然资源的所有权人，将自然资源使用权有偿或无偿配置给符合法定条件的主体。自然资源二级市场指向使用权的流转环节，在二级市场上，取得自然资源使用权的主体通过法定方式将此权利转让给其他主体。自然资源一级市场由政府主导，政府部门作为自然资源的代理人、管理人，将自然资源使用权出让给自然人、法人及其他社会组织，政府具有管理者和市场主体双重身份。一级市场自然资源使用权的取得方式因自然资源种类、稀缺程度和战略地位的不同而有差别：对涉及民生等公共利益保障的资源多采用无偿取得的方式，如非经营性建设用地、渔业权；对其他如探矿权、采矿权、工程水权，则采用有偿取得的方式并经审批，既可以采取非市场化的行政授予、协议、委托等形式，也可以采取招标、拍卖、协商等市场化方式。自然资源二级市场是一般民事主体之间的交易场所，政府只履行市场建设和监管职责。二级市场以鼓励自由平等交易为原则，包含多样化的转让方式，如转让、抵押、作价出资或入股、信托、出租和企业分立、合并、合作、重组改制等。

三、构建自然资源资产产权流转制度的总体目标和思路

（一）构建自然资源资产产权流转制度的总体目标

《产权改革指导意见》明确提出：落实承包土地所有权、承包权、经营权"三权分置"，开展经营权入股、抵押。探索宅基地所有权、资格权、使用权"三权分置"。加快推进建设用地地上、地表和地下分别设立使用权，促进空间合理开发利用。探索研究油气探采合一权利制度，加强探矿权、采矿权授予与相关规划的衔接。依据不同矿种、不同勘查阶段地质工作规

律,合理延长探矿权有效期及延续、保留期限。根据矿产资源储量规模,分类设定采矿权有效期及延续期限。依法明确采矿权抵押权能,完善探矿权、采矿权与土地使用权、海域使用权衔接机制。探索海域使用权立体分层设权,加快完善海域使用权出让、转让、抵押、出租、作价出资(入股)等权能。构建无居民海岛产权体系,试点探索无居民海岛使用权转让、出租等权能。完善水域滩涂养殖权利体系,依法明确权能,允许流转和抵押。

(二)构建自然资源资产产权流转制度的思路

1. 促进流转

促进流转是构建自然资源资产产权流转制度在宏观方面的基本指导思想,它解决的是必要性的问题。需要明确的是,此处所说的流转是以市场机制为基础的自然资源权属的市场化流动。目前,在我国市场化条件下的自然资源法律制度中及时形成促进流转的基本思路,其基本使命在于指导和促进形成我国的自然资源要素市场。在自然资源的社会配置模式选择方面,用以市场机制为基础的权利转让取代以往以行政命令为基础的无偿委授和划拨,从而使市场机制成为自然资源配置过程中的基本和主要方式,形成以市场机制为主并有效发挥政府辅助和配合作用的自然资源配置模式,逐步实现我国自然资源从完全由政府供给向主要由市场供给的战略转变。对促进流转思路的贯彻和体现,至少应围绕两个基本方面展开。其一,扭转沿袭已久的传统观念,从理论和实践两个方面肯定自然资源的价值,确认自然资源的商品属性。这一点是有效促进自然资源市场化流转的基本起点,因为只有当自然资源是有价值的商品时,其才能为价格、供求、竞争等市场机制基本手段作用的发挥提供基本的对象和前提。其二,明确自然资源所有权及各种使用权的权利内容和边界,为自然资源市场化流转的实现创造条件。

2. 有限流转

有限流转是构建自然资源资产产权流转制度在实施层面所要遵循的基本原则,它解决的是可行性的问题。"有限流转"主要是指,对于自然资源的市场化流转而言,必须充分考虑国家所有制形式、不同类型自然资源要素之间的差异以及社会对自然资源不同的功能需求等相关因素,对自然资源流转的层次和种类在法律上进行必要的限制,以在保证自然资源市场化流转的过程中,实现对各种不同利益主张的兼顾和平衡。比如,国家利益、社会利益和个体利益,当前利益和长远利益,经济利益和生态利益,等等。应该说,这一点也正体现了自然资源法不同于大多数传统法律部门的相对独特的制度特征。

一方面,基于目前我国自然资源所有权归属国家和集体所有的公有制国情,自然资源的所有权不具有流转的可能,只能借由使用权的创设和流转发挥资源的配置效益;另一方面,就自然资源自身的一些特点来看,在自然资源的市场化流转方面其也不可能像一般的商品一样,对其不施加任何限制。比如,对于一些涉及国计民生的自然资源,或者涉及国防或国家安全的战略性自然资源,必然需要对其市场化流转的程度和范围进行必要的限制,以保证自然资源开发利用的公共性、社会性及安全性的实现。

四、自然资源资产产权流转制度的完善路径

（一）解决公权对交易的不当干预

在交易形式上，应严格运用契约、招投标等法定方式，用法律规则的强制约束力排除行政权力的干扰。在市场准入方面，不得采用歧视性原则，各方参与主体一律平等，只要具备相同的资质条件，所有市场主体应当具有同等的机会。

（二）对自然资源进行科学定价

进行开发利用权利交易的初衷在于资源价值在经济上得以实现，然而从现实情况来看，自然资源价格偏低已成为长期以来自然资源开发利用效率低下的主要原因之一。因此，必须科学看待自然资源的属性和价值，认真研究其价格构成，并尽快在法律规定中予以反映。

（三）理顺立法思路，革新流转观念

交易的最终目的在于获利，只有利润才能调动参与主体的积极性，才能激活交易市场。然而，由于传统观念的影响，我国当前某些法律规定体现出前后不一致的指导思想。比如，我国《矿产资源法》一方面允许探矿权、采矿权进行交易，但另一方面又禁止牟利性交易，这样的制度安排是前后矛盾的。当然，由牟利性交易所引起的投机市场的确是一个必须注意的问题，但也不能为此就从根本上杜绝牟利性交易，积极的态度应该是在肯定牟利性交易正当性的前提下，通过相关的制度设计把由牟利性交易引起投机市场的可能性降到最低。

第四节　自然资源资产负债表和离任审计制度

2013年11月，党的十八届三中全会通过《中共中央关于全面深化改革若干重大问题的决定》（以下简称《关于全面深化改革若干重大问题的决定》），首次提出探索编制自然资源资产负债表，对领导干部实行自然资源资产离任审计，建立生态环境损害责任终身追究机制。2015年，中共中央、国务院制定《关于加快推进生态文明建设的意见》和《生态文明体制改革总体方案》，进一步明确了编制自然资源资产负债表、对领导干部实行自然资源资产离任审计的要求。

一、自然资源资产负债表制度

（一）自然资源资产负债表的概念

1. 自然资源资产负债表的定义和编制目标

关于什么是自然资源资产负债表这一问题，《关于全面深化改革若干重大问题的决定》并没有作出界定。大多数学者认同，自然资源资产负债表是反映自然资源存量及变动状况

的报表,是反映一个地区自然资源"家底"的静态报表。[1] 关于编制自然资源资产负债表的目标,《关于全面深化改革若干重大问题的决定》有所提及,即编制自然资源资产负债表的一个重要功能是服务于领导干部自然资源资产离任审计,反映各级政府负责管理的自然资源资产的"家底"。综上,编制自然资源资产负债表的主要目的为:反映自然资源存量及其变动情况和为评价自然资源管理者的受托责任提供决策信息。自然资源资产负债表的适用对象为国家或地区,反映的是该国家或地区年度内、规划期内、政府届内或领导干部任期内自然资源资产的变化及使用等情况。

2. 自然资源资产负债表与国家资产负债表、环境经济核算的关系

国家资产负债表和环境经济核算都属于国家或地区宏观核算的范畴,与编制自然资源资产负债表密切相关。由联合国、欧盟委员会、经济合作与发展组织、国际货币基金组织、世界银行五大组织联合发布的国民经济核算体系(System of National Accounts 2008,SNA2008)及包括联合国粮农组织在内的六大组织联合制定发布的环境经济核算体系(System of Environmental Economic Accounting-Central Framework 2012,SEEA2012)是重要的、可借鉴的国际经验。[2] 已有研究专门对自然资源资产负债表与国家资产负债表、环境经济核算的关系进行了探讨。我国学者大多认同,自然资源资产负债表是国家资产负债表的组成部分,与环境经济核算相互补充。[3] 自然资源资产负债表实质上是以资产负债表的形式来反映自然资源状况,其编制应借鉴SNA2008中的国家资产负债表编制方法及SEEA2012中的环境经济核算方法。

(二)编制自然资源资产负债表的理论基础

1. 自然资源全民和集体所有下的外部性问题

外部性问题是经济学中的一个重要问题,经济学家们从不同角度对外部性问题进行了探讨。自然资源破坏、环境污染被视为人类活动产生的负外部性。环境资源属于公共产品,具有非竞争性、非排他性等特征,容易产生"搭便车"和外部性问题。庇古(Pigou)提出,要依靠政府征税,通过让制造负外部性的主体承担外部成本来解决经济活动中的负外部性问题;科斯(Coase)认为,负外部性的产生与产权界定不清有关,在交易费用不为零的情况下,可以通过产权界定、产权之间的自愿交换来实现资源的优化配置。因此,资源环境保护的关键是要明确负外部性制造者及资源环境利益相关者权利责任的归属,即明确界定资源环境的产权。

在我国,只有国家和集体才拥有自然资源的所有权,这是我国自然资源产权制度与西方国家的本质差别,也是我国政府提出要编制自然资源资产负债表、摸清自然资源"家底"、评

---

① 封志明、杨艳昭、李鹏:《从自然资源核算到自然资源资产负债表编制》,载《中国科学院院刊》2014年第4期,第452页。

② 肖继辉、张沁琳:《论我国编制自然资源资产负债表的制度创新》,载《暨南大学学报(哲学社会科学版)》2018年第1期,第29页。

③ 黄溶冰、赵谦:《自然资源资产负债表编制与审计的探讨》,载《审计研究》2015年第1期,第38页。

价政府资源环境管理责任的根本原因。目前我国自然资源的产权界定不清晰，难以确定政府相关领导干部的管理责任。我国自然资源所有权和使用权分离的产权制度使得政府应当承担统筹管理自然资源的责任，由政府向企业或个人发放自然资源使用权证，负责自然资源的统筹配置，并监督自然资源的使用情况。在这种公共所有、政府管制的自然资源管理模式下，我国自然资源资产产权制度存在产权不清、权责不明、监管不力等问题。如果没有清晰的自然资源资产产权，自然资源的使用主体就没有提高自然资源利用效率的动力，也就难以对政府的资源环境管理情况进行评价。通过编制自然资源资产负债表，可以推动完善自然资源产权制度，明确自然资源所有者和使用者的权利及义务，使政府明确管理责任，更好地履行管理职能。

2. 现代国家治理思想下的自然资源资产离任审计

《关于全面深化改革若干重大问题的决定》表明，编制自然资源资产负债表是为了"对领导干部实行自然资源资产离任审计，建立生态环境损害责任终身追究制"。由此可见，编制自然资源资产负债表的目的是强化政府管理自然资源的受托责任，是我国现代国家治理理念在资源管理和环境保护工作中的具体体现。由于我国自然资源属于国家和集体所有，政府作为自然资源管理的代理人，承担着自然资源管理的受托责任和对自然资源的合理配置及保护负责。受托责任理论是审计动因的主流理论，[①]受托责任关系是审计存在的重要条件。在公共自然资源管理所包含的委托代理关系中，委托人是公民，受托人是政府，公民将自然资源委托给政府进行管理，需要了解政府受托责任的履行情况，政府也需要向委托人证明自己有效地管理了公共的自然资源，履行了资源环境管理的受托责任。这就需要对政府的资源环境管理行为进行监督，对相关领导干部的资源环境管理责任履行情况进行评价，自然资源资产离任审计由此产生。自然资源资产离任审计属于国家审计的范畴，而国家审计就是通过审计活动来监督和评价政府的行为，以保证政府的受托责任得到全面有效的履行。在现代国家治理思想下，要让政府更加积极、有效地履行资源环境管理责任，需要创新资源环境管理制度。通过编制自然资源资产负债表、实行自然资源资产离任审计，可以评价和监督政府对资源环境的管理情况，对环境管理不作为的官员进行问责，发挥国家审计在国家环境管理中的作用，推动国家治理体系和治理能力现代化，从而实现国家的善治。

3. 经济转型时期的绿色可持续发展

当前我国正处于经济转型时期，在全球变暖、绿色发展的时代背景下，我国提出要从传统的"高污染、低效能"的发展方式向"低污染、高效能"的发展方式转变，推动绿色技术创新，加快产业结构优化升级，建设资源节约型、环境友好型社会，实现经济社会的绿色可持续发展。可持续发展要求经济建设和社会发展要与自然资源环境承载能力相协调，保证以可持续的方式使用自然资源和环境成本，使人类的发展控制在地球承载能力之内。自然资源资产负债表

---

① 冯均科、陈淑芳、张丽达：《基于受托责任构建政府审计理论框架的研究》，载《审计与经济研究》2012年第3期，第12页。

体现了绿色可持续发展的时代背景,顺应了我国转变发展方式、优化经济结构的时代需要。我国通过编制自然资源资产负债表,记录和反映人类活动导致的我国资源环境数量和质量的变化,能够对自然资源存量有更清晰的认识,进而为可持续发展提供决策依据。

(三)自然资源资产负债表的制度创新

1. 概念创新

自然资源资产负债表是由我国首创的概念。虽然许多国家借鉴联合国等国际组织制定的 SEEA2012 构建了环境经济核算体系,编制了相关自然资源统计报表,但其内涵和功能与自然资源资产负债表不同,主要是记录与经济活动相关的资源环境流量与存量的变动状况。SEEA2012 中提出了自然资源资产的概念,并给出了自然资源资产的核算方法和报表样式,但忽略了环境负债或自然资源负债的概念。编制自然资源资产负债表的一个重要目标是用于自然资源资产离任审计,提供评价领导干部环境管理责任相关的信息。在会计上,负债账是评价经济主体责任的一个关键账户,而只确认自然资源资产、不确认自然资源负债的SEEA2012 体系难以全面评价环境管理责任履行情况。我国的自然资源资产负债表包括自然资源资产和自然资源负债两部分。

2. 目标创新

编制自然资源资产负债表的目标既不同于财务报告中的资产负债表,也不同于自然资源统计报表。与财务报告中的资产负债表相比,编制自然资源资产负债表融合了财务信息的受托责任与决策有用的双重目标。自然资源资产负债表的一个重要作用是为评价政府自然资源管理责任提供依据,这体现了"受托责任观"的要求。但自然资源资产负债表的信息使用者不仅是政府,还包括利用自然资源的企业及公众,自然资源资产负债表也需要为他们提供决策有用的信息。因此,自然资源资产负债表编制的目标是"受托责任"与"决策有用"的有机结合。一方面,基于受托责任,自然资源资产负债表需要应用于评价领导干部受托管理资源环境的责任,为领导干部自然资源资产离任审计提供依据;另一方面,基于决策有用,自然资源资产负债表还要为政府、企业及公众提供自然资源的"家底"信息,为合理地开发、利用自然资源提供信息。

3. 方法创新

编制自然资源资产负债表也是我国自然资源管理方法的一项创新。通过编制自然资源资产负债表,可以全面反映一个地区的资源环境数量及质量,同时对资源环境的变动情况进行记录,能够观测短期及长期的资源环境变化。这样既有助于避免政府的短视行为,又能够全面地考核评价政府的资源环境管理履责情况。同时,审计部门借助自然资源资产负债表,实施自然资源资产离任审计,可以监督领导干部资源环境责任的履行情况,通过追查领导干部在任期间的自然资源资产负债变动情况,对生态环境损害责任进行终身追究。

(四)编制自然资源资产负债表的现实路径

1. 自然资源资产负债表的要素

(1)自然资源资产。自然资源资产范畴的界定要基于自然资源资产负债表的编制目标,一个是反映自然资源存量及其变动情况,另一个是为评价自然资源管理者的管理责任提供有用的信息。自然资源资产负债表要全面反映自然资源的"家底",仅确认各单项自然资源是不够的,还要确认自然资源产生的生态功能。因此,自然资源资产的范畴界定要兼顾自然资源的实物存量和生态效益。要反映"家底",一个重要的前提就是要明确自然资源的产权,即自然资源的所有权、使用权、收益权、转让权等。此外,因为自然资源资产负债表还要服务于评价领导干部的环境管理责任,所以要明确区分资产变动的原因究竟是自然因素还是人为活动导致的增减变动。人为活动导致的变动还要根据资源环境承载能力区分是正常变动还是非正常变动。所有的自然资源资产都采用实物量核算,对可预见的、将来产生经济收益的自然资源可以同时采用价值量核算。

(2) 自然资源负债。负债账户可以反映经济主体应承担的义务和责任,我们通过自然资源负债账户记录人类活动对自然资源环境的责任。自然资源负债与自然资源资产的非正常变动相对应。自然资源资产的非正常变动包括增加变动和减少变动:增加变动是由于人为活动(例如政府的自然资源保护、环境治理活动)导致的自然资源的增加,增加变动记为自然资源负债减少;减少变动是由于人为活动对自然资源的过度利用造成的自然资源的减少,借鉴我国目前正在推行的资源环境承载能力监测预警技术方法,可将资源环境承载能力作为过度利用的界定标准,如果对自然资源的利用超过资源环境承载能力,就界定为减少变动,减少变动记为自然资源负债增加。自然资源负债的范畴与自然资源资产相对应,包括各单项自然资源及其生态系统服务功能。

2. 自然资源资产负债表的平衡等式

自然资源之所以可以被视为一项资产,从经济系统的角度来说,是因为自然资源是重要的生产要素,国家在制作资产负债表时将自然资源作为一项资产来核算;从生态系统的角度来说,是因为自然资源对维持地球生态平衡具有重要作用,提供了人类生存的必备条件,是大自然赐予人类的宝贵财富。但自然资源具有稀缺性,不是取之不尽用之不竭的,因此在开发利用自然资源时要基于可持续发展的原则,考虑资源环境的承载能力和人类代际使用的公平。负债这一概念在企业会计中代表企业对债权人的义务,可以反映经济主体应承担的义务和责任。用自然资源负债来表示人类对自然资源的过度利用,即当代人对自然资源的使用超出了当代的资源环境承载能力,也可被理解为当代人超支使用了下代人的自然资源,进而形成当代人对下代人的资源环境负债。因此,自然资源负债也可被视为自然资源使用人过度使用或人为破坏导致的自然资源资产的非正常变动。地方政府作为自然资源使用的监管者,应当承担对自然资源非正常变动的管理责任。从编制目标出发,根据"期初资产 + 本期资产变动额 = 期末资产"的等式,能够反映某个时点自然资源资产的"家底"状况,考虑到自然资源资产的变动要与政府的资源环境管理责任相对应,需增加"自然资源资产的非正常变动 = 自然资源负债"的等式,以更好地反映政府管理责任的履行情况。

二、领导干部自然资源资产离任审计制度

（一）领导干部自然资源资产离任审计制度出台背景

首先，领导干部自然资源资产离任审计是为应对我国环境资源问题的战略选择。改革开放以来，粗放型经济增长模式使得我国经济在飞速增长的同时付出了沉重的资源环境代价。为了改变生态环境呈现出的"局部治理、整体恶化"趋势，党中央高度重视生态文明建设。党的十八届三中全会提出"对领导干部实行自然资源资产离任审计"，相关试点工作由此拉开帷幕。党的十九大报告指出，建设生态文明是中华民族永续发展的千年大计，凸显出生态文明建设的重要战略地位。作为中央推进生态文明建设的一项重要制度安排，领导干部自然资源资产离任审计在 2018 年被正式确立为一项经常性、全新的审计制度。其次，自然资源资产离任审计制度能够通过强化激励机制，在不断完善生态绩效评价与考核体系的同时，提高地区绿色经济发展水平。[①] 具体而言，为了践行生态优先和绿色发展理念，纠正以往畸形的政绩观，中央政府持续推进官员考核标准改革，试图从制度上将生态环境治理责任与官员晋升机制挂钩，提高生态环境指标在官员选拔任用中的权重。但由于缺乏客观的评价体系，同一岗位前后任领导干部的环境职责难以准确识别和划分。地方官员为了获得短期的治理成效，在任职期内常常选择对生态环境领域的约束性指标进行临时性改善，这无法提高地区整体的生态环境质量。自然资源资产离任审计制度的提出，能够以其专业性和权威性完善绩效考核指标和评估方法，使得官员的环境治理绩效不仅可以得到准确的识别和认定，而且能够以定性或定量的方式向上级领导传递，作为官员晋升与否的重要依据之一。[②]因此，通过改变激励机制的结构，能够调动领导干部环境治理的主观能动性，强化领导干部的生态环境意识，进而作用于地区的绿色经济发展。最后，自然资源资产离任审计制度能够通过强化约束机制，对领导干部生态环境损害行为进行终身追责，倒逼各级领导干部树立环境意识，推动绿色经济的发展。其中，问责指标是领导干部硬性考核指标中的底线，当辖区内出现重大环境或资源环境毁损事件时，领导干部将被问责。该指标的考察给领导干部带来"感知压力"，在"明确职责—履行职责—责任追究"的环境治理体系中，增加了领导干部被持续追责的风险，促使领导干部树立保护资源和治理环境的意识，从而在经济决策时更多地考虑生态环境要素。

（二）领导干部自然资源资产离任审计制度建构现状

为了保障领导干部自然资源资产离任审计实践工作的顺利进行，中共中央、国务院及审计署在试点之初密集颁布了系列文件，进一步夯实制度基础、健全制度体系、发挥制度作用，促进审计实践工作的有序推进，这也充分体现出"制度先行"的基本原则。2013 年《关于

① 李璐、苗蕾：《自然资源资产离任审计的治理效应研究——基于绿色经济视角》，载《经济问题》2022 年第 10 期，第 112 页。

② 张琦、谭志东：《领导干部自然资源资产离任审计的环境治理效应》，载《审计研究》2019 年第 1 期，第 18 页。

全面深化改革若干重大问题的决定》提出"对领导干部实行自然资源资产离任审计";2015年11月,《开展领导干部自然资源资产离任审计试点方案》明确审计内容与对象、责任界定与评价标准、结果运用等基本要素,建立了一套较为完善的审计操作规范;2016年12月,《生态文明建设目标评价考核办法》将领导干部环境保护责任离任审计与自然资源资产离任审计等结果纳入领导干部考核报告;2017年6月,《领导干部自然资源资产离任审计规定(试行)》根据被审计领导干部所在地区特点,针对不同类别事项,分别确定审计内容,突出审计重点。至此,对领导干部实行自然资源资产离任审计被确立为一项经常性、全新的审计制度。

(三)领导干部自然资源资产离任审计制度实施现状及制度困境

1. 领导干部自然资源资产离任审计制度实施现状

(1)自然资源资产离任审计内容。从目前审计内容来看,领导干部资金和项目管理情况、重大决策与履行监管责任情况是自然资源资产离任审计的主要内容,集中于传统的财务审计领域;贯彻落实中央重大决策部署与遵守法律法规情况审计处于次要地位;资产管理和生态保护目标完成情况审计尚未得到足够重视。《开展领导干部自然资源资产离任审计试点方案》提出,领导干部自然资源资产离任审计应重点集中于责任、资金、政策三方面。

(2)自然资源资产离任审计对象。从资源属性方面划分,自然资源资产离任审计对象涵盖土地、水、矿产、森林、草原、大气及海洋七种自然资源。从审计对象来看,领导干部自然资源资产离任审计已经形成了以土地资源和水资源为主体、矿产资源为补充的基本格局,森林资源较少涉及,草原资源、大气资源与海洋资源审计存在一定缺失。

(3)自然资源资产离任审计方法。在实践工作中,引入卫星遥感探测、排污监测、大气监测、GPS全球定位、地理信息、大数据等技术,旨在应对因自然资源地理分布、资产属性复杂性带来的审计工作难题。从实践情况来看,上述技术尤其是地理信息技术与大数据技术在领导干部自然资产离任审计中得到了一定的应用,从而有效提升了整体审计效果。[①]

2. 领导干部自然资源资产离任审计制度困境

(1)自然资源资产离任审计对象界定不清晰。从法律规定看,不同的法律规定了不同范畴的资源审计对象。但在实施过程中,各类自然资源的审计内容会有一些重合,在一些特殊资源的审计上审计对象仍不明确。例如对于水资源,可能会审计其保护与利用情况,也可能会审计污染防止治理状况,因此,导致了资源的审计对象仍不能明确划分,也使得资源的审计目标不明。同时,自然资源在大自然中不是一成不变的,在审计核算过程中,期初和期末的具体状况不同。因此,在出具报表时,不仅需要"反映会计期间开始和结束时自然资源的存量水平和会计期间的变动额",而且需要反映上述"存量"和"变化"。

(2)自然资源的考评体系尚未完善。首先,货币指标不足。我国自然资源资产审计的前提——自然资源的货币计量尚未健全,自然资源资产制度中很少提及计量,审计机关不得不从规划、责任状目标考核办法等制度中寻找指标来进行评价,而这些制度中的货币指标很

---

① 吴勋、樊钰:《领导干部自然资源资产离任审计:制度梳理与实践》,载《财会月刊》2021年第3期,第88页。

少。其次，数据指标难找。自然资源资产化的重要标志是量化，如数量、质量，实物计量、货币计量等。尽管理论界和实务界对自然资源资产的指标体系关注度高，但由于自然资源资产的种类多、数据大、管理部门分散，再加上条块分割，统一核算难度大，其考核和评价指标亟需建构。最后，责任指标难定。虽然各地的领导干部有任职年限，但自然资源作为特定时空的客观存在，其消耗原因有综合性、偶然性因素，且危害显现需要一定过程，因此单纯以区域、期限来界定自然资源资产管理者的责任有失公允。

（3）自然资源资产离任审计方法亟待创新。传统的审计方法包括检查记录和文件、检查有形资产、观察、查询、重新执行、分析程序等。[1]而自然资源的特殊性要求各审计主体必须树立创新理念，根据不同的审计对象创新探索自然资源审计的新方法在部分试点区域得到应用，但受限于专业设备与操作人员的要求，新技术并未得到普及。譬如，采用资产价值法计量宅地周边的森林、草坪灯的绿色效益；采用机会成本法测算水资源短缺和废弃物占用所造成的经济损失；在评价自然灾害对农田水利设施等造成的经济损失时应当采用调查评价法；针对跨年度预测项目成本和效果采用决策和风险分析法；等等。[2]

（4）自然资源的资产信息不完善。目前，我国该项审计制度体系仍不完善，在对自然资源进行审计时，一些有依据的数据难以获取。对于自然资源的审计，会计主体没有被重点关注，也没有明确的实施主体。虽然自然资源的审计在国家部门中得到了重视，但现实与理论基础还存在差距，这些差距仍需努力补足。对于自然资源的数据获取，目前是以五年为一个周期，而且存在不连续性问题，因此这些数据信息不具备足够的可信度与公信力。同时，资源的各个管理部门各司其职，存在数据分散的现象，不同部门管理不同的自然资源，而开展审计业务时需要多方面的数据信息，因而审计数据的提取收集在一定程度上也更加困难。

（四）领导干部自然资源离任审计制度的完善路径

1. 完善自然资源资产评价标准体系

自然资源资产评价指标是自然资源资产、生态环境考核的依据。审计机关应当依据生态文明建设和法律法规要求，针对本地的自然资源特点，设计一套可操作性指标，作为评价自然资源资产责任的依据。指标体系主要分为土地（矿产）、水、森林、环境、农业五类指标和其他指标（如生态环境质量公众满意度），按类别分为存量指标、消耗量指标、使用效率指标。根据生态需要和上级要求、本地的生态红线，从自然资源资产的数量和质量方面，量化领导干部履行资源管理的责任。

2. 建立自然资源信息系统

首先，"互联网＋"信息系统可以采集信息，对信息进行实时检测和维护，了解资源的变化，并通过计算机的一系列算法作出评估，减轻审计工作人员评估工作的负担。其次，利用互联网，可以将不同的自然资源信息、不同审计阶段所需要的信息链接起来，形成自然资源

---

① 雷俊生、王梓凝：《自然资源资产审计制度的供给侧改革》，载《中国人口·资源与环境》2020年第2期，第14页。
② 唐勇军、赵梦雪、王秀丽：《我国自然资源审计的理论框架与实践路径——基于五大发展新理念的思考》，载《南京审计大学学报》2018年第2期，第21页。

的信息数据库,从而覆盖全面的资源信息,方便审计人员查找与使用。最后,自然资源资产负债表也可以通过信息技术进行编制,将所需要的信息导出,输入相应的算法和公式,进而得出审计人员需要的报表,并出具审计结论,提出审计意见,完成审计工作。政府、企业、审计人员都可以利用网络,将有关自然资源的信息通过互联网录入信息数据库,从而将相关信息在网络上公布,实现资源共享。

3. 积极探索自然资源资产离任审计新方法

自然资源本身具有的特殊性要求审计主体要树立创新的思路,针对不同的审计对象,积极探索资源审计的新方法。例如,采取决策与风险分析相结合的方法,对不同年份项目的成本和风险情况进行预测;利用 GPS 地理信息系统,采用在线监测方法对农田保护、防护林工程等项目进行审计。

第五节　自然资源行政管理制度

一、我国自然资源行政管理制度概述

(一) 我国自然资源行政管理体制改革历程

我国自然资源行政管理体制改革主要经历了四个阶段。第一阶段是从 1949 年新中国成立后到改革开放前(1949—1978 年)。该阶段国家正处于百废待兴的历史状态,彼时仍在探索未来社会的经济发展道路,对自然资源管理制度建设关注较少。第二阶段是改革开放后十年(1978—1990 年)。该阶段,我国经济高速发展带动了各类资源的加速消耗,出现了生态破坏和环境污染等现实问题,使得建立符合我国国情的自然资源管理制度呼声逐渐强烈,国家开始对部分自然资源开展立法工作,但仍未全面形成各类自然资源法律体系,整个自然资源管理依然处于初步探索阶段。第三阶段是分类分散管理体制形成阶段(1990—2010 年)。该阶段主要针对各类自然资源开发和利用,实行差异化的管理制度,分散管理特征明显,基本形成了"集中统一管理与分类、分部门管理相结合、中央政府与地方政府分级管理相结合"的制度体系。第四阶段是健全、建成统一完善的自然资源管理体制阶段(2010 年至今)。2018 年 3 月,国务院组建自然资源部,整合了国土资源部、国家发展改革委、住房和城乡建设部、水利部、国家林业局、农业部、国家海洋局和国家测绘地理信息局与自然资源管理相关的职责,形成了统一的自然资源管理部门。

(二) 我国自然资源行政管理制度现状

1. 自然资源管理体制

自然资源管理体制是指自然资源管理机构的结构及组织方式,即采用何种组织形式以及这些组织形式之间的分工与协调,并以何种方式完成其自然资源管理的职责。具体而言,自然资源管理体制就是划分中央、地方、相关部门自然资源开发利用和保护方面的管理范围、职责权限等相互关系的具体体现方式。自然资源管理体制的核心内容在于各管理机构的设置、职权划分以及不同管理机构之间的相互协调和配合。当前，我国的自然资源管理机构主要包括综合性的自然资源主管部门、自然资源管理的相关部门和辅助性的自然资源管理部门三类。

（1）综合性的自然资源主管部门。按照现行国务院机构设置，自然资源部是我国自然资源监管的综合监管部门，其主要职责包括：履行自然资源资产所有者职责和所有国土空间用途管制职责、自然资源调查监测评价、自然资源统一确权登记、自然资源资产有偿使用、自然资源的合理开发利用、建立空间规划体系并监督实施、统筹国土空间生态修复、组织实施最严格的耕地保护、地质、矿产资源管理、海洋战略规划和发展海洋经济、海洋开发利用和保护等监督管理工作。

（2）自然资源管理的相关部门。一是国家林业和草原局，其主要职责包括：林业和草原及其生态保护修复，林业和草原生态保护修复和造林绿化、森林、草原、湿地资源的监督管理，荒漠化防治，陆生野生动植物资源、各类自然保护地、林业和草原改革，林产品质量监督，林业和草原生物种质资源、转基因生物安全、植物新品种保护等工作。二是水利部，其主要职责包括：水资源的合理开发利用、拟订水利战略规划和政策、起草有关法律法规草案，制定部门规章，组织编制全国水资源战略规划、国家确定的重要江河湖泊流域综合规划、防洪规划等重大水利规划、生活、生产经营和生态环境用水的统筹和保障、水资源的统一监督管理，水资源调度、水资源有偿使用、水利行业供水和乡镇供水、制定水利工程建设有关制度并组织实施、水资源保护，编制并实施水资源保护规划、饮用水水源保护等工作。三是农业农村部，其主要职责包括：拟订深化农村经济体制改革和巩固完善农村基本经营制度的政策，农民承包地、农村宅基地改革和管理，农村集体产权制度改革，指导农村集体经济组织发展和集体资产管理，指导农民合作经济组织、农业社会化服务体系、新型农业经营主体建设与发展，指导农用地、渔业水域以及农业生物物种资源的保护与管理，水生野生动植物、耕地及永久基本农田质量保护等工作。

（3）辅助性的自然资源管理部门。主要是指那些基本职能并未以自然资源管理为主，但为保证综合性自然资源主管部门或自然资源管理相关部门职能的顺利实现，需要积极发挥配合或者协助作用的相关行政管理部门。比如，海关行政主管部门和市场监督行政主管部门对野生动物及其制成品进出口或市场流通实施的监督管理等。类似上述辅助性的自然资源管理部门，虽然在自然资源的行政管理中处于相对次要的位置，但它们对综合性自然资源综合主管部门或自然资源管理相关部门职能的正常发挥起着不可或缺的支持作用，其重要性应予以充分重视。

另外，还需要特别指出的是，除上述国务院机构设置中自然资源的管理部门外，我国地方的自然资源行政管理机构的设置，主要体现行政管理的分级原则。我国地方的行政区划分为省（自治区、直辖市）、市（自治州）、县、乡（镇）四级。当前，在我国的省、市、县三级地方机构，一般设置有与国务院机构相对应的各种自然资源管理部门，如省自然资源厅、市（州）

自然资源局、县自然资源局等。只有个别的自然资源行政管理机构设置在乡镇一级,如乡镇一级人民政府设立的土地管理所、针对森林资源管理设置的专职护林员等。

2. 自然资源资产规划制度

(1) 资产规划的内涵和定位。自然资源资产规划是指全民所有自然资源资产所有权(代理、法定)履职主体对一定区域内的资源资产提出保护和使用的目标、方向,以及对所有权实现路径和时序的安排,并开展资产"一本账"分析的过程。它是保护和合理使用全民所有自然资源资产的科学指引,是落实和维护所有者权益,推动资产价值保值增值的全局性、战略性、方向性的行动方案。当前,我国确立并统一了规划体系,完成了规划体制改革顶层设计,建立了以国家发展规划为统领,以空间规划为基础,以专项规划、区域规划为支撑的国家规划体系。其中,国家规划体系包括发展规划、专项规划、区域规划和空间规划。国家发展规划是其他各级各类规划的总遵循,而国土空间规划是对国土空间开发与保护要求的规定,在规划体系中属于国家级空间规划。资产规划则是对特定领域战略任务的统筹安排,在规划体系中属于国家专项规划,规划期限上建议与国土空间规划保持一致。

(2) 自然资源资产规划体系架构。"四级"即国家、省、市、县四级。其中,国家级强调政府主导,侧重引导性,对全国及自然资源部直接履行所有者职责的全民所有自然资源资产的科学保护和合理使用作出统筹安排;省级强调充分发挥市场在资源配置中的决定性作用,更好地发挥政府作用,侧重协调性,对全省及省级人民政府代理履职的情况进行统筹安排;市级突出市场化配置,侧重实施性,对全市及市级人民政府代理履职的情况进行统筹安排;县级突出市场化配置,侧重实施性,落实上级规划要求,并对县级人民政府依据法律授权履行所有者职责的情况进行统筹安排。在组织编制和实施过程中,需探索建立不同层级政府间的沟通协调机制。

3. 自然资源行政许可制度

自然资源开发利用的行政许可关系到国家资源安全,关系到节约型社会构建的全局。设置自然资源行政许体现了国家对资源开发利用的一种导向性调控。完善的行政许可制度可以提高自然资源的利用率,减少自然资源的无度浪费和破坏,达到资源节约型社会的整体需求。总的来说,自然资源行政许可制度中所包含的调控方式主要有特许、普通许可和登记备案三种。特许是以普遍禁止为前提,由特殊权力机关根据严格的审查授予程序对申请主体进行审查,赋予主体特殊的权利能力的许可方式。普通许可较之特许更为宽松,其对主体要求相对较低,只要符合资源开发利用条件,任何主体都可以申请资源的开发利用,其审查授予程序较为简单,对审查主体的级别也没有特殊要求,一般的有权机关都可以进行许可的授予。

4. 自然资源督察制度

(1) 自然资源督察制度的主要发展阶段。第一,单一资源要素管理时期:按行业设立的各类资源督察。这一时期,自然资源领域分要素督察的基础是资源的分要素立法和管理,例如《森林法》《草原法》等法律均为独立的行业立法。按各领域督察制度设立的时间顺序,国家在矿产、草原、城乡规划、土地、森林、海洋等领域均建立了中央向下的垂直督察工作机制。各类督察工作机制在授权来源、机构名称、督察对象和工作方式等方面存在区别，但均体现了中央和上级政府对地方的督察指导，是对地方"块块"横向管理体制的补充。其中，最为重要的是土地督察制度，该制度也是当前自然资源督察制度的蓝本。第二，自然资源统一开发保护时期：自然资源全要素督察。在我国转向高质量发展、山水林田湖草沙统一保护的背景下，分要素管理体制的局限性日益凸显，在同一块地上，国土部门说是耕地，林业部门说是林地，农业部门说是草地，海洋部门说是海域，甚至一个县级单位的规划差异图斑可以达到千块以上。[1] 各行业主管机关对本领域资源要素的管理不考虑对其他生态要素的影响，可能削弱或破坏生态系统的整体性并导致生态系统服务功能的损害。[2]2018 年，机构改革方案按照"两统一"的要求设立了新的自然资源部，此前自然资源领域多头治理、权责分散的弊端得到了较大改善。自然资源部的职能由原国土部的土地开发与管理转向各类自然资源的开发保护，并作为生态环境的协管部门承担一定的自然生态监管职责，涵盖各种资源类型的自然资源督察制度正式建立。

（2）自然资源督察制度的基本功能。第一，实现资源有序开发保护的本职功能。自然资源开发保护的关键在于遵循"生命共同体"理念，在自然资源要素保护与生态整体保护之间实现平衡。现行法规和政策已经探索出根据生态功能的重要性对资源实施分区、分级开发保护的安排，为资源开发与整体保护之间的平衡提供实现路径。第二，促进资源和生态领域治理体系现代化的功能。督察不仅具有中央矫正地方政府"偏离失控"行为的功能，更重要的是能够在获得"基层渗透性权力"（infrastructural power）、有效贯彻国家战略和法律的基础上，促进国家自然生态治理的制度化建设。第三，外部性的社会效能。督察的有效落实能产生多重正外部性：其一，能够通过山水林田湖草沙统一保护实现生态系统整体性价值；其二，能够保障以自然资源为物质载体的资源安全及生态安全，助力总体国家安全观的实现；其三，能够借助自然资源及国土空间的有序开发保护促进经济社会全面绿色发展，促进"双碳"目标的实现，是实现高质量发展转型的重要依托。

二、自然资源行政管理制度的问题

（一）自然资源管理体制问题

目前，我国自然资源行政管理正在从分类管理与统一管理相结合逐步走向全面的统一管理。2018 年组建的自然资源部是重要的机构部门，虽然该部门的重要职责之一是实行对自然资源的统一管理，但部分管理职能在实践中仍面临一定的困难。例如，按照目前的法律政策框架，自然资源部可以直接行使国有自然资源资产所有者权利的事项，主要是部分矿种

---

① 杨璐：《以"问题导向"提升督察效力》，载《中国自然资源报》2020 第 6 期，第 12—17 页。
② 邓海峰：《生态法治的整体主义自新进路》，载《清华法学》2014 年第 4 期，第 169—176 页。

的矿业权出让和国有企业改革过程中的土地资产处置,而省级以上政府因国有企业改革中划拨土地的性质转换,仍可通过多种有偿方式进行处置,导致同一资产可能归属于多个管理主体。当前,自然资源部更加需要强化权责统一,健全山水林田湖草沙的集中化开发和管理。此外,自然资源行政管理还存在与社会实践的结合力度不够、综合协调管理能力不足等现实问题。

(二)自然资源资产规划制度问题

1. 自然资源资产与承载力评价间的"合力"有待进一步发挥

自然资源资产核算、资源环境承载力评价分别是我国"统一行使全民所有自然资源资产所有者职责、统一行使所有国土空间用途管制和生态保护修复职责"的决策基础,但现阶段二者仍然处于"并联"实施阶段,暂未形成决策支撑合力。

2. 物质流在规划中的应用有待进一步挖掘

虽然《"十四五"循环经济发展规划》明确规定"到 2025 年,主要资源产出率比 2020 年提高约 20%",但其主要是指资源利用环节的产出率。现有规划体系里相对缺少对全链条资源消耗/产出率指标的测算,使得节约集约利用资源相对缺少统筹考虑的决策基础。

3. 规划编制"工具箱"的系统融合有待进一步落实

针对人与自然关系的不同场景,分阶段运用物质流、自然资源资产、承载力"三位一体"理性分析工具对备选目标与举措进行筛选,并在问题界定、建模、解决等各个阶段采取适宜的博弈分析工具,能够促进理性分析工具和博弈分析工具的融合,从而实现重大目标与重要举措的有效衔接。[①]

(三)自然资源行政许可制度问题

行政许可作为国家干预重要而有效的手段,在自然资源开发利用管理中备受政府的青睐,其应用领域在不断地扩展。自改革开放以来,我国就自然资源的开发利用进行了大量的立法活动,相继出台了多部重要的自然资源法律以及相关配套实施的法规、规章。我国已经基本建立起了自然资源开发、利用、管理、控制的法律体系。但是纵观这一系列的法律法规,大多带有浓厚的行政管理色彩。在行政许可方面主要存在以下问题:一是自然资源行政许可权力交叉、监督困难、职责不明;二是自然资源行政许可层级权限配置不清晰;三是自然资源行政许可事项不明确。

(四)自然资源督察制度问题

一是自然资源督察尚未形成自然资源全要素督察合力。当前,自然资源部虽然已经设立总督察办,并将 9 个派出的土地督察局改组为自然资源地方督察局,但是从其"三定"方案所确认的职能定位、编制职数上看,各地方督察局实际上只是在原有土地督察局基础上改挂了牌子。从科层制运行逻辑的角度来说,机构有其固有的工作惯性。因此,一是自然资源督察存在机构构造和督察任务转型两方面的问题,尚未形成自然资源全要素督察合力。第

一,督察机构构造与督察内容不匹配,未能整合原中央各部门派驻地方的督察力量;第二,督察任务转型尚未落实,督察的目标和督察机构工作人员的认识尚未从土地督察转向自然资源全要素督察。二是不同主管部门在自然资源和生态保护领域存在多重监督,致使监督管理制度缺乏系统性。第一,自然资源和生态保护领域相关主管部门存在多重监督;第二,作为部门职责的延伸,自然资源督察与中央生态环境督察出现了督察领域和内容的重合。三是自然资源督察手段和对象受限。机构改革以来,自然资源督察取得的督察成效有限,相比于生态环境督察,未能在自然资源违法领域形成压倒性态势。第一,自然资源管理技术手段的应用存在体制障碍;第二,欠缺与督察相配套的问责机制;第三,自然资源督察对象的层级较低,且未纳入各级党委。

三、自然资源管理制度改革的基本思路

(一) 自然资源管理体制完善

1. 构建资源综合化管理的制度体系

山水林田湖草沙等各类自然要素,是具有复杂结构和多重功能的生态系统,各类自然要素组成一个生命共同体,具有相互联系、相互影响、相互转化的整体性和系统性特征。如果对自然资源实行分割式管理,则很容易出现顾此失彼的问题。[①] 此外,各类自然资源要素组成的生态系统还具有外部性、不可逆性和不可替代性。人类在对一种资源进行开发利用的同时,很可能会对其他资源和环境要素造成一定影响,如果缺乏综合化管理,这种影响便会表现为负外部性。因此,必须建构完善能够体现对山水林田湖草沙等自然要素组成的生命共同体进行综合化管理的法律制度体系。

2. 实行总量集约化管理

我国的基本国情、资源禀赋和经济社会发展的阶段性特征,决定了在一定的时空范围内,自然资源相对于经济社会发展的需要在数量上是不足的,两者的矛盾导致了资源的稀缺性,这就要求我们必须全面节约和高效利用资源。当前和未来一段时期内,我国仍然面临完成工业化和城镇化的艰巨任务,资源环境约束趋紧的态势仍将持续,传统自然资源的粗放型发展模式显然难以适应新时代高质量发展的目标要求。因此,只有全面节约和高效利用资源,建构完善自然资源总量集约化管理的法律制度,才能有效破解我国发展过程中面临的资源环境难题。

3. 实行空间差异化管理

山水林田湖草沙等自然资源的分布呈现出一定的地域分异规律,总是相对集中于某些区域之中,其数量、质量、稀缺性程度及相关特性均存在明显的地区差异。这在一定程度上

---

① 袁一仁、成金华、陈从喜:《中国自然资源管理体制改革:历史脉络、时代要求与实践路径》,载《学习与实践》2019 年第 9 期,第 8 页。

决定了自然资源的开发利用和保护必须因地制宜,根据其区域特征采取有针对性的措施,充分考虑自然资源空间差异化管理的要求,充分发挥国土空间规划的管控作用。要坚决树立尊重自然、顺应自然、保护自然的生态文明理念,坚持宜农则农、宜林则林、宜草则草、宜水则水、宜建则建、宜城则城的原则,建构完善自然资源差异化管理的制度体系。

(二)自然资源资产规划制度完善

1. 纵向规划体系

根据国际经验,纵向规划体系的设置与国家行政管理体系密切相关。因此,我国的自然资源规划体系应充分发挥行政管理纵向传导优势,在国家、省、市、县级编制四级传导的自然资源规划。

2. 横向规划体系

针对我国之前存在的规划体系权威性顶层设计缺乏、体系内部规划数量多和结构性失衡并存等问题,应明确"统"与"分"的关系,在综合规划或实施机制中统筹部署规划期内编制和修订相关领域子规划,精简规划数量,明确子规划的规划边界、战略方向、子规划部署涉及领域的具体举措,根据规划的重要性和时效性进行差异化设定规划审批级别。另外,在国家机构改革背景下,自然资源规划体系应按照《中共中央、国务院关于统一规划体系更好发挥国家发展规划战略导向作用的意见》的"以空间为基础""以专项规划为支撑""等位规划互相协调"等要求,以统一的自然资源综合规划和国土空间规划统筹引领,构建自然资源专项规划和空间专项规划阵列。

3. 加强自然资源年度计划与规划的衔接

自然资源有关年度计划应贯彻自然资源综合规划提出的目标和重点任务,科学设置年度重点目标指标并做好年际平衡。

4. 完善多元化保障机制

应加强中期财政规划和自然资源年度预算、政府投资计划和规划实施的衔接协调,依据财力分阶段、分步骤实施规划确定的重大项目。加强政策统筹,提高自然资源政策体系内部、自然资源与其他政策之间的兼容性。

(三)自然资源行政许可制度完善

1. 完善自然资源行政许可体制,实现权力的有效配置

(1)权力的交叉在很大程度上来源于法律体制的混乱。行政许可权来自法律的授予,法律在同种资源开发利用上赋予多个主体许可权,而这些许可在授予内容上又缺乏必要的区分,导致在现行自然资源行政许可体制下,对同种资源可以由多个行政主体同时进行监管。要根本改变这种许可权主体设置上的混乱局面,就必须先对法律规定进行一次全面的清理,梳理自然资源许可权,取消多余的许可设置,消除权力交叉的部分。

(2)建立自然资源相对集中的行政许可制度。建立一个独立、新设的行政许可主体来统一进行某类自然资源的行政许可,此种模式可以在实践活动中整合各个单独行政许可机关的自然资源许可权,有效克服许可权限的交叉混乱状况,从而实现对资源利用的有效管理。

此种模式的实施有利于节约资源,并在很大程度上抵消机构和人员增加所产生的成本;另外,减少不必要的管理环节也可以起到节约行政成本的制度效果。

2. 明确中央和地方许可权限

在我国现行自然资源行政许可制度中,中央和地方的权限划分模糊,缺乏明确的规定,大多只有泛化的在各自权限范围内进行管理的规定。这显然不利于自然资源的节约和有效利用,其改进和完善势在必行。必须在法律上对资源按不同类型建立起相适应的管理制度,如石油等战略性资源的利用,由于事关国家安全和经济社会的可持续发展,必须提高许可权层级,由中央一级的管理机关进行许可的审查和授予。对非战略性资源,可以授权省一级甚至层级更低的机关实施许可。对战略性资源,地方政府如果确有必要利用,需要向中央相关主管机关提出申请,由中央一级的主管单位通过内部审批程序进行审查,经审查认为申请符合条件,则授予地方政府在一定范围内的自主决定权。

3. 建立资源利用行政许可的双轨制

自然资源的一大特性就是其整体性。自然资源在自然界中以系统整体的方式存在,自然资源要素之间彼此有生态的联系。从具体的资源类型上来看,各种自然资源之间是相互联系、相互制约的;而从地域上来看,各国的资源又形成一个跨地域的整体,随着经济全球化进程的不断深入,资源全球化的趋势也逐渐显现,各国可以根据本国具体国情和需要从国际市场进口资源,弥补自身的不足。所以,在自然资源的开发利用中,需要从国际化的视野和高度,在世界范围内综合考虑资源的利用,设置适应国际化形势的资源调控方式。在具体资源的调控手段选择上,一方面需要把国内资源和国际资源结合起来考虑,如果部分资源尤其是战略性资源可以在国外寻求到替代资源,或者从资源本身素质而言从国外引进利用率更高、成本更低,那么政府就应当鼓励资源的进口贸易,放松资源进口管制,允许有条件的市场主体从国外进口资源,进一步加快制定、实施境外资源开发合作战略,建立多元、稳定的境外资源供应基地。另一方面需要对国内资源的利用进行严格的控制。通过外松内紧的双向调控手段促使市场活动主体充分利用好国内外两个市场两种资源,缓解国内短缺资源的约束。

(四)自然资源督察制度完善

1. 构建统一高效的多层级督察机制

为了实现自然资源督察的有效开展,需要解决自然资源督察任务的广泛性与督察资源受限之间的矛盾。[1] 这一问题的解决路径包括整合扩充自然资源督察的构成人员,以及建立健全"中央—省"两级自然资源督察机制。

2. 明确自然资源督察职责划分

实现自然资源督察与生态环境保护督察的差异化定位,有效区分自然资源与生态保护领域中的执行和监督,避免多重监管,是厘清生态保护领域自然资源与生态环境部门所负监

---

① 姜闻远、陈海嵩:《中国自然资源督察体系完善的规范路径》,载《自然资源学报》2022 年第 12 期,第 3073—3087 页。

管职责的关键。在维持现行部门设置的条件下,过程论的国家权力分工理论强调"执法权"与"执行法律监督权"的划分,区分了决策者、执行者与监督者。基于这一理论框架,能够界定相关部门在资源保护具体工作中的"执行—监督"职责,并在此基础上实现两类督察职责范围的差异化定位。

3. 加快自然资源督察法治化进程

现有的自然资源督察相关规范或局限于特定资源要素、或仅有原则性要求,导致督察运行与成效受限。为了解决这一问题,有必要使自然资源督察进入法治轨道。鉴于短期内设置"中央自然资源督察"可行性有限,因此自然资源督察的法治化路径应当通过法律确认其现有框架,并提升其效力层级。同时,有必要引入一部分新举措,强化自然资源督察的权威。

自测习题

第四章

水资源法

导语　与其他类型自然资源法一样,水资源法通过规制人类的开发利用行为实现合理开发、利用、节约和保护水资源,防治水害,实现水资源的可持续利用,适应国民经济和社会发展的需要。本章主要内容包括:(1) 水资源的概念、特征以及我国水资源概况;(2) 我国水资源立法的历史进程以及立法现状;(3) 水资源权属的规定,水资源管理体制的规定,水资源开发、利用、保护的规定,水资源规划,水资源配置和节约使用,水事纠纷处理,取水许可制度和水资源有偿使用制度。本章重点难点:水资源的概念、特征,水资源权属的规定,水资源管理体制的规定,水资源规划,水资源配置和节约使用,取水许可制度和水资源有偿使用制度。

第一节　水资源概述

一、水资源的概念

水是一种天然存在于地球之上的自然要素,是一种人类可以利用的自然生成物。水圈,又称水系统,是地球表层系统的重要组成部分。水圈由多种形态的水组成,包括海洋水、冰川水、湖泊水、沼泽水、河流水、地下水、土壤水、大气水和生物水等。[①]

并非所有水系统中的水都可以被称为水资源,基于陆地上淡水对人类所具有的实际利用价值,这部分水通常被环境科学称为水资源。[②] 根据世界气象组织(WMO)和联合国教科文组织(UNESCO)定义,水资源是指可利用或有可能被利用的水源,这个水源应具有足够的数量和可用的质量,并满足某一地方在一段时间内具体利用的需求。从狭义角度理解,水资源是指与人类生活和生产活动以及社会进步息息相关的淡水资源总和。

[①] 地球表层系统是地球圈层结构中的特定部分,即是地表自然社会综合体,也是人类圈与地球相互作用的符合物质系统,其由岩土圈、大气圈、水圈、生物圈和人类圈组成。参见:伍光和等:《自然地理学》,高等教育出版社2007年版,第35—37页。

[②] 裴丽萍:《论水资源法律调整模式及其变迁》,载《法学家》2007年第2期,第100页。

在法学视角下,水资源是在一定经济技术条件下能够被人类利用并能逐年恢复的淡水资源的总称。[①] 根据《水法》第 2 条的规定,水资源包括地表水和地下水。我国水资源立法的对象仅指地表水和地下水,地表水包括江河、湖泊、冰川、沼泽等水体中的水,地下水是地下含水层中的水。海水不是水资源立法的对象,因此海水的开发、利用、保护、管理不适用水资源的相关法律法规。

二、水资源的特征

(一)水资源具有经济价值和生态价值双重价值

现代社会中人类发现水资源既具有经济价值也具有生态价值。一方面,水资源像其他自然资源一样可以满足人类的生活和生产需求,从而给人类的生产生活带来相应的经济利益,因此具有经济价值。另一方面,水资源作为自然界不可分割的一部分,可以参与地球的物质和能量循环,是其他自然资源存在的物质基础和前提,水资源的减少甚至会对其他自然资源的赋存产生影响。因此,水资源具有的生态价值不可被忽视。

(二)水资源具有有限性和稀缺性

从本身固有属性来看,水资源属于非耗竭性资源,而且是一种易误用、易污染的非耗竭性资源。[②] 水资源也常被视为"可更新"的自然资源,但是水资源的"可更新"也是相对的。人类对水资源的开发和利用打破了水资源的自然更新和恢复,可供人使用的水资源从数量和质量上均呈下降趋势。人类过度利用水资源会造成水资源暂时性耗竭从而导致水资源量下降,人类过度污染水资源会造成水体降解废物的能力下降从而导致水质下降。由于人类在一段时期内缺乏对水资源的认知和保护,水资源短期内的暂时性耗竭也存在转换为长期耗竭的风险,水质的持续下降也使得难以为人类利用。因此,水资源是弥足珍贵的具有有限性和稀缺性的自然资源。

(三)水资源具有可支配性

民法上的可支配性,指物权人依照自己的意思对标的物加以管领、处分。随着人类认识的进步和科学技术水平的提高,人类逐步掌握了对水资源的开发、利用等支配能力,这种支配能力也在不断地革新和进步。比如,人类通过劳动将水资源从自然界中取出,生产出各种产品或商品,从而实现了从水资源到水商品的转化过程。有学者指出:"水资源与水商品最大区别是:水资源所有权或水资源使用权是对水的来源(水体)的占有、利用、收益或处分,获得水资源所有权或使用权就获得了源源不断的供应水的能力。水商品占有权是对一定质和量的水占有、利用、收益或处分的权利,获得水商品所有权只是获得一定质和量的水。"[③]

---

① 吕忠梅:《环境法学》(第二版),法律出版社 2008 年版,第 301 页。
② 蔡运龙编著:《自然资源学原理》(第二版),科学出版社 2007 年版,第 26 页。
③ 蔡守秋:《论水权体系和水市场》,载《中国法学》2001 年增刊,第 2 页。

（四）水资源具有公共性

在我国，水资源属于国家所有，即全民所有。这就决定了水资源不是私人所有物，而是具有公共物品属性。水资源在其他国家也被认为是公共物品，如法国、德国、日本。水资源属于公共物品中的公用物抑或是共有物，学界尚未统一观点。水资源是人类生存的基础，每个个体都有使用水资源维持基本生存和生活的权利。水资源也是人类工农业生产的重要资源，每个人可以依法取得水资源的使用权。水资源的公共性也易产生"公地悲剧"，因此需要通过构建完整的法律体系以实现水资源的可持续利用。水资源的公共性也是水资源社会特征的体现。

三、我国水资源概况

从世界范围来看，我国人均水资源量低于全球平均水平，约为 2 239.8 立方米 / 人，为世界人均占有量的 1/4。[①] 截至 2023 年，中国水资源总量为 25 782.5 亿立方米，地表水资源量为 24 633.5 亿立方米，地下水资源量为 7 807.1 亿立方米。[②]

从全国各地区水资源情况来看，我国水资源空间分布不均，各区域在水资源总量、地表水、地下水、人均水资源量等水资源情况方面差异较大。以 2023 年水资源一级区各区水量为例：北方六区水资源总量为 5 777.8 亿立方米，南方四区水资源总量为 20 004.7 亿立方米；东南诸河区水资源总量为 1 576 亿立方米，西南诸河区水资源总量为 5 343.5 亿立方米，西北诸河区水资源总量为 1 376.5 亿立方米。我国水资源总量数据呈现出南北、东西水资源分布不均、水资源总量差异较大等情形。同一区域内各省水资源总量差距巨大，以同位于西北地区的西藏和宁夏为例，前者水资源总量为 4 427.3 亿立方米，后者水资源总量仅为 8.1 亿立方米。将 2023 年中国水资源统计数据与往年数据进行比对，2023 年我国水资源总量比 2022 年减少 4.8%。其中，我国地表水资源总量比多年平均值偏少 7.2%，比 2022 年减少 5.2%；我国地下水资源量比多年平均值偏少 2.6%，比 2022 年减少 1.5%。[③] 再加上人口、流域、气候条件等因素影响，使得我国不同区域的水资源状况差异进一步加剧，我国未来面临的水资源形势相当严峻。

对水资源的管理、分配和使用方式等都会影响到未来我国的水资源状况。不同地域间水资源的分布不均造成水资源稀缺，严重制约着当地人的用水需求和地方发展。我国水资源分布不平衡、人均水资源量又低，使得水资源供需矛盾长期存在，因此，预防水资源危机的进一步加剧成为一项长期而又艰巨的社会难题。水资源的污染也会加剧水资源的需求竞争，水资源"质量"和"数量"同等重要。此外，水环境污染在我国长期存在，导致我国水资源质量受到严重影响，这对我国水资源保护提出了新的挑战。

---

① 李强主编：《中国水问题》，中国人民大学出版社 2005 年版，第 2 页。
② 中华人民共和国水利部编：《中国水资源公报 2023》，中国水利水电出版社 2024 年版，第 1 页。
③ 中华人民共和国水利部编：《中国水资源公报 2023》，中国水利水电出版社 2024 年版，第 10—11 页。

第二节　我国水资源法的立法沿革

一、我国水资源的立法历史

（一）水资源法律制度初创阶段

新中国成立后，我国逐渐恢复水资源法律制度构建。水资源立法最早可追溯至 20 世纪 50 年代。在当时的历史背景下，我国水资源较为充沛，水资源可利用量相较于社会经济发展水平而言相对充足。水资源的开发利用以满足当时社会发展需求为主，水资源常被用作灌溉农作物、航行航运、防洪防汛等单一事项上。从立法模式上来看，这一时期水资源立法以行政法规为主。基于土地资源的特殊性和重要性，我国水资源立法是建立在土地资源立法基础之上的，因此在这一时期我国水资源立法和土地立法紧密相连。从立法内容上来看，"水土保持"是这一时期水资源立法的重点。1957 年，国务院以"开展水土保持工作，合理利用水土资源，根治河流水害，开发河流水利，发展农、林、牧业生产，以达到建设山区，建设社会主义"为目的颁布《水土保持暂行纲要》，此为我国水资源立法的起点。1982 年，国务院发布《水土保持工作条例》，在立法目的中明确提出"防治水土流失，保护和合理利用水土资源"。

（二）水资源立法加强阶段

从 20 世纪 80 年代开始，水资源立法得以逐步加强。这一时期国家开始强调水资源的可持续开发和利用，将水资源开发利用进行统一的布局、规划和管理。水资源立法着重考虑社会、经济、环境等多方因素，强调解决实际社会问题，如水资源供需矛盾问题、水资源污染问题以及水资源地域性匮乏问题等。1984 年到 1988 年，《水污染防治法》和《水法》相继出台，这两部法律奠定了我国水资源法律体系的雏形，从不同角度分别对水资源的污染控制、治理和水资源的开发、利用、保护管理进行了规定，目的是控制人类行为，保护水资源。1991 年《水土保持法》的颁布和实施，实现了"水土保持"从行政法规到法律的转变。除此之外，《水土保持法实施条例》（1993 年）、《城市供水条例》（1994 年）、《防洪法》（1997 年）等法律法规相继出台。

（三）水资源法律体系成型阶段

2002 年修订并发布的《水法》，确定了水资源属国家所有的单一所有制形式，农村集体经济组织对本组织水塘、水库中的水享有使用权（第 3 条）。这一规定明确了水资源权利和土地资源权利相分离的模式，使得水资源权利拥有了独立性。《水法》还明确规定我国依法实行取水许可制度和有偿使用制度（第 7 条）。在水资源国家所有的基础上充分保障水资源的使用权，以此建立取水许可制度和水资源有偿使用制度，从而充分实现了水资源的经济价值。国务院水行政主管部门负责全国取水许可制度和水资源有偿使用制度的组织实施。国家对水资源实行流域管理与行政区域管理相结合的管理体制(第12条)。在重要的江河、湖泊设立流域管理机构,对水资源在流域范围内进行统一规划、管理和监督,从而保护水资源生态环境以实现对水资源生态价值的保护。《水法》于2009年和2016年两次修改,《水污染防治法》于2008年和2017年两次修改。

2020年以来,我国在水资源生态保护立法方面颇有成效。《长江保护法》和《黄河保护法》分别于2020年和2022年出台,既填补了我国重要流域生态保护和水资源保护的空缺,也为科学构建水资源法律体系作出了创新性的立法完善。

二、我国水资源的立法现状

目前我国已基本构建起由中央层面的法律、行政法规、部门规章和地方性法规、地方性规章等组成的水资源法律体系。水资源法律体系,是我国对水资源开发、利用、保护的法律规范的总和,通过水资源法律制度的立法、执法、司法、法律监督等系统性构建实现水资源的保护和可持续开发、利用。水资源法律体系以《宪法》为基础,以《水法》(2016年修正)、《水污染防治法》(2017年修正)、《水土保持法》(2010年修订)、《防洪法》(2016年修正)、《长江保护法》(2020年)和《黄河保护法》(2022年)等法律为主干,以《取水许可和水资源费征收管理条例》(2017年修订)、《水土保持法实施条例》(2011年修订)、《城市供水条例》(2020年修订)、《地下水管理条例》(2021年)、《农田水利条例》(2016年)、《水文条例》(2017年修订)等行政法规为枝干,立法内容涉及水资源权属、水资源管理体制、水资源开发利用、水域和水工程保护、用水管理、水资源保护等方面。《水法》是水资源法律体系的核心,对水资源的规划、开发利用和保护,以及对水资源的配置和节约使用、水事纠纷处理与执法监督检查、法律责任等作出了详细规定。

国家层面,我国水资源立法在数量上呈现出从部门规章到行政法规再到法律依次减少的情况,即法律效力越低、数量越多。水资源法律体系已初步建成,在此基础上各地通过立法解决和协调本地出现的水资源问题。我国水资源法律体系也存在一些问题有待改善,如水权问题、水资源有偿使用市场化问题、水资源管理体制问题等。

水资源立法应覆盖水资源水量保护、水资源质量保护和水资源生态环境保护等多个维度。构建完善的水资源法律体系是减轻当下我国水资源紧缺和预防未来水资源危机的关键。基于我国水资源概况,我国应当在不同区域、不同省份的立法方面反映出地方水资源特色。我国水资源的立法重心逐步向水资源保护迈进,从行政区域为主的区域性立法转向流域综合性立法。从我国水资源实际情况出发,充分考虑区域差异和流域状况,以流域生态保护为基础实现水资源保护。在国家层面设立重要流域基本法,引导地方水资源立法,以此避免过去法律对地方水资源情况反映不足的弊端,实现因地制宜的精准立法。水资源保护立法为我国不同区域社会经济和生态环境的可持续发展提供了重要的法律支持。

第三节　水资源法的主要法律规定

一、水资源权属制度

水资源权属制度是水资源立法的核心内容。水资源的权属包括所有权、使用权、收益权。水资源的所有权是指所有者对水资源的占有、使用、收益和处分的权利。《宪法》第9条中关于自然资源权属和利用的相关规定是水资源国家所有和集体所有的权属基础。《水法》对水资源所有权作出明确规定，水资源属于国家所有，水资源的所有权由国务院代表国家行使（第3条）。此外，属于农村集体经济组织的水塘以及由农村集体经济组织修建管理的水库中的水资源，由农村集体经济组织使用。在我国，水资源归国家所有，国家是水资源的所有者，国务院代国家行使对水资源的占有、使用和收益的权利，通过对水资源所有权进行行政管理的方式得以实现。

二、水资源管理制度

水资源管理制度是涉及国家水资源管理的组织体系和权力分配的组织制度。《水法》明确规定，我国对水资源实行流域管理与行政区域管理相结合的管理体制（第12条第1款）。基于我国水资源短缺的现实情况，国家对水资源应进行统一管理。国家层面，由国务院水行政主管部门负责全国水资源的统一管理和监督工作。国务院水资源有关的各部门按照职责分工，分别负责水资源开发、利用、节约和保护的有关工作。

由于我国流域在地理位置上分布不均，因此，我国在重点流域设置机构进行全流域管理。在流域管理方面，由国务院水行政主管部门在国家确定的重要江河、湖泊设立流域管理机构。流域管理机构在所管辖的范围内行使国务院水行政主管部门依法授予的水资源管理和监督职责。水资源的行政管理从中央到地方实行分级管理的职责，各级政府水行政主管部门依照其法定职责进行水资源的监督和管理工作。在地方行政区域管理方面，县级以上地方人民政府水行政主管部门按照规定的权限，负责本行政区域内水资源的统一管理和监督工作。县级以上地方人民政府有关部门按照职责分工，分别负责本行政区域内水资源开发、利用、节约和保护的有关工作。在水资源管理机构与体系方面，水利部是国务院水行政主管部门，负责全国水资源统一管理和监督工作。水利部在七大流域设置派出机构对重点流域进行管理和监督，七大流域机构包括长江水利委员会、黄河水利委员会、海河水利委员会、淮河水利委员会、珠江水利委员会、松辽水利委员会、太湖流域管理局。

三、水资源开发、利用、保护制度

《水法》强调应当对水资源进行全面规划、统筹兼顾、标本兼治、综合利用、讲求效益，发挥水资源的多种功能，协调好生活、生产经营和生态环境用水。水资源的开发、利用，应当坚持兴利与除害相结合，兼顾上下游、左右岸和有关地区之间的利益，充分发挥水资源的综合效益，并服从防洪的总体安排。

国家、单位和个人在开发、利用水资源过程中均负有保护水资源的义务。单位和个人可以依法开发、利用水资源，其合法权益受到法律保护。在赋予单位和个人开发水资源权利的同时规定了相应的义务，即开发、利用水资源的单位和个人有依法保护水资源的义务。国家保护水资源的义务包括采取有效措施，保护植被，植树种草，涵养水源，防治水土流失和水体污染，改善生态环境。国务院有关部门和县级以上各级人民政府有关部门在其法定职责范围内负责水资源有关工作，其中包括水资源的开发、利用，也包括水资源的节约和保护。地方各级人民政府应当结合本地区水资源的实际情况，按照地表水与地下水统一调度开发、开源与节流相结合、节流优先和污水处理再利用的原则，合理组织开发、综合利用水资源。

各地结合区域实际水资源情况，合理规划、科学论证水资源的开发利用，特别是国民经济和社会发展规划以及城市总体规划的编制、重大建设项目的布局，应当与当地水资源条件和防洪要求相适应。在水资源不足的地区限制水资源的开发利用，特别是对城市规模和建设耗水量大的工业、农业和服务业项目加以限制。

国家鼓励和支持开发、利用、节约、保护、管理水资源以及对防治水害的先进科学技术进行研究、推广和应用。例如：在水资源短缺的地区对雨水和微咸水进行收集、开发、利用和对海水进行淡化和利用；开发、利用水能资源，在水能丰富的河流有计划地进行多目标梯级开发；开发、利用水运资源，修建永久性拦河闸坝的同时修建设施或采取补救措施以减少对生物、通航等影响。国家对于单位和个人采用相应的激励机制，对在开发、利用、节约、保护、管理水资源和防治水害等方面成绩显著的单位和个人给予奖励。

生活用水优先满足，生态环境用水优先考虑。开发、利用水资源，应当首先满足城乡居民生活用水，并兼顾农业、工业、生态环境用水以及航运等用水需要。为保障城乡居民饮用水安全，国家建立饮用水水源保护区制度。省、自治区、直辖市人民政府划定饮用水水源保护区，政府应采取措施防止水源枯竭和水体污染，对饮用水水源保护区实行严格保护，禁止在饮用水水源保护区内设置排污口。生态环境用水和生活、生产经营用水需妥善协调，在干旱和半干旱地区开发、利用水资源，应当充分考虑生态环境用水需要。

除保护水资源的水质、水量以及优先考虑生态环境用水以外，国家还依法保护水资源所处的生态环境，采取有效措施来保护植被、植树种草、涵养水源、防治水土流失和水体污染，从而改善生态环境。在开发利用水资源方面，如进行跨流域调水，水利部门应当进行全面规划和科学论证,统筹兼顾调出和调入流域的用水需要,防止对生态环境造成破坏。在工程建设方面,建设水力发电站在兼顾各方面需要的同时应当保护生态环境。在水运资源开发利用方面,在水生生物洄游通道河流上修建永久性拦河闸坝,建设单位应当同时修建过鱼设施或者经国务院授权的部门批准采取其他补救措施,并妥善安排施工和蓄水期间的水生生物保护。在水资源配置方面,应按照水资源供需协调、综合平衡原则进行,同时要注意保护生态环境。

四、水资源规划制度

(一)全国水资源战略规划

国家制定全国水资源战略规划,由水利部门组织实施。2010 年,国务院正式批复《全国水资源综合规划》,这一规划是国家重要的资源环境战略性规划之一,是我国水资源利用和保护领域的纲领性文件。《全国水资源综合规划》主要针对我国面临的较为严峻的水资源形势,是从保障国家水资源安全、促进水资源可持续利用的战略高度出发,由国家发展改革委和水利部牵头多部门在全国范围内开展水资源调查评价和水资源综合规划编制两个阶段工作的基础上制定而成的。

《全国水资源综合规划》的战略目标是用 20 年左右的时间,逐步完善城乡水资源合理配置和高效利用体系,农村饮水安全问题得以全面解决,城镇供水安全得到可靠保障,节水水平逐步接近或达到世界先进水平,用水总量保持微增长,抗御干旱能力明显增强,基本完善最严格的水资源管理制度,逐步建立水资源保护和河湖生态健康保障体系,江河湖泊水污染得到有效控制,河流的生态用水得到基本保障,地下水超采得到有效治理,重点地区水环境状况得到明显改善。

《全国水资源综合规划》的内容包括水资源及其开发利用现状、规划目标与任务、水资源供需分析、水资源配置、水资源可持续利用对策、水资源管理制度建设、实施效果与环境影响评价、保障措施。《全国水资源综合规划》的总体思路是贯彻建设资源节约型、环境友好型社会和构建社会主义和谐社会的战略部署,按照可持续发展治水思路和民生水利的要求,紧密结合各流域、各区域经济社会发展实际和水资源条件,坚持以人为本、人水和谐、节约保护、统筹兼顾、综合管理的原则,正确处理经济社会发展、水资源开发利用和生态环境保护的关系,通过全面建设节水型社会、合理配置和有效保护水资源、实行最严格的水资源管理制度,保障饮水安全、供水安全和生态安全,为经济社会可持续发展提供重要支撑。

(二)流域规划、区域规划、综合规划和专业规划

《水法》规定,在《全国水资源综合规划》这一战略基础上,按照流域、区域统一制定规划,即制定流域规划和区域规划。流域规划和区域规划都分别包含综合规划和专业规划:流域规划包括流域综合规划和流域专业规划;区域规划包括区域综合规划和区域专业规划。综合规划,是指根据经济社会发展需要和水资源开发利用现状编制的开发、利用、节约、保护

水资源和防治水害的总体部署。专业规划,是指防洪、治涝、灌溉、航运、供水等规划。各类规划之间存在服从与被服从关系,即流域范围内的区域规划应当服从流域规划,专业规划应当服从综合规划。流域综合规划和区域综合规划以及与土地利用关系密切的专业规划,应当与国民经济和社会发展规划以及土地利用总体规划、城市总体规划和环境保护规划相协调,兼顾各地区、各行业的需要。

1. 水资源规划编制审批

国家确定的重要江河、湖泊的流域综合规划,由国务院水行政主管部门会同国务院有关部门和有关省、自治区、直辖市人民政府编制,报国务院批准。跨省、自治区、直辖市的其他江河、湖泊的流域综合规划和区域综合规划,由有关流域管理机构会同江河、湖泊所在地的省、自治区、直辖市人民政府水行政主管部门和有关部门编制,分别经有关省、自治区、直辖市人民政府审查并提出意见后,报国务院水行政主管部门审核;国务院水行政主管部门在征求国务院有关部门意见后,报国务院或者其授权的部门批准。

重要江河、湖泊以外的其他江河、湖泊的流域综合规划和区域综合规划,由县级以上地方人民政府水行政主管部门会同同级有关部门和有关地方人民政府编制,报本级人民政府或者其授权的部门批准,并报上一级水行政主管部门备案。专业规划由县级以上人民政府有关部门编制,征求同级其他有关部门意见后,报本级人民政府批准。其中,防洪规划、水土保持规划的编制、批准,依照《防洪法》和《水土保持法》的有关规定执行。

水资源规划的制定必须由县级以上人民政府水行政主管部门会同同级有关部门组织进行水资源综合科学考察和调查评价。县级以上人民政府应当加强水文、水资源信息系统建设。县级以上人民政府水行政主管部门和流域管理机构应当加强对水资源的动态监测。基本水文资料应当按照国家有关规定予以公开。

2. 水工程建设许可

水工程建设应当依法取得相关水行政主管部门或机构签署的符合流域综合规划要求的规划同意书,否则建设单位不得开工建设。不同流域下签署规划同意书的水行政主管部门或机构不同:在国家确定的重要江河、湖泊和跨省、自治区、直辖市的江河、湖泊上建设水工程,由有关流域管理机构签署符合流域综合规划要求的规划同意书;在其他江河、湖泊上建设水工程,由县级以上地方人民政府水行政主管部门按照管理权限签署符合流域综合规划要求的规划同意书。水工程建设涉及防洪的,依照《防洪法》的有关规定执行。如果水工程涉及其他地区和行业,建设单位应当事先征求有关地区和部门的意见。无论是流域规划、区域规划、综合规划还是专业规划,一经批准,必须严格执行。已经批准的各类规划需要修改时,必须按照规划编制程序经原批准机关批准。

五、水资源配置和节约使用制度

国务院发展计划主管部门和国务院水行政主管部门负责全国水资源的宏观调配。上至全国,下至各县,各级政府水行政主管部门会同有关部门制定水中长期供求规划。水中长期供求规划应当依据各区域水资源的供求现状、国民经济和社会发展规划、流域规划、区域规划,按照水资源供需协调、综合平衡、保护生态、厉行节约、合理开源的原则制定。调蓄径流和分配水量,应当依据流域规划和水中长期供求规划,以流域为单元制定水量分配方案。

国家对用水实行总量控制和定额管理相结合的制度。省、自治区、直辖市人民政府有关行业主管部门应当制订本行政区域内行业用水定额,报同级水行政主管部门和质量监督检验行政主管部门审核同意后,由省、自治区、直辖市人民政府公布,并报国务院水行政主管部门和国务院质量监督检验行政主管部门备案。县级以上地方人民政府发展计划主管部门会同同级水行政主管部门,根据用水定额、经济技术条件以及水量分配方案确定的可供本行政区域使用的水量,制定年度用水计划,对本行政区域内的年度用水实行总量控制。用水应当计量,并按照批准的用水计划用水。用水实行计量收费和超定额累进加价制度。

国家厉行节约用水,大力推行节约用水措施,推广节约用水新技术、新工艺,发展节水型工业、农业和服务业,建设节水型社会。各级人民政府应当推行节水灌溉方式和节水技术,对农业蓄水、输水工程采取必要的防渗漏措施,提高农业用水效率。各级人民政府应当采取措施,加强对节约用水的管理,建立节约用水技术开发推广体系,培育和发展节约用水产业。工业用水应当采用先进技术、工艺和设备,增加循环用水次数,提高水的重复利用率。国家逐步淘汰落后的、耗水量高的工艺、设备和产品,具体名录由国务院经济综合主管部门会同国务院水行政主管部门和有关部门制定并公布。生产者、销售者或者生产经营中的使用者应当在规定时间内停止生产、销售或者使用列入名录的工艺、设备和产品。城市人民政府应当因地制宜采取有效措施,推广节水型生活用水器具,降低城市供水管网漏失率,提高生活用水效率;加强城市污水集中处理,鼓励使用再生水,提高污水再生利用率。

单位和个人具有节约用水的义务。新建、扩建、改建建设项目,应当制定节水措施方案,配套建设节水设施。节水设施应当与主体工程同时设计、同时施工、同时投产。水企业和自建供水设施的单位应当加强供水设施的维护管理进而减少水的漏失。

六、水事纠纷处理制度

水事纠纷是指在水资源开发、利用、管理和保护过程中因当事人之间的利益、职权冲突而产生的纠纷。[1]水事纠纷由来已久,其产生主要原因是水资源的稀缺,产生水事纠纷的主体包括但不限于区域、个人、单位、国家。

在我国,一般由县级以上人民政府或者其授权的部门负责处理水事纠纷。县级以上人

---

[1] 张梓太主编:《自然资源法学》,北京大学出版社 2007 年版,第 123 页。

民政府或者其授权的部门在处理水事纠纷时,有权采取临时处置措施,有关各方或者当事人必须服从。对于不同行政区域之间、单位之间、个人之间、单位和个人之间发生的水事纠纷,按照其客观情形、主体意愿、严重程度等宜采取不同的解决方法。在水事纠纷解决前,当事人不得单方面改变水的现状。

不同行政区域之间发生水事纠纷的,应当协商处理;协商不成,应由上一级人民政府裁决,有关各方必须遵照执行。在水事纠纷解决前,未经各方达成协议或者共同的上一级人民政府批准,在行政区域交界线两侧一定范围内,任何一方不得修建排水、阻水、取水和截(蓄)水工程,不得单方面改变水的现状。

单位之间、个人之间、单位与个人之间发生水事纠纷的,应当协商解决;当事人不愿协商或者协商不成的,可以申请县级以上地方人民政府或者其授权的部门进行调解,也可以直接向人民法院提起民事诉讼。县级以上地方人民政府或者其授权的部门调解不成的,当事人可以向人民法院提起民事诉讼。

七、取水许可制度和水资源有偿使用制度

取水许可制度和水资源有偿使用制度是我国加强水资源管理、实现水资源可持续利用的重要措施。全国取水许可制度和水资源有偿使用制度的组织实施由国务院水行政主管部门负责,实施取水许可制度和征收管理水资源费的具体办法由国务院规定。

直接从江河、湖泊或者地下取用水资源的单位和个人,应当按照国家取水许可制度和水资源有偿使用制度的规定,通过向水行政主管部门或者流域管理机构申请领取取水许可证并缴纳水资源费来取得取水权。单位和个人用水应当采取计量方式计算使用量,并按照批准的用水量计划用水。单位和个人用水实行计量收费和超定额累进加价制度。单位和个人未经批准擅自取水或者未依照批准的取水许可规定条件取水的行为均属于违法行为,情节严重的吊销其取水许可证。

需要注意的是,在农村集体经济组织的水塘、水库中的水由农村集体经济组织及其成员使用,这部分水资源不实行取水许可制度和水资源有偿使用制度。家庭生活和零星散养、圈养畜禽饮用等少量取水用于生活使用的情况也不适用于取水许可制度和水资源有偿使用制度。

在取水许可制度和水资源有偿使用制度下,我国水资源管理采用的主要手段是征收水资源费。水资源费的征收在我国有着40余年的历史。1981年,河北省政府发布《河北省城市地下水资源管理暂行办法》,我国首次以收费的方式确立水资源的有偿使用制度。水资源费具有浓厚的行政管理色彩,在水资源费的收取方面:水行政主管部门依照《取水许可和水资源费征收管理条例》,向取用水资源的单位和个人发放取水许可证并依法征收水资源费,以实现水资源的有偿使用;取用水的单位和个人需要依法向水行政主管部门提交取水许可证,按照所在地水资源费征收标准和实际取水量缴纳水资源费。我国正处于水资源税的试

点阶段,水资源税制度在我国尚未正式建立。从水资源费向水资源税进行平稳过渡,采取的方式是"费税平移"。

自测习题

第五章

国土空间资源法

导语　　国土空间是自然资源和建设活动的载体,占据一定的国土空间是自然资源存在和开发建设活动开展的物质基础。党的十八大以来,国家大力推动生态文明建设,高度重视国土空间规划工作,在国土空间开发保护、空间规划体系构建等方面进行了大量改革、创新和探索。国土空间开发保护作为经济建设基础性、综合性的统筹工作,在目前分散立法已有相当积累、制定国土空间开发保护总体性法律的目标已明确的情况下,需要更具体系化的规范制度作为支撑。本章主要内容包括:(1) 国土空间概述;(2) 我国国土空间资源法的立法沿革;(3) 国土空间资源法的主要法律规定。本章重点难点包括:国土空间的概念、国土空间规划法律制度、国土空间用途管制法律制度、国土空间综合整治与生态修复法律制度。

第一节　国土空间概述

一、国土空间的概念

国土空间概念是在 20 世纪 80 年代我国引进开展 "国土(整治)规划" 和 21 世纪初期借鉴欧洲 "空间规划" 的基础上发展形成的。国土概念内涵更偏向于资源和环境,是与具体地域相联系的,以土地资源为基础,并与其他资源条件相结合的地域资源。国土(整治)规划引进后,国土概念内涵具有了 "区域" 的含义。2006 年《国民经济和社会发展第十一个五年规划纲要》首次将国土空间分为优化开发、重点开发、限制开发和禁止开发四类主体功能区。2010 年,国务院印发的《全国主体功能区规划》特别强调 "国土空间" 的提法,并正式将 "国土空间" 定义为 "国土空间,是指国家主权与主权权利管辖下的地域空间,是国民生存的场所和环境,包括陆地、陆上水域、内水、领海、领空等"。

从国土空间的演变过程来看,"国土空间" 应当包括以下三层含义:(1) 国土空间是依托自然构造的客观实体边界;(2) 国土空间是复合多元的地域系统,涵盖自然变化和人类活动的物质载体;(3)国土空间包含了诸如农业、工业、基础设施等客体,以及伴随发生的商品生产加工、信息传播、技术扩散等多重空间。[1] 从实践看,国土空间不仅包括土地、水、矿产、生物、气候、海洋、旅游等各类资源,也涵盖了经济社会基础和条件,是资源、环境、人口、经济的复合系统,体现了多尺度和全要素的"地理空间"和"资源要素"复合,以及通过空间结构和空间格局反映的空间关系。

国土空间的演变过程,本质是人与自然相互作用并投射在地理空间的结果。自然地理空间奠定了人类活动的物质基础,人类干预和改造自然的过程塑造了国土空间功能和形态。国土空间的规划和开发保护是从时间尺度和空间尺度上对国土空间的统筹谋划,核心是以人地关系为主线优化资源配置,构建人与自然和谐共生的空间格局。在生态文明时代,对国土空间资源开发保护要在遵循自然规律、经济规律和社会规律的基础上,塑造适应自然资源本底、符合人民需求的空间结构和空间品质,提升国土空间利用效率与效益,实现人口、资源、环境的可持续发展。

二、国土空间开发与国土空间开发保护

"国土空间开发"的概念最初在《全国主体功能区规划》中提出,其是大规模、高强度的工业化和城镇化建设活动,而不是一般意义上的资源开发。[2] 从"大规模、高强度"的前置定语界定来看,国土空间开发是指"区域"型国土空间的开发,主体功能区规划具有对"区域"开发建设活动进行引导和管控的功能。"区域"型国土空间开发更多从主体利用的角度出发,基于区域内自然资源对人类的一般有用性,强调各类自然资源的合理利用。对合理利用的考量集中到"区域"型国土空间的利用限度和资源承受能力,这也构成了主体功能区规划的逻辑基础,相应地,通过资源环境承载力评价的开展去明确"区域"的主体功能定位。

"国土空间开发保护"的概念则是由土地利用总体规划及1998年成立国土资源部以后开展的国土规划所倡导形成的,[3] 其是指在进行城镇建设、农业生产和工业生产等为主的国土空间开发活动时,加强对承担生态安全、粮食安全、资源安全等国家安全的地域空间进行管护的活动。土地利用总体规划是实施土地用途管制制度的基本工具,首要目标是对耕地实行特殊保护,属于对"要素"型国土空间的用途管制。"要素"型国土空间的开发保护更多是从客体保护的角度出发,基于特定自然资源的特殊稀缺性,强调对特定自然资源的保护,如对不可再生资源的节约使用,对自然生态系统的永续维护。对资源保护的考量内容包括自然资源的期末存量与空间位置。这两方面构成了以土地利用总体规划为代表的"要素"型国土空间规划的基本内容,如对耕地保有量的确定和对基本农田边界的划定。

在生态文明建设的大背景下,自然资源全要素保护的思路逐渐形成,主体功能区规划也

---

[1] 郝庆等:《"国土空间"内涵辨析与国土空间规划编制建议》,载《自然资源学报》2021年第9期,第2233页。

[2] 杨伟民:《推进形成主体功能区优化国土开发格局》,载《经济纵横》2008年第5期,第18页。

[3] 徐绍史:《创新国土资源管理促进生态文明建设》,载《求是》2012年第19期,第23—25页。

将其纳入国土空间开发中,由原来的强调分类开发,优化国土开发格局,到开始强调优化国土空间开发保护格局。[①]而2017年颁布的《全国国土规划纲要(2016—2030年)》是一个融国土空间开发、保护和整治"三位一体"的国土空间规划,重点在于推进"要素"型国土空间的用途管制,也体现了加强"区域"型国土空间开发保护控制思路。总体来说,中国特色的"国土空间开发保护"概念源于"国土空间开发",交融于土地用途管制制度,拓展于自然资源全要素保护,实际上已经具备四层含义:(1) 强调"区域"型国土空间的大尺度合理开发,涉及地域为全域或局部覆盖;(2) 强调大尺度的特殊区域保护,既涉及生态环境功能受损地区的山水田林湖草沙系统治理和统一生态保护修复,又包括国家公园、自然保护地等地域的原真性、完整性保护;(3) 强调针对中观尺度区域,如在一个城市、一个县境内,进行总体的开发建设行为控制,具体方式包括生态保护红线、城市开发边界控制线划定,以及国土空间开发强度、城乡建设用地规模等指标控制等;(4) 强调微观尺度上的"要素"型国土空间管理,包括永久基本农田、生态公益林地等管制类要素空间,耕地、林地、城市内部的分类型建设用地等用途类要素空间。[②]因此,国土空间资源开发保护立法需要统筹"区域"型和"要素"型国土空间的开发保护需求,承担起指引区域工业化城镇化建设活动、实施国土空间用途管制、推进生态功能受损地区系统性修复治理、开展国家公园和自然保护地保护建设等多重任务。

三、新时期国土空间开发保护的整体格局

《中共中央关于制定国民经济和社会发展第十四个五年规划和二〇三五年远景目标的建议》提出构建国土空间开发保护新格局,逐步形成城市化地区、农产品主产区、生态功能区三大空间格局,形成主体功能明显、优势互补、高质量发展的国土空间开发保护新格局。

(一)城市化地区

在"两横三纵"城市化战略格局的基础上,我国形成了京津冀、长三角、粤港澳大湾区以及成渝地区双城经济圈等重要的城市群地区或城市化地区。城市化地区的主体功能就是提供工业品和服务产品,实行开发与保护并重的方针,支持城市化地区高效集聚经济和人口,保护基本农田和生态空间。[③]加快建设现代产业体系,转变发展方式、优化经济结构、转换增长动力;合理确定城市规模、人口密度、空间结构;深化户籍制度改革,加强基础设施互联互通、公共服务均等化等基本公共服务保障;强化生态保护和环境治理,保护好基本农田和生态空间,满足当地居民对优质农产品和生态产品的需要,成为以国内大循环为主体、国内国

① 樊杰:《我国国土空间开发保护格局优化配置理论创新与"十三五"规划的应对策略》,载《中国科学院院刊》2016年第1期,第1—12页。
② 林坚、刘松雪等:《区域—要素统筹:构建国土空间开发保护制度的关键》,载《中国土地科学》2018年第6期,第2页。
③ 樊杰:《主体功能区战略与优化国土空间开发格局》,载《中国科学院院刊》2013年第2期,第198—201页。

际双循环相互促进的新发展格局主体。

（二）农产品主产区

在"七区二十三带"农业战略格局的基础上,我国农产品主产区包括东北平原、黄淮海平原、长江流域、汾渭平原、河套灌区等。农产品主产区的主体功能就是提供农产品,实行保护为主、开发为辅的方针,坚持最严格的耕地保护制度,禁止开发基本农田,深入实施"藏粮于地、藏粮于技"战略,提升农产品主产区综合生产能力。实施高标准农田建设工程,优化农业生产结构,加强农业科技进步和创新,提高农业物质技术装备水平和加大农业水利设施建设力度,保持并提高农产品特别是粮食的综合生产能力;实施好乡村振兴战略,完善乡村基础设施和公共服务,改善村庄人居环境,使村庄成为保障国家农产品安全的主体区域,让农村成为安居乐业的美好家园。

（三）生态功能区

生态功能区是保障国家生态安全的重点区域。在"两屏三带"生态安全战略格局的基础上,我国生态功能区主要包括大小兴安岭森林生态功能区、三江源水源涵养和生物多样性保护生态功能区、黄土高原土壤保持生态功能区等重点生态功能区,以及青海三江源国家公园、东北虎豹国家公园、大熊猫国家公园等自然保护地。生态功能区的主体功能是提供生态产品,实行保护为主、限制开发的方针,将保护修复自然生态系统、提供生态产品作为发展的首要任务,坚持山水林田湖草沙系统治理,加强大江大河和重要湖泊湿地生态保护治理;强化推行河湖长制和林长制;科学推进荒漠化、石漠化、水土流失综合治理,开展大规模国土绿化行动;实施好长江十年禁渔,推行草原森林河流湖泊以自然恢复为主的休养生息。应加快构建以国家公园为主体的自然保护地体系,以生态红线为主的国土空间用途管制制度;实施生物多样性保护重大工程,构建生态廊道和生物多样性保护网络;完善自然保护地、生态保护红线监管制度,开展生态系统保护成效监测评估。

第二节　我国国土空间资源法的立法沿革

一、国土空间资源开发保护的发展历程

根据国家出台的对国土空间资源规划和管理的相关法律法规和政策性文件的规定,可以将我国国土空间资源开发保护的发展历程大致分为以下四个阶段。

（一）1949—1986 年：萌芽阶段

新中国成立初期,百废待兴,为系统地厘清并掌握全国自然资源基本状况及其分布规律,中央筹备并成立地质矿产资源管理部门,组织开展了大规模的有关自然资源数量、质量等方面的科学考察和研究工作。到 20 世纪 80 年代初,面对全球日益突出的生态环境问题,联合国世界环境与发展委员会提出可持续发展战略。国内学界和决策管理部门也深刻地认

识到合理开发与利用自然资源、加强生态环境保护的迫切性。因此,国家在全国范围内先后开展了有关土地资源、水资源、农业资源等资源综合生产潜力测度及相关研究,并进行了农业区域划分。同时,结合国土整治任务要求,进行了区域资源开发与经济发展相关研究。这为我国国土空间规划奠定了资源基础,并提供了科学依据。

（二）1987—2000 年：逐步成型阶段

为了加强国土规划工作,第六届全国人大常委会第十六次会议通过《土地管理法》,该法于 1987 年 1 月正式实施。土地利用总体规划因此得以确立。1987 年 8 月,国家计委印发的《国土规划编制办法》确定了国土规划任务,明确了地区自然资源布局与开发规模以及人口、生产与城镇格局。同时,为确定城市规模及其发展方向,1989 年出台《城市规划法》,制定并实施城市规划。由于诸多原因,1993 年国家计委牵头编制的《全国土地利用总体规划纲要（草案）》未正式获得国务院批复,但南水北调、三北防护林等有关国土开发、整治与保护的重大工程仍得以实施,这些国土空间开发战略性思想对后来我国国土资源开发与空间布局产生了较为深远的影响。1998 年 3 月,第九届全国人大第一次会议表决通过了《关于国务院机构改革方案的决定》,组建国土资源部,明确了其对土地、矿产、海洋等自然资源的规划、管理、保护与利用,承担优化配置国土资源、规范国土资源市场秩序等职责。这标志着我国国土资源管理工作正式步入正轨,为开展国土空间规划实施工作提供了有力保障。

（三）2001—2014 年：试点探索阶段

随着国家区域发展总体战略的深入,21 世纪初期我国逐步开展了国土资源规划试点工作。2001 年 8 月,原国土资源部印发《关于国土规划试点工作有关问题的通知》,首先在深圳、天津两市开展国土规划试点工作。2003 年 6 月,原国土资源部印发《关于在新疆、辽宁开展国土规划试点工作的通知》,国土规划试点工作又在新疆、辽宁等地开展。2004 年 9 月,广东省也被纳入国土规划试点。这些试点工作相继取得了一系列成果。随着试点工作不断进行和社会主义市场经济深入发展,此阶段国土空间规划也逐步发展。"十一五"期间为满足经济发展需要,更好地优化国土空间格局和加强管理,从 2008 年起,原国土资源部陆续在重庆、广西、福建等地部署试点工作。2010 年 12 月发布的第一部全国性国土空间规划《全国主体功能区规划》,在国家层面上明确划分了主体功能区,提出切合区域实际的发展策略。这对国土空间规划产生了积极影响,但存在规划实施落地难、保护主题模糊等问题。为此,2013 年初,国土资源部、国家发展改革委共同组织编制了《全国国土规划纲要（2014—2030 年）（草案）》,确定了未来国土开发、分类保护、综合整治、配套政策完善等任务。2013 年《关于全面深化改革若干重大问题的决定》,提出建立"空间规划体系,划定生产、生活、生态空间开发管制界限","统一行使所有国土空间用途管制职责",从而明确了国土空间规划的基础性、综合性和战略性作用。2014 年 8 月,四部委联合下发《关于开展市县"多规合一"试点工作的通知》,提出在全国 28 个市县开展"多规合一"试点,以探索"多规合一"思路和完善市县空间规划体系,但由于实施过程中采用"拼凑模式"来"合一"规划,造成其标准与流程并不统一。

（四）2015 年至今：发展完善阶段

面对资源约束趋紧等严峻形势，国家提出生态文明建设理念，加强国土空间源头保护在生态文明建设中占据主导地位。为寻求适应时代要求的国土空间规划体系，中共中央、国务院在新形势下进一步开展了工作部署。2015 年 4 月，《关于加快推进生态文明建设的意见》指出，"国土是生态文明建设的空间载体。要坚定不移地实施主体功能区战略，健全空间规划体系，科学合理布局和整治生产空间、生活空间、生态空间"。同年 9 月，《生态文明体制改革总体方案》提出构建"以空间治理和空间结构优化为主要内容，全国统一、相互衔接、分级管理的空间规划体系"。这为实现上下联结、规范统一的国土空间规划工作提出了新的更高要求。因此，中共中央办公厅、国务院办公厅在 2016 年 12 月进一步出台了《省级空间规划试点方案》，在明确空间规划试点目标、主要任务等内容的基础上确定了河南、浙江等全国 9 个试点省份。2017 年 1 月，国务院印发的《全国国土规划纲要（2016—2030 年）》对国土空间资源开发作出总体部署与统筹安排。同年 10 月，党的十九大报告指出要建立"国土空间开发保护制度，完善主体功能区配套政策"，在一定程度上把国土空间规划提升到了制度层面。2018 年 2 月，根据党的十九届三中全会议通过的《中共中央关于深化党和国家机构改革的决定》，组建自然资源部，统一行使"所有国土空间用途管制"等职责，"强化国土空间规划对各专项规划的指导约束作用"，推进"多规合一"，这使得国土空间规划得到深入规整与完善。同年 8 月，中共中央办公厅发布了自然资源部"三定"方案，明确提出成立国土空间规划局，负责拟定国土空间规划政策，承担建立空间规划体系工作并监督实施。至此，我国国土空间规划已形成权威机构（或部门）统领管理职能时代。随后，中共中央、国务院于 2019 年 5 月发布《国土空间规划实施意见》，提出国土空间规划的总体要求、总体框架和编制要求等，为我国国土空间规划的编制提供了重要依据。2021 年，中共中央办公厅、国务院办公厅印发《关于建立健全生态产品价值实现机制的意见》提出挖掘生态空间的市场价值，凸显了国土空间资源价值治理的作用与意义。2022 年 10 月，党的二十大报告指出要"构建优势互补、高质量发展的区域经济布局和国土空间体系"，进一步强调了国土空间体系建设的重要性和迫切性。

在这一发展历程中，我国对国土空间资源的开发保护虽然在逐步推进与完善，但仍处于纵横交错的状态，尚未形成统一有序的格局体系，我国对国土空间资源开发保护仍然任重道远。与此同时，伴随着经济社会快速发展、科技水平不断革新，人地关系在时空格局上发生着巨大变化，对强调生态优先、人本理念的国土空间资源的规划和开发保护提出了更具时代意义的更高要求。

二、国土空间资源立法现状

（一）城乡规划方面的立法

我国现行城乡规划法律法规体系主要以《城乡规划法》为核心，再加上《村庄和集镇规划建设管理条例》《风景名胜区条例》等行政法规,以及《城市规划编制办法》《省域城镇体系规划编制审批办法》等部门规章构成。

1. 法律

我国现行城乡规划法律主要是《城乡规划法》,该法于2007年发布,2015年、2019年两次修正。该法的立法目的是加强城乡规划管理,协调城乡空间布局,改善人居环境,促进城乡经济社会全面协调可持续发展。

2. 行政法规

目前我国关于城乡规划的行政法规主要有三部。1993年发布的《村庄和集镇规划建设管理条例》目的是加强村庄、集镇的规划建设管理,改善村庄、集镇的生产、生活环境,促进农村经济和社会发展。2006年发布、2016年修订的《风景名胜区条例》目的是加强对风景名胜区的管理,有效保护和合理利用风景名胜资源。2008年发布、2017年修订的《历史文化名城名镇名村保护条例》目的是加强历史文化名城、名镇、名村的保护与管理,继承中华民族优秀历史文化遗产。

3. 部门规章

一类是城乡规划编制与审批相关规定,主要有《城市总体规划审查工作规则》《村镇规划编制办法(试行)》《城市规划编制办法》《城市、镇控制性详细规划编制审批办法》《城市综合交通体系规划编制导则》等;另一类是城乡规划实施管理与监督检查相关规定,主要有《建设项目选址规划管理办法》《城市国有土地使用权出让转让规划管理办法》《城市地下空间开发利用管理规定》《城市绿线管理办法》《城市紫线管理办法》《城市黄线管理办法》《城市蓝线管理办法》《建制镇规划建设管理办法》等。

(二)土地利用管理方面的立法

我国土地利用管理方面的法律法规体系主要以《土地管理法》为核心,其他行政法规主要包括《土地管理法实施条例》《基本农田保护条例》等。

1. 法律

我国现行土地利用管理方面的法律主要为《土地管理法》,该法最早于1986年公布,历经1988年修正、1998年修订、2004年修正、2019年修正,最终将立法目的定位为加强土地管理,维护土地的社会主义公有制,保护、开发土地资源,合理利用土地,切实保护耕地,促进社会经济的可持续发展。

2. 行政法规

关于土地利用管理的行政法规主要有:(1)《土地管理法实施条例》,该条例于1998年发布后,历经2011年、2014年、2021年三次修订,主要对国土空间规划、耕地保护、建设用地使用管理等方面作出了规定;(2)《基本农田保护条例》,该条例是为了对基本农田实行特殊保护,促进农业生产和社会经济的可持续发展;(3)《国有土地上房屋征收与补偿条例》,该条例是为了规范国有土地上房屋征收与补偿活动,维护公共利益,保障被征收房屋所有权人的合法权益。

3. 部门规章

我国土地利用管理相关的部门规章数量较多，主要有《土地权属争议调查处理办法》《闲置土地处置办法》《草原征地占用审核审批管理办法》《建设项目用地预审管理办法》《土地储备管理办法》《土地调查条例实施办法》《土地复垦条例实施办法》《节约集约利用土地规定》等。

三、国土空间资源开发保护立法探讨

我国现行国土空间资源相关法律体系规范林立，但在实践中缺乏协调和统领。在当前国土空间规划编制工作全面启动的背景下，迫切需要通过制定国土空间开发保护的上位法来实现对国土空间资源法律法规体系的补充完善，以充分发挥好法治对国土空间资源管理改革的引领和保障作用。关于如何对国土空间资源进行立法保护，学界主要提供了以下方案：打造"升级版"的《土地管理法》[①]，制定专门的《国土空间规划法》或《国土空间开发保护法》[②]，实行《国土空间规划法》与《国土空间开发保护法》双轨并行[③]，以及寻求适度法典化的《国土空间规划基本法》[④]等。

2018年9月，十三届全国人大常委会立法规划正式公布。其中，《国土空间开发保护法》被列为第二类项目，即需要抓紧工作、条件成熟时提请审议的法律草案；"空间规划方面的立法项目"被写入第三类项目，即立法条件尚不完全具备、需要继续研究论证的立法项目。两个立法项目的同时入选足以体现国家层面对国土空间资源立法的重视。《国土空间规划法》与《国土空间开发保护法》均将视角聚焦于国土空间资源领域，但两者的功能定位与价值取向却存在些许差异。前者聚焦于协调规划间冲突，构建和谐统一的空间规划体系，以实现"多规合一"；后者则旨在构筑起国家治理体系中的空间秩序，其不仅涵盖空间规划，更涉及国土空间用途管制、国土生态空间保护与综合治理等多个侧面，更具宏观意义。当然，也有学者对国土空间领域立法计划持不同的看法，认为2019年印发的《国土空间规划实施意见》明确提出全国国土空间规划"是全国国土空间保护、开发、利用、修复的政策和总纲"，所以即便各级国土空间规划的内容重点可能有所不同，但均应涵盖开发、保护、利用和修复四个方面。因此，在国土空间规划立法中当然也可建立有关国土空间开发、保护、利用和修复的基本制度，而非必须通过《国土空间开发保护法》加以规定。[⑤]

必须明确的是，对于国土空间资源我们不可能只开发不保护，也不可能只保护不开发，如何处理开发与保护之间的关系是国土空间资源领域立法的基本内容。不管将来是出台

---

① 张忠利：《生态文明建设视野下空间规划法的立法路径研究》，载《河北法学》2018年第10期，第45—58页。
② 李林林、靳相木等：《国土空间规划立法的逻辑路径与基本问题》，载《中国土地科学》2019年第1期，第1—8页。
③ 王操：《"多规合一"视阈下我国空间规划的立法构想》，载《甘肃政法学院学报》2019年第6期，第132—145页。
④ 徐玖玖：《国土空间规划的立法统合及其表达》，载《中国土地科学》2021年第3期，第9—16页。
⑤ 张忠利：《迈向国土空间规划框架法——南非〈空间规划与土地利用管理法〉的启示》，载《国际城市规划》2021年第5期，第104—111页。

一部专门的《国土空间开发保护法》或《国土空间规划法》，还是《国土空间开发保护法》与《国土空间规划法》双轨并行，我们都需要对国土空间资源领域的基本法律制度进行规定，以协调好保护与开发之间的关系。本章第三节将对此展开详细的探讨。

第三节　国土空间资源法的主要法律规定

一、国土空间规划法律制度

（一）国土空间规划概述

国土空间规划是对一定区域国土空间开发保护在空间和时间上作出安排，是依据国家经济社会发展战略和国土自然条件和经济社会条件，统筹区域国土空间资源禀赋及开发利用、经济与社会活动、生态环境保护与治理三者关系的资源空间配置、开发利用管理和布局优化的总体方案。[①] 国土空间规划是国家空间发展的指南、可持续发展的空间蓝图，是各类开发保护建设活动的基本依据，具有战略性、引导性和约束性。作为政府进行宏观调控的有效工具，其战略性表现为时间的长远性（通常为 15 至 20 年）、空间的广域性和内容的综合性。国土空间规划是世界各国关注的焦点，以欧盟、美国和日本为代表的发达地区或国家，近年来在相关法律、规划体系等方面都在延续本国特色的同时有了相同的发展趋势，即这些地区或国家都将国土空间规划定位为综合性的上位规划，[②] 由此决定了此规划在协调区域均衡与可持续发展中的重要作用和意义。

对于我国来说，国土空间规划具有划时代的意义，其是国家意志和发展思路的一个重要战略抓手，直接体现了新时代中国构建现代化国土空间治理体系的目标和路径。虽然我国的空间性规划如主体功能区规划、城乡规划等种类丰富，但直接明确地以空间规划来命名还是第一次，预示着我国也将拥有自己的空间规划，在世界空间规划体系中占有一席之地。国土空间规划的诞生意味着过去多个空间性规划冲突矛盾的局面将彻底改变，其将以全面系统、层级清晰、分工明确为主要特点，对各类空间性规划进行统筹细分和衔接协调，有效解决各类空间性规划存在的"规划打架、规划错位、规划失效、规划审批流程复杂"等突出问题，提高空间性规划编制质量和实施效率，尤其是在空间资源配置方面提高空间治理能力，进一步实现真正意义上的"多规合一"。在"空间规划"前面加上"国土"两字，清晰地表明了国家的意志和愿景，即我国的空间性规划要完成整合和优化，要以自然资源的统一监管为核心，彻底改变过去"政出多门，九龙治水"的空间管控格局，由此构建"山水林田湖草沙生命共同体"统一保护的空间管控制度体系，进而将"绿水青山就是金山银山"的生态文明理念落到实处。

[①]　张晓瑞、杨西宁等主编：《国土空间规划：理论、方法与案例》，合肥工业大学出版社 2019 年版，第 15 页。
[②]　王文革主编：《国外空间规划法研究》，法律出版社 2020 年版，第 265—266 页。

（二）国土空间规划的基本框架体系

2019年《国土空间规划实施意见》，对国土空间规划作出了总体部署和统筹安排。根据《国土空间规划实施意见》的内容，具体可以将国土空间规划体系总体框架总结为"五级三类四体系"。从规划层级来看，国土空间规划分为五个层级，对应我国的行政管理体系，就是国家级、省级、市级、县级、乡镇级；从规划内容来看，国土空间规划分为总体规划、专项规划和详细规划三种类型；从规划运行来看，分为规划的编制审批体系、实施监督体系、法规政策体系和技术标准体系。国土空间总体规划是详细规划的依据、专项规划的基础；相关专项规划要相互协同，并与详细规划做好衔接。

1. 总体规划

总体规划强调规划的综合性，是对一定区域，如行政全域范围涉及的国土空间保护、开发、利用、修复作出的全局性安排。具体又分为全国国土空间规划、省级国土空间规划、市县和乡镇国土空间规划等层级。全国国土空间规划是对全国国土空间作出的全局安排，是全国国土空间保护、开发、利用、修复的政策和总纲，侧重战略性。省级国土空间规划是对全国国土空间规划的落实，指导市县国土空间规划编制，侧重协调性。市县和乡镇国土空间规划是本级政府对上级国土空间规划要求的细化落实，是对本行政区域开发保护作出的具体安排，侧重实施性。

2. 专项规划

专项规划强调规划的专门性，一般由自然资源部门或者相关部门来组织编制，可在国家级、省级和市县级层面进行编制，特别是对特定的区域或者流域，为体现特定功能对空间开发保护利用作出的专门性安排。专项规划可在国家、省和市县级层面编制，不同层级、不同地区的专项规划可结合实际选择编制的类型和精度。海岸带、自然保护地等专项规划以及跨行政区或流域的国土空间规划，由所在区域或上一级政府自然主管部门牵头组织编制，报同级政府审批。交通、能源、水利等涉及空间利用的某一领域专项规划，由相关部门组织编制。

3. 详细规划

详细规划是开展国土空间开发保护活动，包括实施国土空间用途管制、核发城乡建设项目规划许可，进行各项建设的法定依据。特别是在城镇开发边界外，将村庄规划作为详细规划，进一步规范了村庄规划。详细规划强调实施性，一般是在市县以下组织编制，是对具体地块用途和开发强度等作出的实施性安排。城镇开发边界外的乡村地区，以一个或几个行政村为单元，由乡镇政府组织编制"多规合一"的实用性村庄规划，作为详细规划报上一级人民政府审批。城镇开发边界内，由市县自然资源主管部门组织编制详细规划，报同级政府审批。

（三）国土空间规划法律制度的主要内容

1. 国土空间规划编制前开展"双评价"

构建资源环境承载能力评价与国土空间开发适宜性评价制度（"双评价"制度），依据评价结果编制国土空间规划,是开展国土空间规划的必要前提。"双评价"不仅能够全面认知国土空间、发现开发建设中存在的突出问题和主要矛盾,还可以有机衔接不同层级、不同类型的规划,助推国土空间的高质量发展。"双评价"的核心工作流程以下四个环节:(1) 工作准备。进行数据、资料、人员等方面的准备工作,包括明确规划需求和评价目标,组织技术团队和专家咨询团队,确定工作组织、责任分工、进度安排,开展实地调研和专家咨询,以及收集相关数据资料等。(2) 本底评价与结果校验。针对生态保护、农业生产和城镇建设的不同需求分别展开。首先开展生态保护重要性评价,在生态保护极重要区以外区域开展农业生产和城镇建设的适宜性评价和承载规模测算。为保证评价结果的准确性,初步结果应通过现场勘验、专家咨询等方式进行校验审核。(3) 综合分析。在评价结果基础上,总结资源环境禀赋的优势和短板,识别资源环境开发利用存在的主要问题以及潜在风险,分析农业、城镇空间优化调整方向,预判气候变化等重大事件对未来国土空间开发利用的影响。(4) 成果应用。从国土空间格局优化、主体功能定位优化、"三区三线"划定、规划目标指标确定和分解、重大决策和重大工程布局落地、高质量发展策略和专项规划编制等方面,全力服务于国土空间规划的编制和实施。

2. 国土空间规划编制与审批

(1) 国土空间总体规划的编制与审批。国土空间规划立法对各级总体规划的编制与审批作出了具体要求,明确了各级编制的重点与编制的主体。全国国土空间规划是对全国国土空间作出的全局性安排,是全国国土空间保护、开发、利用、修复的政策和总纲,侧重战略性。全国国土空间规划由自然资源部会同相关部门组织编制,由党中央、国务院审定后印发。省级国土空间规划是对全国国土空间规划的落实,指导市县国土空间规划编制,侧重协调性。省级国土空间规划由省级政府组织编制,经同级人大常委会审议后报国务院审批。市县和乡镇国土空间规划是本级政府对上级国土空间规划要求的细化落实,是对本行政区域开发保护作出的具体安排,侧重实施性。需报国务院审批的城市国土空间总体规划,由市政府组织编制,经同级人大常委会审议后,由省级政府报国务院审批。其他市县及乡镇国土空间规划由省级政府根据当地实际,明确规划编制审批内容和程序要求。各地可因地制宜,将市县与乡镇国土空间规划合并编制,也可以几个乡镇为单元编制乡镇级国土空间规划。

(2) 国土空间专项规划的编制与审批。海岸带、自然保护地等专项规划及跨行政区域或流域的国土空间规划,由所在区域或上一级自然资源主管部门牵头组织编制,报同级政府审批;涉及空间利用的某一领域专项规划,如交通、能源、水利、农业、信息、市政等基础设施,公共服务设施,军事设施,以及生态环境保护、文物保护、林业草原等专项规划,由相关主管部门组织编制。相关专项规划可在国家、省和市县层级编制,不同层级、不同地区的专项规划可结合实际选择编制的类型和精度。

(3) 国土空间详细规划的编制与审批。详细规划是对具体地块用途和开发建设强度等作出的实施性安排,是开展国土空间开发保护活动、实施国土空间用途管制、核发城乡建设项目规划许可、进行各项建设等行为的法定依据。在城镇开发边界内的详细规划,由市县自然资源主管部门组织编制,报同级政府审批;在城镇开发边界外的乡村地区,以一个或几个行政村为单元,由乡镇政府组织编制"多规合一"的实用性村庄规划作为详细规划,报上一级政府审批。

(4) 国土空间规划的修改与审批。国土空间规划经法定程序批准后,任何组织或者个人不得擅自修改。因国家重大战略调整、重大项目建设或者行政区划调整等情形确需修改国土空间总体规划的,应当经审批机关同意后,依照原编制程序组织修改、报批。

3. 国土空间规划的监督管理

(1) 国土空间监测预警制度。国土空间监测预警是国土空间事前保护制度的重要内容,它是基于资源环境承载力的要求,在国土空间开发活动中,对有损国土空间的行为提前进行防范的制度。然而,当前资源环境承载力预警主流的思路是依据过去经验划分警情以实现对未来的预警。这种基于过去线性经验的做法在面对因政策调整、技术革新等非线性变化时,往往力不从心。[①] 国土空间预警制度的构建应当在"双评价"的基础上,总结过去经验,通过国土空间规划的定期评估,不断提高预警水平。国土空间规划在实施过程中必然会对自然资源产生影响,无论是产生正外部性还是负外部性的影响,都要在项目的实施过程中运用各种科学技术手段同步监测,通过建立规划数据库和监测评估预警系统,对国土空间规划的现状数据、实施进程、趋势变化进行全面动态监测和及时预警,反映国土空间规划的实施情况以及国土空间的运行体征。因此,国土空间监测预警制度是国土空间规划实施的重要保障。

(2) 国土空间规划督察制度。根据现行《土地管理法》的规定,国务院授权的机构对省、自治区、直辖市人民政府以及国务院确定的城市人民政府土地利用和土地管理情况进行督察。其中,自然资源部下设国家自然资源总督察办公室统筹全国土地督察工作,地方分设九个国家自然资源督察局,对各自管辖区域内的土地利用和土地管理情况进行督察。国土空间规划督察制度可以在现行土地督察制度的基础上进行完善。具体而言,首先,在督察理念方面,规划督察应当坚持"保护国土资源,优化空间配置"的基本立场,以符合生态文明建设的整体目标。其次,根据"谁审批谁监管"的原则,明确各类空间规划的审批单位应当是督察的首要主体。最后,在督察方式上可以结合自然资源督察、数字化技术与指标监测手段等来提升督察质量。

(3) 国土空间规划责任制度。"有权必有责,用权受监督"是法治国家的基本要求,构建权责清晰的责任制度意义重大。国土空间规划责任制度需要做好与《土地管理法》《城乡规划法》相关内容的衔接。具体而言,国土空间规划的责任类型主要包括民事责任、刑事责任、行政责任;责任主体主要包括规划编制单位、规划主管部门及其直接责任人等。在责任追究上,应当充分发挥监察体制改革的积极成效,同时发挥各级人大对总体规划的审核监督作用,确保国土空间规划从编制到实施的规范化。此外,国土空间规划执行情况应当纳入领

---

① 岳文泽、王田雨:《资源环境承载力评价与国土空间规划的逻辑问题》,载《中国土地科学》2019 年第 3 期,第 6 页。

导干部自然资源资产离任审计和综合考核评价结果,作为地方党政领导班子调整和领导干部选拔任用、培训教育、奖励惩戒的重要依据。

二、国土空间用途管制法律制度

(一)国土空间用途管制概述

"用途管制"的概念在我国最早出现于中共中央、国务院出台的《关于进一步加强土地管理切实保护耕地的通知》中,该文件指出要对农地和非农地实行严格的用途管制。1998年修订的《土地管理法》将"土地用途管制"上升为基本制度,此后,林地、草地管制制度也相继建立。随着自然资源管理理念的变化,用途管制也从要素类用途管制变为国土空间用途管制。直到2017年"国土空间用途管制"这一概念才正式出现在党的全国代表大会的报告中,党的十九大报告提出,要"加强对生态文明建设的总体设计和组织领导,设立国有自然资源资产管理和自然生态监管机构,……统一行使所有国土空间用途管制和生态保护修复职责"。2018年,新组建了自然资源部,统一行使所有国土空间用途管制职责,通过规划编制、实施、监督等管理事权的整合,实质性地构建起了具有中国特色的统一国土空间用途管制的职能体系。[1]2019年,中共中央、国务院出台了《国土空间规划实施意见》,提出要"健全用途管制制度。以国土空间规划为依据,对所有国土空间分区分类实施用途管制……对以国家公园为主体的自然保护地、重要海域和海岛、重要水源地、文物等实行特殊保护制度。因地制宜制定用途管制制度,为地方管理和创新活动留有空间"。同年,党的十九届四中全会出台了《中共中央关于坚持和完善中国特色社会主义制度、推进国家治理体系和治理能力现代化若干重大问题的决定》,提出要"加快建立健全国土空间规划和用途统筹协调管控制度,统筹划定落实生态保护红线、永久基本农田、城镇开发边界等空间管控边界以及各类海域保护线,完善主体功能区制度"。至此,全域统筹的国土空间用途管制局面基本形成。

迄今为止,国土空间用途管制虽在一系列政策性文件中被频繁提及,但这些文件却均未就这一概念进行释明,更谈不上对这一概念的法律界定。学界对国土空间用途管制的研究存在于不同学科,也未能就"国土空间用途管制"的概念作出统一的界定,可谓众说纷纭、见仁见智。例如,林坚等学者认为,国土空间用途管制本质是政府为保证国土空间资源的合理利用和优化配置,促进经济、社会和生态环境的协调发展,编制空间规划,逐级规定各类农业生产空间、自然生态空间和城镇、村庄等的管制边界,直至具体土地、海域的国土空间用途和使用条件,作为各类自然资源开发和建设活动的行政许可、监督管理依据,要求并监督各类所有者、使用者严格按照空间规划所确定的用途和使用条件来利用国土空间的活动。[2]严金明等学者认为,国土空间用途管制的本质是政府使用资源管理权和空间治理权对自然资源

---

[1] 林坚、武婷等:《统一国土空间用途管制制度的思考》,载《自然资源学报》2019年第10期,第2202页。

[2] 林坚等:《论空间规划体系的构建——兼析空间规划、国土空间用途管制与自然资源监管的关系》,载《城市规划》2018年第5期,第9—17页。

利用进行管理的行为,是以行政许可为主的管理方式。国土空间用途管制立足于自然资源的空间载体监管,是空间治理体系的逻辑起点和自然资源生产监管的重要基础,是国土空间规划的落实手段与保障机制。[1] 杨壮壮等学者认为,国土空间用途管制以国土空间规划为前提,是对各类空间资源要素准入、转用、实施等环节的监督、管理,对所有国土空间范围内的开发利用与功能提升活动所进行的管制行为。[2]

虽然以上这些定义各不相同,但都肯定了国土空间用途管制本质上是一种国家公权力的行使,其以空间规划为前提,对国土空间进行分区分类,以此来明确每一具体空间的资源状况和使用条件,并对在此基础上所产生的所有开发利用、用途变更行为进行监督管理。

(二)国土空间用途管制的基本目标

国土空间作为自然资源的空间载体和生态文明建设的物质基础,在社会主义现代化建设中具有不可动摇的地位。国土空间用途管制是空间重构的重要工具,[3] 其基本目标可概括为:

1. 规范国土空间开发秩序

国土空间用途管制要立足我国基本国情,综合考虑资源、环境、经济、民生等多种因素,科学划定"三区三线"。既要保护好绿水青山,也要兼顾经济发展和资源开发的必然性和可操作性,既不能过"松",也不能过"紧",努力探索发展与保护的平衡点。科学划定并严守生态红线,严格划定具有重要生态功能的天然林、生态公益林、基本草原以及河流、湖泊、重要湿地等保护边界;划定永久基本农田、基本草原中的重要放牧场等保护边界,确保粮食安全和主要农牧资源生产安全;划定城镇建设区、独立工矿区、农村居民点等开发边界,并为未来发展预留城镇建设弹性空间。引导国土空间开发向科学、适度、有序发展迈进,维护国土空间的生态安全屏障,促进资源环境与社会经济的协调、均衡、统一,达到规范国土空间开发秩序的目标。

2. 优化国土空间开发保护格局

现阶段国土空间格局面临极大的不协调发展问题,有限的国土空间和自然资源难以满足社会经济发展的强劲需求,城镇过度扩张严重挤占农业和生态空间。面对国土空间开发保护格局出现的多重问题,新时期的国土空间用途管制法律制度应遵循空间系统发展的内在规律,统筹协调保护和发展之间的关系,引导国土空间绿色、高效、节约、集约发展,实现人文宜业、生活宜居、自然和谐的绿色美丽图景,达到优化国土空间开发保护格局的目标。

3. 提升国土空间开发质量

近年来,伴随着中国社会经济的发展,国土空间开发强度逐渐增高,同时产生了开发效

---

[1] 严金明、迪力沙提·亚库甫等:《国土空间规划法的立法逻辑与立法框架》,载《资源科学》2019年第9期,第1600—1609页。

[2] 杨壮壮、袁源等:《生态文明背景下的国土空间用途管制:内涵认知与体系构建》,载《中国土地科学》2020年第11期,第1—9页。

[3] 黄征学、蒋仁开等:《国土空间用途管制的演进历程、发展趋势与政策创新》,载《中国土地科学》2019年第6期,第1—9页。

率低、质量差等问题,如资源环境承载能力在过高的国土开发强度下临近超载或已经超载。国土空间用途管制通过划定空间功能区域,实施差异化与精细化的空间管控措施,从空间源头引导高质量发展,立足于资源环境承载能力,推动社会经济与生态环境的高质量、高效率、可持续发展,实现人与自然的均衡与协调,达到提升国土空间开发质量的目标。

（三）国土空间用途管制法律制度的主要内容

1. "三区三线"的划定与管控

根据资源环境承载力和国土空间开发适宜性评价结果,结合国土空间现状格局及发展潜力,遵循主体功能定位、坚持生态保护优先、落实刚性约束要求、预留未来发展空间,综合实施"三区三线"管控,约束、规范和引导各类空间开发行为。

（1）生态保护红线和一般生态区管控。① 生态保护红线管控。通常禁止在生态保护红线区内进行基础设施、城乡建设、工业发展、公共服务设施布局,因国家重大基础设施、重大民生保障项目建设等确需调整的,提出调整方案和生态环境影响评价,经中央主管部门审核后按程序报批。区内需要明确关键保护对象及分布,确保重要自然生态系统、自然遗迹、自然景观和生物多样性得到系统性保护,提升生态服务功能和生态产品供给能力。② 一般生态区管控。区内严禁增设与生态功能相冲突的开发建设活动,引导与生态保护存在冲突的开发建设活动逐步退出,逐步恢复原有生态功能。在生态空间内拟清退建设用地识别时,应与重点生态功能区产业负面清单衔接,细化允许、限制、禁止的产业和项目清单,从严确定禁止类产业和项目用地。在不损害生态系统功能及其完整性的前提下,因地制宜地适度发展生态旅游、农林牧产品绿色生产和加工等产业。建设连接生态保护红线区的生态廊道,保护珍稀野生动植物的重要栖息地和野生动物的迁徙通道,防止野生动植物生境"孤岛化"。

（2）永久基本农田和一般农业区管控。① 永久基本农田管控。通常禁止在永久基本农田内进行基础设施、城乡建设、工业发展、公共服务设施布局,严格确保数量不减少、用途不改变。当重大能源、交通、水利、通信、军事等设施建设确实无法避开永久基本农田时,须严格实施可行性论证后报批,并将数量和质量相等的耕地补充划入永久基本农田。② 一般农业区管控。实行占用耕地补偿制度,严格控制耕地转为非耕地,严格限制与农业生产生活无关的建设活动。禁止闲置、荒芜耕地,禁止擅自在耕地上建房、建坟、挖砂、采石、采矿、取土、堆放固体废弃物等毁坏种植条件的开发活动。有序推进空心村整治和村庄整合,合理安排农村生活地,优先满足农村基本公共服务设施用地需求。适度允许区域性基础设施建设、生态环境保护工程配套、生态旅游开发及特殊用地建设,提升村庄建设特色和民族风情引导,严格控制开发强度和非农活动影响范围。

（3）城镇开发边界和城镇预留区管控。① 城镇开发边界管控。严控城镇开发边界内开发强度和用地效率,严格执行闲置土地处置,引导城市精明增长,避免城镇建设无序外延扩张。严格执行规划用地标准和相关规范要求,统筹布局交通、能源、水利、通信等基础设施廊道和生态廊道。保护和营造绿色开敞空间,注重城市特色塑造和历史文化空间保护。优化城镇内部功能布局,引导分散式、作坊式工业生产空间入园集中发展,提升工业用地产出效率。按照人口规模配置城镇生产和生活用地,优先保障教育、医疗、文体、养老等公共设施用地需求。② 城镇预留区管控。充分预留城镇和产业发展战略储备空间,原则上按照现状用地类型进行管控,不得新建、扩建城乡居民点。新增城镇和产业园区用地须在符合开发强度总量约束前提下,根据实际需要合理选址,重点用于战略性、前沿性产业发展。规划期内确需将城镇预留区调入城镇开发边界的,须在生态环境影响评价与论证的基础上,制定调入规划和实施方案。

2. 国土空间用途转用规则

用途转用指的是根据国土空间规划确定的用途改变现状用地的审批管理。在新的国土空间规划背景下,用途转用需要借鉴原土地管理经验,扩大到生态用地、海域、自然保留地的转用管理。

(1) 对于符合规划需占用农用地的建设,要根据国家和省下达新增建设用地和农用地占用指标,办理农用地转用审批,并需要通过实施"占补平衡"实现耕地保有量不减少。按照分级管理的原则,由国家负责对占用永久基本农田的转用审批,由省级政府负责对征占用耕地的转用审批。

(2) 对于生态空间转用许可,总体上应严格控制。国家负责涉及生态保护红线中自然保护地核心保护区范围内实施的国家重大战略项目许可,主要包括不破坏生态功能的适度参观旅游和相关的必要公共设施建设;必须且无法避让、符合县级以上国土空间规划的线性基础设施建设、防洪和供水设施建设与运行维护;重要生态修复工程需要征占用生态和农业空间的转用许可。省级负责生态保护红线中自然保护地的一般控制区(含森林公园、湿地公园、风景名胜区、公益林)和饮用水源地保护区、重要湖泊湿地等涉及征占地转用审批,具体建设用地和建设工程规划许可仍由所在地的市县规划部门实施。国土空间规划中的一般生态空间、结构性开敞空间中符合功能引导和规模控制要求准入项目涉及的耕地、园地、草地、水面用途转用由市县规划主管部门审批。对于在生态空间内获得准入的建设项目应先行开展独立项目选址或者项目详细规划编制工作,经过批准后方可作为许可占用的规划依据。

(3) 对于存量建设用地的更新改造活动,不建议采取用途转用指标管理方式。转用管理主要目的在于控制年度占用耕地和生态空间的流量规模,属于规模控制手段。目前及未来相当长一段时期内,我国很多地区和城市将进入存量更新为主的时代,对于城市存量空间的更新改造转用,因不涉及耕地和生态空间占用问题,有学者建议仍将这个活动定位于地方事务,不纳入用途转用审批。[①] 这类更新改造活动主要根据批准的详细规划,根据建设发展需要按照不同性质用地分别完成储备、招拍挂或划拨手续后由市县规划主管部门进行建设用地转用许可和建设工程规划许可。城镇规划建设用地内的留白区如因建设需要而需明确具体使用功能时,应根据规划实施评估报告和具体实施功能建议,经空间规划主管部门批准同意后,通过编制详细规划,为规划建设提供管控依据。

---

① 程茂吉:《全域国土空间用途管制体系研究》,载《城市发展研究》2020 年第 8 期,第 11 页。

3. 国土空间开发利用的实施许可

实施许可是依据法律规定和编制的空间规划,对国土空间开发行为进行行政许可,明确自然资源开发和建设活动的空间载体用途及使用条件。实施许可是国土空间用途管制的具体执法环节,也是自然资源开发及载体使用权取得的前置审查环节。国土空间开发利用许可的内容主要为通过设置空间准入条件,制定符合当前发展要求的开发利用与保护条件,对开发利用活动进行事前审查,对不符合空间规划预先确定用途的活动不予批准。具体分为两类:一类是对开发建设活动的用途管制;另一类是对非建设空间的用途管制。

(1) 对开发建设活动的用途管制。对开发建设活动的国土空间用途管制实质是对其土地发展权的管理,[①] 通过实施许可的方式来对建设活动进行管理。① 对于新建设地区,需要在获得建设用地指标和相应的耕地、永久基本农田占用指标的前提下,完成农业空间的转用审批程序之后,根据批准的详细规划,对于经营性用地按照规划设定条件通过土地招拍挂方式将用地转让于市场建设主体,土地受让方根据详细规划申请建设工程规划许可。② 对于由政府投资建设的学校、医院等公共设施以及市政公用设施,则由投资建设主体按照类似程序申请用途转用许可,完成相应建设。③ 对于经营性用地,一般通过土地储备环节对土地进行征收和整备后向市场投放,在征收环节一样需要取得用地预审和用地规划批准,依据详细规划向市场供地,由土地受让方申请建设工程规划许可。④ 对于生态空间适度兼容的休闲设施,主要根据村庄规划,主管机关对用地申请和建设需求提出建筑密度、建筑形态体量的控制要求,确保生态空间的主体功能不受影响。

(2) 对非建设空间的用途管制。在我国现行自然资源管理中,对自然资源的开发利用需要获取相应的使用权利。基于权利限制,对自然资源所依附载体的监管按照载体使用许可、载体产权许可、产品生产许可三个环节来开展。[②] 现行对于非建设空间的资源管理主要立足于资源载体使用许可,在办理产权证明申请的初审环节进行,在此过程中需要审核自然资源开发利用项目的资质、空间用途、开发条件等是否符合法定规划等事项。

三、国土空间综合整治与生态修复法律制度

(一) 国土空间综合整治与生态修复的内涵

国土空间规划需要首先确定的就是全域国土空间开发保护总体格局,而国土空间综合整治与生态修复是优化国土空间开发利用格局的重要抓手。与传统意义上微观或局部层面的生态修复概念相比,国土空间综合整治与生态修复面向的空间尺度应更为宏观,以不同空间尺度范围内结构紊乱的、功能受损甚至遭到破坏的区域性生态系统为整治与修复的对象,以减轻人类活动对生态系统的负面干扰为目标,通过国土要素的空间结构调整与优化以及

① 林坚、许超诣:《土地发展权、空间管制与规划协同》,载《城市规划》2014 年第 1 期,第 28—30 页。
② 林坚、吴宇翔等:《论空间规划体系的构建——兼析空间规划、国土空间用途管制与自然资源监管的关系》,载《城市规划》2018 年第 5 期,第 11 页。

生态功能修整与重建,或依靠生态系统自我调节能力与自组织能力使其向有序的方向进行演替和发展,或借助生态系统的自我恢复能力辅以人工干预,或通过实施中宏观尺度上的大型生态工程等系统性修复措施,最终使缺乏稳定性、不健康或者面临生态风险的生态系统结构、生态系统过程与生态系统服务逐步向良性循环方向发展,最终实现维持生态系统健康、生态安全和区域可持续发展的目的。

就性质而言,国土空间综合整治与生态修复都是以解决问题为出发点,面向行动与实践的统筹安排。就特征而言,国土空间综合整治工作具有阶段性,随着社会关系变化可能需要反复利用结构调整,重点是要高质量利用。生态修复工作偏向结果性,随着人对自然关系的认知可能需要内部优化修复,重点是形成高品质的生态基础。就体系分类而言,国土空间综合整治的主要对象是因人类活动所需要反复利用的空间,生态修复的主要对象是生态系统恢复所受到损害的自然要素。

修复生态系统、改善生态环境是国土空间综合整治的重要目标,生态修复是国土空间综合整治的重要内容和主要形式。国土空间综合整治正向促进生态修复的高品质进程,生态修复反向推动国土空间综合整治的高质量实施。因此,国土空间综合整治与生态修复相结合的工作方式,才能够实现全方位、全地域、全要素、全过程地保护、整治与修复国土空间要素,系统治理"山水林田湖草沙"生命共同体,从而满足生态文明建设的需求。

(二) 国土空间综合整治与生态修复的类型

根据人类活动对于生态系统的不同干扰和影响程度,可以将国土空间综合整治与生态修复的类型分为以下三种。

1. 国土空间生态恢复

国土空间生态恢复的对象是结构和功能未受到明显干扰与损害但处于不稳定或不安全状态的生态系统。恢复过程强调人类活动的积极引导作用,而不是仅利用各类人工生态工程的干预手段,生态工程的目标往往较为明确,且通过具体的工程手段能较快地扭转生态系统中存在的问题,虽然其短期结果是可预期的,但经过受损和工程修复的二次人工干扰后的生态系统长期发展状况却难以预测,尤其是各种生态工程的后期维护问题,还需大量的资金和人员投入。自然生态系统长期的演化和发展是一种动态平衡状态,尽可能减少人为干扰,以保持其原本的发展与演化轨迹。因此,国土空间生态恢复的核心是保护优先,自然恢复为主,通过构建生态空间相关保护政策、制度框架等方式引导人们减轻对不稳定或不安全生态空间的负面干扰,增加人与生态环境的有益互动,并辅以必要的工程恢复措施,以在物种组成和群落结构方面重建原有的生物完整性,从而实现对区域生态平衡的维持。

2. 国土空间生态整治

国土空间生态整治的对象是处于轻度退化状态的生态系统。现阶段我国大力开展国土空间综合整治,将其视为国土空间生态整治的重要依托。国土空间生态整治将整治范围从类似土地整治项目的小尺度扩展至中、宏观尺度层面,其整治对象亦从具体的面向耕地、村庄、林地、水体等整治要素转向对整个国土空间格局和生态功能的调整和优化,国土资源要素及各类生态系统即为国土空间生态整治的重要载体。长期以来,我国开展的相关生态修复活动或多或少都与国土综合整治活动交叉重叠,随着当前国土空间综合整治越来越强调生态型整治,国土空间生态修复战略的提出亦为促进国土综合整治的转型升级提供了良好的契机。国土空间生态整治强调以山水田林湖草沙生命共同体系统构建为主导方向,注重景观与生态规划,通过土地利用空间配置方式上的调整优化区域内生态空间安全格局。[①]

3. 国土空间生态重建

国土空间生态重建的对象是在强烈的人类活动或自然干扰下已经受到严重损害的生态系统,针对该类型国土空间的生态修复则需对生态系统进行直接而主动的人为干预及积极的生态建设,诸如严重污染的河流水域、矿山废弃地、大型基建区等原有生态系统结构和生态功能已严重退化或损坏的地区。国土空间生态重建需要根据原有生态系统的自然和社会经济条件进行合理的国土空间生态规划,在中宏观尺度上通过大型景观生态工程建设进行国土生态空间格局与功能的重构,并结合微观尺度上的景观生态设计以及其他各类工艺措施,具体任务涉及国土空间生态重建的分类分级与分区、生态空间安全格局识别与预测、生态重建区划、生态重建时序等不同层次的内容,其重点是明确国土生态空间结构和布局、正确处理好各种生态关系,最终目的是重塑区域生态系统的整体稳定性,实现格局—过程—功能的有效匹配和发挥,重建人与自然和谐共生的生态系统。

(三) 国土空间综合整治与生态修复法律制度的主要内容

2019 年《国土空间规划实施意见》明确了各级国土空间规划编制的重点及侧重,结合国土空间综合整治和生态修复新时期所赋予的深层内涵关系,进一步确定了五级国土空间规划中国土综合整治与生态修复法律制度的主要内容,以作为各级政府推动行政区范围内综合整治与生态修复工作的基本依据和行动指南。

1. 国家级国土空间规划中综合整治与生态修复内容

明确全国规划目标年国土综合整治与生态修复的指导思想,基本原则、目标任务、指标体系和方针政策;确定全国不同地区国土综合整治重点空间类型及生态修复重点生态要素;明确国土综合整治与生态修复重点区域和重大工程;建立国土综合整治与生态修复工作实施保障措施及相关考核机制;制定全国规划近期目标年国土综合整治与生态修复具体战略部署。

2. 省级国土空间规划中综合整治与生态修复内容

落实全国国土空间规划中确定的国土综合整治和生态修复的目标任务及重点方向;根据"省域空间双评价"结论,结合全国国土空间规划中针对本行政区确定的国土综合整治重点空间类型及生态修复重要生态要素,分解新增国土综合整治与生态修复的面积指标;明确本行政区内国土综合整治与生态修复的重点区域和重大项目;确定国土综合整治与生态修复投资方向及规划保障措施。

---

① 李果、王百田:《区域生态修复的空间规划方法探讨》,载《水土保持研究》2007 年第 6 期,第 284—288 页。

3. 市级国土空间规划中综合整治与生态修复内容

根据"市域空间双评价"结论,在省级空间规划的控制和指导下,分解和落实省级空间规划下达的新增国土综合整治与生态修复面积指标;明确本行政区国土综合整治与生态修复的目标任务、策略途径及重点方向;提出国土综合整治与生态修复的规模、结构和布局方案;确定重点项目和资金安排;制定本行政区规划近期目标年国土综合整治与生态修复具体实施时序。统筹安排市辖区(不再单独编制国土空间规划的区)范围内各类国土综合整治与生态修复项目并明确各项目规模、布局、工程措施及实施时序,促进国土空间整治与生态修复工作全面、深入、有序推进。

4. 县级国土空间规划中综合整治与生态修复内容

在市级国土空间规划的控制和指导下,落实本行政区新增国土综合整治与生态修复指标;统筹安排各类国土综合整治与生态修复项目并明确各项目规模、布局、工程措施及实施时序;提出国土综合整治与生态修复资金投入、安排计划及保障措施;制定本行政区规划近期目标年国土综合整治与生态修复具体实施项目及布局。

5. 乡镇级国土空间规划中综合整治与生态修复内容

落实县级国土空间规划确定的各类国土综合整治与生态修复项目规模和范围;结合乡镇实际,以村为单位,将乡村空间国土综合整治与涉及乡村空间内生态要素修复相结合,整合各类涉农资金,形成乡村整治和修复项目区,整体推进"田、水、路、林、村"综合整治与生态修复。

案例研习

自测习题

第六章

土地资源法

导语　中国国土面积广袤、地理形态多变、土壤结构各异,不同类型的土地资源禀赋和利用、保护需求差异性显著。2021 年《第三次全国国土调查主要数据公报》显示,全国耕地 12 786.19 万公顷、园地 2 017.16 万公顷、林地 28 412.59 万公顷、草地 26 453.01 万公顷、湿地 2 346.93 万公顷、城镇村及工矿用地 3 530.64 万公顷、交通运输用地 955.31 万公顷、水域及水利设施用地 3 628.79 万公顷。本章的主要内容包括:(1) 土地资源法概述,包括土地资源的概念、土地资源的特征、土地资源的现状及问题、土地资源法的基本原则;(2) 我国土地资源法的立法沿革;(3) 土地资源法的主要法律规定,包括我国土地资源权利体系、土地资源规划制度、土地资源用途管制制度、我国土地资源征收制度。

第一节　土地资源法概述

一、土地资源及相关概念

(一) 土地资源的概念

　　土地资源是地球陆地表面由地貌、土壤、岩石、水文、气候和植被等要素组成的自然历史综合体,它包括人类过去和现在的各种活动结果。土地资源是最宝贵的财富,是最重要的自然资源,是最基础的生产要素。根据性状、地域和用途等方面存在的差异性,按照一定的规律,土地可归并成若干个不同的类别。根据《土地管理法》,我国土地被分为三大类,即农用地、建设用地和未利用地。农用地是指直接用于农业生产的土地,包括耕地、林地、草地、农田水利用地、养殖水面等;建设用地是指建造建筑物、构筑物的土地,包括城乡住宅和公共设施用地、工矿用地、交通水利设施用地、旅游用地、军事设施用地等;未利用地是指农用地和建设用地以外的土地,如荒草地、盐碱地、沙地等,因在现有的技术经济条件下难以利用或未利用,则被称为未利用地。土地资源在一定的技术经济条件下,能直接为人类生产和生活所利用,并能够产生效益。如耕地、林地、草地、农田水利设施用地、养殖水面以及构(建)筑物的城乡住宅和公共设施用地、工矿用地、交通水利设施用地、旅游用地、军事设施用地等。

（二）土地资源资产的概念

土地资源是国民经济和社会发展的重要物质财富，其作为重要物质财富的性质体现在土地资源的资产功能与资本功能上，土地的资产功能则是指土地可以作为财产使用，业主将其占用的土地资源作为其财产的权利，将其拥有的土地或土地产权视作财产变卖获取收益，而他人取得土地这种财产则需要付出一定的经济代价或成本，土地资产能够带来收益并具有可交换性。土地资本功能是指为改良土地而投入土地并附着在土地上的资本，属于固定资本的范畴，土地资本需要增值并具有流动性，以保证土地的使用可为土地使用者带来一定的经济效益。在我国，土地资源资产是国有资产的主要组成部分，也是城市政府可以经营的主要资产之一。研究土地资源资产问题，既要重视土地资源的保护和优化配置，又要注重土地资产的价值运行，要以扩权赋能、激发活力为重心，健全自然资源资产产权制度，探索自然资源资产所有者权益的多种有效实现形式，发挥市场配置资源的决定性作用，努力提升自然资源要素市场化配置水平；还要加强政府的监督管理，促进自然资源权利人合理利用资源，提高资源开发利用效率，促进高质量发展。

二、土地资源的特征

（一）土地资源的财产属性

土地是山川之基，是万物之基础。土地是财富之母，是人类发展过程中最基本的生产资料，被马克思誉为"一切生产和一切存在的源泉"。土地资源面积逐渐缩小正在成为人口环境承载容量和社会生产发展的限制因素，土地资源愈发紧张、愈显不足。土地的经济性即土地作为一种资产的属性。人们可以通过利用土地对土地资源的潜力进行探挖，从而取得数量可观的产品；同时，土地生产的产品与其他产品相同，可以同其他产品进行交换，从而获取经济收益。以上两点体现出土地资源的财产属性。

（二）土地资源的生态属性

土地资源是生态系统的重要组成部分，是山水林田湖草沙生态系统的关键一环。一方面，土地本身就是一个生态系统，是地表各自然地理要素与生物体及人类之间相互作用、相互制约所形成的统一整体。另一方面，土地资源是万物（生物）生存、生活、繁育的基础，一切生物都依附于土地。土地资源循环往复，土地上的生物不断地生长和死亡，土壤中的养分和水分及其他化学物质，不断地被植物消耗和补充，这种周而复始的更替，在一定条件下是相对稳定的。在合理利用条件下土地的生产力可以自我恢复，并不会因使用时间的延长而减少，即"治之得宜，地力常新"。土地对于污染物也有一定的净化能力。但应当注意，土地资源的缓慢更替意味着人类不应对土地进行掠夺性开发，人类一旦破坏了土地生态系统的平衡，就会出现水土流失、沼泽化、盐碱化、沙漠化等一系列的土地退化问题，使土地生产力下降，使用价值减少，这种退化达到一定程度，土地资源原有性质可能因被彻底破坏而不可逆转、恢复。由此可见,土地的承载力是有一定限度的,当超过某一阈值时,土地资源就会失衡,土地资源的生态属性即被破坏。

(三)土地资源的空间载体属性

土地资源的空间载体属性可以一般化理解为空间上的其他各类资源需要依赖于土地。国土空间可以作为其他资源存在的载体,如树林、草木生长在地上,水流淌在河床、水道上,矿藏深埋在地下等。土地资源具有一定的自然生产能力,土地上可以形成人类所需要的工业生产用地、城市生活用地,可以用于农牧业从而产出农产品、畜牧产品,也可以通过植树造林等生态性使用形成绿色碳汇产出。国土空间是指国家主权与主权管辖下的地域空间,是国民生存的场所和环境,包括陆地、陆上水域、内水、领海、领空等。国土空间是经济社会发展和生态文明建设的重要载体,为人类提供各种生存与发展的空间场所,但这些场所在空间分布上也具有地域性和面积的局限性。由此,基于土地资源的空间载体属性,人类对土地资源的开发和保护行为,应当对一定区域国土空间开发保护在空间和时间上作出统筹安排,以空间资源的合理保护和有效利用为核心,妥善关注国土空间资源保护有力、空间要素统筹、空间结构优化、空间效率提升、空间权利公平等方面的核心问题。

(四)土地资源禀赋的区域差异性

区域差异是指不同地域空间的自然地理条件、资源禀赋、历史文化、经济社会发展水平等方面存在的差异。土地资源同时包含自然与社会两个属性,不同的区域有着不同的土地自然特点、社会经济发展水平以及人类不同的开发利用和需求目的,从而决定了土地资源在空间分布上的不平衡性以及区域土地利用程度和水平的内部差异性。区域土地利用差异已成为世界各国在资源利用、环境保护和社会经济发展中一个普遍性的问题。我国针对土地资源的区域差异性特征,设计了诸如"主体功能区""三线一单"等分区管控制度,在对不同区域的资源环境承载能力、现有开发密度和发展潜力等要素进行综合分析的基础上,以自然环境要素、社会经济发展水平、生态系统特征以及人类活动形式的空间分异为依据,划分出具有某种特定主体功能的地域空间单元,以不同空间单元的特性实施差异有别的开发保护措施。我国各地区各种自然环境和资源条件差别迥然,各地区不能按照统一的发展模式进行发展。以主体功能区制度为例,根据全国整体发展规划及各地具体情况,我国国土空间按开发方式分为优先开发区域、重点开发区域、限制开发区域和禁止开发区域。一定的国土空间具有多种功能,区域差异明显,这也为综合发展农、林、牧、副、渔业生产提供了有利的条件。

三、土地资源的现状及问题

(一)我国土地资源现状

1. 土地资源绝对数量大,人均占有量少

2021年自然资源部公布的第3次全国国土调查主要数据显示,我国的耕地面积是

19.179 亿亩、园地面积是 3 亿亩、林地面积是 42.6 亿亩、草地面积是 39.67 亿亩、湿地面积是 3.5 亿亩、建设用地面积是 6.13 亿亩。[①]10 年间,生态功能较强的林地、草地、湿地、河流水面、湖泊水面等地类合计净增加了 2.6 亿亩。由此可见,我国土地面积绝对数量仍然是可观的。中国的土地总面积居世界第三位,但从人均占有量来看,在面积位居世界前 12 位的国家中,中国居第 11 位。按利用类型区分的中国各类土地资源也都有绝对数量大、人均占有量少的特点。

2. 土地资源类型多样化,空间分布不平衡

土地资源类型是指土地按其自然属性(综合自然特征)的相似性和差异性划归的类别。土地资源是各个构成因素(土壤、岩石、地貌、气候、植被和水分等)性状的不同量的不同组合。土地类型的性质取决于上述因素的综合影响,而不从属于其中任何一个单独因素。由于我国幅员辽阔,纬度和经度均跨度较大,从纬度看,从南到北依次跨越赤道、热带、亚热带、暖温带、温带和寒温带;从经度看,从沿海向内陆,由湿润、半湿润向半干旱、干旱过渡,在这些条件的影响下形成了我国复杂的地貌形态,为我国的土地资源及地上资源的全面发展提供了条件。土地资源分布不均主要指两个方面:其一,土地资源具体类型分布不均,如优质的耕地主要集中在我国东部气候适宜的平原地区,草原资源大多分布在内蒙古高原等。其二,人均占有土地资源分布不均,如黑土地主要集中在我国东北及北部地区,该地区土地质量较为优质但人口密度不高,而一些人口稠密的南方地区,红壤地带的水土流失问题越来越严重。

3. 土地资源退化严重,资源保护形势严峻

我国土地资源不断退化主要表现在耕地数量大量减少、农业耕地土地贫瘠化严重、土地沙漠化严重、水土流失严重等方面。以黑土地为例,东北黑土区坡耕地较多,主要采用顺坡种植,坡面较长,雨后极易形成地表径流,夏季暴雨冲刷,带来土壤流失,春季又干旱少雨多风,土壤风蚀严重。由于以上各种侵蚀情形,部分坡耕地已变成肥力较低的薄层黑土,有的甚至露出了"破皮黄"。我国石山众多,土层大多较薄,坡度大,除少数林区外,植被大多比较稀疏,如内蒙古高原和新疆广大地区苦于干旱,荒漠半荒漠面积占比很大,土地瘠薄,利用不当就会出现沙漠化现象,使土地价值降低。此外,我国耕地的水土流失严重、土地资源的沙漠化速度加快、不合理的耕作方式和植被破坏、绿化建设不完善等,都导致农业耕地资源被占用和不合理利用或过度利用,造成土地资源退化。

(二)我国土地资源管理存在的问题

1. 违反用途管制制度擅自改变耕地用途

耕地作为土地资源的精华,是人类的衣食之源,是农业的基础。目前,我国不仅人均耕地数量少,耕地的后备资源也严重不足。为满足城市建设和工业建设的需要,出现了较多擅自改变耕地用途的现象。耕地转为非耕地的主要原因是城市建设和村庄建设,以及能源、

---

① 王仁宏、吕骞:《国土"三调"数据公布:我国耕地面积 19.179 亿亩》,人民网。

交通、水利等基础设施建设和非法占用耕地进行非农建设等情况。根据第三次全国国土调查数据反映的国土利用状况，我国应继续坚持最严格的耕地保护制度，坚决遏制耕地"非农化"、严格管控"非粮化"，从严控制耕地转为其他农用地，从严查处各类违法违规占用耕地或改变耕地用途行为，规范完善耕地占补平衡，确保完成国家规划确定的耕地保有量和永久基本农田保护的目标任务。

2. 土地资源开发利用中的生态管理薄弱

目前，我国土壤污染的总体形势严峻，部分地区土壤污染严重，在重污染企业或工业密集区、工矿开采区及周边地区、城市和城郊地区甚至出现了土壤重污染区和高风险区，土壤污染类型多样，呈现出新老污染物并存、无机有机复合污染的局面。土壤污染途径多、原因复杂且控制难度大，主要是由于土壤环境监督管理体系不健全、土壤污染防治投入不足、全社会防治意识不强，导致由土壤污染引发的农产品质量安全等问题逐年增多，成为影响群众身体健康和社会稳定的重要因素。据不完全调查，目前全国受污染的耕地约有1.5亿亩，污水灌溉污染耕地3250万亩，固体废弃物堆存占地和毁田200万亩，合计约占耕地总面积的1/10以上，全国每年因重金属污染的粮食达1200万吨，造成的直接经济损失超过200亿元。土地利用有违绿色生态方针的情形还表现在部分地区由于农民大量施用化肥，有机肥施入不足，农业投入结构不合理，农药施用不科学，造成土壤有机质含量下降，碱解氮、有效磷含量上升，速效钾含量下降，土壤呈酸化趋势，各土壤类型的土壤容重普遍增加，大量耕地土壤养分失衡、养分含量下降，土壤板结，地力退化现象蔓延。

3. 土地资源闲置与紧缺并存

滥用土地资源是违反自然、经济规律和法律法规的规定，盲目恣意地使用土地资源的行为。主要包括两种情况：一是无视规划管制要求，长期闲置土地资源；二是盲目过度使用土地，乱占土地进行"摊大饼"式建设，造成土地资源紧缺。其中，土地闲置在实践中主要表现为农用地的撂荒现象、宅基地的闲置问题、土地储备环节中的批而未供土地、建设用地因资金不到位形成闲置状态。土地资源紧缺除可供给土地本身在数量上的稀缺性限制以外，更为重要的原因在于土地资源的不合理利用。一般认为，滥用土地资源是土地资源管理失控的表现，如不及时得到纠正，就会扰乱正常的土地资源管理秩序，造成土地资源的破坏和浪费，影响土地使用综合效益的发挥。例如，企业大量开发土地发展房地产业，如果政府规定的土地资源不能满足企业开发利益，企业就会通过违法途径拓展自身土地占用资源，导致大量土地资源被圈用。还有一些地方出现了工商资本到农村大量圈地，导致"非粮化""非农化"的情况，这些做法都会导致土地资源被不科学占用。

四、土地资源法的基本原则

（一）严格管控原则

不同于民法上的一般私人物，土地具有强烈的公共属性，这决定了围绕土地资源所展开的全部利用和保护关系,均无法完全按照民事一般物的意思自治理论进行自由处分,而要坚持土地资源严格管控的基本原则。我国土地资源领域的严格管控主要表现在土地资源用途管制制度。该制度是由《土地管理法》确定的加强土地资源管理的基本制度。通过严格按照国土空间规划确定的用途和土地利用计划的安排使用土地,严格控制不同地类之间的用途转换。严格管控原则是国家为保证土地资源的合理利用,促进经济、社会和环境的协调发展,通过编制国土空间规划,规定土地用途,明确土地使用限制条件,实行用途变更许可的一项强制性的管理原则,其核心是依据国土空间规划对土地用途转变实行严格控制,按照土地用途管制的要求,对土地资源的利用,特别是对各类非农建设占用耕地及生态用地的空间挤占实施从严控制。严格管控原则的目的和作用在于强制性地严格限制农用地转为建设用地和生态用地转成其他用途,控制建设用地总量,对耕地实行特殊保护,适度扩大生态用地规模,促进经济增长方式和土地利用方式由粗放型向集约型转变,保障粮食安全、保障经济发展、保障生态安全,实现社会经济可持续发展的目标。

(二)保护优先原则

保护优先原则在内涵上有狭义和广义之分。狭义上,它是指在土地资源利用和保护活动中,应当把土地资源的有效保护放在优先的位置加以考虑;在土地资源的生态功能保护和其他经济发展性利益发生冲突的情况下,应当优先考虑土地资源的生态功能保护,作出有利于有效保护的决定。广义上,它是指在平衡经济社会建设与生态环境等利益保护竞合的关系时,要把生态环境放在较优先的位置予以考虑和对待,从而有力地将经济社会建设同环境保护协调相适应。《环境保护法》中有关生态红线、环境健康、生态安全基本国策以及环境保护目标责任制和考核评价制度等,均以保护优先原则为前提和基础。

(三)合理利用原则

合理利用原则的核心要义是节约与集约,节约与集约是土地资源开发利用中互为依存的两个方面,两者的有机结合构成了缓解我国土地资源供需矛盾的基本途径。土地资源节约、集约是全面提升土地利用的整体效能,优化土地资源配置的重要方式。因此,考察当前的土地节约、集约现状以及采取必要的措施,对全面有效提升土地利用情况将起到建设性的作用。由于我国土地资源的存量、供需状况和稀缺程度的差异,集约与节约的侧重点也应有所不同。所谓节约用地,即各项建设都要尽量节省用地,想方设法不占或少占耕地。所谓集约用地,即每宗建设用地必须提高投入产出的强度,提高土地利用的集约化程度。二者通过整合、置换和储备,合理安排土地投放的数量和节奏,改善建设用地结构、布局,挖掘用地潜力,提高土地配置和利用效率,以达到土地资源合理利用的目标。

第二节　我国土地资源法的立法沿革

一、1978—1987 年：以家庭联产承包责任制为标志的立法探索阶段

1983 年,安徽省凤阳县推出大包干合同。大包干合同不属于劳动合同或是经济合同,更不是这两种合同的结合体,而是合同类型中的一个新的属类,即"农业大包干合同"。这个分析结论对 1999 年《合同法》和 2002 年《农村土地承包法》的制定和出台产生了影响,根据这两部法的规定,土地承包经营权合同虽是民事合同,但却是一种特殊且独立的合同类型,由《农村土地承包法》单独进行规范。

除了家庭联产承包责任制外,在 1978—1987 年这 10 年间,土地法领域还有两个非常重要的变化。其一,1982 年《宪法》第 10 条首次对我国的土地制度作出了系统规定。其二,1986 年出台我国首部《土地管理法》,该法在强调耕地保护重要性的同时,允许农民利用集体土地发展乡(镇)村企业,允许农民将集体土地使用权作为联营条件与全民所有制企业、城市集体所有制企业一道共同投资举办联营企业。这为当时乡村工业和小城镇的发展提供了法律保障,且"不但要加强土地立法研究,而且要建立全国统一的土地管理机构。"这种观点对当时的土地管理体制改革产生了影响。1986 年,国务院决定成立国家土地管理局,负责全国城乡地政的统一管理工作。

二、1988—2002 年：以土地使用权有偿出让制度改革为标志的初步建立阶段

1988 年下半年,在对《土地管理法》进行修改时提出,要将《宪法》相关规定落实为"国有土地和集体所有的土地的使用权可以依法转让。土地使用权转让的具体办法,由国务院另行规定"。1990 年 5 月,国务院发布了《城镇国有土地使用权出让和转让暂行条例》,但集体土地使用权的转让办法并没有同时出台。1994 年,《城市房地产管理法》出台,集体土地制度改革的方向开始发生变化,该法首次明确规定"城市规划区内的集体所有的土地,经依法征用转为国有土地后,该幅国有土地的使用权方可有偿出让"。1998 年,修订后的《土地管理法》不但删除了 1988 年才增加的"国有土地和集体所有的土地的使用权可以依法转让"规定,而且增加规定"农民集体所有的土地的使用权不得出让、转让或者出租用于非农业建设;但是,符合土地利用总体规划并依法取得建设用地的企业,因破产、兼并等情形致使土地使用权依法发生转移的除外"。

三、2003—2012 年：以党的十六届三中全会启动土地征收制度改革为标志的优化提升阶段

2003 年，党的十六届三中全会召开，提出"改革征地制度，完善征地程序。严格界定公益性和经营性建设用地，征地时必须符合土地利用总体规划和用途管制，及时给予农民合理补偿"的改革目标；2008 年，党的十七届三中全会更是提出"严格界定公益性和经营性建设用地，逐步缩小征地范围，完善征地补偿机制"等改革目标。遗憾的是，在 2003—2012 年这 10 年间，除了"征收权的行使必须基于公共利益的要求并给予补偿"的原则外，该全会所确定的土地制度改革目标基本没有转化为法律制度，传播甚广的"第三次土改"也没有如期而至。

四、2013—2017 年：以党的十八届三中全会启动土地制度全面深化改革为标志的完善阶段

以 2013 年《关于全面深化改革若干重大问题的决定》为标志，我国的土地制度一扫之前 10 年的停滞不前，加速进入全面深化改革的新阶段。2014 年《关于全面深化农村改革加快推进农业现代化的若干意见》提出要"在落实农村土地集体所有权的基础上，稳定农户承包权、放活土地经营权"。2018 年通过的《农村土地承包法》最终采用的是"土地所有权""土地承包经营权""土地经营权"立法表达。

土地资源的立法进程表明，土地资源法涉及社会的方方面面，不是任何单一学科背景的部门法学者可以独自担当的。从研究者的学科角度来看，在 1978—1997 年前 20 年间，法学界从事土地法律制度研究的学者主要是民法学和经济法学的学者，而在 1998—2017 年后 20 年，行政法学、宪法学、环境法学以及社会法学等学科的研究者陆续加入土地法的研究当中。这种研究主体上的变化和发展是我国土地资源法研究日趋繁荣和成熟的标志。

第三节　土地资源法的主要法律规定

目前我国现行的土地资源法规范体系是以《宪法》中有关土地的规定为基础，以《民法典》中有关于土地权利的内容为骨干，以《土地管理法》《农村土地承包法》《城市房地产管理法》等一般法律为主要内容，兼以大量的法规规章如《土地管理法实施细则》《土地储备管理办法》等为补充，形成的一个庞大而复杂的法律规范体系。

一、土地资源权利体系

我国现有土地资源权利体系镌刻着鲜明的经济社会发展具有的时代性特征,不仅深受改革开放前计划经济的观念、理论和体制的影响,而且与20世纪80年代以来的经济体制改革和新时期以来的生态文明建设战略社会进步存在密切的关联。随着社会主义市场经济体制的确立,财产权体系出现了由所有权中心向用益物权中心的改革转向,财产利用具有了独立的社会价值,财产的归属不再是人们占有财产的最终目的。与之相称,我国土地资源权利从以归属为中心逐渐向以利用为中心发展,主要表现为:第一,所有权的各项权能可以进行分割和组合,不同的权能由不同的主体来行使;第二,强化了对土地使用人的权益保护;第三,我国土地使用的方式日益多样化,出现了"两权分离""三权分置"等改革实践以及"土地承包权""土地经营权""集体经营性建设用地使用权"等概念,彰显了我国土地资源权利体系发展的重大进步。

我国土地资源权利体系并非对欧陆国家财产权体系的被动"复刻",而是牢牢把握经济社会发展特点和各时期土地政策目标,深度融合国内土地资源改革实践,根据我国土地资源合理利用和有效保护的制度设计需求,逐步形成的符合我国国情和实际的土地资源权利体系。

(一)国有土地所有权

土地所有权,是指所有权人依法占有、使用、收益、处分土地的权利。在我国,国家对于土地等资源实行公有制,一切土地归国家和集体所有。由此形成了土地所有权的"二元结构",即国家土地所有权和集体土地所有权两种形式。其中,国有土地所有权是指国家对全民所有的土地享有占有、使用、收益和处分的权利。

1. 国有土地所有权的主体

国有土地所有权的主体在不同国家采用的形式各有不同,这是由各国的基本国情、社会制度以及文化传统存在差异性所导致的,主要表现为以下几种:

(1)一元制。一元制是指一个国家或者地区,仅存在单一的国家土地所有权。但是,由于代表和行使国家土地所有权的主体可能是单一的,也可能是多元的,所以有一元一级制与一元多级制之分。其中,一元一级制是指,由单一的主体行使单一的国家土地所有权。其又可分为两种体制:①元首制。在当代,英国和部分继受了英国法传统的国家和地区普遍存在此种体制,如加拿大、澳大利亚。②中央政府制。在此种体制下,中央政府是国家土地所有权的唯一主体,如新西兰,城市用地属于中央政府所有,而地方政府可以通过支付给中央政府费用来获得土地的使用权。一元多级制是指,由多级主体代表和行使单一的国家土地所有权。

(2)多元制。多元制是指,一个国家内存在多个彼此独立的国有土地所有权。这种体制普遍存在于联邦制国家中。如在美国,联邦政府、各州政府以及州以下的各级地方政府都在本辖区内拥有本级政府的土地。

在我国,国有土地所有权的主体具有唯一性和统一性。根据《宪法》第 9 条的规定,国有土地的所有者只能是国家。根据《全民所有自然资源资产所有权委托代理机制试点方案》的规定,针对全民所有的土地、矿产、海洋、森林、草原、湿地、水、国家公园等 8 类自然资源资产(含自然生态空间),我国开展所有权委托代理试点,具体是指国务院代为行使全民所有的自然资源所有权,并授权自然资源部统一履行全民所有自然资源资产所有者职责,其中部分职责是由自然资源部直接履行,有些则是由自然资源部委托省级、市地级政府代理履行,法律另有规定的依照其规定。

2. 国有土地所有权的客体

关于国有土地所有权的客体范围,根据我国《土地管理法》第 9 条的规定,包括城市市区的土地及法律规定属于国家所有的农村和城市郊区的土地。

3. 国有土地所有权的取得方式

在我国,国有土地所有权的取得方式有三种:第一,法定取得。法定取得是指国家根据法律的规定直接取得土地的所有权。在我国,法定取得是国家取得土地所有权的主要方式。第二,强制取得。强制取得是指国家凭借其依法享有的公共权力,采取国有化、没收、征收等强制手段取得土地所有权。国有化和没收是人民解放战争过程中和建国初期我国国家取得土地所有权的主要形式。对于土地征收,其是指国家为了公共利益的需要,依据法律规定的程序和权限将农民集体所有的土地转化为国有土地,并依法给予被征地的农村集体经济组织和被征地农民合理补偿和妥善安置的行为。我国《宪法》第 10 条第 3 款规定:"国家为了公共利益的需要,可以依照法律规定对土地实行征收或者征用并给予补偿。"该条款从根本法的高度确立了土地征收制度。相应地,《土地管理法》及《土地管理法实施条例》等法律法规均对相关制度进行了细节性和可操作性的规定,构建起了我国土地征收制度。第三,自然添附。自然添附是指在自然条件的作用下使土地产生或面积增加的情形。

(二)国有土地使用权

土地使用权是指依法对一定的土地占有,并加以利用获取收益的权利,包括土地承包经营权、建设用地使用权、宅基地使用权、地役权。它派生于所有权,依据法律的规定或合同的约定而取得,并且受法律或合同的约束,是一种不完全物权。根据土地的不同属性,可以将土地使用权划分为国有土地使用权和集体土地使用权两类。国有土地使用权包括建设用地使用权、土地承包经营权、地役权。

1. 建设用地使用权

建设用地使用权是指建设用地使用权人依法对国家所有的土地享有占有、使用和收益的权利,有权利用该土地建造建筑物、构筑物及其附属设施。国有建设用地使用权的取得方式有以下三种:

(1)划拨方式。划拨是指土地使用人按照一定程序提出申请,经主管机关批准后即可取得土地使用权,而不必向土地所有人支付租金及其他费用。我国相关法律规定,严格限制以划拨方式设立建设用地使用权。采取划拨方式的,应当遵守法律、行政法规关于土地用途的规定。根据《土地管理法》第 54 条的规定,可以通过划拨方式取得的建设用地包括国家机关用地和军事用地,城市基础设施用地和公益事业用地,国家重点扶持的能源、交通、水利等基础设施用地,法律、行政法规规定的其他用地。上述以划拨方式取得建设用地,须经县级以上地方人民政府依法批准。

(2) 出让方式。出让是指国家作为土地所有人,在一定期限内将建设用地使用性权益让与土地使用者,并由土地使用者向国家支付出让金的行为。建设用地使用权出让有四种具体形式,即协议、招标、拍卖和挂牌。① 协议出让,是指国家以协议的方式,将建设用地使用权在一定期限内有偿出让给土地使用人的行为。根据《协议出让国有土地使用权规定》第 15 条规定,土地使用者只需依照《国有土地使用权出让合同》的约定,在付清土地使用权出让金、依法办理土地登记手续后,即可取得国有土地使用权。② 招标出让,是指市、县人民政府国土资源行政主管部门发布招标公告,邀请特定或者不特定的自然人、法人和非法人组织参加国有建设用地使用权招标,根据投标结果确定国有建设用地使用权人的行为。③ 拍卖出让,是指出让人发布拍卖公告,由竞买人在指定时间、地点进行公开竞价,根据出价结果确定国有建设用地使用权人的行为。④ 挂牌出让,是指出让人发布挂牌公告,并且在指定的土地交易场所公布交易条件,及时接受竞买人的报价申请并更新挂牌价格,最终根据挂牌期限届满时的出价结果或者现场竞价结果确定国有土地使用权人的行为。以协议、招标、拍卖、挂牌出让方式设立建设用地使用权的,当事人应当采取书面形式签订出让合同。建设用地使用权出让合同一般包括:当事人的名称和住所,土地界址、面积等,建筑物、构筑物及其附属设施占用的空间,土地用途,使用期限,出让金等费用及其支付方式,解决争议的方法等条款。

(3) 流转方式。流转是指土地使用人再次转移建设用地使用权的行为,如转让、互换、出资、赠与等。建设用地使用权流转的,应当向登记机构申请变更登记。基于土地使用权流转的法律事实,新建设用地使用权人即取得原建设用地使用权人的建设用地使用权。

2. 土地承包经营权

土地承包经营权是指由公民或集体组织,对国家所有或集体所有的土地从事生产活动,依照承包合同的约定而享有占有、使用和收益的权利。其中国有土地可以由单位或者个人承包经营,从事种植业、林业、畜牧业、渔业生产。土地承包经营的期限由承包合同约定。该期限虽然由当事人在承包合同中加以约定,但应当根据从事承包经营事业的具体情况,确定承包经营的期限。

3. 地役权

地役权是指土地所有人、土地使用权人、农村土地承包经营权人、宅基地使用权人为使用自己土地的便利而利用他人土地的权利。地役权是一项独立的用益物权,可以分设在国有土地和集体土地之上。

设立地役权,当事人应当签订书面的地役权合同。地役权自地役权合同生效时设立。当事人要求登记的,可以向登记机构申请地役权登记;未经登记,不得对抗善意第三人。地役权人应当遵守合同约定的利用目的和方法行使地役权,尽量减少对供役地权利人物权的限制。供役地权利人应当遵守合同约定,允许地役权人利用其土地,不得妨害地役权人行使权利。地役权的期限由当事人约定,但不得超过土地承包经营权、建设用地使用权等用益物权的剩余期限。

土地上已经设立土地承包经营权、建设用地使用权、宅基地使用权等用益物权的,未经用益物权人同意,土地所有权人不能再设立地役权。土地所有权人享有地役权或者负担地役权的,在设立土地承包经营权、宅基地使用权时,土地承包经营权人、宅基地使用权人继续享有或者负担已经设立的地役权。

地役权不能单独转让。土地承包经营权等用益物权进行转让的,地役权一并转让,但合同另有约定的除外。地役权不能单独抵押。土地承包经营权、建设用地使用权等进行抵押的,在实现抵押权时,地役权一并处分。

(三)土地抵押权

土地抵押权是土地使用权人在法律许可的范围内不转移土地占有而将土地使用权作为债权担保,当债务人不履行债务时,债权人有权对土地使用权及其地上建筑物、其他附着物依法进行处分,并以处分所得的价款优先受偿的担保性土地他项权利。土地抵押权的客体是法律允许转让的土地使用权,土地使用权与抵押权虽然是两种不同的权利,但土地抵押权必须基于土地使用权才能成立,并以土地使用权作为实现抵押权的标的。其中,以国有土地使用权为抵押权的客体具有如下几种:

1. 以划拨方式取得的国有土地使用权

《城镇国有土地使用权出让和转让暂行条例》第44条规定,划拨土地使用权不得转让、出租、抵押,除非满足第45条的条件。第45条规定,以划拨土地使用权用作抵押应符合下列条件:(1)土地使用者为公司、企业、其他经济组织和个人。(2)领有国有土地使用证。(3)具有地上建筑物,其他附着物合法的产权证明。(4)签订土地使用权出让合同,向当地市、县人民政府补交土地使用权出让金或者以抵押所获收益抵交土地使用权出让金。实质上,《城镇国有土地使用权出让和转让暂行条例》明确了,划拨土地使用权只有转变为出让土地使用权后才可以进行抵押。

《城市房地产管理法》的规定并不完全相同。该法第40条第1款规定,以划拨方式取得土地使用权的,转让房地产时,应当经有批准权的人民政府审批后方可转让,并由受让方办理土地使用权出让手续,缴纳土地使用权出让金。第48条第1款规定,依法取得的房屋所有权连同该房屋占有范围内的土地使用权,可以设定抵押权。第51条规定,设定房地产抵押权的土地使用权是以划拨方式取得的,依法拍卖该房地产后,应当从拍卖所得的价款中缴纳相当于应缴纳的土地使用权出让金的款额后,抵押权人方可优先受偿。本质上,两者都是将划拨土地使用权转化为出让土地使用权,不同之处仅在于,是在抵押权设立之时就转变土地使用权的形式,还是在抵押权实现时补正瑕疵并补缴土地使用权出让金。从法律效力级别和司法实践来看,《城市房地产管理法》所规定的事后补缴出让金的做法更符合实际。

2. 以出让方式取得的国有土地使用权

以出让方式取得国有土地使用权的,使用权人有权对土地使用权作出转让、抵押等处分。但根据法律的规定,在抵押以出让方式取得的国有土地使用权时,应当将土地上的房屋一并抵押。

(四) 集体土地所有权

集体土地所有权是《宪法》和《民法典》规定的权利类型。集体土地所有权是指劳动群众集体对于其所有的土地依法享有的占有、使用、收益和处分权利。相较于国有土地所有权而言,集体土地所有权是受限制的所有权,集中体现在以下两个方面:第一,受国家法律和政府管理的限制。集体土地所有权在收益权和处分权两方面受到限制。在收益权方面,集体所有的土地不能直接用于房地产开发,若用于房地产开发必须先由国家征收转变为国有后再由国家出让给开发商,这就使集体土地所有权中的收益权能受到限制;在处分权方面,集体所有的土地不得出让、转让、出租于非农业建设,集体土地所有者不得擅自变更土地用途等,这就使集体土地所有权中的处分权受到极大的约束。第二,受农民集体意志的限制。一般来说,对集体土地的重大处分应当依法经农村集体经济组织成员表决同意。

1. 集体土地所有权的主体

集体土地所有权的主体只能是农民集体。依据《土地管理法》的规定,我国集体土地所有权的主体及其代表有三个层次:

(1) 村农民集体土地所有权。村农民集体土地所有权是集体土地所有权中的基本形式。村农民集体土地所有权属于全村农民所有,村集体经济组织的法人机关或者法定代表人,是村农民集体土地所有者的法定代表。

(2) 村内两个以上农村集体经济组织的土地所有权。一村内具有两个以上农村集体经济组织,并且集体所有的土地已经属于这两个以上组织的农民集体所有的,由村内该农村集体经济组织或者村民小组作为所有者代表经营、管理。

(3) 乡(镇)农民集体土地所有权。乡(镇)农民集体土地所有的土地属于全乡(镇)农民集体所有,一般由乡(镇)办企、事业单位使用,也可以由乡农民集体或个人使用。乡(镇)农民集体所有的土地一般由乡(镇)人民政府代管,即由乡(镇)人民政府代行乡(镇)农民集体的土地所有权。

2. 集体土地所有权的客体

根据《土地管理法》第9条的规定,集体土地所有权的客体范围为:第一,除由法律规定属于国家所有之外的农村和城市郊区土地,即农村和城市郊区土地原则上属于集体所有,除非法律规定为国家所有。第二,宅基地和自留地、自留山。宅基地是指农村村民用于建造住宅及其附属设施的集体建设用地,包括住房、附属用房和庭院等用地。自留地是指农村集体经济组织按政策规定分配给成员长期使用的土地。自留山是指为了鼓励社员植树造林,在不影响集体林业发展的前提下,农村集体经济组织分配给其成员长期使用的少量的柴山和荒坡。[①]

3. 集体土地所有权的取得方式

在我国,集体土地所有权的取得方式主要是法定取得。我国《宪法》《土地管理法》等法律明确规定了农村和城市郊区的土地,除由法律规定为国家所有的以外,均属于集体所有;宅基地和自留地、自留山属于集体所有。此外,集体所有权的取得必须依照法定的程序。根据《土地管理法》的规定,农民集体所有的土地,由县级人民政府登记造册,核发证书,确认所有权。

(五)集体土地使用权

集体土地使用权包括集体建设用地使用权、土地承包经营权、宅基地使用权等。

1. 集体建设用地使用权

(1) 集体建设用地使用权概述。集体建设用地使用权是指农民集体和个人进行非农业生产建设依法使用集体所有的土地的权利。我国现行法律对集体建设用地使用权的权利主体有较为严格的限制,通常仅限于本集体和其所属成员。根据《土地管理法》的规定,乡镇企业、乡(镇)村公共设施、公益事业、农村村民住宅等乡(镇)村建设,可以依据规定申请农村集体建设用地使用权。农村集体建设用地使用权可分别按照如下方式取得:第一,乡(镇)村公益用地。农村集体经济组织或者由农村集体经济组织依法设立的公益组织,在经过依法审批后,对用于本集体经济组织内部公益事业的非农业用地享有建设用地使用权。根据《土地管理法》和《土地管理法实施条例》的规定,乡(镇)村公共设施、公益事业建设,需要使用土地的,经乡(镇)人民政府审核,向县级以上地方人民政府土地行政主管部门提出申请,按照省、自治区、直辖市规定的批准权限,由县级以上地方人民政府批准。第二,乡(镇)村企业建设用地。农村集体经济组织利用乡(镇)土地利用总体规划确定的建设用地兴办企业,或者与其他单位、个人以土地使用权入股、联营等形式共同举办企业的,应当持有关批准文件,向县级以上地方人民政府土地行政主管部门提出申请,按省、自治区、直辖市规定的批准权限,由县级以上地方人民政府批准。如果其中涉及占用农用地的,应当依照《土地管理法》的相关规定办理审批手续。第三,农村宅基地用地。农民申请宅基地的,需经乡(镇)人民政府审核,由县级人民政府批准。

(2) 集体建设用地使用权改革。2015 年,经全国人民代表大会授权,北京市大兴区等 33 个试点地区在集体建设用地使用权的设立、转让等方面进行了有益探索,这一探索为我国集体建设用地使用权在法律制度层面上的改革积累了丰富的实践经验。2019 年《土地管理法》对集体经营性建设用地制度作出了重大修改,第一次将"集体经营性建设用地使用权"作为一种新型土地权利类型予以确认。《土地管理法》的修改,旨在实现集体建设用地与国有土地同等入市、同权同价,[②]从而改变集体建设用地使用权受到过分抑制的局面。然而事

---

① 卞耀武主编:《中华人民共和国土地管理法释义》,法律出版社 1998 年版,第 60 页。

② 李国强:《〈土地管理法〉修正后集体建设用地使用权的制度构造》,载《云南社会科学》2020 年第 2 期,第 111 页。

实并非如此,集体建设用地使用权的相关法律规定较少且体系混乱,语义表述模糊,权能受到诸多制约,致使"同权"流于表面。

第一,权利表述不清晰。社会主义公有制下,我国土地分为国家所有和集体所有两种形式,从名称的表达逻辑来看,国有建设用地使用权和集体建设用地使用权理应属于同一法律位阶。然而《民法典》第 344 条将在国有土地上设立的权利定义为"建设用地使用权",与该章名称表述相同。《民法典》第 361 条规定"集体所有的土地作为建设用地的,应当依照土地管理的法律规定办理",并未使用"集体建设用地使用权"的表达。此种权利表达上的差异,不仅有失法律概念的准确性,而且会对集体建设用地使用权产生理解上的歧义。

第二,权利规范错置。《民法典》第 361 条延续了《物权法》第 151 条的规定内容,授权《土地管理法》对于集体建设用地使用权的权利规范内容予以规定。但是具有公法性质的《土地管理法》作为具有私权属性的集体建设用地使用权的主要规范渊源,会导致集体建设用地使用权的私权属性与《土地管理法》的公法属性产生冲突:一方面,《土地管理法》受制于其公法属性的限制,难以为集体建设用地使用权的权利规范设置提供更多承载空间;另一方面,《土地管理法》中出现大量有关集体建设用地使用权的权利规范,将严重影响到公共土地行政权力的行使。这种权利规范错置致使集体建设用地使用权和国有建设用地使用权在法律地位上出现不平等现象,从而难以实现集体建设用地使用权的改革目标。①

第三,权能限制。由于建设用地行政管制的要求,集体建设用地使用权的权能受到诸多限制,主要表现在涉及使用权能的土地用途管制方面。此外,集体建设用地使用权的处分权能也受到了一定的限制。例如,公益性建设用地不能转让,乡镇企业用地虽然可以随同建筑物一同转让但不可单独转让,只有《土地管理法》第 63 条规定的集体经营性建设用地使用权可以转让也可以抵押等。

2. 土地承包经营权

农民集体所有的土地由本集体经济组织的成员承包经营,从事种植业、林业、畜牧业、渔业生产。在土地承包经营期间,对个别承包经营者之间承包的土地进行适当调整的,必须经村民会议 2/3 以上成员或者 2/3 以上村民代表的同意,并报乡(镇)人民政府和县级人民政府农业行政主管部门批准。

农民集体所有的土地,也可以由本集体经济组织以外的单位或个人承包经营,从事种植业、林业、畜牧业、渔业生产,但是必须经村民会议 2/3 以上成员或者 2/3 以上村民代表的同意,并报乡(镇)人民政府批准。土地承包经营的期限由承包合同约定。

3. 宅基地使用权

宅基地使用权人依法对集体所有的土地享有占有和使用的权利,有权依法利用该土地建造住宅及其附属设施。宅基地使用权的取得、行使以及转让,应当按照土地管理法规和国家政策进行。宅基地因自然灾害等原因灭失的,宅基地使用权消灭。对失去宅基地的村民,

---

① 姜楠:《集体建设用地使用权制度的困局与突破》,载《法治研究》2021 年第 5 期,第 104 页。

应当依法重新分配宅基地。已经登记的宅基地使用权转让或者消灭的,应当及时办理变更登记或者注销登记。

二、土地资源规划制度

土地资源规划主要是指国土空间规划,即在一定区域内,根据国家社会经济可持续发展的要求和当地自然、经济、社会条件对国土空间的保护、开发、利用、修复在空间与时间上所作的长、中、短期计划安排和布局。国土空间规划是区域内空间发展的综合指南、可持续发展的空间蓝图,是各类开发保护建设活动的基本依据。

(一)土地资源规划的主要类型

国土空间规划改革以来,土地资源规划体系总体框架可以总结为"五级三类四体系"。从规划内容来看,土地资源规划分为总体规划、详细规划和专项规划三种类型。

1. 总体规划

土地资源总体规划是各级人民政府在其行政区域内,根据该地区社会经济可持续发展的要求和当地自然、经济、社会条件,对土地的开发、利用、治理、保护在空间上、时间上所作的总体安排和布局,属于宏观土地资源规划。在表现形式上,过去常以土地利用总体规划的形式进行编制,但当前随着"多规合一"的原则落地,土地资源总体规划不再单独成册,而是编入国土空间总体规划,成为其重要的一章。

《土地管理法》对土地资源总体规划的内容作出了原则性的规定:严格保护基本农田,控制非农业建设占用农用地;提高土地利用率;统筹安排各类各区域用地;保护和改善生态环境,保障土地的可持续利用;占用耕地与开发复垦耕地相平衡。

土地资源总体规划的直接依据是上一级土地资源总体规划与本级国民经济和社会发展规划,其内容不得与上位规划内容相抵触,且是对上位规划的补充与细化。例如,省级土地利用总体规划的内容,即全国土地利用规划与该省国民经济和社会发展规划在该省区域内特定时期的细化方案。在时序上,常与国民经济和社会发展规划保持一致,一般为15年左右。

2. 详细规划

土地资源详细规划一般针对城市土地,现行法上广义的详细规划包括控制性详细规划和修建性详细规划;而狭义的详细规划则专指控制性详细规划,这里所谈的即狭义的控制性详细规划。土地资源详细规划是指各级人民政府根据土地资源总体规划的要求,对具体地块用途和开发建设强度等作出的实施性安排,是开展土地资源开发保护活动、实施土地资源用途管制、核发城乡建设项目规划许可、进行各项建设等的法定依据。

在当前土地规划体系中,城市边界内土地以编制控制性详细规划为主,城市边界外土地则探索编制实用性村庄规划。土地资源详细规划可按照时序、分区等分类为土地近期规划、下辖行政区域规划、重点区域规划及本级政府制定的项目方案等。在时序上,往往表现为中短期规划,一般为 5 年甚至更短。

3. 专项规划

土地资源专项规划是在土地利用总体规划的框架控制下,对土地开发利用、整治和保护的某一专门问题进行的规划,是对土地资源总体规划的补充和深化。在当前土地资源规划体系中,可分类为建设用地专项规划、农用地专项规划、未利用地专项规划及土地关联专项规划。在时序上并不固定,常与相关联的总体规划时序保持一致。

建设用地专项规划是指城市和农村土地中用于通过工程手段建造建筑物、构筑物的土地所编制的土地利用规划,具体可分为成片征收、土地储备、土地供应、城市更新等类别。其中,成片征收方案多数为县区级政府编制,少数为市级政府编制;土地储备以县区级政府编制的年度计划为主,少数地市在试点编制土地储备规划,在"大储备"的时代背景下,部分省级政府也在试点编制土地储备年度计划;土地供应以市县政府编制的年度计划为主,部分地市拟编制土地供应规划;城市更新方案体系当前较为完善,从国家到县区层级均编制了该层级的城市更新规划或计划。

农用地专项规划是指直接用于或间接为农业生产利用的土地编制的土地利用规划,具体可分类为土地开发、土地整理整治、土地复垦、土地保护等类别。其中,在土地开发方面,国家层面已编制有《全国高标准农田建设规划(2021—2030 年)》,省市两级均编制有土地开发规划,县区级一般编制有土地开发规划与年度计划;在土地整理、整治方面,全国及省级层面的规划多数已失效,市县层级仍编制有现行的相关规划与年度计划;在土地复垦方面,相关规划基本由市县政府编制,并主要存在于工矿废弃地领域;在土地保护方面,各级政府均编制有相应规划,并且市县层级亦编制有该领域的行动方案。

未利用地专项规划是指农用地和建设用地以外的土地利用规划,主要包括荒草地、盐碱地、沼泽地、沙地、裸土地、裸岩等。当前一般分类为未利用土地和其他未利用地。其中,未利用土地在国家层面编制有保护修复规划,在省市县区层面编制有开发利用规划与保护修复规划,并且在县区一级将开发利用规划与保护修复规划细化为年度计划;对于其他未利用地,各级政府均编制有保护治理规划,在省市县区层面亦编制有开发利用规划。

土地关联专项规划主要指以基础测绘为主的技术专项规划,以及包括公共设施、综合交通、历史文化、生态修复、产业发展、地下空间等在内的其他专项规划。在此领域,各级政府均有编制。

三、土地资源用途管制制度

土地资源用途管制,是指国家为了实现土地资源的合理利用和有效保护,抑制土地资源利用行为的外部性,依据国土空间规划确定的土地利用分区及每个土地利用分区的土地利用规则,对土地资源利用行为作出许可、限制许可或不予许可并监督、检查、跟踪管理直至追究法律责任的法律制度。

（一）土地资源用途管制的主要类型

1. 农用地转用管制

农用地转用是指现状的农用地按照土地利用总体规划和国家规定的批准权限，经过审查批准后转为建设用地的行为，又被称为农用地转为建设用地。法律以保护耕地为目标，根据土地的规划用途将土地分为农用地、建设用地和未利用地三大类别，严格限制农用地转为建设用地，其目的在于保护耕地，确保我国的粮食安全。

建设行为占用土地，涉及农用地转为建设用地的，应当符合土地利用总体规划和土地利用年度计划中确定的农用地转用指标；城市和村庄、集镇建设占用土地，涉及农用地转用的，还应当符合城市规划和村庄、集镇规划。

建设行为占用永久基本农田必须由国务院批准。《土地管理法》第44条前2款规定："建设占用土地，涉及农用地转为建设用地的，应当办理农用地转用审批手续。永久基本农田转为建设用地的，由国务院批准。"

2. 建设用地开发管制

建设用地是指建造建筑物、构筑物的土地。按照土地所有权分类，可以分为国有建设用地和农民集体所有权建设用地。城市内建设用地开发管制简单来说是指，在土地利用总体规划确定的城市建设用地区内使用土地的，由市、县级人民政府统一规划、统一征用开发。在城市建设用地区外单独选址建设的项目，一般指交通、矿山、军事设施等，其他项目应依法申请城市建设用地区内的土地。

对于国有土地的建设用地开发管制，《城乡规划法》第38条第1款规定："在城市、镇规划区内以出让方式提供国有土地使用权的，在国有土地使用权出让前，城市、县人民政府城乡规划主管部门应当依据控制性详细规划，提出出让地块的位置、使用性质、开发强度等规划条件，作为国有土地使用权出让合同的组成部分。未确定规划条件的地块，不得出让国有土地使用权。"

对于农民集体所有权的建设用地开发管制来说，进行公益事业、乡村公共设施，兴办乡镇企业的，可以依法申请农民集体所有的土地，涉及农用地转用的，应先办理农用地转用手续。农民村民建设住宅，可以申请农民集体所有的土地，但数量和规模要符合规定标准。

3. 生态用地挤占管制

《土地管理法》第40条规定，"禁止毁坏森林、草原开垦耕地，禁止围湖造田和侵占江河滩地"。1998年《国务院关于保护森林资源制止毁林开垦和乱占林地的通知》规定，为了遏制毁林开垦以及其他非法改变林地用途的行为，对现有林地要实行总量控制制度，林地只能增加，不能减少。2017年出台的《自然生态空间用途管制办法（试行）》，明确了包括其他生态空间区域准入条件、生态保护红线的用途管控等管制规则。

（二）土地资源用途管制的基本手段

1. 土地利用规划

土地利用规划是根据国家经济社会发展总目标，为合理开发利用土地资源，协调分配国民经济各部门用地,妥善安排各项建设工程用地而提出的合理组织土地利用的方案。

土地利用规划一经批准,就成为实施土地资源用途管制的基本依据,具有法定效力,必须执行。《土地管理法》第4条明确规定:"国家编制土地利用总体规划,规定土地用途,将土地分为农用地、建设用地和未利用地。严格限制农用地转为建设用地,控制建设用地总量,对耕地实行特殊保护。"因此,使用土地的单位和个人须严格按照土地利用总体规划确定的土地用途使用土地。任何土地利用活动不得突破土地利用总体规划确定的用地规模和总体布局安排。

2. 土地用途变更审批

我国土地用途变更管制以土地分类为基础,对不同类型用途变更行为实行不同条件、不同程序的审批管制,具体表现为土地转用审批制度。

(1)土地转用审批条件。土地用途变更管制只是针对特定用途之间的变更,并非所有用途变更都需要申请许可,且不同用途之间的用途变更审批的条件亦有所差异。但总体来说,变更后的土地使用不应与城乡规划冲突,同时应对资源的利用产生益处。① 农用地转用为建设用地审批条件:首先,符合土地利用总体规划、土地利用年度计划、建设用地供应政策和农用地转用指标;其次,建设用地项目通过可行性研究;最后,做好耕地占补平衡工作和涉及集体所有土地时的征用补偿工作。② 建设用地内部转用的审批条件:集体建设用地内部的转用,因转用前土地的性质不同而条件不同。转让前土地属于城市建设用地,在土地利用总体规划确定的城市建设用地区内使用土地的,由市、县级人民政府统一规划、统一征用开发;在城市建设用地区外单独选址建设的项目,需要单独申请。③ 农用地内部转用的审批条件:我国坚持保护耕地的态度,因此农用地内部转用也较为严格,基本农田等耕地禁止进行深度开发或者调整农业结构为林地、草地和养殖水面。但对于复垦荒地、受损农地这样利于恢复地力的行为大力提倡,其转用不需要满足限权性的审批条件。④ 其他类型土地转用的审批条件:其他类型的土地转用包括国有未利用地转用为建设用地、自然保护区的土地转用,其转用审批条件散见于《土地管理法》《自然保护区土地管理办法》等规范性文件中。

(2)土地转用审批程序。建设占用土地,涉及农用地转为建设用地的应当办理农用地转用审批手续。根据不同的农用地种类,相关部门还要进行前置审批。对征占林地的,在报土地主管部门批准前必须经林地主管部门批准,并预先缴纳植被恢复费,需要对林地上的林木进行采伐必须向林业主管部门申请采伐许可证。对占用草地也必须先报草原主管部门批准。

对不同耕地的审批权限也有严格规定,省、自治区、直辖市人民政府批准的道路、管线工程和大型基础设施建设项目、国务院批准的建设项目占用土地,涉及农用地转为建设用地的,由国务院批准。在土地利用总体规划确定的城市和村庄、集镇建设用地规模范围内,为实施该规划而将农用地转为建设用地的,按土地利用年度计划分批次由原批准土地利用总体规划的机关批准。在已批准的农用地转用范围内,具体建设项目用地可以由市、县人民政府批准。上述规定以外的建设项目占用土地,涉及农用地转为建设用地的,由省、自治区、直辖市人民政府批准。

征用农用地的,应当依照《土地管理法》的规定先行办理农用地转用审批。其中,经国务院批准农用地转用的,同时办理征地审批手续,不再另行办理征地审批;经省、自治区、直辖市人民政府在征地批准权限内批准农用地转用的,同时办理征地审批手续,不再另行办理征地审批,超过征地批准权限的,另行办理征地审批。

四、土地资源征收制度

土地资源征收是指国家为了社会公共利益的需要,按照法律规定的批准权限和批准程序,给予农民集体和个人补偿和安置后,将属于集体所有的土地转变为国家所有的行政行为。

(一)土地资源征收条件

土地资源征收的重要前提条件是为公共利益的需要。关于公共利益的界定,《土地管理法》第45条规定:"为了公共利益的需要,有下列情形之一,确需征收农民集体所有的土地的,可以依法实施征收:(一)军事和外交需要用地的;(二)由政府组织实施的能源、交通、水利、通信、邮政等基础设施建设需要用地的;(三)由政府组织实施的科技、教育、文化、卫生、体育、生态环境和资源保护、防灾减灾、文物保护、社区综合服务、社会福利、市政公用、优抚安置、英烈保护等公共事业需要用地的;(四)由政府组织实施的扶贫搬迁、保障性安居工程建设需要用地的;(五)在土地利用总体规划确定的城镇建设用地范围内,经省级以上人民政府批准由县级以上地方人民政府组织实施的成片开发建设需要用地的;(六)法律规定为公共利益需要可以征收农民集体所有的土地的其他情形。前款规定的建设活动,应当符合国民经济和社会发展规划、土地利用总体规划、城乡规划和专项规划;第(四)项、第(五)项规定的建设活动,还应当纳入国民经济和社会发展年度计划;第(五)项规定的成片开发并应当符合国务院自然资源主管部门规定的标准。"该条规定采用列举的方式对公共利益进行界定,在启动土地资源征收程序前,首先要对土地资源征收是否符合上述公益目的进行审查。符合公共利益,确需征收的,可启动土地征收程序。

(二)征收程序

《土地管理法》第47条规定:"国家征收土地的,依照法定程序批准后,由县级以上地方人民政府予以公告并组织实施。县级以上地方人民政府拟申请征收土地的,应当开展拟征收土地现状调查和社会稳定风险评估,并将征收范围、土地现状、征收目的、补偿标准、安置方式和社会保障等在拟征收土地所在的乡(镇)和村、村民小组范围内公告至少三十日,听取被征地的农村集体经济组织及其成员、村民委员会和其他利害关系人的意见。多数被征地的农村集体经济组织成员认为征地补偿安置方案不符合法律、法规规定的,县级以上地方人民政府应当组织召开听证会,并根据法律、法规的规定和听证会情况修改方案。拟征收土地的所有权人、使用权人应当在公告规定期限内,持不动产权属证明材料办理补偿登记。县级以上地方人民政府应当组织有关部门测算并落实有关费用,保证足额到位,与拟征收土地的所有权人、使用权人就补偿、安置等签订协议;个别确实难以达成协议的,应当在申请征收土地时如实说明。相关前期工作完成后,县级以上地方人民政府方可申请征收土地。"根据《土地管理法》及《土地管理法实施条例》的规定,土地资源征收通常按照以下程序进行:

1. 预公告

土地资源征收,县级以上人民政府认为符合《土地管理法》第45条规定的,应当发布征收土地预公告,其中应当包括征收范围、征收目的、开展土地现状调查的安排等内容。征收土地预公告应当采取有利于社会公众知晓的方式,在拟征收土地所在的乡(镇)和村、村民小组范围内发布,预公告时间不少于10个工作日。《土地管理法实施条例》第26条第2款规定:"自征收土地预公告发布之日起,任何单位和个人不得在拟征地范围内抢栽抢建;违反规定抢栽抢建的,对抢栽抢建部分不予补偿。"

2. 开展土地现状调查与社会稳定风险评估

土地现状调查的内容包括土地的位置、权属、地类、面积,以及农民村民住宅、其他地上附着物和青苗等的权属、种类、数量等信息。开展社会稳定风险评估,应当对征收土地的社会稳定风险状况进行综合研判,确定风险点,提出风险预防措施和处置方案。社会稳定风险评估应当有被征地的农村集体经济组织及其成员、村民委员会和其他利害关系人参加,评定结果是申请征收土地的重要依据。

3. 拟定征地补偿安置方案

县级以上地方人民政府应当依据社会稳定风险评估结果,结合土地现状调查情况,组织自然资源、财政、农业农村、人力资源和社会保障等有关部门拟定征地补偿安置方案。征地补偿安置方案应当包括征收范围、土地现状、征收目的、补偿方式和标准、安置对象、安置方式、社会保障等内容。

4. 公告

征地补偿安置方案拟定后,县级以上地方人民政府应当在拟征收土地所在的乡(镇)和村、村民小组范围内发布公告,听取被征收土地的农村集体经济组织成员的意见,公告时间不少于30日。公告应当载明征地补偿安置方案、办理补偿登记期限、异议反馈渠道等内容。

5. 听证

多数被征地的农村集体经济组织成员认为征地补偿安置方案不符合法律、法规规定的,县级以上地方人民政府应当组织听证,研究农村集体经济组织成员的不同意见,根据法律、法规的规定和听证会情况修改方案。

6. 办理征地补偿登记

被征地的所有权人、使用权人应当在补偿安置公告规定的期限内,持不动产权属证明材料办理征地补偿登记手续;未如期办理征地补偿登记手续的,其补偿内容以前期调查结果为准。

7. 签订征地补偿安置协议

县级以上地方人民政府根据法律、法规和听证会等情况确定征地补偿安置方案、评估报告等之后,应当组织有关部门与拟征收土地的所有权人、使用权人签订征地补偿安置协议。个别确实难以达成协议的,应当在申请征收土地时如实说明。

8. 申请征收审批

相关前期工作完成后,县级以上地方人民政府方可提出土地征收申请,按照《土地管理法》的规定报有批准权的人民政府批准。有批准权的人民政府对征地是否符合《土地管理法》第45条规定的"为了公共利益的需要"进行审查,符合条件的,应当在国务院规定的时限内批准。

9. 发布征收公告

土地征收申请经依法批准后,县级以上地方人民政府应当自收到批准文件之日起15个工作日内在拟征收土地所在的乡(镇)和村民小组范围内发布土地征收公告,公布征收范围、征收时间等具体工作安排,对个别未达成征地补偿安置协议的应当作出征地补偿安置决定,并依法组织实施。

(三)土地资源征收补偿

《民法典》第243条第2款规定:"征收集体所有的土地,应当依法及时足额支付土地补偿费、安置补助费以及农村村民住宅、其他地上附着物和青苗等的补偿费用,并安排被征地农民的社会保障费用,保障被征地农民的生活,维护被征地农民的合法权益。"本条款虽没有规定征收补偿的标准,但强调了"依法及时足额"的要求。

《土地管理法》第48条就征收土地资源的补偿标准进行了明确的规定:"征收土地应当给予公平、合理的补偿,保障被征地农民原有生活水平不降低、长远生计有保障。征收土地应当依法及时足额支付土地补偿费、安置补助费以及农村村民住宅、其他地上附着物和青苗等的补偿费用,并安排被征地农民的社会保障费用。征收农用地的土地补偿费、安置补助费标准由省、自治区、直辖市通过制定公布区片综合地价确定。制定区片综合地价应当综合考虑土地原用途、土地资源条件、土地产值、土地区位、土地供求关系、人口以及经济社会发展水平等因素,并至少每三年调整或者重新公布一次。征收农用地以外的其他土地、地上附着物和青苗等的补偿标准,由省、自治区、直辖市制定。对其中的农村村民住宅,应当按照先补偿后搬迁、居住条件有改善的原则,尊重农村村民意愿,采取重新安排宅基地建房、提供安置房或者货币补偿等方式给予公平、合理的补偿,并对因征收造成的搬迁、临时安置等费用予以补偿,保障农村村民居住的权利和合法的住房财产权益。县级以上地方人民政府应当将被征地农民纳入相应的养老等社会保障体系。被征地农民的社会保障费用主要用于符合条件的被征地农民的养老保险等社会保险缴费补贴。被征地农民社会保障费用的筹集、管理和使用办法,由省、自治区、直辖市制定。"

从《土地管理法》第48条的规定可以看出,土地资源征收补偿相比之前发生了根本性变革:一是明确区分原地类,即区分农用地、宅基地、集体建设用地和未利用地等不同地类,分别进行补偿;二是对于农用地征收补偿标准,取消原来的年产值倍数法,全面改用区片综合地价确定土地补偿费和安置补助费,同时增列社保费用;三是"区片综合地价"与之前完全不同,而是变更为农用地征收的区片综合地价,不再包含社保费用,只是征收农用地的土地补偿费和安置补助费之和;四是明确了农用地区片综合地价的确定办法,区片综合地价应当综合考虑土地原用途、土地资源条件、土地产值、土地区位、土地供求关系、人口以及经济社会发展水平等因素,至少每三年调整或者重新公布一次;五是征收宅基地的补偿单列出来,要求尊重农民意愿,采用重新安排宅基地及补偿建房费用,提供安置房,或者按照被征收的宅基地和农房价格进行货币补偿,同时提供搬迁、临时安置等费用补偿的办法。

2019年修改《土地管理法》时,对于征收农用地和宅基地以外的其他土地资源,即征收集体建设用地和集体未利用地的补偿标准,明确规定由省级政府制定。省级政府可以按照《土地管理法》第48条规定的原则,区分用途,分别对征收集体建设用地和集体未利用地等作出具体规定。

（四）补偿范围和标准

根据目前我国集体土地征收补偿的法律规定,征地补偿一般包括土地补偿费、安置补助费、地上附着物和青苗的补偿费等。

1. 土地补偿费

土地补偿费主要是因国家征收土地资源而对土地所有人和使用人的土地投入和收益损失给予的补偿。征收农用地的土地补偿费标准由省、自治区、直辖市通过制定公布区片综合地价确定。制定区片综合地价应当综合考虑土地原用途、土地资源条件、土地产值、土地区位、土地供求关系、人口以及经济社会发展水平等因素,并至少每三年调整或者重新公布一次。

2. 安置补助费

安置补助费是国家建设征用农民集体土地后,为了解决以土地为主要生产资料并取得生活来源的农业人口因失去土地造成的生活困难所给予的补助费用。征收农用地的安置补助费标准与土地补偿费标准相同,由省、自治区、直辖市通过制定公布区片综合地价确定。

3. 地上附着物和青苗补偿费

地上附着物补偿费是对被征收土地上的各种地上建筑物、构筑物的拆迁和恢复费以及被征收土地上林木的补偿或者砍伐费等。青苗补偿费是指征收土地时对被征收土地上生长的农作物造成损失所给予的一次性经济补偿费用。征收农用地以外的其他土地、地上附着物和青苗等的补偿标准,由省、自治区、直辖市制定。

此外,对于农村村民住宅,应当按照先补偿后搬迁、居住条件有改善的原则,尊重农村村民意愿,采取重新安排宅基地建房、提供安置房或者货币补偿等方式给予公平、合理的补偿,并对因征收造成的搬迁、临时安置等费用予以补偿,保障农村村民居住的权利和合法的住房财产权益。县级以上地方人民政府应当将被征地农民纳入相应的养老等社会保障体系。被征地农民的社会保障费用主要用于符合条件的被征地农民的养老保险等社会保险缴费补贴。被征地农民社会保障费用的筹集、管理和使用办法,由省、自治区、直辖市制定。

(五) 补偿费的分配

《土地管理法实施条例》第 32 条规定:"省、自治区、直辖市应当制定公布区片综合地价,确定征收农用地的土地补偿费、安置补助费标准,并制定土地补偿费、安置补助费分配办法。地上附着物和青苗等的补偿费用,归其所有权人所有。社会保障费用主要用于符合条件的被征地农民的养老保险等社会保险缴费补贴,按照省、自治区、直辖市的规定单独列支。申请征收土地的县级以上地方人民政府应当及时落实土地补偿费、安置补助费、农村村民住宅以及其他地上附着物和青苗等的补偿费用、社会保障费用等,并保证足额到位,专款专用。有关费用未足额到位的,不得批准征收土地。"

自测习题

第七章

矿产资源法

导语 矿产资源是生产之基。矿产资源法是国家关于矿产资源的法律法规,有广义和狭义之分。本章主要内容包括:(1) 矿产资源概述,包括矿产资源的基础理论等;(2) 我国矿产资源法的体系;(3) 我国矿产资源法的主要法律制度,包括矿产资源权属制度、矿产资源开发利用制度、矿产资源保护制度和矿产资源管理制度等。本章学习重点难点包括矿产资源的基础理论、矿产资源权属制度、矿产资源开发利用制度和矿产资源保护制度。

第一节 矿产资源概述

一、矿产资源的概念

一般认为,矿产资源是指贮存于地壳内部或表面的,经过地质作用形成的,具有利用价值的各种矿物。所谓矿物,是指地质作用产生的具有相对固定的化学组成和物理性质的天然单质或化合物。根据《矿产资源法实施细则》第 2 条的规定,矿产资源是指由地质作用形成的,具有利用价值的,呈固态、液态、气态的自然资源。

矿产资源既包括当前技术经济条件下可以开发利用的物质,也包括具有潜在价值的在未来条件下可以开发利用的物质。根据联合国矿产资源定义和术语专家小组 1979 年推荐的《矿产资源国际分类系统》,矿产资源按地质的可靠程度,分为 R1、R2、R3 三个级别:(1) R1 级是指经过详细调查确定了每个矿体的产状、规模及矿石质量基本特征的矿产资源,主要供制订采矿计划之用。(2) R2 级是通过初步估算得到的与已发现矿床直接毗连的矿产资源,可靠性比 R1 级差,误差可能大于 50%,主要作制订进一步的勘测计划之用。(3) R3 级是指尚未发现但被认为是存在于可以发现的已知类型的矿床中的矿产资源,其可以在今后几十年内作远景勘查工作计划的依据。

二、矿产资源的分类

矿产资源的分类,反映出人类在一定历史时期内认矿、找矿、采矿的生产实践水平、科技发展水平和认识水平。《矿产资源法实施细则》规定了矿产资源分类细目,包括能源矿产、金属矿产、非金属矿产和水气矿产共四类。

由于研究角度不同,矿产资源的分类各异。根据矿产资源的成因和形成条件,分为内生矿产资源、外生矿产资源和变质矿产资源。根据矿产资源的物质组成和结构特点,分为无机矿产资源和有机矿产资源。根据矿产资源的产出状态,分为固体矿产资源、液体矿产资源和气体矿产资源。根据矿产资源的特性及其主要用途,分为能源矿产资源、金属矿产资源、非金属矿产资源和水气矿产资源。根据矿产资源对国家安全的价值,分为战略性矿产资源和非战略性矿产资源。[1] 根据矿产资源对国家关键技术的突破和重大发展需求的满足所发挥的不可替代的作用,还可分为关键性矿产资源和非关键性矿产资源。[2]

三、矿产资源的特征

(一)不可再生性

与自然界其他可更新资源所不同的是,矿产资源是在地壳形成后,经过几千万年、几亿年甚至几十亿年的地质作用才形成的。矿产资源采完之后即消失,在有限的时间内不能再生。不可再生性决定了对矿产资源进行保护和战略储藏具有重要意义。

(二)有限性

地球上的矿产资源储量有限。据考证,世界上已发现的矿产资源大约有 200 种,其中探明工业储量的只有 150 余种。

(三)分布的不均衡性

由于矿产是受地质条件的决定而产生的,因此矿产资源在地壳上的分布极不均匀。

(四)不可直接利用性及对土地的依附性

不可直接利用性,指矿产资源大多埋藏于地下,其必须经过勘查探明位置,经过采掘、加工,变成矿产品,才能作为生产、生活资料。矿产资源的不可直接利用性决定了必须科学地规范矿产资源开发和利用的全过程。对土地的依附性,是指就目前来讲,人类能利用的矿产资源都贮存于地下或地面浅层,与土地紧密相连,成为其不可分割的一部分。这种对土地的依附性,决定了矿产资源与土地资源及其他相关资源之间存在内在联系。

---

[1] 有学者认为,战略性矿产资源是指对国家经济、社会发展、国防安全必不可少,而国内不能保障的矿产资源及可影响国际市场的矿产资源。陈毓川:《建立我国战略性矿产资源储备制度和体系》,载《国土资源》2002 年第 1 期,第 20 页。

[2] 王江:《论中国战略性关键矿产资源安全的法律监管》,载《中国人口·资源与环境》2021 年第 11 期,第 2 页。

第二节　我国矿产资源法的立法沿革和体系

一、我国矿产资源法的立法沿革

为了适应社会主义现代化建设的需要,保护和合理利用矿产资源,防治矿山环境污染和生态破坏,我国十分重视矿产资源保护的立法。早在 1950 年,政务院就发布了《矿业暂行条例》,1965 年国务院批转了地质部制定的《矿产资源保护试行条例》这一专门保护矿产资源的法规。1978 年,国务院批转《小煤矿管理试行办法》。1986 年 3 月,第六届全国人民代表大会常务委员会第十五次会议通过了《矿产资源法》。1987 年 4 月,国务院发布了与《矿产资源法》相配套的三个行政法规,即《矿产资源勘查登记管理暂行办法》《全民所有制矿山企业采矿登记管理暂行办法》(被 1998 年 2 月 12 日颁布的《矿产资源开采登记管理办法》取代)和《矿产资源监督管理暂行办法》。此后,国家和地方陆续颁布大量实施性法律、法规,如《中外合作开采陆上石油资源缴纳矿区使用费暂行规定》(1990 年)、《矿产资源法实施细则》(1994 年)、《矿产资源补偿费征收管理规定》(1994 年)、《煤炭法》(1996 年)、《煤炭生产许可证管理办法》(1994 年)、《乡镇煤矿管理办法》(1985 年)、《石油及天然气勘查、开采登记管理暂行办法》(1987 年)、《矿产和地下水勘探报告审批办法(试行)》(1987年),以及《核工业部关于放射性矿山企业采矿登记管理暂行办法》《核工业部关于放射性矿产资源监督管理暂行办法》《核工业部关于放射性矿产资源勘查登记管理暂行办法》《关于开展资源综合利用若干问题的暂行规定》《矿产资源勘查、采矿登记收费标准及其使用范围的暂行规定》等。

由于国际国内形势的发展,尤其是改革开放的深入推进对矿产资源的保护、开发和利用提出了新的要求,1986 年颁布实施的《矿产资源法》已不能适应发展中的现实要求。1996年,第八届全国人民代表大会常务委员会第二十一次会议讨论通过了修改后的《矿产资源法》,并自 1997 年 1 月 1 日起施行。《矿产资源法》的施行使我国矿产资源保护法更趋完善和合理,有力地促进了矿产资源的保护和管理。当然,修改后的《矿产资源法》还存在许多不足之处,目前根据新时代的新要求,我国正在紧锣密鼓地进行《矿产资源法》再次修改工作。

二、我国矿产资源法的体系

矿产资源法是调整人们在勘探、开采、加工、利用活动中产生的与保护矿产资源、节约和综合利用矿产资源,以及防治环境污染和生态破坏有关的各种社会关系的法律规范的总称。它是国家规范人们的行为,对矿产资源进行管理、保护和合理开发利用的重要依据,是我国自然资源法体系中的重要组成部分。

矿产资源的不可再生性决定了对矿产资源的保护更为紧迫，也决定了其保护内容的特殊性。矿产资源保护的内容主要包括促进合理开采矿产资源，提高回采率，减少矿产资源的人为破坏和浪费，综合利用矿产资源，以及防治矿产资源开发利用过程中造成的生态环境的污染与破坏等方面。

矿产资源作为重要的自然资源，目前已形成包括宪法、法律、行政法规、部门规章以及地方性法规在内的较为完备的法律法规体系。在现行法律体系内，《宪法》第9条"矿藏、水流、森林、山岭、草原、荒地、滩涂等自然资源，都属于国家所有，即全民所有"的规定，明确了矿产资源属于国家所有的基本权属制度，同时奠定了矿产资源法律体系强烈的公法属性。法律包括《民法典》和《矿产资源法》，前者从私法角度对自然资源权属予以确认，后者则是矿产资源法律体系的核心，是矿产资源法律制度的统领。五部现行国务院行政法规则构成了矿产资源法律体系的骨干，分别对重要的矿产资源法律制度作出了细化明确。十部现行国务院部门规章对各矿产资源法律制度作出了进一步的深化落实，包括五部矿产资源主管部门制定的规章以及五部其他相关部门单独制定或与矿产资源主管部门共同制定的规章。此外，各地方也制定了符合地方实际情况的法律文件，上述立法共同构成了我国矿产资源法律体系，如表7-1所示。

表7-1 国家层面的矿产资源法律文件 [①]

效力位阶	发布机关	文件名称	生效年份	修改年份
宪法	全国人大	宪法	1982	1988、1993、1999、2004、2018
法律	全国人大	矿产资源法	1986	1996、2009
	全国人大	民法典	2021	
行政法规	国务院	矿产资源监督管理暂行办法	1987	
		矿产资源补偿费征收管理规定	1994	1997
		矿产资源法实施细则	1994	
		矿产资源开采登记管理办法	1998	2014
		矿产资源勘查区块登记管理办法	1998	2014

---

① 本教材主要介绍与矿产资源相关的宪法、两部法律、五部行政法规，兼顾十部部门规章。与矿产资源相关的地方性法规、规章则暂不介绍。

效力位阶	发布机关	文件名称	生效年份	修改年份
部门规章	自然资源部(原国土资源部、地质矿产部)	矿产资源勘查区块划分及编号办法	1995	
		矿产资源补偿费征收部门补助经费使用管理暂行办法	1998	
		矿产资源勘查开采登记申请代理机构管理办法	2001	
		矿产资源登记统计管理办法	2004	2020
		矿产资源规划编制实施办法	2012	2019
	核工业部	关于放射性矿产资源监督管理暂行办法	1987	
		关于放射性矿产资源勘查登记管理暂行规定	1987	
	国家建材局、地矿部	建材及非金属矿产资源监督管理暂行办法	1988	
	国土资源部	矿产资源储量评审认定办法	1999	2020 失效
	国家安全生产监督管理总局(原国家安全生产监督管理局)	金属与非金属矿产资源地质勘探安全生产监督管理暂行规定	2011	2015

第三节 矿产资源法的主要法律规定

一、矿产资源权属制度

矿产资源权属,是指矿产资源相关权利的归属,具体包括矿产资源所有权的归属和矿业权的归属。

(一)矿产资源所有权

矿产资源既是国家财产的重要组成部分,也是社会主义公有制的重要物质基础。我国法律规定了矿产资源属于国家所有的单一所有权制度。根据《宪法》第 9 条的规定,矿藏、水流、森林、山岭、草原、荒地、滩涂等自然资源,都属于国家所有,即全民所有。[①] 同时,《矿

[①] 严格来讲,全民所有并非严谨的法学概念,而是一项政治及经济学术语,须转化为权利概念,才能具备法律保护的正当性。在此过程中,自然资源全民所有首先应过渡到宪法上的权利类型,起到赋予国家权利但又限制国家权力的效果。自然资源于宪法上的所有权形态,应是一种国家所有权,不能体现为私人所有权,否则容易产生私人垄断,引发垄断者将自然资源使用费提高到私人难以承受的程度之不利情形,甚至危及社会安定。单平基:《自然资源之上权利的层次性》,载《中国法学》2021 年第 4 期,第 63 页。

产资源法》也规定了矿产资源归国家所有,并进一步明确了由国务院行使矿产资源的国家所有权。该法第3条第1款规定:"矿产资源属于国家所有,由国务院行使国家对矿产资源的所有权。地表或者地下的矿产资源的国家所有权,不因其所依附的土地的所有权或者使用权的不同而改变。"值得注意的是,矿产资源往往依附于土地,而我国的土地公有包括全民所有和集体所有,但矿产资源的国家所有权并不因其依附的土地的所有权或者使用权的不同而改变,这是矿产资源所有权与其他类型的自然资源所有权的显著区别。

(二)矿业权

矿业权,简称矿权,是指探采人依法在已登记的特定矿区或工作区内勘探、开采一定的矿产资源,取得矿产品,排除他人干涉的权利。[①] 矿业权包括探矿权和采矿权。探矿权,是指在依法取得的勘查许可证规定的范围内,勘查矿产资源的权利。取得勘查许可证的单位或者个人称为探矿权人。采矿权,是指在依法取得的采矿许可证规定的范围内,开采矿产资源和获得所开采的矿产品的权利。取得采矿许可证的单位或者个人称为采矿权人。

采矿权具有特殊性。采矿权的特殊性集中体现为其属性的双重性,即兼具民法意义上的"独立性"和"平等性",以及行政法意义上的"受限性"和"服从性",二者并行不悖、相辅而行。具体来看,在私法属性上,采矿权是自然人、法人和非法人组织等采矿权人对国家所有的矿产资源依法享有占有、使用、收益的排他性用益物权,即通过在特定矿区开采一定的矿产资源获得矿产品并排除他人非法干涉的权利,强调的是其具有相对于矿产资源所有权以及其他用益物权的独立性和应受法律的平等保护性。在公法属性上,采矿权是国家通过行政许可方式赋予采矿权人的,相较于一般财产权,采矿权受到更为严格的行政法规范与调整,强调的是在国家的矿业行政管理秩序中权利行使的受限性[②]和在根本上对于矿产资源国家所有权的服从性。[③]

1. 矿业权的权利主体

我国合法的矿业权主体主要包括国有矿山企业、集体所有制矿山企业、私营矿山企业和个人。各矿业权主体的资质条件有所区别:

《矿产资源法》第4条规定,"国有矿山企业是开采矿产资源的主体"。开办国有矿山企业,除应具备有关法律、法规规定的条件外,还应有矿山建设使用的矿产勘查报告和矿山建设项目的可行性研究报告(含资源利用方案和矿山环境影响报告),确定的矿区范围和开采范围,以及矿山设计和相应的生产技术条件,并由省级政府进行审查批准。

---

① 崔建远、晓坤:《矿业权基本问题探讨》,载《法学研究》1998年第4期,第82页。

② 这些限制大致分为以下五类:第一,综合性限制,包括合理开采和综合利用的要求,规划及产业政策要求。第二,对占有权能的限制,主要是指对矿区,包括地面、水域、地下空间管领和控制的限制,其中包括对矿业用地排他性使用的限制。第三,对使用权能的限制,包括对开采的矿种、顺序、方法、工艺、设备、设施(包括劳动保护、安全防范及污染防治等设施)及期限,矿产品产量、质量等的限制。第四,对收益权能的限制,包括收益取得和国家基于产业政策对价格的控制,以及课征有偿取得费用、资源补偿费、资源税等。第五,对处分权能的限制,包括对转让、矿产品销售的限制以及闭矿的限制。宦吉娥:《法律对采矿权的非征收性限制》,载《华东政法大学学报》2016年第1期,第41~43页。

③ 田心则:《采矿许可证有效期届满后相关法律问题研究——基于环境资源审判"三合一"的探讨》,载《中国应用法学》2022年第6期,第179页。

集体所有制矿山企业和私营矿山企业是国有矿山企业的补充。开办集体所有制或私营矿山企业,除应具备有关法律、法规规定的条件外,还应有供矿山建设使用的与开采规模相适应的矿产勘查资料,经过批准的无争议的开采范围,与所建矿山规模相适应的资金、设备和技术人员,与所建矿山规模相适应、符合国家产业政策和技术规范的可行性研究报告、矿山设计或开采方案,且矿长还应具有矿山生产、安全管理和环境保护的基本知识。

此外,法律也允许个人零星开采矿产资源。根据《矿产资源法实施细则》第40条的规定,个体采矿者可以采挖零星分散的小矿体或者矿点且只能用作普通建筑材料的砂、石、粘土。申请个体采矿应当有经过批准、无争议的开采范围,[①]与采矿规模相适应的资金、设备和技术人员,相应的矿产勘查资料和经批准的开采方案,以及必要的安全生产条件和环境保护措施。集体所有制、私营矿山企业和个体采矿的审查批准、采矿登记,按照省级有关规定办理。此外,外国的公司、企业和其他经济组织以及个人也可以依照我国法律规定成为矿业权主体。

2. 矿业权的客体

矿业权所支配的,亦即其作用的,绝不是单纯的矿产资源,而必定有特定的矿区或工作区。当矿产资源埋藏于地下时,矿业权所支配的,首先是特定的矿区或工作区;在探矿权场合,若矿产资源不存在,探矿权所支配的仅仅是特定的矿区或工作区。正因如此,矿业权的客体应是特定的矿区或工作区与赋存其中的矿产资源的组合体,即特定的矿区或工作区内的矿产资源。

对矿业权客体的界定,不仅应从矿区或工作区的地表、水平方向着眼,还应注重从矿区或工作区的垂直方向着眼。所谓着眼矿区或工作区的地表、水平方向,是指确定矿区或工作区的面积、四至和形状。在油气矿业权场合,对矿区或工作区按标准区块进行划分和登记管理,任何一个矿区或工作区均由标准区块组合而成。所谓注重矿区或工作区的垂直方向,是指将一个矿区或工作区的沉积层划分为若干个地层段或地层区,每个含有矿产资源的地层段或地层区可以单独成为矿业权的客体。[②]

3. 矿业权的权利内容

根据《矿产资源法实施细则》第16条的规定,探矿权人的七项权利包括:按照勘查许可证进行勘查;在勘查作业区及相邻区域架设供电、供水和通讯管线;在勘查作业区及相邻区域通行;根据工程需要临时使用土地;优先取得勘查作业区内新发现矿种的探矿权;优先取得勘查作业区内矿产资源的采矿权;自行销售勘查中按照批准的工程设计施工回收的矿产品。根据《矿产资源法实施细则》第17条的规定,探矿权人的八项义务包括:按时开工按时完工;向登记机关报告开工的情况;不得擅自开采;对共生、半生矿产资源进行综合勘查评

---

① 根据国务院法制办公室对《关于执行〈中华人民共和国矿产资源法实施细则〉有关问题的请示》的复函,《矿产资源法实施细则》第13条第2项规定的"有经过批准的无争议的开采范围",是指申请开办的集体所有制矿山企业或者私营矿山企业的矿产资源开采范围与其他采矿权人的开采范围不存在争议,同时该开采范围应当经过批准。

② 崔建远、晓坤:《矿业权基本问题探讨》,载《法学研究》1998年第4期,第84页。

价;提交勘察报告;提交勘查成果档案资料;遵守劳动安全、土地复垦、环境保护的规定;勘查作业完毕后及时封、填设施。

《矿产资源勘查区块登记管理办法》第17条对探矿权人提出了最低勘查投入要求,最低勘查投入标准为:第一个勘查年度,每平方千米2 000元;第二个勘查年度,每平方千米5 000元;从第三个勘查年度起,每个勘查年度每平方千米10 000元。探矿权人当年度的勘查投入高于最低勘查投入标准的,高于的部分可以计入下一个勘查年度的勘查投入。因自然灾害等不可抗力的原因,致使勘查工作不能正常进行的,探矿权人应当自恢复正常勘查工作之日起30日内,向登记管理机关提交申请核减相应的最低勘查投入的报告;登记管理机关应当自收到报告之日起30日内予以批复。《矿产资源勘查区块登记管理办法》第17条对探矿权人行使探矿权的期限和其他义务作出了规定,即探矿权人应在获批后6个月内开始勘查,且探矿人应向登记管理机关如实报告并提供有关资料,不得虚报、瞒报,不得拒绝检查。

《矿产资源法实施细则》第30条明确了采矿权人的五项权利,具体包括:按照采矿许可证开采;销售矿产品;在矿区范围内建设采矿所需的生产和生活设施;依法取得土地使用权;法律、法规规定的其他权利。《矿产资源法实施细则》第31条规定了采矿权人的五项义务,具体包括:在批准的期限内采矿;有效保护、合理开采并综合利用矿产资源;依法缴纳资源税和矿产资源补偿费;遵守劳动安全、水土保持、土地复垦和环境保护的法律、法规;接受地质矿产主管部门和其他相关部门的监督管理,按规定填报矿产储量表和开发利用情况统计报告。

4. 矿业权的取得方式

矿业权的取得方式主要是行政许可登记取得。根据《矿产资源勘查区块登记管理办法》第16条和《矿产资源开采登记管理办法》第13条的规定,勘查、开采矿产资源,必须依法分别申请、经批准取得探矿权、采矿权,并办理登记,勘查许可和开采许可均可采用招投标方式取得后办理行政许可。矿业权属于用益物权,矿业权的其他取得方式适用《民法典》中关于用益物权取得方式的规定。

《矿产资源法》第16条规定:"开采下列矿产资源的,由国务院地质矿产主管部门审批,并颁发采矿许可证:(一)国家规划矿区和对国民经济具有重要价值的矿区内的矿产资源;(二)前项规定区域以外可供开采的矿产储量规模在大型以上的矿产资源;(三)国家规定实行保护性开采的特定矿种;(四)领海及中国管辖的其他海域的矿产资源;(五)国务院规定的其他矿产资源。开采石油、天然气、放射性矿产等特定矿种的,可以由国务院授权的有关主管部门审批,并颁发采矿许可证。开采第一款、第二款规定以外的矿产资源,其可供开采的矿产的储量规模为中型的,由省、自治区、直辖市人民政府地质矿产主管部门审批和颁发采矿许可证。开采第一款、第二款和第三款规定以外的矿产资源的管理办法,由省、自治区、直辖市人民代表大会常务委员会依法制定。依照第三款、第四款的规定审批和颁发采矿许可证的,由省、自治区、直辖市人民政府地质矿产主管部门汇总向国务院地质矿产主管部门备案。矿产储量规模的大型、中型的划分标准,由国务院矿产储量审批机构规定。"

5. 矿业权的有偿取得

《矿产资源法》第5条规定了矿业权实行有偿取得制度。根据《资源税法》《矿产资源补偿费征收管理规定》《矿产资源勘查区块登记管理办法》和《矿产资源开采登记管理办法》的规定,取得矿业权的费用主要包括资源税、资源补偿费、探矿权和采矿权使用费以及勘查和开采许可登记费用。《资源税法》第1条第1款规定:"在中华人民共和国领域和中华人民共和国管辖的其他海域开发应税资源的单位和个人,为资源税的纳税人,应当依照本法规定缴纳资源税。"《矿产资源补偿费征收管理规定》第3条前3款规定:"矿产资源补偿费按照矿产品销售收入的一定比例计征。企业缴纳的矿产资源补偿费列入管理费用。采矿权人对矿产品自行加工的,按照国家规定价格计算销售收入;国家没有规定价格的,按照征收时矿产品的当地市场平均价格计算销售收入。采矿权人向境外销售矿产品的,按照国际市场销售价格计算销售收入。"《矿产资源补偿费征收管理规定》第4条规定:"矿产资源补偿费由采矿权人缴纳。矿产资源补偿费以矿产品销售时使用的货币结算;采矿权人对矿产品自行加工的,以其销售最终产品时使用的货币结算。"《矿产资源勘查区块登记管理办法》第12条第1款规定:"国家实行探矿权有偿取得的制度。探矿权使用费以勘查年度计算,逐年缴纳。"

6. 矿业权的权利变动

矿业权的变动实行严格的审批转让制度。在完成最低勘查投入后,可经批准转让探矿权;采矿权主体本身发生合并、分立等变动时,可经批准转让采矿权。未经审批,倒卖矿业权牟利的,将承担包括没收违法所得、处以罚款、吊销矿业权许可在内的法律责任。此外,停办矿山、注销许可也需经原许可机关审核批准。

我国国有矿山企业是开采矿产资源的主体,在同一矿区范围,若国务院及有关主管部门批准开办国有矿山企业,则原有的集体矿山企业应当关闭或到指定的其他地点开采或实行联合经营。

7. 矿业权权利冲突的解决

矿业权权利冲突有多种情形。实践中矿业权权利冲突主要表现为矿业权人之间对矿区范围的争议。《矿产资源法》第49条规定:"矿山企业之间的矿区范围的争议,由当事人协商解决,协商不成的,由有关县级以上地方人民政府根据依法核定的矿区范围处理;跨省、自治区、直辖市的矿区范围的争议,由有关省、自治区、直辖市人民政府协商解决,协商不成的,由国务院处理。"可见,对此类争议,法律规定由当事人协商解决,协商不成的由县级及以上政府和主管机关处理或裁定。

矿产资源具有多重价值,不同矿产资源有不同的特性,加之国家出于划设重要生态功能区等需要,这些都可能引发矿业权退出的问题。对于矿业权人退出时的补偿问题,《矿产资源法实施细则》第41条规定:"国家设立国家规划矿区、对国民经济具有重要价值的矿区时,对应当撤出的原采矿权人,国家按照有关规定给予合理补偿。"

此外,探矿权人在勘查过程中给他人的耕地、草场、农作物、竹木等经济作物以及其他附着物造成损害的,均应进行补偿。《矿产资源法实施细则》第21条规定:"探矿权人取得临时使用土地权后,在勘查过程中给他人造成财产损害的,按照下列规定给以补偿:(一) 对耕地造成损害的,根据受损害的耕地面积前三年平均年产量,以补偿时当地市场平均价格计算,逐年给以补偿,并负责恢复耕地的生产条件,及时归还;(二) 对牧区草场造成损害的,按照前项规定逐年给以补偿,并负责恢复草场植被,及时归还;(三) 对耕地上的农作物、经济作物造成损害的,根据受损害的耕地面积前三年平均年产量,以补偿时当地市场平均价格计算,给以补偿;(四) 对竹木造成损害的,根据实际损害株数,以补偿时当地市场平均价格逐株计算,给以补偿;(五) 对土地上的附着物造成损害的,根据实际损害的程度,以补偿时当地市场价格,给以适当补偿。"

二、矿产资源开发利用制度

(一) 矿产资源统一规划制度

为避免矿产资源勘查、开发的无序与低效,我国对矿产资源的勘查、开发实行统一规划制度。通过统一规划,可以对矿产资源勘查、开发以及后续各项利用活动提供前提,做好准备。同时,对矿产资源的勘查、开发实行统一规划也是用好、用足矿产资源,服务于经济社会发展、生态环境保护和改善民生的需要。所有的勘查开采活动都应当符合国家对矿产资源的统一计划。《矿产资源法实施细则》第15条规定:"全国矿产资源中、长期勘查规划,在国务院计划行政主管部门指导下,由国务院地质矿产主管部门根据国民经济和社会发展中、长期规划,在国务院有关主管部门勘查规划的基础上组织编制。全国矿产资源年度勘查计划和省、自治区、直辖市矿产资源年度勘查计划,分别由国务院地质矿产主管部门和省、自治区、直辖市人民政府地质矿产主管部门组织有关主管部门,根据全国矿产资源中、长期勘查规划编制,经同级人民政府计划行政主管部门批准后施行。法律对勘查规划的审批权另有规定的,依照有关法律的规定执行。"

根据现行法规定,矿产资源统一规划包含勘查、分配与开发三方面。矿产资源勘查规划包括国家层面和省级层面,时间上包括年度计划和中、长期计划。其中,全国中、长期勘查规划在国务院计划行政主管部门指导下,由国务院地质矿产主管部门根据国民经济和社会发展中、长期规划组织编制;全国年度勘查规划和省级勘查规划由各自地质矿产主管部门根据全国中、长期勘查规划组织编制,经同级政府计划行政主管部门批准施行。矿产资源分配规划,分别由国务院和省级地质矿产主管部门在计划行政主管部门的指导下组织编制,均由国务院批准施行。矿产资源开发规划,分为行业开发规划和地区开发规划。其中,行业开发规划由国务院主管部门编制,地区开发规划则由省级地质矿产主管部门编制,均需报送国务院计划行政主管部门和地质矿产主管部门备案。矿产资源统一规划的编制和实施,具体由部门规章《矿产资源规划编制实施办法》规定。此外,国家对具有重要价值的矿区和实行保护性开采的特定矿种,实行重要矿产计划开采制度,未经国务院有关主管部门批准,任何单位和个人不得开采。

(二) 矿产资源勘查制度

为避免我国矿产资源勘查中出现冲突,提升我国矿产资源勘查管理实效,我国对矿产资源勘查实行统一的区块登记管理制度。《矿产资源法》第12条规定:"国家对矿产资源勘查实行统一的区块登记管理制度。矿产资源勘查登记工作,由国务院地质矿产主管部门负责;特定矿种的矿产资源勘查登记工作,可以由国务院授权有关主管部门负责。矿产资源勘查区块登记管理办法由国务院制定。"《矿产资源勘查区块登记管理办法》规定,矿产资源勘查和开采的工作区范围都以经纬度 $1' \times 1'$ 划分的区块为基本单位,勘查和开采均由国务院或省级地质矿产主管部门审批许可并登记。《矿产资源勘查区块划分及编号办法》对具体的勘查区块划分及编号方法作出了十分详细的规定。①

此外,国家对矿产资源勘查管理实行严格的报告制度。《矿产资源法》第13条规定:"国务院矿产储量审批机构或者省、自治区、直辖市矿产储量审批机构负责审查批准供矿山建设设计使用的勘探报告,并在规定的期限内批复报送单位。勘探报告未经批准,不得作为矿山建设设计的依据。"勘查矿产资源时,应当对工作区内伴生、共生矿产进行综合评价并计算储量,无综合评价的勘探报告不予批准。②勘探易损坏的特种非金属矿产、流体矿产、易燃易爆易溶矿产和含有放射性元素等特殊矿产,必须采用省级主管部门规定的普查、勘探方法,并有必要的技术装备和安全措施。③勘查所得资料应当进行统一管理④,实行有偿使用制度。⑤

申请人申请矿产资源勘查许可时,应当提交区块范围、单位资质、勘查计划或委托合同、实施方案、资金来源证明等资料,申请石油、天然气勘探的,还应提交国务院的批准文件。⑥审批登记部门应当在收到申请40日内按照申请在先原则作出决定,申请主体获批后应在30日内缴纳探矿权使用费;⑦勘查许可证有效期最长为3年,但石油、天然气勘查许可证有效期最长为7年,滚动勘探开发的采矿许可证有效期最长为15年,许可证有效期届满30日之前可申请延期,每次延续时间不得超过2年;⑧勘查登记管理机关应当自颁发许可之日起10日内通知勘查项目所在地的县级人民政府地质矿产管理工作部门予以公示;⑨探矿权人

---

① 《矿产资源勘查区块划分及编号办法》第5条规定,矿产资源勘查区块的划分,均以1:5万图幅为基础,按经差1′、纬差1′划分成基本单位区块;以基本单位区块为基础,按经差30″、纬差30″划分成A、B、C、D四个四分之一区块;以四分之一区块为基础,按经差15″、纬差15″划分成1、2、3、4四个小区块。其编号均由其所在1:5万图幅的编号、各区块行列号和四分之一区块号、小区块号共十六位码组成(基本单位区块编号的后两位数字码为0)。

② 《矿产资源法》第24条、第25条。

③ 《矿产资源法》第26条。

④ 《矿产资源法》第14条。

⑤ 《矿产资源法》第28条。

⑥ 《矿产资源勘查区块登记管理办法》第6条。

⑦ 《矿产资源勘查区块登记管理办法》第8条。

⑧ 《矿产资源开采情况登记管理办法》第10条。

⑨ 《矿产资源开采情况登记管理办法》第11条。

探明矿体后可以停止相应区块的最低勘查投入,并可以申请保留探矿权。① 有下列情形的,应当在勘查许可证有效期内申请变更登记:改变勘查区块范围、改变勘查工作对象、获批转让探矿权、探矿权人改变名称或者地址等。② 许可证有效期届满且不办理延续登记或不申请保留探矿权、完成勘查开采申请、因故需要撤销勘查的,应当在勘查许可证有效期内向登记机关办理注销登记手续。③ 对于符合边探边采要求的复杂矿床,探矿权人可以申请边探边采。探矿人申请边探边采,应向原颁发勘查许可证的机关、矿产储量审批机构和勘查项目主管部门提交论证材料,经审核同意后,按照国务院关于采矿登记管理法规的规定,办理采矿登记,实行边探边采。④

(三)采矿许可制度

我国对矿产资源的开采实行行政许可制度。《矿产资源法实施细则》第 5 条规定:"国家对矿产资源的勘查、开采实行许可证制度。勘查矿产资源,必须依法申请登记,领取勘查许可证,取得探矿权;开采矿产资源,必须依法申请登记,领取采矿许可证,取得采矿权。"国家、省两级地质矿产主管部门和县级以上政府是开采许可审批主体,申请开采许可需要提供经批准的地质勘查储量报告,采矿权使用费按照矿区范围的面积逐年缴纳,标准为每平方千米每年 1 000 元,开采许可逾期需要办理延期登记。⑤ 开采矿产资源,必须采取合理的开采顺序、开采方法和选矿工艺。矿山企业的开采回采率、采矿贫化率和选矿回收率应当达到设计要求。⑥

采矿权申请人在提出采矿权申请前,应当根据经批准的地质勘查储量报告,向登记管理机关申请划定矿区范围。⑦ 申请采矿权应当提交申请登记书和矿区范围图、申请人资质条件证明、开发利用方案、设立矿山企业的批准文件、环评报告等资料。申请开采国家规划矿区或者对国民经济具有重要价值的矿区内的矿产资源和国家实行保护性开采的特定矿种的,还应当提交国务院有关主管部门的批准文件。⑧ 审批登记部门应当自收到申请之日起 40 日内作出决定。⑨ 批准后通知矿产所在地县级政府于 90 日内予以公示,⑩ 申请主体获批后 30 日内缴纳采矿权使用费。⑪ 大、中、小型矿山采矿许可证有效期最长分别为 30 年、20 年和 10年,有效期届满的 30 日前可申请延期。⑫ 有下列情形的,应当在采矿许可证有效期内,向登记机关申请变更登记:变更矿区范围、变更主要开采矿种、变更开采方式、变更矿山企业名

---

① 《矿产资源开采情况登记管理办法》第 21 条。
② 《矿产资源开采情况登记管理办法》第 22 条。
③ 《矿产资源开采情况登记管理办法》第 24 条。
④ 《矿产资源法实施细则》第 18 条。
⑤ 《矿产资源开采登记管理办法》第 9 条。
⑥ 《矿产资源法》第 29 条。
⑦ 《矿产资源开采登记管理办法》第 4 条。
⑧ 《矿产资源开采登记管理办法》第 5 条。
⑨ 《矿产资源开采登记管理办法》第 6 条。
⑩ 《矿产资源开采登记管理办法》第 8 条。
⑪ 《矿产资源开采登记管理办法》第 6 条。
⑫ 《矿产资源开采登记管理办法》第 7 条。

称、经依法批准转让采矿权等。① 采矿权人在采矿许可证有效期届满，或有效期内停办、关闭矿山的，应当自决定停办或关闭矿山之日起 30 日内，向原发证机关申请注销登记。②

此外，开采矿产资源前，开采主体还应当进行可行性研究和开采方案设计。矿山设计必须经批准方能开工开采，但零星分散矿产资源开采和用作建材的砂、石、粘土开采可以不进行可行性研究和方案设计，但也应当有开采方案和环保措施。③

开采矿产资源的，国家依法征收矿产资源补偿费。矿产资源补偿费由地质矿产主管部门会同财政部门征收，跨行政区的由共同上一级部门征收。④ 采矿权人应当于每年 7 月 31 日前缴纳上半年的矿产资源补偿费，于下一年度 1 月 31 日前缴纳上一年度下半年费用，并在中止或终止采矿活动时结缴费用。⑤ 在缴纳费用时同时提交已采出的矿产品的矿种、产量、销量、售格、实际开采回采率等资料。⑥

三、矿产资源保护制度

矿产资源保护包括矿产保护、矿业权保护和矿区环境保护。其中，矿产保护是矿权保护和矿区环境保护的前提和基础；矿权保护是矿产保护的延伸内容，关涉矿产资源合理开发和高效利用；矿区环境保护是推进矿业绿色可持续发展、推动生态文明建设的必然要求。

（一）矿产保护

对所开采矿产资源本身的保护是矿产保护的主要内容。国家是保护矿产资源的首要主体，各级人民政府必须加强对矿产资源的保护。为此，《矿产资源法》第 3 条第 2 款明确规定："国家保障矿产资源的合理开发利用。禁止任何组织或者个人用任何手段侵占或者破坏矿产资源。各级人民政府必须加强矿产资源的保护工作。"矿山企业是矿产保护的重要主体。矿山企业对矿产资源的保护贯穿于矿产资源勘查、开采和闭矿的全过程。《矿产资源监督管理暂行办法》第 8 条规定："矿山企业在基建施工至矿山关闭的生产全过程中，都应当加强矿产资源的保护工作。"《矿产资源监督管理暂行办法》第 14 条规定："矿山企业必须按照设计进行开采，不准任意丢掉矿体。对开采应当加强监督检查，严防不应有的开采损失。"可见，矿山企业对矿产资源的保护义务包括不准违背设计进行矿产资源开采、不准任意丢掉矿体、严防不应有的开采损失。

矿产资源勘查、开采、利用过程中的伴生矿产和剩余矿产也是矿产资源保护的重要组成部分。在开采主要矿产的同时，对具有工业价值的共生和伴生矿产应当统一规划，综合开采，综合利用，防止浪费；对暂时不能综合开采或者必须同时采出而暂时还不能综合利用的

---

① 《矿产资源开采登记管理办法》第 15 条。
② 《矿产资源开采登记管理办法》第 16 条。
③ 《矿产资源法实施细则》第 29 条。
④ 《矿产资源补偿费征收管理规定》第 7 条。
⑤ 《矿产资源补偿费征收管理规定》第 8 条。
⑥ 《矿产资源补偿费征收管理规定》第 9 条。

矿产以及含有有用组分的尾矿,应当采取有效的保护措施,防止损失破坏;[①] 对暂时不能综合回收利用的矿产,应当采取有效的保护措施。[②] 采矿权人在采矿许可证有效期满或者在有效期内,停办矿山而矿产资源尚未采完的,必须采取措施将资源保持在能够继续开采的状态。[③]

(二)矿业权保护

《民法典》第329条规定了依法取得的探矿权、采矿权等受法律保护。《矿产资源法》第3条规定,"国家保护探矿权和采矿权不受侵犯,保障矿区和勘查作业区的生产秩序、工作秩序不受影响和破坏"。《矿产资源法》第19条规定:"地方各级人民政府应当采取措施,维护本行政区域内的国有矿山企业和其他矿山企业矿区范围内的正常秩序。禁止任何单位和个人进入他人依法设立的国有矿山企业和其他矿山企业矿区范围内采矿。"矿业权的平等保护是矿产资源法的重要目标,也反映了实践中平等保护矿业权的急盼。《矿产资源法实施细则》第37条规定,"国家依法保护集体所有制矿山企业、私营矿山企业和个体采矿者的合法权益"。可见,矿业权主体还包括集体所有制矿山企业、私营矿山企业以及个体采矿者,这些主体的矿业权受法律的平等保护。

对于矿业权人被他人侵犯权益的,如盗窃、抢夺矿山企业和勘查单位的矿产品和其他财物,破坏采矿、勘查设施,扰乱矿区和勘查作业区的生产秩序、工作秩序等,分别依照《刑法》有关规定追究刑事责任;情节显著轻微的,依照《治安管理处罚法》有关规定予以处罚。[④]

(三)矿区环境保护

随着我国经济的快速发展,矿产资源消耗量逐年增加,矿区环境问题也日益突出。矿区环境问题目前主要表现在采矿过程中的环境污染及环境破坏涉及的对矿区土壤、水和大气环境的污染,对周边生态的破坏及对矿区周围人群人身健康和财产的危害,还有可能造成的矿区地质灾害和生态环境均衡破坏。我国矿区环境问题的种类主要包括矿山尾矿及矿山固体废料堆放,矿山采矿、选矿、冶炼加工排污造成的环境污染和生态破坏等。

矿区环境保护是矿区生态协调稳定和资源可持续利用的重要保证,是推进矿业绿色可持续发展、推动生态文明建设的必然要求。《矿产资源法》第32条规定:"开采矿产资源,必须遵守有关环境保护的法律规定,防止污染环境。开采矿产资源,应当节约用地。耕地、草原、林地因采矿受到破坏的,矿山企业应当因地制宜地采取复垦利用、植树种草或者其他利用措施。开采矿产资源给他人生产、生活造成损失的,应当负责赔偿,并采取必要的补救措施。"可见,一切采矿活动必须遵守环境保护法律规定,节约用地。对耕地、草原、林地等环境遭到破坏的,应因地制宜复垦利用、恢复植被等。对他人生产生活造成损害的,应当采取必要的补救措施。《矿产资源法》第22条规定:"勘查、开采矿产资源时,发现具有重大科学文化价值的罕见地质现象以及文化古迹,应当加以保护并及时报告有关部门。"《矿产资源

---

① 《矿产资源法》第30条。
② 《矿产资源监督管理暂行办法》第17条。
③ 《矿产资源法实施细则》第32条。
④ 《矿产资源法》第41条。

法实施细则》第 22 条规定，"勘查作业不得阻碍或者损害航运、灌溉、防洪等活动或者设施，勘查作业结束后应当采取措施，防止水土流失，保护生态环境"。

四、矿产资源管理制度

（一）禁止采矿区域

《矿产资源法》第 20 条规定："非经国务院授权的有关主管部门同意，不得在下列地区开采矿产资源：（一）港口、机场、国防工程设施圈定地区以内；（二）重要工业区、大型水利工程设施、城镇市政工程设施附近一定距离以内；（三）铁路、重要公路两侧一定距离以内；（四）重要河流、堤坝两侧一定距离以内；（五）国家划定的自然保护区、重要风景区，国家重点保护的不能移动的历史文物和名胜古迹所在地；（六）国家规定不得开采矿产资源的其他地区。"

（二）矿区范围变更审查

矿区由国家统一规划设立，其变更、关闭同样需经过审批。《矿产资源法实施细则》第 27 条规定："设立、变更或者撤销国家规划矿区、对国民经济具有重要价值的矿区，由国务院有关主管部门提出，并附具矿产资源详查报告及论证材料，经国务院计划行政主管部门和地质矿产主管部门审定，并联合书面通知有关县级人民政府。县级人民政府应当自收到通知之日起一个月内予以公告，并报国务院计划行政主管部门、地质矿产主管部门备案。"关于矿山企业变更矿区范围，《矿产资源法》第 18 条第 2 款规定："矿山企业变更矿区范围，必须报请原审批机关批准，并报请原颁发采矿许可证的机关重新核发采矿许可证。"关于关闭矿山，《矿产资源法》第 21 条规定必须提出闭坑报告和有关采掘工程、不安全隐患、土地复垦利用、环境保护的资料并报请审批。对于保护性开采的特定矿区的确定或撤销，《矿产资源法实施细则》第 28 条规定确定或撤销保护性开采的特定矿种，由国务院计划行政主管部门和地质矿产主管部门审核同意后报国务院审批。

（三）矿产资源储量管理

矿产资源储量管理是我国矿产资源管理的重要组成部分，在掌握矿产资源"家底"、维护国家所有者权益等方面发挥了不可替代的作用。我国矿产资源储量管理始于 1953 年中共中央政治局会议决定成立埋藏量检定委员会，该委员会负责审查和批准各种矿物原料的储量，掌握全国矿产资源的平衡工作。1954 年，我国成立了全国矿产储量委员会，随后确立了我国第一个储量管理制度，即矿产资源储量审批制度。随着社会的发展，储量审批制度先后演变为评审认定和现在的评审备案制度。在储量审批制度不断演变的同时，我国矿产资源储量管理制度体系也在不断地丰富和发展。[①]

我国矿产资源储量管理制度体系的主要内容包括矿产资源储量评审备案、登记统计、动

---

① 陈敏、孟刚等：《我国矿产资源储量管理现状，问题及建议》，载《中国矿业》2020 年第 7 期，第 17 页。

态管理、压覆审批、信息发布等。矿产资源储量评审备案包含评审和备案两个环节。储量评审是指评审机构通过遴选专家组成专家组，对矿业权人或者地勘单位提交的矿产资源储量报告所估算的矿产资源储量进行评审并给出评审结果的行为。备案是指自然资源主管部门对评审机构提交的评审意见书及相关材料进行合规性检查并出具备案证明的行政行为。

矿产资源储量登记主要是指矿业权人在完成储量评审备案之后，向自然资源主管部门申请办理登记手续，自然资源主管部门出具登记书作为办理矿业权相关手续的依据，同时，自然资源主管部门按照查明、占用、压覆、残留 4 种状态对评审备案后的储量数据进行登记入库的行为。矿产资源储量统计是指自然资源主管部门每年对地勘单位、矿山所查明、占用以及建设单位压覆的矿产资源储量年度变化情况进行统计的行为，统计数据自下而上逐级审查汇总而成。矿产资源储量登记统计的年度成果主要有：建立、维护和更新矿产资源储量登记统计数据库；编制矿产资源储量快报、通报、简表和详表；提供统计信息服务。

矿产资源储量动态管理是对矿山开采中矿产资源储量的消耗以及生产探矿的增减等进行的管理，包括矿山企业日常管理和行政管理机关的监督管理两个层面。其中，矿山企业日常管理主要包括对矿产资源开采的地质测量、储量圈算以及储量台账的建立等。

压覆审批是矿产资源储量管理的重要内容。《矿产资源法》第 33 条规定："在建设铁路、工厂、水库、输油管道、输电线路和各种大型建筑物或者建筑群之前，建设单位必须向所在省、自治区、直辖市地质矿产主管部门了解拟建工程所在地区的矿产资源分布和开采情况。非经国务院授权的部门批准，不得压覆重要矿床。"

《矿产资源法实施细则》第 35 条规定："建设单位在建设铁路、公路、工厂、水库、输油管道、输电线路和各种大型建筑物前，必须向所在地的省、自治区、直辖市人民政府地质矿产主管部门了解拟建工程所在地区的矿产资源分布情况，并在建设项目设计任务书报请审批时附具地质矿产主管部门的证明。在上述建设项目与重要矿床的开采发生矛盾时，由国务院有关主管部门或者省、自治区、直辖市人民政府提出方案，经国务院地质矿产主管部门提出意见后，报国务院计划行政主管部门决定。"2010 年，原国土资源部印发《关于进一步做好建设项目压覆重要矿产资源审批管理工作的通知》，对压覆重要矿产资源审批管理进行了补充和细化，是当前压覆审批管理的主要规范依据。

矿产资源储量成果信息是矿业权人勘查、开采矿产资源最重要的基础信息，是指矿业权范围内各类矿产资源查明、占用、保有、动用等情况的矿产资源储量信息。[1] 矿产资源储量成果信息发布主要有两个途径：一是由自然资源主管部门按季度在门户网站对经过评审备案的矿产资源储量数据进行发布；二是由自然资源部以矿产资源储量通报和中国矿产资源报告的形式，对矿产资源储量数据进行发布。

（四）闭矿管理

《矿产资源法实施细则》第 32 条规定："采矿权人在采矿许可证有效期满或者在有效期

---

① 王素萍：《完善我国矿产资源储量信息发布制度的思考》，载《现代矿业》2019 年第 2 期，第 4—7 页。

内,停办矿山而矿产资源尚未采完的,必须采取措施将资源保持在能够继续开采的状态,并事先完成下列工作:(一) 编制矿山开采现状报告及实测图件;(二) 按照有关规定报销所消耗的储量;(三) 按照原设计实际完成相应的有关劳动安全、水土保持、土地复垦和环境保护工作,或者缴清土地复垦和环境保护的有关费用。采矿权人停办矿山的申请,须经原批准开办矿山的主管部门批准、原颁发采矿许可证的机关验收合格后,方可办理有关证、照注销手续。"

矿山企业关闭矿山,应当严格按照程序办理审批手续。《矿产资源法实施细则》第33条规定:"矿山企业关闭矿山,应当按照下列程序办理审批手续:(一) 开采活动结束的前一年,向原批准开办矿山的主管部门提出关闭矿山申请,并提交闭坑地质报告;(二) 闭坑地质报告经原批准开办矿山的主管部门审核同意后,报地质矿产主管部门会同矿产储量审批机构批准;(三) 闭坑地质报告批准后,采矿权人应当编写关闭矿山报告,报请原批准开办矿山的主管部门会同同级地质矿产主管部门和有关主管部门按照有关行业规定批准。"关闭矿山报告经批准后,企业应当整理归档并提交采矿相关报告资料,完成劳动安全、水土保持、土地复垦、环境保护等工作并缴清费用,待这些工作完成后方能申请原颁发采矿许可的机关进行许可注销。

(五) 矿产品购销管理

基于矿产资源的特殊性,部分矿产品的销售与收购均被纳入统一管理。《矿产资源法》第34条规定:"国务院规定由指定的单位统一收购的矿产品,任何其他单位或者个人不得收购;开采者不得向非指定单位销售。"违反购销管制的,应承担相应的法律责任。《矿产资源法实施细则》第42条规定了违反规定收购和销售国家规定统一收购的矿产品的,处以违法所得一倍以下的罚款。

案例研习

自测习题

第八章

森林资源法

导语　　我国地域辽阔、气候复杂、地形多变,孕育出生物种类繁多、植物类型多样的森林资源。第九次森林资源清查结果显示,我国森林总量持续增长,森林质量不断提高,人工林快速发展。自 20 世纪 90 年代以来,我国的森林面积和森林蓄积量连续 30 多年保持"双增长",成为全球森林资源增长最多的国家。但是,我国仍是一个缺林少绿、生态脆弱的国家,森林资源总量相对不足、质量不高、分布不均、森林生态系统功能脆弱的状况尚未得到根本改变。为了践行绿水青山就是金山银山理念,保护、培育和合理利用森林资源,加快国土绿化,保障森林生态安全,我国制定了《森林法》等法律法规,用最严格制度、最严密法治保护森林生态环境。本章的主要内容为:(1) 森林资源概述。从森林资源类型和森林资源保护发展两个方面综合分析我国森林资源的总体状况。(2) 我国森林资源法的立法沿革。将我国森林资源立法 70 年间的发展历程概括为起步阶段、发展阶段与深化阶段,分析不同阶段我国森林资源立法的主要特点。(3) 森林资源法的主要法律规定。从立法目的、基本原则和制度、森林权属、发展规划、森林保护、造林绿化、经营管理等方面分析现行森林资源法的主要内容。本章学习重点为森林资源法的基本原则和制度、森林权属、森林保护的具体举措、森林资源的经营管理。本章学习难点为结合《刑法》《森林法》等法律的相关规定,分析破坏森林资源典型案例。

第一节　森林资源概述

森林资源是森林、林地及生活和生长在林地上的生物的总称[①],包括森林、林木、林地以及依托森林、林木、林地生存的野生动物、植物和微生物。森林资源是自然资源的组成部分,它具有自然资源的一般特性,同时具有可再生性、分布广泛性等独有特性。森林资源具有多

---

① 杨晓占主编:《新能源与可持续发展概论》,重庆大学出版社 2019 年版,第 128 页。

种功能。它不仅为人类提供食品、木材、药材、能源等物质产品,为人类提供休闲游憩场所,还在固碳释氧、涵养水源、保育土壤、净化空气、防风固沙、护岸固堤、防洪消浪以及保护生物多样性等方面发挥着重要作用。[①] 丰富的森林资源,是经济发展的良好基础,是生态良好的重要标志。

一、森林资源类型

我国地域广阔,山脉纵横交织,复杂多样的地貌类型以及纬向、经向和垂直地带的水热条件差异,形成了复杂的自然地理环境,孕育了生物种类繁多、植物类型多样的森林。按照不同的标准,可对森林资源进行不同的分类。

(一)防护林、特种用途林、用材林、经济林和能源林

根据用途不同,森林可分为防护林、特种用途林、用材林、经济林和能源林。

1. 防护林

防护林是以防护为主要目的的森林、林木和灌木丛,包括水源涵养林,水土保持林,防风固沙林,农田、牧场防护林,护岸林,护路林等。自 1978 年起,我国先后实施了三北防护林、长江流域防护林、珠江流域防护林、沿海防护林等重点林业生态工程,对生态状况脆弱、生态地位突出的重点地区进行集中治理。其中三北防护林被誉为中国北方的"绿色长城",主要解决东北、华北、西北地区的防沙治沙、水土流失问题。工程建设范围东起黑龙江,西至新疆,涉及 13 个省(自治区、直辖市)的 551 个县(旗、市、区)和新疆生产建设兵团,建设总面积406.9 万平方公里,占我国陆地总面积的 42.4%,是迄今为止人类历史上规模最大、持续建设时间最长、生态治理难度最大的防护林工程。[②]

2. 特种用途林

特种用途林是以国防、环境保护、科学实验等为主要目的的森林和林木,包括国防林、母树林、实验林、环境保护林、风景林、名胜古迹和革命纪念地林、自然保护区的森林。国防林是指以掩护军事设施和设立军事屏障为主要目的的森林、林木和灌木林;母树林是以繁殖良种和保存长期自然演化过程中形成的珍贵种质资源为主要目的的森林、林木和灌木林;实验林是以提供教学或科学实验场所为主要目的的森林、林木和灌木林;环境保护林是以净化空气、防止污染、降低噪音、改善环境为主要目的的森林、林木和灌木林;风景林是具有较高美学价值并以满足人们审美需求为主要目的的森林;名胜古迹和革命纪念地林是风景优美,有较高观赏价值、历史悠久或具有纪念意义的森林、林木和灌木林;自然保护区的森林是各级自然保护区内以保护和恢复典型生态系统和珍贵、稀有动植物资源及栖息地或原生地,或者保存和重建自然遗产与自然景观为主要目的的森林、林木和灌木林。特种用途林是人类宝

---

① 焦玉海、王钰、蔺皙:《发展森林资源 建设美丽中国》,载人民网。
② 国家林草局三北局:《扎实推动三北工程科学绿化》,载国家林业和草原局政府网。

贵的资源,具有重大的科学、文化、生产及美学价值,对人类社会的物质文明建设和生存发展具有重要意义。[①]

3. 用材林

用材林是以生产木材、竹材为主要目的的森林。用材林分为一般用材林、速生丰产用材林、短轮伐期用材林等。用材林营造宜选用生长快、丰产、优质的树种,以便在短期内获得大量的优质木材。

4. 经济林

经济林是以生产果品、食用油料、饮料、调料、工业原料和药材等为主要目的的林木。根据其利用部位不同,经济林大致分为:(1) 利用种子作为榨油原料的木本油料林,如油茶、油桐、油橄榄、核桃等;(2) 利用树叶的茶树林、桑树林等;(3) 利用树皮的纤维林和木栓林;(4) 利用枝条作编织原料的采条林,如荆条、怪柳等;(5) 利用树液的橡胶林、漆树林等。发展经济林是各地践行"绿水青山就是金山银山"理念的具体举措,对促进农民增收、助力脱贫攻坚、支持乡村振兴具有重要作用。我国经济林种植面积超过 6 亿亩,产量超过 2 亿吨,产值超过 2 万亿元,已成为林业三大支柱产业之一。经济林产品已成为继粮食、蔬菜之后的第三大重要农产品。[②]

5. 能源林

能源林是专门为提供能源而经营的森林。能源林又可分为两类:一类是利用树木木质成分直接燃烧,或经过化学或物理转化获得生物油、木煤气、固体成型燃料等生物质燃料的木质能源林;另一类是由树体或富含油分或类似石油乳汁的树种组成的油料能源林。能源林代替了原五大林种中的"薪炭林",符合新时期林业发展方向,即利用树木木质成分直接燃烧将逐渐被淘汰,利用树木产生的生物质燃料将是未来的经营方向。

(二) 天然林和人工林

根据森林的起源,森林可分为天然林和人工林。

天然林又称自然林,包括自然形成与人工促进天然更新所形成的森林。天然林按其退化程度又可以分为原生林、次生林。原生林是未经开发利用,仍保持自然状态的森林。次生林是原始森林经过多次不合理采伐和严重破坏以后自然形成的森林。天然林是自然界中结构最复杂、功能最完备的陆地生态系统,是我国森林资源的主体。它的特点是适应力强、森林结构分布稳定、生物链较为完整,物种分布丰富,有较强的自我恢复能力。随着天然林资源保护工程的实施,我国天然林资源得到有效保护和发展。天然林保护工程是林业重点生态工程,主要通过禁止和调减木材商业性采伐,解决我国天然林资源的休养生息和恢复发展问题。我国天然林保护工程自 1998 年开始试点,2000—2010 年实施一期工程。2011—2020年实施二期工程,2016 年全面停止了天然林商业性采伐,天然林保护范围扩大到全国。我

---

① 孙鸿烈主编:《中国资源科学百科全书》,中国大百科全书出版社 2000 年版,第 556 页。

② 王胜男:《〈经济林产品领域标准体系〉印发》,载《中国绿色时报》2021 年 8 月 20 日,第 1 版。

国现有天然林资源 1.97 亿公顷,占全国森林面积的 64%、森林蓄积的 83% 以上,到 2018 年底投入天然林保护资金 4 000 多亿元,工程区 95.6 万富余职工得到妥善安置。[1]

人工林是指通过人工种植的方式营造和培育而成的森林。按造林目的,人工林又可以分为人工用材林、人工薪炭林、人工经济林、人工防护林等。与天然林相比,人工林具有生长快、生长量高、开发方便和获得利润早、木材规格资料较稳定、便于加工的特点。人工林集中营造在交通较为便利的地方,并普遍采取选育良种、适地适树、密度适中、抚育管理等集约经营措施进行营造和培育。

天然林是我国乔木林森林资源的主体,是森林生态系统的主要组成部分。根据《中国森林资源报告 2014—2018》,我国天然林面积为 13 867.77 万公顷,占林地面积的 63.55%;天然林蓄积 136.70 亿立方米,占森林蓄积的 80.14%。人工林面积为 7 954.28 万公顷,占林地面积的 36.45%;人工林蓄积 33.88 亿立方米,占森林蓄积的 19.86%。[2]

(三)国有林和集体林

根据森林资源权属,森林可分为国有林和集体林。

第九次全国森林资源清查结果显示,国有林面积为 8 436.61 万公顷,占 38.66%;集体林(含个人承包)面积为 13 385.44 万公顷,占 61.34%。国有林蓄积 101.23 万立方米,占 59.34%,集体林(含个人承包)蓄积 69.35 万立方米,占 40.66%。与第八次全国森林资源清查结果比较,全国林地森林面积中,国有林和集体林的比例基本不变;全国林地森林蓄积中,国有林的比例下降了 3.95 个百分点,集体林的比例略有下降,个体林的比例上升了近 5 个百分点。[3]

(四)乔木林、竹林和国家特别规定的灌木林

按森林植被类型,森林可分为乔木林、竹林和国家特别规定的灌木林。

乔木林指由具有高大明显主干的非攀缘性多年生木本植物为主体构成的片林或林带,高度一般大于 5 米。乔木是构成森林植被的主体,其作用和地位通常采用乔木树种重要值来反映。某一树种在森林植被中的数量越多、分布越广、个体越大,该树种的重要值就越高。我国乔木树种按重要值排名,位居前 20 的树种分别为杉木、白桦、马尾松、落叶松、蒙古栎、杨树、山杨、云南松、木荷、黑桦、柏木、青冈、辽东栎、油松、五角枫、枫香、云杉、紫椴、冷杉、尾叶桉,其林木株数合计 973.51 亿株、占全国乔木林株数的 51.44%,蓄积合计 90.46 亿立方米、占全国乔木林蓄积的 53.03%。[4]

竹林指全部由各类竹子组成的纯林或仅混生少量针阔叶树种的植被类型。中国是世界上竹类分布最广、资源最多、利用最早的国家之一,素有“竹子王国”之美誉。全国共有竹类植物 39 属 500 种以上。栽培的经济竹有 50 种左右,包括毛竹、刚竹、雷竹、金竹、石竹、慈竹、麻竹等。全国竹林面积有 641.16 万公顷,其中毛竹林面积为 467.78 万公顷,占 72.96%;

① 尚文博:《“争取把所有天然林都保护起来”目标基本实现》,载《中国绿色时报》2018 年 11 月 30 日,第 1 版。
② 孙长山:《探索中国森林资源发展现状》,载《林业勘查设计》2020 年第 4 期,第 22—24 页。
③ 崔海鸥、刘珉:《我国第九次森林资源清查中的资源动态研究》,载《西部林业科学》2020 年第 5 期,第 92 页。
④ 国家林业和草原局:《中国森林资源报告(2014—2018)》,中国林业出版社 2019 年版,第 50—73 页。

其他竹林面积为 173.38 万公顷,占 27.04%。[1]

灌木林指由生长低矮的多年生灌木型木本植物为主体构成的植被,高度一般低于 5 米。根据《"国家特别规定的灌木林地"的规定》(试行),"国家特别规定的灌木林地"特指分布在年均降水量 400 毫米以下的干旱(含极干旱、干旱、半干旱)地区,或乔木分布(垂直分布)上限以上,或热带亚热带岩溶地区、干热(干旱)河谷等生态环境脆弱地带,专为防护用途,且覆盖度大于 30% 的灌木林地,以及以获取经济效益为目的进行经营的灌木经济林。"国家特别规定的灌木林"面积为 3 192.04 万公顷,主要分布在乔木树种难以适应的西部干旱地区、西南岩溶地区和干热(干旱)河谷地区。

二、森林资源保护发展

新中国成立以来,我国政府高度重视林业建设,森林资源步入恢复发展时期,森林资源数量和质量发生显著变化。特别是进入 21 世纪后,林业建设步入以生态建设为主的新时期,森林资源保护与发展被提升到建设生态文明和美丽中国、维护国家生态安全、实现经济社会可持续发展的战略高度,坚持严格保护、积极发展、科学经营和持续利用森林资源的基本方针,我国森林资源进入了数量增长、质量提升的稳步发展阶段。[2]第八次和第九次全国森林资源清查间隔期间,我国森林资源变化呈现以下主要特征。

(一)森林总量持续增长

进入 21 世纪以来,我国相继实施了天然林保护、退耕还林、京津风沙源、三北防护林、沿海防护林等重大生态修复工程;深入开展全民义务植树运动,形成了全社会搞绿化的局面;积极推进集体林权制度改革,调动了亿万农民造林护林的积极性;实施了采伐限额管理制度,有效地控制了森林资源的消耗,持续保持了森林资源的消长平衡。通过一系列决策部署和政策措施,森林资源总量不断扩大。森林面积由 2.08 亿公顷增加到 2.20 亿公顷,净增 0.12 亿公顷;森林覆盖率由 21.63% 提高到 22.96%,提高了 1.33 个百分点;森林蓄积由 151.37 亿立方米增加到 175.60 亿立方米,净增 24.23 亿立方米。[3]

(二)森林质量不断提高

通过加强森林经营,我国森林质量不断提升,森林固碳能力得到显著增强。2012—2021 年,全国累计完成森林抚育面积 12 亿亩,其中"十三五"期间,累计完成森林抚育面积 6.19 亿亩,全国乔木林每公顷蓄积达 94.83 立方米,比 10 年前增加 8.95 立方米,有效改变了我国森林经营严重滞后的状况。森林蓄积量增加,森林结构逐步改善,林分质量不断提高,林地生产潜力得到较好发挥。[4]

---

① 国家林业和草原局:《中国森林资源报告(2014—2018)》,中国林业出版社 2019 年版,第 44—48 页。
② 国家林业局:《中国森林资源报告(2009—2013)》,中国林业出版社 2014 年版,第 70 页。
③ 崔海鸥、刘珉:《我国第九次森林资源清查中的资源动态研究》,载《西部林业科学》2020 年第 5 期,第 91 页。
④ 国家林业和草原局:《我国森林质量不断提升 固碳能力显著增强》,载国家林业和草原局政府网。

（三）人工林快速发展

长期以来,我国通过开展人工造林和封山育林,加快国土绿化步伐,有力地促进了森林资源的持续增长。第九次全国森林资源清查结果显示,人工林面积从原来的 6 933 万公顷增加到 7 954 万公顷,增加了 1 021 万公顷;人工林蓄积从原来的 24.83 亿立方米增加到 33.88 亿立方米,增加了 9.05 亿立方米。人工林面积稳居全球第一,人工造林对增加森林总量的贡献明显。从 1973—2018 年开展的 9 次全国森林资源清查结果来看,自 20 世纪 90 年代以来,我国的森林面积和森林蓄积量连续 30 多年保持"双增长",成为全球森林资源增长最多的国家。特别是进入 21 世纪之后,我国森林资源进入快速增长期。根据《2022 年中国国土绿化状况公报》,我国森林面积为 2.31 亿公顷,森林覆盖率达 24.02%。[①] 但总体而言,我国仍是一个缺林少绿、生态脆弱的国家。我国森林资源总量相对不足、质量不高、分布不均、森林生态系统功能脆弱的状况尚未得到根本改变,生态产品短缺依然是制约我国可持续发展的突出问题,生态资源不足与日益增长的生态民生需求之间的矛盾十分突出。

2016 年,国家林业局印发《全国森林经营规划(2016—2050 年)》。规划分两个阶段实施,近期为 2016—2020 年,远期为 2021—2050 年。全国森林经营的远期目标是到 2050 年,中国特色的森林经营理论、技术、政策、法律和管理体系全面建成,我国森林经营进入世界先进国家行列。森林经营对增加森林总量、提高森林质量、增强森林效能的贡献持续提升。全国森林覆盖率稳定在 26% 以上,森林蓄积达到 230 亿立方米以上。每公顷乔木林蓄积量达到 121 立方米以上,每公顷乔木林年均生长量达到 5.2 立方米以上。混交林面积占比达到 65% 以上,珍贵树种和大径级用材林面积占比达到 40% 以上。森林植被总碳储量达到 130 亿吨以上,森林每年提供的主要生态服务价值达到 31 万亿元以上。森林经营示范区每公顷乔木林蓄积达到 260 立方米以上,每公顷乔木林年均生长量达到 8.5 立方米以上。全国森林质量超过同期世界平均水平,重点林区森林质量达到同期同纬度林业先进国家水平。建成健康稳定优质高效的森林生态系统,基本满足国家生态保护、绿色经济发展和林区充分就业的需求。

要实现以上远期目标,保障国土生态安全,就必须紧密围绕生态文明建设,大力发展生态林业、民生林业,着力增加森林总量,提高森林质量,增强森林功能和应对气候变化的能力,努力推进我国林业走上可持续发展道路。

第二节　我国森林资源法的立法沿革

新中国成立以来,我国的森林资源立法经历了起步阶段、发展阶段与深化阶段三个阶段。

---

① 全国绿化委员会:《2022 年中国国土绿化状况公报》,载《国土绿化》2023 年第 3 期,第 6 页。

一、起步阶段

我国森林资源立法起步较早。新中国成立后,面临林政失修、天然森林资源几近耗尽的现状,森林立法工作迅速启动,一系列造林、护林、森林管理方面的决定、指示、条例等先后颁布。1951年2月2日,政务院第七十次政务会议通过《关于一九五一年农林生产的决定》,规定实行山林管理,严禁烧山和滥伐,划定樵牧区域,发动植树种果,推行合作造林。为了保持水土,还应分别不同地区,禁挖树根草。对保护培育山林和植树造林有显著成绩者,人民政府应给予物质的或名誉的奖励。公有荒山荒地,鼓励群众承领造林,造林后林权归造林者所有。1953年9月30日,政务院发布《关于发动群众开展造林、育林、护林工作的指示》,针对现有森林面积过小,木材资源贫乏的现实,指示依靠发动广大农民群众,开展群众性的造林工作,造林以后必须加强抚育,以促进林木的发育和成长,开展造林、育林工作的同时,必须更加重视保护现有林木,同时规定严格保护农民的本身利益,以发挥群众对造林护林的积极性。1963年5月20日,为了保护森林,防止火灾、滥伐和防治病虫害,促进林业生产,国务院通过《森林保护条例》。该条例共7章43条,于1963年5月27日发布施行,1986年9月15日废止。1979年1月15日,国务院发布《关于保护森林制止乱砍滥伐的布告》,针对毁林开荒、毁林搞副业,国有山林被非法侵占、砍伐,森林火灾严重,烧毁大量林木等现状,特作布告。要求采取有力措施,坚决维护国家和集体的森林所有权;严禁毁林开荒、毁林搞副业;加强市场管理,严禁非法贩运木材;健全护林防火组织和制度,整顿林区社会治安;大力提倡植树造林,广泛开展爱林护林教育。该布告于1986年9月15日废止。

1979年2月23日,第五届全国人民代表大会常务委员会第六次会议通过《森林法(试行)》。该法共7章42条,包括总则、森林管理、森林保护、植树造林、森林采伐利用、奖励与惩罚、附则等内容。1980年3月5日,中共中央、国务院发布《关于大力开展植树造林的指示》,提出在实现四个现代化的历史进程中,大规模地开展植树造林,加速绿化祖国,是摆在我们面前的一项重大战略任务,提出到20世纪末,要力争使全国森林覆盖率达到20%的目标。1980年12月5日,国务院发布《关于坚决制止乱砍滥伐森林的紧急通知》,针对许多地方乱砍滥伐树木、贩运倒卖木材成风,对森林资源破坏严重的现实,要求各级人民政府立即对省、区下达的木材、楠竹生产计划执行情况进行一次检查。凡是超计划采伐的,必须立即停止;严格实行木材、楠竹统购统销;山林权属不清或有争议的,由当地人民政府本着有利于生产、有利于团结的原则,抓紧解决,在纠纷解决之前,任何一方都不准砍伐。对蓄意制造林权纠纷,引起森林破坏的,要予以惩处。1981年3月8日,中共中央、国务院发布《关于保护森林发展林业若干问题的决定》,针对森林破坏严重,砍的多、造的少,消耗过多、培育太少,以致我国木材和林产品的供需矛盾尖锐的现状,提出稳定山权林权落实林业生产责任制、对木材实行集中统一管理、对林业进行经济扶持、木材综合利用和节约代用、抓紧林区的恢复和建设、大力造林育林、发展林业科学技术和教育等措施,以坚决制止乱砍滥伐、切实保护现有森林、严格控制采伐、降低资源消耗、大力开展造林育林,使林业建设逐步走上健康发展的轨道。1982 年 2 月 27 日,国务院常务会议通过《关于开展全民义务植树运动的实施办法》,要求县以上各级人民政府均应成立绿化委员会,统一领导本地区的义务植树运动和整个造林绿化工作。凡是中华人民共和国公民,男 11—60 岁,女 11—55 岁,除丧失劳动能力者外,均应承担义务植树任务;对义务栽植的树木和现有的林木,必须大力加强培育管护,确保成活成林,不受破坏。1982 年 10 月 20 日,中共中央、国务院发布《关于制止乱砍滥伐森林的紧急指示》,要求凡有森林地方的县委和县人民政府,负责监督护林法令的执行。立即采取果断措施,限期制止乱砍滥伐森林事件;对于破坏森林的任何单位或者个人,要分别情况,该退赔的必须退赔,该罚款的必须罚款,该判刑的要依法判刑;搞好稳定山权、林权,划定自留山,确定林业生产责任制工作;加强森林的保护和管理。1983 年 1 月 3 日,国务院发布《植物检疫条例》,目的是防止危害植物的危险性病、虫、杂草传播蔓延,保护农业、林业生产安全。该条例规定了植物检疫的主管部门、植物检疫对象、植物检疫程序等重要事项。

综上,这一时期森林立法以 1963 年《森林保护条例》和 1979 年《森林法(试行)》为核心,辅之以一系列关于造林育林、制止乱砍滥伐森林等方面的法规、规章及规范性文件。它们的颁行标志着我国森林资源保护和管理开始迈入法制化的轨道。但是,这一时期的林业建设以木材生产和经济林产品供应为主,因而森林立法内容侧重于为造林速度的提升、木材和各种林产品的供给等提供保障,生态保护的内容并不充分。

二、发展阶段

1984 年 9 月 20 日,第六届全国人民代表大会常务委员会第七次会议通过《森林法》,自 1985 年 1 月 1 日起施行。《森林法》共 7 章 42 条,包括总则、森林经营管理、森林保护、植树造林、森林采伐、法律责任、附则等内容。它的颁布实施,对于保护和合理利用森林资源、加快国土绿化、促进林业发展,发挥了十分重要的作用。1998 年 4 月 29 日,第九届全国人民代表大会常务委员会第二次会议通过《关于修改〈中华人民共和国森林法〉的决定》,修改后的《森林法》共 7 章 49 条,自 1998 年 7 月 1 日起施行。2009 年 8 月 27 日,《森林法》根据第十一届全国人民代表大会常务委员会第十次会议《关于修改部分法律的决定》进行第二次修正。

经国务院批准,林业部于 1986 年 5 月 10 日发布《森林法实施细则》。《森林法实施细则》根据《森林法》制定,自发布之日起施行。该细则共 29 条,重点规定了采伐许可证的申请、核发,森林火灾的防范和扑救,因特殊需要占有国有林地需遵守的要求等内容。2000 年 1 月 29 日,国务院发布《森林法实施条例》,原《森林法实施细则》同时废止。《森林法实施条例》共 7 章 48 条,对森林资源的概念,森林、林木和林地权属登记,森林经营管理,森林保护,植树造林、法律责任等问题作了具体规定。

除《森林法》《森林法实施条例》外,一系列有关森林资源保护的行政法规及规章也先后制定。

行政法规主要有：为合理采伐森林，及时更新采伐迹地，恢复和扩大森林资源，经国务院批准，林业部于1987年9月10日发布的《森林采伐更新管理办法》；为有效预防和扑救森林火灾，保障人民生命财产安全，保护森林资源，维护生态安全，国务院于1988年1月16日发布的《森林防火条例》；为有效防治森林病虫害，保护森林资源，促进林业发展，维护自然生态平衡，国务院于1989年11月17日第五十次常务会议通过的《森林病虫害防治条例》；为促进城市绿化事业的发展，改善生态环境，美化生活环境，增进人民身心健康，国务院于1992年5月20日第104次常务会议通过的《城市绿化条例》，该条例适用于在城市规划区内种植和养护的树木花草等城市绿化的规划、建设、保护和管理；为规范退耕还林活动，保护退耕还林者的合法权益，巩固退耕还林成果，优化农村产业结构，改善生态环境，国务院于2002年12月6日第66次常务会议通过的《退耕还林条例》，该条例自2003年1月20日起施行。

行政规章主要有：《林业行政处罚程序规定》《林业行政执法监督办法》《林木林地权属争议处理办法》《林木良种推广使用管理办法》《中华人民共和国主要林木目录(第一批)》《林业行政处罚听证规则》《林业标准化管理办法》《营利性治沙管理办法》《突发林业有害生物事件处置办法》《林业行政处罚案件文书制作管理规定》《林木种子质量管理办法》《林木种质资源管理办法》《森林资源监督工作管理办法》。

由此可见，从20世纪八九十年代到21世纪初，森林立法数量大幅增加，为保护、培育和合理利用森林资源提供了法律依据。但是，这一时期的森林立法仍属于林业立法，所采取的森林保护制度主要是服务于森林采伐、林产品提供等林业生产服务目标，生态安全保障及生态文明建设尚未成为森林立法的目的关切。

三、深化阶段

21世纪初，我国先后出台了四个重要的政策性文件，分别是中共中央、国务院《关于加快林业发展的决定》，中共中央、国务院《关于全面推进集体林权制度改革的意见》，国务院《关于全国林地保护利用规划纲要(2010—2020年)》和中共中央、国务院《关于加快推进生态文明建设的意见》，它们的出台对森林立法的修改提出了迫切要求。尤其是党的十八大将生态文明建设纳入中国特色社会主义事业"五位一体"总体布局后，"美丽中国"成为生态文明建设的远景目标。各级林业草原主管部门不断深化改革，全面加强生态保护修复，积极推进山水林田湖草沙系统治理，大力发展绿色富民产业，加快推动林业草原事业高质量发展。在这一背景下，森林立法也需要从建设生态文明、维护生态安全的高度进行调适，实现从林业法向森林法的转变。[①]

[①]　肖彦山主编：《森林法的产生与发展——以制度完善为中心考察》，中国政法大学出版社2015年版，第1—3页。

(一)《森林法》的修改

《森林法》自 1985 年施行以来,经 1998 年和 2009 年两次修改,对于保护和合理利用森林资源、加快国土绿化和生态建设、保障和促进林业发展,发挥了十分重要的作用。党的十八大以来,以习近平同志为核心的党中央把生态文明建设作为统筹推进"五位一体"总体布局和协调推进"四个全面"战略布局的重要内容,高度重视林业建设,强调森林是陆地生态系统的主体和重要资源,是人类生存发展的重要生态屏障。林业建设是事关经济社会可持续发展的根本性问题,林业要为建设生态文明和美丽中国创造更好的生态条件,党中央、国务院对林业建设作出了一系列重大决策部署,林业面临的形势、任务和定位发生了深层次、根本性变化,我国迫切需要对《森林法》作出相应的修改完善,为林业改革发展提供法治保障。①

2018 年,《森林法》修改列入十三届全国人大常委会立法规划。在认真总结实践经验、深入调查研究、反复论证的基础上,形成了《森林法》修订草案。2019 年 6 月,全国人民代表大会常务委员会第十一次会议初次审议了《森林法》修订草案。同年 10 月,全国人民代表大会常务委员会第十四次会议再次审议。同年 12 月 28 日,全国人民代表大会常务委员会第十五次会议审议通过。② 修订后的《森林法》在结构上作了较大调整,相较于 1998 年《森林法》章数从 7 章扩展至 9 章,条文数从 49 条增加到 84 条。

(二)行政法规及规章的制定及修改

《森林法实施条例》自 2000 年发布施行后,分别于 2011 年、2016 年、2018 年三次进行修订。《森林防火条例》《植物检疫条例》《退耕还林条例》《城市绿化条例》《森林采伐更新管理办法》等行政法规也纷纷进行修改。

除了行政法规,行政规章也大量制定及修改。例如:《国有林场管理办法》(2021 年)、《主要林木品种审定办法》(2017 年)、《林木种子生产经营许可证管理办法》(2016 年)、《集体林权制度改革档案管理办法》(2013 年)、《国家林业局委托实施林业行政许可事项管理办法》(2017 年)、《林业工作站管理办法》(2015 年)、《主要林木目录(第二批)》(2016 年)、《植物新品种保护名录(林业部分)(第六批)》(2016 年)、《开展林木转基因工程活动审批管理办法》(2018 年)、《全民义务植树尽责形式管理办法(试行)》(2017 年)等行政法规纷纷制定;《林木良种推广使用管理办法》(2011 年修改)、《突发林业有害生物事件处置办法》(2015 年修改)、《建设项目使用林地审核审批管理办法》(2016 年修改)等行政规章进行了修改。

(三)地方性法规大量制定

为了培育、保护和合理利用森林资源,充分发挥森林资源的生态效益、经济效益和社会效益,促进生态文明建设,根据《森林法》《森林法实施条例》等法律法规,各省结合本地实际,纷纷制定或修改有关森林资源保护及管理、森林防火、林地流转、林业有害生物防治等

---

① 绿文:《贯彻落实新修订的森林法 践行绿水青山就是金山银山理念》,载《国土绿化》2020 年第 1 期,第 6 页。
② 马爱平:《时隔 20 年,〈中华人民共和国森林法〉再做修改》,载科技日报网。

方面的地方性法规。如《北京市森林资源保护管理条例》(1999年制定,2010年、2016年、2018年修改)、《福建省森林条例》(2001年制定,2012年、2018年修改)、《贵州省森林条例》(2000年制定,2004年、2015年、2017年、2018年、2023年修改)、《贵州省森林林木林地流转条例》(2010年制定,2021年、2023年修改)、《吉林省森林管理条例》(1986年制定,2002年、2017年、2019年修改)、《山东省森林资源条例》(2015年制定)、《海南省森林保护管理条例》(1993年制定,1997年、2004年、2022年修改)、《浙江省森林管理条例》(1993年制定,1997年、2004年、2017年、2018年修改)、《江苏省生态公益林条例》(2006年制定,2017年修改)、《吉林省森林防火条例》(1995年制定,1997年、2017年修改)、《黑龙江省森林防火条例》(2016年制定,2018年修改)、《吉林省林业有害生物防治条例》(2021年制定)等。

综上,经过70年的发展,我国森林资源立法已形成以《森林法》为核心,包括行政法规、规章、地方性法规等规范性文件在内的比较完整的法律法规体系,为促进森林资源的保护和合理利用、维护森林生态安全、推进美丽中国建设、实现人与自然和谐共生提供了有力支撑。

第三节　森林资源法的主要法律规定

一、一般规定

(一) 立法目的

《森林法》第1条规定,"为了践行绿水青山就是金山银山理念,保护、培育和合理利用森林资源,加快国土绿化,保障森林生态安全,建设生态文明,实现人与自然和谐共生,制定本法"。该条诠释了森林法的立法目的。立法目的,也称立法宗旨,是制定一部法律所要达到的目标任务。

1. 践行绿水青山就是金山银山理念

绿水青山就是金山银山理念是习近平生态文明思想的重要组成部分。绿水青山与金山银山的关系,实质上就是生态环境保护与经济发展的关系。习近平指出,"在实践中对二者关系的认识经过了用绿水青山去换金山银山、既要金山银山也要保住绿水青山、让绿水青山源源不断地带来金山银山三个阶段。这是一个理论逐步深化的过程。人类必须善待自然,只有抱着尊重自然的态度,采取顺应自然的行动,履行保护自然的职责,才能还自然以宁静和谐美丽,让人与自然相得益彰、融合发展"。[①]森林是陆地生态系统的主体,是人类生存发展的重要生态屏障。森林立法应践行绿水青山就是金山银山理念,把森林资源培育好、保护好、利用好,实现青山常在、绿水长流,发挥好森林的生态功能、社会功能和经济功能。

---

① 中国政策研究网编辑组编:《美丽中国建设政策解读与经验集萃》,中国言实出版社2020年版,第147页。

2. 保护、培育和合理利用森林资源

处理好森林资源保护、培育和利用的关系,是《森林法》的重要立法目的。其一,加强森林资源的保护和培育。虽然森林资源是一种可再生资源,但林木生长周期长、投资多、见效慢、易受林业有害生物和森林火灾等灾害威胁。因此,必须严格保护林地资源,严禁天然林商业性采伐,加强对中幼林的抚育和管理,严格控制森林资源不合理消耗,把可持续经营理念贯穿森林资源管理始终。其二,合理利用森林资源。保护森林资源并非意味着将森林资源封存起来,不允许开发利用。森林资源不仅具有生态价值,也具有经济价值,科学合理的开发利用森林资源,将资源优势转化为发展优势,对促进经济高质量发展具有重要意义。因此,应在森林自然资本服务存量的阈值限制下,采伐林木、发展林下经济、开展森林旅游等,实现生态增效、产业增值、农民增收。

3. 加快国土绿化

绿色是大自然的底色,也是美丽中国的主基调。党的十八大以来,我国科学推进国土绿化行动,扩大森林草原面积,提高生态系统质量,改善城乡人居环境。但是,我国森林覆盖率仍然偏低,整体上缺林少绿、森林质量不高、森林生态系统脆弱的状况没有得到根本改变,大规模国土绿化是解决我国缺林少绿生态短板的必由之路。因此,《森林法》不仅在立法目的中规定"加快国土绿化",明确"国家统筹城乡造林绿化,开展大规模国土绿化行动,绿化美化城乡,推动森林城市建设,促进乡村振兴,建设美丽家园"的总体导向,还充实完善了推进国土绿化的具体规定,以法律的形式明确大规模开展国土绿化的内容,为进一步推动国土绿化提供法制保障。

4. 保障森林生态安全

生态安全是指一个国家具有支撑国家生存发展的较为完整和不受威胁的生态系统,以及应对内外重大生态问题的能力。加强生态安全体系建设和维护,对于推进生态文明建设、完善国家安全制度、提升国家安全能力意义重大。[1] 森林是陆地生态的主体,是国家、民族最大的生存资本,是人类生存的根基,关系生存安全、淡水安全、国土安全、物种安全、气候安全和国家外交大局。[2] 因此,培育、保护和管理森林资源,保障森林生态安全,对于维护国家生态安全具有战略性、决定性作用。

通过践行绿水青山就是金山银山理念,保护、培育和合理利用森林资源,加快国土绿化,保障森林生态安全,最终推进生态文明建设、实现人与自然和谐共生。

(二)基本原则

森林法的基本原则是指森林法所确立或体现的、贯穿森林法整个体系的、具有普遍指导意义的根本准则。《森林法》第3条对其基本原则进行了明确表述,即保护、培育、利用森林资源时应当尊重自然、顺应自然,坚持生态优先、保护优先、保育结合、可持续发展的原则。

---

① 侯娜、池志培主编:《总体国家安全观研究新探》,中国商务出版社 2020 年版,第 152 页。
② 求是杂志社编:《治国理政理念新思想新战略》,学习出版社 2018 年版,第 607 页。

1. 生态优先原则

生态优先原则是指在处理经济增长与生态保护关系问题时,确立生态保护优先的法律地位,并将其作为指导生态社会关系调整的法律准则。[①] 在森林资源经营及利用中,生态优先原则要求森林资源管理活动优先考虑生态保护,高度重视森林生态系统对维护生态平衡的重要作用,加强森林生态系统的保护和修复,切实保障生态安全。[②]

2. 保护优先原则

当经济利益与森林资源保护发生冲突时,应优先保护森林资源,使经济发展控制在森林生态系统承载能力范围内,确保发展的可持续性。保护优先原则不仅是对生态优先原则的重申和强调,也是对生态优先原则的诠释和深化。没有保护优先,生态优先无法得到保障和实现。[③]

3. 保育结合原则

保育结合,即保护和培育相结合。在严格保护森林生态系统的同时,需采取科学措施恢复退化的森林生态系统,主动促进森林资源增长。

4. 可持续发展原则

可持续发展的实质是把经济发展、资源节约与环境保护结合起来,实现良性循环。森林可持续发展是经济可持续发展的重要组成部分。在森林资源的保护及利用中,必须妥善处理好资源、环境、经济、社会等几大系统的关系,在现在和将来保持森林生物多样性、生产力、更新能力、活力和实现自我恢复的潜力。

(三)基本制度

1. 森林权属制度

明确森林、林木、林地的权属,确定国有森林资源的所有权行使主体,规定国家所有和集体所有的森林资源流转的方式和条件,强调国家、集体和个人等不同主体的合法权益。[④]

2. 分类经营管理制度

国家以培育稳定、健康、优质、高效的森林生态系统为目标,对公益林和商品林实行分类经营管理,突出主导功能,发挥多种功能,以实现森林资源的永续利用。

3. 森林资源保护制度

遵照生态优先及保护优先原则,实行最严格的法律制度保护森林、林木和林地,明确政府、林业主管部门及林业经营者各自承担的森林资源保护职责。

4. 森林生态效益补偿制度

国家建立森林生态效益补偿制度,加大公益林保护支持力度,完善重点生态功能区转移

---

① 曹明德:《论生态法的基本原则》,载《法学评论》2002 年第 6 期,第 60—68 页。
② 缪珠主编:《从物到人:生态正义理论下的新型城镇化道路》,光明日报出版社 2016 年版,第 140 页。
③ 朱凤琴:《生态文明视域下新〈森林法〉基本原则与制度建构》,载《安徽农业科学》2022 年第 15 期,第 256—258 页。
④ 国家林业和草原局办公室:《森林法的修订思路和基本制度》,载《绿色中国》2020 年第 3 期,第 62—64 页。

支付政策,指导受益地区和森林生态保护地区人民政府通过协商等方式进行生态效益补偿。

5. 造林绿化制度

强调科学保护修复森林生态系统,坚持自然恢复为主、自然恢复和人工修复相结合;坚持数量和质量并重、质量优先,大规模推进国土绿化。

6. 林木采伐制度

对天然林、公益林和商品林确定不同的采伐措施,严禁天然林商业性采伐,严格管理公益林和保护地林木采伐,合理采伐商品林,严格控制商品林采伐面积,放活以经济效益为目的培育的人工商品林采伐。

7. 监督保障制度

国家实行森林资源保护发展目标责任制和考核评价制度。上级人民政府对下级人民政府完成森林资源保护发展目标和森林防火、重大林业有害生物防治工作的情况进行考核,并公开考核结果。地方人民政府可以建立林长制。

二、森林权属

明确森林权属关系,加强产权保护,是调动林业经营主体和投资者保护发展森林资源积极性的根本措施。《森林法》专设"森林权属"一章,对森林资源所有权、使用权及流转等问题作了全面规定。

(一)森林资源所有权

关于森林资源权属,我国《宪法》《民法典》《森林法》均作了明确规定。《宪法》第9条第1款规定:"矿藏、水流、森林、山岭、草原、荒地、滩涂等自然资源,都属于国家所有,即全民所有;由法律规定属于集体所有的森林和山岭、草原、荒地、滩涂除外。"《民法典》第250条规定:"森林、山岭、草原、荒地、滩涂等自然资源,属于国家所有,但是法律规定属于集体所有的除外。"《森林法》第14条第1款规定:"森林资源属于国家所有,由法律规定属于集体所有的除外。"由此可见,我国森林资源属于国家所有,由法律规定属于集体所有的除外。在所有权行使上,国家所有的森林资源的所有权由国务院代表国家行使,国务院可以授权国务院自然资源主管部门统一履行国有森林资源所有者职责。

(二)国有森林、林木、林地使用权

自然资源资产有偿使用制度是生态文明制度体系中的一项核心制度。2016年国务院印发的《国务院关于全民所有自然资源资产有偿使用制度改革的指导意见》提出,"到2020年,基本建立产权明晰、权能丰富、规则完善、监管有效、权益落实的全民所有自然资源资产有偿使用制度",并部署建立国有森林资源有偿使用制度。因此,2019年《森林法》修订时立足林业实际,明确规定"国家所有的林地和林地上的森林、林木可以依法确定给林业经营者使用。林业经营者依法取得的国有林地和林地上的森林、林木的使用权,经批准可以转让、出租、作价出资等"。

（三）集体林地承包经营权

2008年，中共中央、国务院《关于全面推进集体林权制度改革的意见》明确提出："在坚持集体林地所有权不变的前提下，依法将林地承包经营权和林木所有权，通过家庭承包方式落实到本集体经济组织的农户，确立农民作为林地承包经营权人的主体地位。"因此，对于集体林地，能够实行家庭承包的，要实行家庭承包方式；不宜采取家庭承包的，采取其他经营方式。《森林法》第17条规定："集体所有和国家所有依法由农民集体使用的林地（以下简称集体林地）实行承包经营的，承包方享有林地承包经营权和承包林地上的林木所有权，合同另有约定的从其约定。承包方可以依法采取出租（转包）、入股、转让等方式流转林地经营权、林木所有权和使用权。"此条表明，承包方在获得林地承包经营权的同时，也获得承包林地上的林木所有权。但是，如果合同承包林地上的林木所有权有其他约定，按合同约定确定林木所有权。林业生产经营的特点在于林木生长周期长，林地所有权、林木所有权和使用权均可以独立存在。因此，林地承包经营权、林木所有权和使用权既可以同时流转，也可以分别流转。可以采取的流转方式为出租（转包）、入股、转让等。集体林地经营权流转应当签订书面合同。林地经营权流转合同一般包括流转双方的权利义务、流转期限、流转价款及支付方式、流转期限届满林地上的林木和固定生产设施的处置、违约责任等内容。受让方违反法律规定或者合同约定造成森林、林木、林地严重毁坏的，发包方或者承包方有权收回林地经营权。林权流转应当坚持依法、自愿、有偿原则，流转的意愿、价格、期限、方式、对象等应由林权权利人依法自主决定，任何组织或个人不得采取强迫、欺诈等不正当手段强制或阻碍农民流转林权。坚持林地林用原则，集体林权流转不得改变林地所有权、林地用途、公益林性质和林地保护等级，流转后的林地、林木要严格依法开发利用。坚持公开、公正、公平的原则，保证公开透明、自主交易、公平竞争、规范有序，不得有失公允，流转双方权利义务应当对等。对家庭承包林地，以转让方式流转的，流入方必须是从事农业生产经营的农户，原则上应在本集体经济组织成员之间进行，且需经发包方同意；以其他形式流转的，应当依法报发包方备案。集体统一经营管理的林地经营权和林木所有权流转的，流转方案应在本集体经济组织内提前公示，依法经本集体经济组织成员同意，采取招标、拍卖或公开协商等方式流转；流转给本集体经济组织以外的单位或者个人的，要事先报乡（镇）人民政府批准，签订合同前应当对流入方的资信情况和经营能力进行审查。林权再次流转的，应按照原流转合同约定执行，并告知发包方。通过招标、拍卖、公开协商等方式取得的林地承包经营权，须经依法登记取得林权证或不动产权证书，方可依法采取转让、出租、入股、抵押等方式流转。委托流转的，应当有林权权利人的书面委托书。集体林地一般实行承包经营，但由于多种原因，目前不少集体经济组织还保有未实行承包经营的林地。对未实行承包经营的集体林地以及林地上的林木，由农村集体经济组织统一经营。经本集体经济组织成员的村民会议2/3以上成员或者2/3以上村民代表同意并公示，可以通过招标、拍卖、公开协商等方式依法流转林地经营权、林木所有权和使用权。

三、发展规划

森林发展规划是指为了在将来一定期限内实现保护和合理利用森林资源、保障森林生态安全等目的,事先制定的较全面且长远的计划。森林资源的保护、合理利用与经济生活和社会活动密切相关。森林资源保护及合理利用活动必须纳入国民经济和社会发展计划,综合平衡才能顺利进行。因此,《森林法》第23条规定,县级以上人民政府应当将森林资源保护和林业发展纳入国民经济和社会发展规划。国民经济和社会发展规划是全国或者某一地区经济、社会发展的总体纲要,是具有战略意义的指导性文件。将森林资源保护和林业发展纳入国民经济和社会发展规划,是加强顶层设计、规划引领林业发展的重要举措。

森林发展规划是森林资源保护和林业发展的行动计划。将森林资源保护和林业发展纳入国民经济和社会发展规划后,县级以上人民政府应当积极落实国土空间开发保护要求,合理规划森林资源保护利用结构和布局,制定森林资源保护发展目标,以提高森林覆盖率、森林蓄积量,提升森林生态系统质量和稳定性。

根据森林资源保护发展目标,县级以上人民政府林业主管部门应当编制林业发展规划,下级林业发展规划依据上级林业发展规划编制。县级以上人民政府林业主管部门可以结合本地实际情况,编制林地保护利用、造林绿化、森林经营、天然林保护等相关专项规划,为实现森林资源保护发展目标提供规划引领。

要确保目标责任的实现,考核评价机制的设置是关键。《森林法》将完成森林资源保护发展目标、森林防火和重大林业有害生物防治工作情况作为上级人民政府对下级人民政府考核的要素,并对考核结果予以公开,以考评机制促进地方政府履行保护森林资源的责任。

四、森林保护

《森林法》第28条规定,国家加强森林资源保护,发挥森林蓄水保土、调节气候、改善环境、维护生物多样性和提供林产品等多种功能。《森林法》坚持用最严格的法律制度保护不同类型的森林、林木和林地。

(一)各类森林资源的保护

1. 公益林

公益林,亦称生态公益林,其主要经营目的是保护和改善人类生存环境、维护生态平衡、保存种质资源、开展科学实验、提供森林旅游以及保障国土安全等公益性和社会性需求。公益林涵盖森林、林木及林地,主要包括防护林和特种用途林。公益林建设属于社会公益事业,它的保护和管理应遵循"生态优先、严格保护、分级管理、科学经营、合理利用、依法补偿"的原则。中央和地方财政分别安排资金,用于公益林的营造、抚育、保护、管理和非国有公益林权利人的经济补偿等,实行专款专用。2020年6月30日,国务院办公厅印发《自然资源领域中央与地方财政事权和支出责任划分改革方案》,将造林、国家级公益林保护管理确认为中央与地方共同财政事权,由中央与地方共同承担支出责任,将地方公益林保护管理确认为地方财政事权,由地方承担支出责任。据此,包括公益林建设在内的造林工程或项目,由中央与地方共同承担支出责任。同时,鼓励地方积极探索资金运用与管理的新模式,如实施以奖代补、先建后补、贷款贴息等措施,地方可根据相关规定,整合中央补助资金及地方财政资源,以加强公益林的建设、保护及管理工作。

2. 重点林区

国家支持重点林区的转型发展和森林资源保护修复,改善生产生活条件,促进所在地区经济社会发展。重点林区按照规定享受国家重点生态功能区转移支付等政策。对有特殊价值的林区,国家在不同自然地带的典型森林生态地区、珍贵动物和植物生长繁殖的林区、天然热带雨林区和具有特殊保护价值的其他天然林区,建立以国家公园为主体的自然保护地体系,加强保护管理工作。国家支持生态脆弱地区森林资源的保护修复。县级以上人民政府应当采取适当措施对具有特殊价值的野生植物资源予以保护。

3. 天然林

我国实行天然林全面保护制度,严格限制天然林采伐,着力提升加强天然林管护能力建设,致力于保护和修复天然林资源,以逐步提高天然林的生态功能。1998 年,党中央和国务院决定在长江上游、黄河上中游地区,以及东北、内蒙古等重点国有林区实施天然林资源保护工程。自党的十八大以来,我国对天然林的保护力度进一步加大,要求全面禁止天然林的商业性采伐。党的十九大也明确提出,要完善天然林保护制度。2019 年,中共中央办公厅、国务院办公厅印发《天然林保护修复制度方案》,旨在构建"全面保护、系统恢复、用途管控、权责明确"的天然林保护修复制度体系。

4. 古树名木

古树,一般是指树龄在 100 年以上的树木。古树按树龄不同实行分级保护。名木,一般是指具有重要历史、文化、观赏以及科研价值或者重要纪念意义的树木。例如,国家领袖人物、国内外著名政治人物、历史文化名人所种植的树木;分布在名胜古迹、历史园林、宗教场所、名人故居等场所,与著名历史文化名人或者重大历史事件有关的树木;列入世界自然遗产或者世界文化遗产保护内涵的标志性树木;树木分类中作为模式标本来源的具有重要科学价值的树木等。

古树名木是林木资源中的瑰宝,是活的文物,也是自然界和前人留给我们的珍贵遗产,具有十分重要的科学、文化和经济价值。国家保护古树名木和珍贵树木。禁止破坏古树名木和珍贵树木及其生存的自然环境。古树名木保护坚持政府主导、社会参与、属地管理、原地保护、科学管护的原则。各级人民政府统一组织、协调本行政区域内古树名木的保护管理工作。县级以上人民政府应当将古树名木保护纳入城乡总体规划,并将古树名木保护所需经费列入本级预算,用于古树名木资源的普查、认定、养护、抢救以及古树名木保护的宣传、培训、科研等工作。任何单位和个人都有保护古树名木的义务,不得损害和随意处置古树名木,对损害古树名木的行为有批评、劝阻和举报的权利。

（二）森林保护的具体举措

1. 建立护林组织

地方各级人民政府应当组织有关部门建立护林组织,负责护林工作;护林组织应根据实际需要建设护林设施,加强森林资源保护;督促相关组织订立护林公约、组织群众护林、划定护林责任区、配备专职或者兼职护林员。县级或者乡镇人民政府可以聘用护林员,其主要职责是巡护森林,如发现火情、林业有害生物以及破坏森林资源的行为,护林员应当及时采取适当措施处理并向当地林业等有关部门报告。

2. 预防、扑救和处置森林火灾

地方各级人民政府负责本行政区域内的森林防火工作,发挥群防作用。县级以上人民政府组织领导应急管理、林业、公安等部门按照职责分工密切配合做好森林火灾的科学预防、扑救和处置工作:(1) 组织开展森林防火宣传活动,普及森林防火知识;(2) 划定森林防火区,规定森林防火期;(3) 设置防火设施,配备防灭火装备和物资;(4) 建立森林火灾监测预警体系,及时消除隐患;(5) 制定森林火灾应急预案,发生森林火灾,立即组织扑救;(6) 保障预防和扑救森林火灾所需费用。国家综合性消防救援队伍承担国家规定的森林火灾扑救任务和预防相关工作。

3. 监测、检疫和防治林业有害生物

林业有害生物是指危害森林、林木和林木种子正常生长并造成经济损失的病、虫、杂草等有害生物。林业有害生物被称为"不冒烟的森林火灾",与森林火灾、乱砍滥伐并称为森林三大灾害,对林业健康可持续发展和生态文明建设等构成严重威胁。因此,我国林业主管部门应对林业有害生物防治工作进行严格管理,加大对技术指导、生产服务及监管力度,高度重视林业有害生物的监测预警、检疫防控、防治减灾体系建设,提高应急防治能力,以确保有效控制林业有害生物的危害。《森林法》以及《国务院办公厅关于进一步加强林业有害生物防治工作的意见》已明确了林业有害生物防治的主体责任,这其中包括:

(1) 林业主管部门的责任。县级以上人民政府林业主管部门负责本行政区域的林业有害生物的监测、检疫和防治。省级以上人民政府林业主管部门负责确定林业植物及其产品的检疫性有害生物,划定疫区和保护区。各级人民政府要加强组织领导,充分调动各方面积极性,将防治基础设施建设纳入林业和生态建设发展总体规划,重点加强航空和地面防治设施设备、区域性应急防控指挥系统、基层监测站(点)等建设。重大林业有害生物灾害防治实行地方人民政府负责制。发生暴发性、危险性等重大林业有害生物灾害时,实行地方人民政府行政领导负责制,根据实际需要建立健全临时指挥机构,制定紧急除治措施,协调解决重大问题。

(2) 各有关部门的责任。农业、林业、水利、住房城乡建设、环保等部门要加强所辖领域的林业有害生物防治工作。交通运输部门要加强对运输、邮寄林业植物及其产品的管理,对未依法取得植物检疫证书的,应禁止运输、邮寄。民航部门要加强对从事航空防治作业企业的资质管理,规范市场秩序、确保作业安全。工业和信息化、住房城乡建设等有关部门要把好涉木产品采购关,要求供货商依法提供植物检疫证书。出入境检验检疫部门要加强和完善外来有害生物防控体系建设,强化境外重大植物疫情风险管理,严防外来有害生物传入。农业、质检、林业、环保部门要按照职责分工和"谁审批、谁负责"的原则,严格植物检疫审批和监管工作,建立疫情信息沟通机制,协同做好《国际植物保护公约》《生物多样性公约》履约工作。

(3) 经营者的责任。林业有害生物防治实行"谁经营、谁防治"的责任制度,从事森林、林木经营的单位和个人在政府支持引导下,要积极开展有害生物防治,做好其所属或经营森林、林木的有害生物预防和治理工作。

4. 严格控制林地转为非林地

林地是森林资源的载体,是林业最重要的生产要素。为加强林地保护,确保林地保有量不减少,《森林法》建立了涵盖林地总量控制、建设项目占用林地审批、临时占用林地审批以及修建直接为林业生产经营服务的工程设施占用林地审批的全方位林地用途管制制度体系。

具体内容为:(1) 国家保护林地,严格控制林地转为非林地,实行占用林地总量控制,确保林地保有量不减少。各类建设项目占用林地不得超过本行政区域的占用林地总量控制指标。(2) 矿藏勘查、开采以及其他各类工程建设,应当不占或者少占林地;确需占用林地的,应当经县级以上人民政府林业主管部门审核同意,依法办理建设用地审批手续。占用林地的单位应当缴纳森林植被恢复费。森林植被恢复费征收使用管理办法由国务院财政部门会同林业主管部门制定。县级以上人民政府林业主管部门应当按照规定安排植树造林、恢复森林植被,植树造林面积不得少于因占用林地而减少的森林植被面积。上级林业主管部门应当定期督促下级林业主管部门组织植树造林、恢复森林植被,并进行检查。(3) 需要临时使用林地的,应当经县级以上人民政府林业主管部门批准;临时使用林地的期限一般不超过2 年,并且不得在临时使用的林地上修建永久性建筑物。临时使用林地期满后一年内,用地单位或者个人应当恢复植被和林业生产条件。(4) 为了生态保护、基础设施建设等公共利益的需要,确需征收、征用林地、林木的,应当依照《土地管理法》等法律、行政法规的规定办理审批手续,并给予公平、合理的补偿。

5. 禁止毁坏林木和林地的行为

禁止毁林开垦、采石、采砂、采土以及其他毁坏林木和林地的行为。禁止向林地排放重金属或者其他有毒有害物质含量超标的污水、污泥,以及可能造成林地污染的清淤底泥、尾矿、矿渣等。禁止在幼林地砍柴、毁苗、放牧。禁止擅自移动或者损坏森林保护标志。

6. 加强林业基础设施建设

各级人民政府应当加强林业基础设施建设,应用先进适用的科技手段,提高森林防火、林业有害生物防治等森林管护能力。各有关单位应当加强森林管护。国有林业企业事业单位应当加大投入,加强森林防火、林业有害生物防治,预防和制止破坏森林资源的行为。

五、造林绿化

造林绿化是生态建设的核心内容,是维护生态安全的基础保障,是应对气候变化的战略选择。2017年,党的十九大报告明确提出"开展国土绿化行动"的重要倡议。2018年,全国绿化委员会、国家林业和草原局联合印发《关于积极推进大规模国土绿化行动的意见》,强调大面积扩增生态资源总量,绿化美化乡村,以绿色发展为导向推动乡村振兴、创建森林城市、建设美丽家园等要求。为实现以上目标,需要推进造林绿化的法制建设,强化资源保护。2019年《森林法》修订时特设"造林绿化"一章,明确规定国家统筹城乡造林绿化工作,开展大规模国土绿化行动,绿化美化城乡,推动森林城市建设,促进乡村振兴,共同建设美丽家园。

(一)开展大规模国土绿化

2022年9月,《全国国土绿化规划纲要(2022—2030年)》正式发布,对我国当前及未来一段时间的国土绿化工作进行了全面部署。根据规划,我国在"十四五"时期的国土绿化主要目标任务包括在全国范围内规划完成造林种草等国土绿化5亿亩和治理沙化土地面积1亿亩。此外,城市建成区绿化覆盖率达到43%,村庄绿化覆盖率达到32%。生态系统固碳能力进一步增强,生态安全屏障作用显著发挥,城乡人居环境明显改善。到2030年,我国自然生态系统质量和稳定性将不断提高,沙化土地和水土流失的治理工作将稳步推进。在此过程中,生态系统的碳汇增量将明显提升,生态产品供给能力也将显著增强,进而,国家生态安全屏障更加牢固,生态状况持续向好,为美丽中国建设带来新的进展。

实现以上目标任务,关键在于合理安排绿化空间、持续推进造林绿化、全方位加强城乡绿化、强化草原生态修复、推进防沙治沙和石漠化治理、稳固提升绿化质量、提升生态系统碳汇能力、强化支撑能力建设等方面工作。全面推行林长制,充分调动各方力量,通过加强组织领导、严格督导考核、完善政策机制、营造良好氛围等保障措施,协同推进国土绿化。

(二)发动全社会参与造林绿化

造林绿化需要全国动员、全民动手、全社会共同参与。各级人民政府应当组织各行各业和城乡居民造林绿化。宜林荒山荒地荒滩,属于国家所有的,由县级以上人民政府林业主管部门和其他有关主管部门组织开展造林绿化;属于集体所有的,由集体经济组织开展造林绿化。城市规划区内、铁路公路两侧、江河两侧、湖泊水库周围,由各有关主管部门按照有关规定因地制宜组织开展造林绿化;工矿区、工业园区、机关、学校用地,部队营区以及农场、牧场、渔场经营地区,由各该单位负责造林绿化。组织开展城市造林绿化的具体办法由国务院制定。国家所有和集体所有的宜林荒山荒地荒滩可以由单位或者个人承包造林绿化。各级人民政府组织造林绿化,应当科学规划、因地制宜,优化林种、树种结构,鼓励使用乡土树种和林木良种、营造混交林,提高造林绿化质量。国家投资或者以国家投资为主的造林绿化项目,应当按照国家规定使用林木良种。

植树造林、保护森林,是公民应尽的义务。为进一步增强广大人民群众的爱林护林意识,《森林法》明确规定"每年三月十二日为植树节",鼓励公民通过植树造林、抚育管护、认建认养等方式参与造林绿化。各级人民政府应当积极推进森林资源保护的宣传教育和知识普及工作,鼓励和支持基层群众性自治组织、新闻媒体、林业企业事业单位、志愿者等开展森林资源保护宣传活动。教育行政部门、学校应当对学生进行森林资源保护教育。对在造林绿化、森林保护、森林经营管理以及林业科学研究等方面成绩显著的组织或者个人,按照国家有关规定给予表彰、奖励。

（三）科学保护修复森林生态系统

各级人民政府应当采取以自然恢复为主、自然恢复和人工修复相结合的方针,科学保护修复森林生态系统。新造幼林地和其他应当封山育林的地方,由当地人民政府组织封山育林。各级人民政府应当对国务院确定的坡耕地、严重沙化耕地、严重石漠化耕地、严重污染耕地等需要生态修复的耕地,有计划地组织实施退耕还林还草。各级人民政府应当对自然因素等导致的荒废和受损山体、退化林地以及宜林荒山荒地荒滩,因地制宜实施森林生态修复工程,恢复植被。

六、经营管理

（一）实行分类经营管理

《森林法》规定,国家以培育稳定、健康、优质、高效的森林生态系统为目标,对公益林和商品林实行分类经营管理,突出主导功能,发挥多种功能,实现森林资源永续利用。

1. 严格保护公益林

（1）公益林划定的基本原则和范围。国家根据生态保护的需要,将森林生态区位重要或者生态状况脆弱,以发挥生态效益为主要目的的林地和林地上的森林划定为公益林。公益林由国务院和省、自治区、直辖市人民政府划定并公布。下列区域的林地和林地上的森林,应当划定为公益林:重要江河源头汇水区域;重要江河干流及支流两岸、饮用水水源地保护区;重要湿地和重要水库周围;森林和陆生野生动物类型的自然保护区;荒漠化和水土流失严重地区的防风固沙林基干林带;沿海防护林基干林带;未开发利用的原始林地区;需要划定的其他区域。公益林划定涉及非国有林地的,应当与权利人签订书面协议,并给予合理补偿。公益林进行调整的,应当经原划定机关同意,并予以公布。国家级公益林划定和管理的办法由国务院制定;地方级公益林划定和管理的办法由省、自治区、直辖市人民政府制定。

（2）公益林的经营和管理。首先,国家对公益林实施严格保护。但严格保护公益林并非排斥科学经营。对公益林中生态功能低下的疏林、残次林等低质低效林,县级以上人民政府林业主管部门应当有计划地组织公益林经营者采取林分改造、森林抚育等措施,提高公益林的质量和生态保护功能。其次,严格采伐管理。公益林以发挥生态效益为主,除因科研或者实验、防治林业有害生物、建设护林防火设施、营造生物防火隔离带、遭受自然灾害等特殊需要以外,只能进行抚育、更新和低质低效林改造性质的采伐。最后,规范合理利用。在符合公益林生态区位保护要求和不影响公益林生态功能的前提下,经科学论证,可以合理利用公益林林地资源和森林景观资源,适度开展林下经济、森林旅游等。利用公益林开展上述活动应当严格遵守国家有关规定。

2. 依法自主经营商品林

未划定为公益林的林地和林地上的森林属于商品林。国家鼓励发展下列商品林:(1) 以生产木材为主要目的的森林;(2) 以生产果品、油料、饮料、调料、工业原料和药材等林产品为主要目的的森林;(3) 以生产燃料和其他生物质能源为主要目的的森林;(4) 其他以发挥经济效益为主要目的的森林。在保障生态安全的前提下,国家鼓励建设速生丰产、珍贵树种和大径级用材林,增加林木储备,保障木材供给安全。商品林由林业经营者依法自主经营。在不破坏生态的前提下,可以采取集约化经营措施,合理利用森林、林木、林地,提高商品林经济效益。

(二)编制森林经营方案

国有林业企业事业单位应当编制森林经营方案,明确森林培育和管护的经营措施,报县级以上人民政府林业主管部门批准后实施。重点林区的森林经营方案由国务院林业主管部门批准后实施。国家支持、引导其他林业经营者编制森林经营方案。编制森林经营方案的具体办法由国务院林业主管部门制定。

(三)严格控制森林年采伐量

1. 编制年采伐限额

省、自治区、直辖市人民政府林业主管部门根据消耗量低于生长量和森林分类经营管理的原则,编制本行政区域的年采伐限额,经征求国务院林业主管部门意见,报本级人民政府批准后公布实施,并报国务院备案。重点林区的年采伐限额,由国务院林业主管部门编制,报国务院批准后公布实施。

采伐森林、林木应当遵守下列规定:(1) 公益林只能进行抚育、更新和低质低效林改造性质的采伐,但因科研或者实验、防治林业有害生物、建设护林防火设施、营造生物防火隔离带、遭受自然灾害等需要采伐的除外。(2) 商品林应当根据不同情况,采取不同采伐方式,严格控制皆伐面积,伐育同步规划实施。(3) 自然保护区的林木,禁止采伐,但因防治林业有害生物、森林防火、维护主要保护对象生存环境、遭受自然灾害等特殊情况必须采伐的和实验区的竹林除外。省级以上人民政府林业主管部门应当根据前述规定,按照森林分类经营管理、保护优先、注重效率和效益等原则,制定相应的林木采伐技术规程。

2. 采伐许可证申请与核发

(1) 采伐许可证申请。在通常情形下,采伐林地上的林木应当申请采伐许可证,并严格按照采伐许可证的规定的内容进行采伐,禁止伪造、变造、买卖、租借采伐许可证。在特殊情况下,不需要申请采伐许可证。例如,采伐自然保护区以外的竹林,不需要申请采伐许可证,但应当符合林木采伐的技术规程;农村居民采伐自留地和房前屋后个人所有的零星林木,也不需要申请采伐许可证。申请采伐许可证,应当提交有关采伐的地点、林种、树种、面积、蓄积、方式、更新措施和林木权属等内容的材料。超过省级以上人民政府林业主管部门规定面积或者蓄积量的,还应当提交伐区调查设计材料。

(2) 采伐许可证核发。采伐许可证由县级以上人民政府林业主管部门核发。县级以上人民政府林业主管部门应当采取适当措施,方便申请人办理采伐许可证。农村居民采伐自留山和个人承包集体林地上的林木,由县级人民政府林业主管部门或者其委托的乡镇人民政府核发采伐许可证。符合林木采伐技术规程的,审核发放采伐许可证的部门应当及时核发采伐许可证。但是,审核发放采伐许可证的部门不得超过年采伐限额发放采伐许可证。有下列情形之一的,不得核发采伐许可证:采伐封山育林期、封山育林区内的林木;上年度采伐后未按照规定完成更新造林任务;上年度发生重大滥伐案件、森林火灾或者林业有害生物灾害,未采取预防和改进措施;法律法规和国务院林业主管部门规定的禁止采伐的其他情形。

3. 更新造林

森林采伐应与更新造林相结合,以保障森林资源的可持续发展。根据《森林采伐更新管理办法》的规定,实施采伐林木的单位和个人,应当遵循优先发展人工更新、人工更新、人工促进天然更新、天然更新相结合的原则,在采伐后的当年或者次年内务必完成更新造林任务。更新造林的面积不得少于采伐的面积,且更新造林质量应当达到相关技术规程规定的标准。更新质量必须达到以下标准:(1) 人工更新,当年成活率应当不低于85%,3年后保存率应当不低于80%。(2) 人工促进天然更新,补植、补播后的成活率和保存率达到人工更新的标准;天然下种前整地的,达到下述第3项规定的天然更新标准。(3) 天然更新,每公顷皆伐迹地应当保留健壮目的树种幼树不少于3 000株或者幼苗不少于6 000株,更新均匀度应当不低于60%。未更新的旧采伐迹地、火烧迹地、林中空地、水湿地等宜林荒山荒地,应当由森林经营单位制定规划,限期完成更新造林。人工更新和造林应当执行林业部发布的有关造林规程,做到适地适树、细致整地、良种壮苗、密度合理、精心栽植、适时抚育。在立地条件好的地方,应当培育速生丰产林。森林更新后,核发林木采伐许可证的部门应当组织更新单位对更新面积和质量进行检查验收,核发更新验收合格证。

案例研习

自测习题

第九章

草原资源法

导语 草原是我国面积最大的绿色生态屏障。我国是世界上草原资源最丰富的国家之一。本章主要内容包括:(1) 草原资源的概念、草原资源的特征和重要地位、草原资源保护的成效与挑战;(2) 我国草原资源法的立法沿革;(3) 草原资源法的主要法律规定。本章重点难点包括:草原资源权属制度、草原资源规划制度、草原资源建设制度、草原资源利用制度、草原资源保护制度、草原资源监督检查制度。

第一节　草原资源概述

一、草原资源的概念

　　草原是我国面积最大的绿色生态屏障。我国是世界上草原资源最丰富的国家之一,拥有的约 4 亿公顷天然草原,占国土面积的 41.7%,是耕地的 3.2 倍,是森林的 2.3 倍。[①] 我国的草原生态系统是欧亚大陆温带草原生态系统的重要组成部分,约占世界草原面积的约 1/10,居世界前列。[②] 如果从我国的东北到西南划一条斜线,也就是从东北的完达山开始,越过长城,沿吕梁山,经延安,一直向西南到青藏高原的东麓为止,可以把我国分为两大地理区:东南部分是丘陵平原区,离海洋较近,气候温湿,大部分为农业区;西北部分多为高山峻岭,离海洋远,气候干旱,风沙较多,是主要的草原区。草原分为热带草原、温带草原等多种类型,是地球上分布最广的植被类型。

　　草原主要分布在年降水量为 200~300 毫米的栗钙土和黑钙土地区。草原由旱生或中旱生草本植物组成的草本植物群落构成,其中多年生丛生或根茎型禾草和具有一定耐旱能力的各类杂草为优势植物。广义的草原包括在较干旱环境下形成的以草本植物为主的植被,主要包括热带草原(热带稀树草原)和温带草原。而狭义的草原只包括温带草原。根据生物

---

　　① 中国农业农村部:《新时代,中国草原保护踏上新征程》,载中国农业农村信息网。
　　② 中国农业农村部:《新时代,中国草原保护踏上新征程》,载中国农业农村信息网。

学和生态特点,热带草原可划分为草甸草原、平草原(典型草原)、荒漠草原和高寒草原。

草原资源,是草原、草山及其他一切草类资源的总称。草原既是一种重要的生态系统,也是一种重要的自然资源类型,即草原资源。草原上生长着多种优良牧草,是畜牧业发展的重要物质基础和农牧民赖以生存发展的基本生产资料。此外,草原植被还蕴藏着许多药用植物,可被采收利用,是草原经济社会发展的重要资源。

我国于1985年颁布了《草原法》,该法是我国草原资源保护和利用最重要的规范。《草原法》所称的草原,是指天然草原和人工草地。天然草原是指一种土地类型,它是草本和木本饲用植物与其所着生的土地构成的具有多种功能的自然综合体。人工草地是指选择适宜的草种,通过人工措施而建植或改良的草地。人工草地和天然草地即构成我国《草原法》保护的草原资源。

二、草原资源的特征和重要地位

(一)草原资源的特征

草原是一种能经受长期或不定期干旱,并能保护土壤有机质和结构的极好的地被物,但草原生态系统相对于森林、湿地等生态系统来说,是比较脆弱的。为保持草原资源,必须制止过牧、开垦、挖掘等造成水土侵蚀、风蚀、破坏草原资源的各种活动。

草原资源具有下列基本特性:第一,资源分布的广泛性。草本植物的抗逆性和适应性很强,资源分布广泛且数量大。第二,资源结构的整体性。它是在气候、土壤等自然条件下形成的植物群落,并与环境因素构成一个整体。第三,资源类型的地域性。地球上有多种多样的草地生态环境,从而形成了各种类型草原资源的地域性特点。第四,资源演变的不可逆性。草原资源的演变常取决于环境因素的影响,但也改变着环境因素,从而形成了草原资源演变过程的不可逆性。第五,资源量的有限性和生产潜力的无限性。草原资源及其利用是有限的,但科学技术的进步可不断提高草原资源的量与质,因而生产潜力是无限的。

(二)草原资源的重要地位

草原资源是一种重要的自然资源,在发挥生态系统服务功能、保障国家食物安全、维护社会和谐稳定等方面,均具有十分重要的作用和地位。首先,草原资源具有重要的生态系统功能和价值,是草原地区生态系统功能和服务供给的重要载体。草原资源具有调节气候、防风固沙、涵养水源、保护水土、维护生物多样性以及美化环境、净化空气、防治公害等重要的生态系统服务功能。其次,草原资源是保障国家食物安全的重要资源。草原资源是动物饲养和畜牧业赖以发展的物质基础,可以为饲养动物提供生存空间、饲草来源。在我国西北等草原资源丰富地区,畜牧和养殖业为我国西北甚至全国各地提供了丰富的肉食品、奶制品等,是维护我国食品安全和食品供给安全的重要保障。此外,草原资源也具有提供旅游、娱乐、中草药种植资源等的重要功能。最后,草原是动植物资源的生产和生存载体。我国草原跨越多种水平和垂直气候带,地形地貌多样,草原植物资源数量大、种类多。根据第一次全国草地资源调查结果,共有饲用植物 6 704 种,分属 5 个门、246 个科、1 545 个属。草原也是重要的动物资源库。在草原上栖息的野生动物有 2 100 多种,包括鸟类 1 200 多种、兽类 400多种、爬行类和两栖类 500 多种,其中有大量的国家级保护动物。此外,据不完全统计,全国草原有放牧家畜品种 250 多个,主要有绵羊、山羊、黄牛、牦牛、马、骆驼等。

三、草原资源保护的成效与挑战

(一) 我国草原资源保护的成效

草原是我国陆地生态系统的重要主体和生态文明建设的主战场之一,也是广大牧民群众基本的生产生活资料和脱贫致富的重要依托。加强草原资源保护,既关乎生态文明建设大局,又关乎民族团结、边疆稳定和牧区经济社会持续健康发展。自党的十八大以来,党中央和国务院对草原生态环境保护高度重视。习近平强调,保护生态环境就是保护生产力,改善生态环境就是发展生产力;山水林田湖草沙是一个生命共同体。2014 年 1 月和 2016 年 8月,习近平分别在内蒙古和青海调研时,对加强草原保护建设作出了重要指示。各有关地区和部门认真贯彻落实党中央、国务院决策部署,扎实推进草原生态环境保护各项工作,取得了积极成效。

1. 着力推进草原生态环境保护制度体系建设

党的十八届三中全会提出,要构建系统完整的生态文明制度体系,用制度保护生态环境。2015 年,党中央、国务院联合印发了《关于加快推进生态文明建设的意见》和《生态文明体制改革总体方案》; 2016 年,国务院印发了《"十三五"生态环境保护规划》和《关于全民所有自然资源资产有偿使用制度改革的指导意见》,同时国务院办公厅印发了《关于健全生态保护补偿机制的意见》。这一系列重要文件为推进草原生态环境保护制度体系建设提供了基本遵循。按照党中央、国务院部署,各有关部门要认真落实各项改革任务,扎实推进草原生态环境保护制度体系建设。国家发展改革委会同原国土资源部、原环境保护部、水利部、原农业部、原林业局等部门印发了《耕地草原河湖休养生息规划(2016—2030 年)》,明确了草原休养生息的时间表和路线图。原农业部印发了《推进草原保护制度建设工作方案》,发布了《全国草原保护建设利用"十三五"规划》,推动构建草原产权制度、保护制度、监测预警制度、科学利用制度、监管制度等五大制度体系;组织开展草原生态保护红线划定、草原资源承载力监测、草原资产负债表编制等多项制度改革试点。国家发展改革委、统计局将草原综合植被盖度纳入各省(区、市)生态文明建设目标评价考核指标体系。

2. 着力落实草原生态环境保护重大政策措施

自 2011 年起,财政部和原农业部在 13 个主要草原牧区省份组织实施草原生态保护补助奖励政策,推行禁牧休牧和草畜平衡等制度措施,调动了广大牧民群众保护草原的积极性和主动性; 2016 年,启动实施了新一轮补奖政策,实施范围进一步扩大,内容进一步优化。

截至 2017 年 11 月,中央财政草原补奖资金投入超过 1 200 亿元,实施草原禁牧面积 12 亿亩、草畜平衡面积 26 亿亩。国家发展改革委等部门组织实施了新一轮退耕还林还草、退牧还草、京津风沙源治理、农牧交错带已垦草原治理、岩溶地区石漠化草地治理五大工程,重点治理陡坡耕地、退化沙化草原、已垦撂荒草地和石漠化草地。仅党的十八大以来至 2017 年 11 月,已安排中央预算内投资 270 多亿元,完成草原治理任务超过 10 亿亩。国家民委牵头开展了贯彻《国务院关于促进牧区又好又快发展的若干意见》情况的监督检查。这些政策措施各有侧重、相互配套,协同推动草原生态环境保护取得了显著成效。

3. 着力推进依法治草

按照推进"放管服"改革的要求,原农业部修订了《草种管理办法》和《草原征占用审核审批管理办法》,取消下放草种进出口等 4 项审批事项,简化了草种经营许可等审批手续。内蒙古自治区修订了基本草原保护条例,对基本草原实行最严格的保护。截至 2024 年 6 月,我国草原管理领域已有 1 部法律、1 部行政法规、2 部司法解释、17 部省级地方性法规、17 部自治条例和单行条例,草原生态环境保护的法律法规体系基本形成。各有关地区和各级农牧部门创新草原执法方式,采取省、市、县纵向联合执法,会同公安、生态环境、自然资源等部门开展横向联合执法,督办查处重点难点案件,加大对重大案件和高发案件的打击查处力度。不断强化与司法机关的沟通协调,推动建立草原行政执法与刑事司法衔接机制。同时,加大草原保护普法宣传力度,组织开展普法宣传月等活动,从 2013 年起每年对典型犯罪案件进行通报曝光,对破坏草原的违法犯罪行为产生了有效的震慑作用。

(二)我国草原资源保护的挑战

1. 历史欠账问题突出

近年来,我国在草原资源保护和建设方面的工作中取得了显著成果,例如,在东部农区,通过采取草田轮作、草畜结合、三元种植布局等措施,在一定程度上实现了农林牧业的可持续发展。但是,过去由于一些地方满负荷、超负荷地开发利用草原,导致草原退化问题日益严重,草原生态系统功能受到严重影响,从而降低了草原为人类提供的福祉,对人类可持续发展构成直接威胁。总体而言,我国草原资源以及草原生态系统存在以下历史欠账:(1) 草原退化历史问题;(2) 草原沙化问题;(3) 草原盐碱化问题;(4) 草原资源生物多样性问题。

2. 我国草原资源保护的客观难题

草原具有生态生产双重功能,人草畜都是草原生态系统的组成部分。受自然、地理、历史和人为活动等因素影响,草原生态保护欠账较多,人草畜矛盾依旧存在,统筹草原环境保护与牧区经济社会发展难度大,仍面临一些难题。主要体现在以下四个方面:

第一,草原生态系统整体仍较脆弱。草原地区自然条件总体比较严酷,降雨少、蒸发量大、积温低,青藏高原部分地区黑土滩问题严重,部分典型草原仍存在退化的风险,草原鼠虫害、火灾、旱灾等灾害频发。总的来看,虽然近年来草原生态系统建设取得明显成效,但整体仍较脆弱,处于不进则退的爬坡过坎阶段,草原生态安全仍是国家生态安全的薄弱环节。[①]

第二,草原违法案件多发常发。部分地区在草原上乱开滥垦、违法违规开矿、随意挤占草原修建厂房和旅游点现象突出。据统计,在全国各类草原违法案件中,非法征占用草原问题突出。特别是一些大型采矿项目,征占用草原面积大,对草原生态系统破坏严重。

第三,牧区生产经营技术水平较低。草原牧区大多属于欠发达地区,基础设施建设投入不足,历史欠账多,制约了产业转型发展和生产效率提升,不利于草原生态保护成果的巩固和扩大。一方面,养殖技术水平不高,一些牧区半牧区的家畜饲养仍"靠天吃饭",集约化标准化养殖比重低,牲畜生产效率低,养殖效益差。特别是在一些高寒易灾牧区,牲畜"夏饱、秋肥、冬瘦、春亡"的怪圈仍未根本打破。另一方面,产业化水平不高,草牧业龙头企业少,现有的企业和合作社辐射带动能力不足,难以推动生产经营向专业化和商品化发展,牧民转产就业渠道窄,还没有摆脱"人口增长—牲畜扩增—草原退化—效益低下—增收难"的困境。

第四,草原监督管理能力亟待加强。机构队伍方面,目前草原管理机构设置和人员配置较为薄弱,与草原重要的生态地位和作用不相匹配,难以适应当前繁重的草原监督管理工作需要。

第二节　我国草原资源法的立法沿革

我国在推进生态文明建设的过程中提出,用最严格的制度体系和最严密的法治体系来保护草原资源。草原资源法主要历经了以下立法阶段。

一、初创时期

1960 年,全国人大通过了《一九五六年到一九六七年全国农业发展纲要》,其中明确提出:"在牧区要保护草原,改良和培植牧草,特别注意开辟水源。牧业合作社应当逐步建立自己的饲料和饲草的基地。推广青贮饲料";"在垦荒的时候,必须同保持水土和发展畜牧业的规划相结合,避免水土流失,避免破坏树林和破坏必需的草原。"可见,当时保护草原的目的是改良和培植牧草,为畜牧和养殖业提供资源保障。而防止破坏草原也仅限于"必需"的草原,草原资源除草料供给外的资源供给以及生态系统服务供给功能未被认识到,当然也未纳入保护范围。我国于 1973 年 8 月召开了第一次全国环境保护会议。这次会议通过了《关于保护和改善环境的若干规定(试行草案)》,该规定实质上是我国第一个综合性环境保护法规。该法规明确要求"加强草原保护,不得任意破坏"。1979 年颁布的《环境保护法(试行)》第 14 条规定:"保护和发展牧草资源。积极规划和进行草原建设,合理放牧,保持和改善草

---

① 韩长赋:《国务院关于草原生态环境保护工作情况的报告》。

原的再生能力,防止草原退化,严禁滥垦草原,防止草原火灾。"该规定标志着我国首次将草原资源保护明确纳入法律规范。

二、全面展开阶段

1985 年《草原法》是我国第一部关于草原资源保护和利用的专门法律,是此前草原资源保护要求的进一步落实。该法对草原资源权属、权属争议解决途径、草原资源保护的管理体制、方针、政策和具体制度进行了规定。《草原法》的颁布,标志着我国草原资源保护和利用立法向前迈进了一大步。其中,对草原资源权属等都是首次进行具体规定,为草原资源权利人权益的保护、草原资源保护和管理部门发挥监管职能提供了有力的法律依据。《草原法》的出台,奠定了新时期我国草原资源保护、建设和合理利用的法律基础,为依法加强对草原的保护和管理,努力开拓草原保护、建设工作开创了新的局面。此后,2002 年对《草原法》进行了系统性的修订,并分别于 2009 年、2013 年和 2021 年对《草原法》进行了修正。

1993 年国务院发布的《草原防火条例》强调:为了加强草原防火工作,积极预防和扑救草原火灾,保障人民生命财产安全,保护草地资源,制定该条例。该条例对草原防火各环节(预防扑救及善后处理、奖励与处罚)以及防火措施作出了比较具体的规定。该条例于 2008 年进行了修订,较为系统性地规定了我国草原防火的法律制度,为加强草原防火工作,积极预防和扑救草原火灾,保护草原,保障人民生命和财产安全提供了法律保障。1996 年国务院发布的《关于环境保护若干问题的决定》第六部分"维护生态平衡,保护和合理开发自然资源"提出:地方各级人民政府要切实加强淡水、土地、森林、草原、矿产、海洋、动植物、气候等自然资源和国土生态环境的保护,在维护生态平衡的前提下合理进行开发利用。恢复发展草原植被,防止过量放牧,禁止在草原和沙化地区砍挖灌木、药材及其他固沙植物,积极采用防沙、固沙技术,防治土地荒漠化。

2000 年 6 月 14 日,国务院发布《关于禁止采集和销售发菜制止滥挖甘草和麻黄草有关问题的通知》,要求严禁采集发菜,制止滥挖甘草、麻黄草、苁蓉、雪莲、虫草等草原野生植物。原农业部也制定了《落实国务院关于禁止采集和销售发菜 制止滥挖甘草和麻黄草有关问题的通知》和《甘草和麻黄草采集管理办法》,不断加大对草原野生药用(经济)植物的保护,维护草原生态环境和资源。2000 年 9 月 10 日,国务院颁布《关于进一步做好退耕还林还草试点工作的若干意见》,对退耕还林还草试点工作进行了具体规定,实行省级政府对退耕还林还草试点工作负总责和市(地)、县(市)政府目标责任制;要求健全种苗生产供应机制,确保种苗的数量和质量;坚持"全面规划、分步实施,突出重点、先易后难,先行试点、稳步推进"的原则;实行"谁退耕、谁造林(草)、谁经营、谁受益"的政策。

2001 年 8 月 31 日,第九届全国人民代表大会常务委员会第二十三次会议通过《防沙治沙法》。该法规定:草原地区的地方各级人民政府,应当加强草原的管理和建设,由农(牧)业行政主管部门负责指导、组织农牧民建设人工草场,控制载畜量,调整牲畜结构,改良牲畜品种,推行牲畜圈养和草场轮牧,消灭草原鼠害、虫害,保护草原植被,防止草原退化和沙化。草原实行以产草量确定载畜量的制度。由农(牧)业行政主管部门负责制定载畜量的标准和有关规定,并逐级组织实施,明确责任,确保完成。2002年9月16日,国务院颁布《关于加强草原保护与建设的若干意见》。该意见指出,草原在国民经济和生态环境中具有重要的地位和作用,加强草原保护与建设刻不容缓,我国90%的可利用天然草原不同程度地退化,每年还以200万公顷的速度递增,草原过牧的趋势没有根本改变,乱采滥挖等破坏草原的现象时有发生,荒漠化面积不断增加。草原生态环境持续恶化,不仅制约着草原畜牧业发展,影响农牧民收入增加,而且直接威胁到国家生态安全,草原保护与建设亟待加强。因此,要按照统筹规划、分类指导、突出重点、保护优先、加强建设、可持续利用的总体要求,采取有效措施遏制草原退化趋势,提高草原生产能力,促进草原可持续利用,稳定和改善草原生态状况。并且要求建立基本草地保护制度、实行草畜平衡制度、推行划区轮牧、休牧和禁牧制度等草原保护制度。同时,要求已垦草原退耕还草,转变草原畜牧业经营方式,推进草原保护与建设科技进步,增加草原保护与建设投入,强化草原监督管理和监测预警工作,加强对草原保护与建设工作的领导。

2002年12月6日,国务院第66次常务会议通过《退耕还林条例》,要求遵循自然规律,因地制宜、宜林则林、宜草则草、综合治理。规定国家保护退耕还林者享有退耕土地上的林木(草)所有权。自行退耕还林的,土地承包经营权人享有退耕土地上的林木(草)所有权;退耕还林后,有关地方人民政府应当采取封山禁牧、舍饲圈养等措施,保护退耕还林成果。该条例同时规定,已垦草场退耕还草和天然草场恢复与建设的具体措施依照草原法和国务院有关规定执行。2003年1月,国务院印发《中国21世纪初可持续发展行动纲要》,强调加强草原管理机构建设,强化管理职能,加大执法力度;积极落实草原承包制,明确草原使用的"责、权、利"关系;提高科技含量,改变草原资源利用方式,变传统的粗放数量型为质量效益型;加大以人工种草、飞播种草、围栏封育、草场改良、划区轮牧和草地鼠虫害防治等为主要内容的天然草原保护建设实施力度,防止超载过牧,强化"三化"草地治理,恢复天然草场植被。同年11月13日,农业部提出加强草原监理体系建设的几项措施,强调加强宣传、争取投入、理顺体制、加快草原法制建设步伐,并计划安排制定《禁牧休牧管理办法》《草畜平衡管理办法》《草原植被恢复费征收使用管理办法》等草原法配套法规、规章,积极制定《草原载畜量核定标准》《草原退化、沙化、盐碱化标准》《草原资源与生态监测技术规程》等标准和技术规程,为开展草原执法管理和监测工作提供依据。

2004年5月27日,农业部发布《关于禁止开垦和非法征占用草原的紧急通知》,梳理了当时在草原保护与建设工作中出现的一些亟待解决的问题:一是一些地方对草原保护的重要性和草原破坏的严重性认识不足,为了局部和眼前的利益,不惜以牺牲草原生态环境为代价,大面积开垦和占用草原;二是一些地方超越审批权限或违反法定程序非法批准征占用草原;三是一些地方采取欺骗手段非法获准使用草原;四是一些单位和个人无视政府的禁令和计划,在草原上乱采滥挖草原野生植物等。针对这些问题,上述通知强调要坚决禁止开垦草原、严厉打击非法占用草原的行为、继续加大对乱采滥挖草原野生植物行为的打击力度、依法划定并严格保护基本草原、切实加强对各类非法破坏草原行为的监督检查,加强对草原资源的保护。

草原监理是依法行政的重要内容,草原监理机构是国家依法保护草原的主要力量。为强化草原监理人员有法可依、有法必依、执法必严、违法必究的依法行政意识,规范执法行为,努力培养一支政治合格、业务精通、作风过硬、高效廉洁的草原监理队伍,原农业部草原监理中心于2005年12月14日印发《草原监理人员行为准则》,对草原监理人员的行为进行了规范。

2008年4月23日,为全面做好全国草原监测工作,科学指导草原保护建设和合理利用,保护草原生态环境,促进草原可持续发展,农业部制定了《全国草原监测工作方案》,对草原资源监测的工作目标、监测内容、监测任务分工、监测工作要求、监测数据上报、工作进度等进行了具体规定,为我国草原资源的监测提供了制度保障,有力地促进了草原资源监测工作的开展,为我国草原资源及其生态环境状况的保护、修复和改善提供了数据基础。

2010年11月26日,农业部发布了《关于进一步加强草原工作的意见》,强调要充分认识进一步加强草原工作的重要性和紧迫性,扎实推进和完善草原家庭承包经营制度,严格落实草畜平衡制度,继续强化草原执法监督,不断加强草原监测预警,大力推进草原科技进步,切实加强草原工作的组织领导。自2011年国家实施草原生态保护补助奖励机制政策以来,草原管护员队伍建设取得了积极进展,在强化草原管护工作中发挥了重要作用。2001年,为推进林草领域立法工作,国家林业局制定了《国家林业局立法工作管理规定》。2009年,为了进一步规范林业立法工作,保证立法质量,国家林业局在总结经验的基础上,对前述规定进行了修订,形成了《国家林业局立法工作规定》。

三、立法深化阶段

2012年11月2日,最高人民法院发布了《关于审理破坏草原资源刑事案件应用法律若干问题的解释》,对非法占用草原、改变被占用草原用途的,国家机关工作人员徇私舞弊、违反草原法等土地管理法规的,以暴力、威胁方法阻碍草原监督检查人员依法执行职务、构成犯罪的,单位犯罪的,多次实施破坏草原资源的违法犯罪行为的定罪处罚进行了解释和规定。2020年4月24日,为进一步规范中央财政林业草原生态保护恢复资金管理,提高资金使用效益,加强林业草原生态保护恢复,财政部、国家林业和草原局根据有关法律法规和有关财政管理制度规定制定了《林业草原生态保护恢复资金管理办法》。该办法对林业草原生态保护恢复资金的使用范围、分配、预算下达、预算绩效管理、预算执行和监督进行了系统性规定。为进一步规范中央财政林业草原生态保护恢复资金的管理,财政部与国家林业和草原局于2021年对该办法进行修订后,又于2022年12月30日联合制定了《林业草原生态保护恢复资金管理办法》。

2020 年 10 月 26 日,国务院办公厅发布《关于印发国家森林草原火灾应急预案的通知》,对森林草原火灾应急的指导思想、编制依据、适用范围、工作原则、灾害分级、主要任务、组织指挥体系、处置力量、预警和信息报告、国家层面应对工作、后期处置、表彰奖励等事项进行了具体的规定。2021 年 3 月 12 日,针对我国草原生态系统整体脆弱、保护修复力度不足、利用管理水平有待提高、科技支撑能力不强、草原资源底数不清等问题,国务院办公厅发布《关于加强草原保护修复的若干意见》,明确了对进一步加强草原保护修复的指导思想、工作原则、主要目标,以及建立草原调查体系、健全草原监测评价体系、编制草原保护修复利用规划、加大草原保护力度、完善草原自然保护地体系、加快推进草原生态修复、统筹推进林草生态治理、大力发展草种业、合理利用草原资源、完善草原承包经营制度、稳妥推进国有草原资源有偿使用制度改革、推动草原地区绿色发展等一系列工作。该意见提出了提升科技支撑能力、完善法律法规体系、加大政策支持力度、加强管理队伍建设、加强对草原保护修复工作的领导、落实部门责任、引导全社会关心支持草原事业发展等保障措施。2021 年 8 月 31 日,为贯彻落实国务院《关于深化"证照分离"改革进一步激发市场主体发展活力的通知》,推动中央层面设定的林草领域涉企经营许可事项"证照分离"改革全国全覆盖,国家林业和草原局印发了《国家林业和草原局深化"证照分离"改革实施方案》,要求实施清单管理、分类推进改革,创新监管方式、加强事中事后监管,大力推进电子证照归集应用,切实加强组织领导。

2021 年 9 月 13 日,为深入贯彻习近平生态文明思想,牢固树立"绿水青山就是金山银山"理念,坚决反对"大树进城"等急功近利行为,根据《森林法》第 56 条"采挖移植林木按照采伐林木管理"的规定,国家林业和草原局印发了《关于规范林木采挖移植管理的通知》,要求从严控制林木采挖移植,明确禁止和限制采挖的区域和类型,规范林地上林木采挖的行政许可,加强采挖移植作业管理,强化采挖移植的监督管理。2022 年 1 月 7 日,为搞好森林、草原、湿地等自然资源调查监测工作协调配合,减少工作重复浪费,充分发挥现有机构队伍的调查监测能力,自然资源部等联合印发了《自然资源部、国家林业和草原局关于共同做好森林、草原、湿地调查监测工作的意见》。该意见提出,要统一森林、草原、湿地调查监测制度、明确任务与分工,并作出了协同推进相关工作、严格质量管控、加强成果共享应用、加强创新技术研究等工作要求。2022 年 3 月 24 日,为进一步规范森林草原防火约谈工作,夯实森林草原防火责任,国家林业和草原局印发了《国家林业和草原局森林草原防火约谈暂行办法》,对国家林业和草原局约见未履行森林草原防火职责或者履行职责不到位的县级以上地方人民政府、林业和草原主管部门、六大森工集团(大兴安岭集团,内蒙古、吉林、长白山、龙江、伊春森工集团)负责人,就森林草原防火工作中存在的问题开展提醒告诫谈话、听取情况说明、提出整改要求的行政措施作了具体规定。该办法要求约谈工作坚持依法依规,严格程序规范;坚持实事求是,务求精准实效;坚持问题导向,督促整改落实。

此外,我国许多省市也制定了相应的草原资源法规。例如,省级地方性法规有《甘肃省草原条例》(2006 年公布,2022 年修改)、《黑龙江省草原条例》(2005 年公布,2018 年修改)、《陕西省实施〈中华人民共和国草原法〉办法》(1994年公布,分别于2009年、2014年和2021年修改)、《青海省实施〈中华人民共和国草原法〉办法》(2007年公布,于2010年、2018年、2020年修改)等;市级地方性法规有《白城市草原生态保护条例》(2021年公布)、《库鲁斯台草原生态保护条例》(2017年公布,2022年修订)等。

整体而言,截至目前,我国草原资源保护和利用领域已基本形成包含法律、行政法规、部门规章、地方性法规(包括省级和市级地方性法规)以及司法解释在内的法律法规体系。这些规范性文件构成我国草原法治建设的重要支撑和规范依托。

第三节　草原资源法的主要法律规定

一、草原资源权属制度

草原资源权属制度是草原资源有效保护和合理利用的重要制度保障。草原资源权属不清,会不同程度地导致草原资源保护责任不明、草原资源不合理开发甚至滥用和破坏等情况的发生。对此,我国应不断完善草原资源权属制度,从而明确草原资源保护权责,有效保护和救济草原资源权益。具体而言,草原资源权属制度可以从以下几个方面展开。

(一)草原资源的所有权

草原资源的所有权,即权利主体对草原资源的占有、使用、收益和处分等权益的集合。与土地、森林等自然资源的所有权主体类型一样,我国草原资源的所有权主体类型也包含国家和集体两类。换言之,我国草原资源的所有权可以分为草原资源的国家所有权和集体所有权。具体而言,我国《草原法》第9条第1款规定:"草原属于国家所有,由法律规定属于集体所有的除外。国家所有的草原,由国务院代表国家行使所有权。"可见,我国草原资源国家所有权由国务院代为行使。而我国草原资源集体所有权则通常由集体经济组织行使。同时,草原资源的这两类所有权形式也意味着我国草原资源所有权不可以转让,即"任何单位或者个人不得侵占、买卖或者以其他形式非法转让草原"。究其原因,一方面是个人无法获得草原资源的所有权,另一方面是国家和集体之间、集体和集体之间也无法转让草原资源的所有权。

(二)草原资源的承包经营权

草原资源的承包经营权,即权利主体承包经营草原资源,享有对所承包经营草原资源的占有、使用、收益等权利。草原资源由国家或集体所有,但这并不意味着个人无法占有、利用草原资源,也并不意味着个人不能享有草原资源的使用权或经营权。相反,个体可以通过草原资源的承包经营权而享有对草原资源的使用、收益等权利。我国《草原法》第10条第1款规定:"国家所有的草原,可以依法确定给全民所有制单位、集体经济组织等使用。"《草原法》第 13 条第 1 款规定:"集体所有的草原或者依法确定给集体经济组织使用的国家所有的草原,可以由本集体经济组织内的家庭或者联户承包经营。"换言之,全民所有的草原、集体所有的草原和集体长期固定使用的全民所有的草原,可以由集体或者个人承包从事畜牧业生产等。具体而言,草原资源的承包经营权可以分置为草原资源的承包权、草原资源的经营权和草原资源的使用权。草原资源的经营权和使用权可以转让给集体之外的其他主体,而承包权的转让通常受到更多的限制。因为承包权往往带有更强的身份属性和社会保障的色彩。例如,我国《草原法》第 15 条第 1 款便规定了:"草原承包经营权受法律保护,可以按照自愿、有偿的原则依法转让。"同时,该条第 3 款也规定了草原承包经营权转让的限制条件,即"草原承包经营权转让应当经发包方同意。承包方与受让方在转让合同中约定的转让期限,不得超过原承包合同剩余的期限"。

二、草原资源规划制度

草原资源规划,即草原保护、建设和利用的统一规划,是保护、建设和合理利用草原资源的重要依据。长期以来,由于法律对此没有作出明确规定,我国草原资源的保护、建设和利用的规划工作一直没有得到应有的重视,这既不利于国家对草原资源保护、建设的宏观调控,也影响了对草原资源的分类管理、保护和合理利用,因而迫切需要通过立法来加以规范。对此,我国《草原法》设立专章对草原资源规划制度进行了规定。

具体而言,我国《草原法》第 17 至 25 条分别规定了草原资源保护、建设和利用的统一规划制度、编制原则、规划的内容和效力。

首先,我国实行的是草原保护、建设、利用的统一规划制度。具体而言,由国务院草原行政主管部门会同国务院有关部门编制全国草原保护、建设、利用规划,报国务院批准后实施。县级以上地方人民政府草原行政主管部门会同同级有关部门依据上一级草原保护、建设、利用规划编制本行政区域的草原保护、建设、利用规划,报本级人民政府批准后实施。经批准的草原保护、建设、利用规划确需调整或者修改时,须经原批准机关批准。

其次,草原资源规划的编制应当以国民经济和社会发展规划为依据并遵循下列原则:(1) 改善生态环境,维护生物多样性,促进草原的可持续利用;(2) 以现有草原为基础,因地制宜、统筹规划、分类指导;(3) 保护为主、加强建设、分批改良、合理利用;(4) 生态效益、经济效益、社会效益相结合。同时,草原资源保护、建设、利用规划应当与国土空间规划相衔接,与环境保护规划、水土保持规划、防沙治沙规划、水资源规划、林业长远规划、城市总体规划、村庄和集镇规划以及其他有关规划相协调。

再次,草原资源保护、建设、利用规划应当包括草原资源保护、建设、利用的目标和措施,草原功能分区和各项建设的总体部署,各项专业规划等组成部分和内容。此外,在草原上种植牧草或者饲料作物,应当符合草原保护、建设、利用规划。

最后,草原资源保护、建设、利用规划一经批准,必须严格执行。这就要求,制定和落实草原资源保护、建设、利用规划,必须辅以规划实施的配套保障措施。例如,加强草原水资源的规划管理,水资源是促进和维护草原资源正常生产、养护的重要保障,因为草原资源通常分布在干旱半干旱区域,必要的水资源保障是重要的;加强草原资源保护、建设和利用工程建设的规划管理,相关的工程是保障草原资源的重要设施,可以促进草原资源的保护、建设和合理利用;增加投入,建立稳定的草原建设投入保障机制,稳定的投入是促进草原资源持续、稳定保护、增长的重要保障。

三、草原资源建设制度

如前所述,我国 90% 的可利用天然草原不同程度地退化,每年还以 200 万公顷的速度递增,草原过牧的趋势没有根本改变,乱采滥挖等破坏草原的现象时有发生,荒漠化面积不断增加。草原生态环境持续恶化,不仅制约着草原畜牧业发展,影响农牧民收入增加,而且直接威胁到国家生态安全。对此,我国《草原法》设专章规定了草原资源建设制度,从多个方面对草原资源建设提出要求。

具体而言,我国《草原法》第 4 章第 26 至 32 条规定了我国草原资源建设制度。

首先,县级以上人民政府是草原资源建设的责任主体,即县级以上人民政府应当增加草原建设的投入,支持草原建设。

其次,《草原法》规定了国家鼓励和草原资源建设权益保护和激励制度,即国家鼓励单位和个人投资建设草原,按照谁投资、谁受益的原则保护草原投资建设者的合法权益。国家鼓励与支持人工草地建设、天然草原改良和饲草饲料基地建设,稳定和提高草原生产能力。

最后,《草原法》规定了一系列具体的建设和激励措施。一是生产生活设施的支持,即县级以上人民政府应当支持、鼓励和引导农牧民开展草原围栏、饲草饲料储备、牲畜圈舍、牧民定居点等生产生活设施的建设。二是草原水利设施的建设支持,即县级以上地方人民政府应当支持草原水利设施建设,发展草原节水灌溉,改善人畜饮水条件。三是种质建设支持,即县级以上人民政府应当按照草原保护、建设、利用规划加强草种基地建设,鼓励选育、引进、推广优良草品种。新草品种必须经全国草品种审定委员会审定,由国务院草原行政主管部门公告后方可推广。从境外引进草种必须依法进行审批。四是监管和防火设施建设支持,即县级以上人民政府草原行政主管部门应当依法加强对草种生产、加工、检疫、检验的监督管理,保证草种质量;县级以上人民政府应当有计划地进行火情监测、防火物资储备、防火隔离带等草原防火设施的建设,确保防火需要。

四、草原资源利用制度

合理利用草原资源是草原资源可持续利用和发挥草原资源价值的必然前提和要求。针对我国长期存在的过度放牧、草原利用失衡、草原破坏等问题,《国务院关于加强草原保护与建设的若干意见》《推进草原保护制度建设工作方案》《草原法》等政策法规相继出台,对草原资源合理利用加以规范。

一是实行草畜平衡制度。草畜平衡,即草原的载畜量与草原草料产出、草原资源及其生态系统承载力相平衡,载畜量不能超过草原草料产出、草原资源及其生态系统承载力。载畜量,即草原行政主管部门核定的可养殖数量。草原承包经营者还应当采取种植和储备饲草饲料、增加饲草饲料供应量、调剂处理牲畜、优化畜群结构、提高出栏率等措施,保持草畜平衡。

二是实行草原轮牧、轮割制度。草原轮牧,即通过划定不同区域进行轮流放牧,以防止过度放牧,为轮牧区草原资源提供恢复时间和空间。牧区的草原承包经营者应当实行划区轮牧,合理配置畜群,均衡利用草原。轮割,即通过划定割草期、采种期、留茬高度、采割强度、轮割轮采、预留草籽带对草原资源实效划片分时段收割或跨收割时段在下一时段收割。由县级以上地方人民政府草原行政主管部门对割草场和野生草种基地规定合理的割草期、采种期以及留茬高度和采割强度,实行轮割轮采。

三是草原生态保护补偿制度,即对草原资源权利主体采取草畜平衡、禁牧、休牧、轮牧措施的,由国家给予补偿。草原资源权利主体采取的上述行为本质上是草原资源权利的限制。而补偿便是对该权利限制行为进行的补偿。具体补偿方式包括资金补偿和实物补偿:实物补偿即粮食补助;资金补偿则体现为现金补偿和草种费补偿。

四是草原资源征收、征用及其补偿制度。其并非草原资源利用的独特制度,土地资源、森林资源的征收、征用也需要进行补偿。草原资源征收,即将草原资源的集体所有权变更为国家所有权,除涉及草原资源的集体所有权外,还涉及集体或国有草原资源的承包经营权的补偿。草原资源的征收、征用,必须经省级以上人民政府草原行政主管部门审核同意后,依照有关土地管理的法律、行政法规办理建设用地审批手续。

五是草原占有审批制度。草原资源占用包括临时占用和永久占用。永久占用即在草原上修筑永久性构筑物。对于需要临时占用草原的,应当经县级以上地方人民政府草原行政主管部门审核同意。而且临时占用草原的期限不得超过 2 年,并不得在临时占用的草原上修建永久性建筑物、构筑物;占用期满,用地单位必须恢复草原植被并及时退还。对于在草原上修建直接为草原保护和畜牧业生产服务的工程设施,需要使用草原的,由县级以上人民政府草原行政主管部门批准;修筑其他工程,需要将草原转为非畜牧业生产用地的,必须依法办理建设用地审批手续。这些直接为草原保护和畜牧业生产服务的工程设施,包括生产、贮存草种和饲草饲料的设施,牲畜圈舍、配种点、剪毛点、药浴池、人畜饮水设施,草原防火和灌溉设施,等等。

五、草原资源保护制度

党的十九届五中全会明确提出,要坚持保护优先、自然恢复为主,守住自然生态安全边界。草原资源保护是草原资源安全的重要制度保障。广义的草原资源保护包括草原资源规划、保护、修复、建设等系列制度；狭义的草原资源保护则指基本草原保护制度、草原资源利用限制等保护性制度。

一是基本草原保护制度。基本草原是指我国划定应当进行严格保护和严格管理的草原资源类型，包括重要放牧场，割草地，用于畜牧业生产的人工草地、退耕还草地以及改良草地、草种基地，对调节气候、涵养水源、保持水土、防风固沙具有特殊作用的草原，作为国家重点保护野生动植物生存环境的草原，草原科研、教学试验基地，以及国务院规定应当划为基本草原的其他草原。我国内蒙古自治区、宁夏回族自治区等地均制定了专门的基本草原保护条例，对基本草原的严格保护和管理进行了具体规定。

二是草原自然保护区制度。草原保护区是指对具有代表性的草原类型、珍稀濒危野生动植物分布区、具有重要生态功能和经济科研价值的草原，由国务院草原行政主管部门或者省、自治区、直辖市人民政府按照自然保护区管理的有关规定依法划出一定面积予以特殊保护和管理的区域。

三是草原资源利用禁限制度。草原资源利用禁限，即对面临不同生态情势草原资源的利用采取不同的限制或保护要求的禁止、限制利用或保护制度。前文所述草畜平衡制度也属于该类制度的内容。此外，包括退耕还草、限期治理、采挖限制、采矿审批等草原资源利用禁限和保护制度。退耕还草，即对水土流失严重、有沙化趋势、需要改善生态环境的已垦草原，应当有计划、有步骤地退耕还草。限期治理，即对于已造成沙化、盐碱化、石漠化的，应当限期治理。采挖限制则是为了防止采挖对草原资源造成破坏，因此禁止在荒漠、半荒漠和严重退化、沙化、盐碱化、石漠化、水土流失的草原以及生态脆弱区的草原上采挖植物和从事破坏草原植被的其他活动。对于在草原上从事采土、采砂、采石等作业活动，应当报县级人民政府草原行政主管部门批准；开采矿产资源的，应当依法办理有关手续。同时，还应当在规定的时间、区域内，按照准许的采挖方式作业，并采取保护草原植被的措施，并事先征得草原使用者的同意。

四是草原防火制度。草原火灾不仅严重破坏森林草原资源和生态环境，而且会对人民生命财产和公共安全产生极大的危害，对国民经济可持续发展和生态安全造成巨大威胁，如烧毁森林草原植被资源、危害野生动物、引起水土流失、使下游河流水质下降、引起空气污染、威胁人民生命财产安全。草原防火制度是预防草原火灾发生的重要制度保障，是草原资源保护的重要制度。我国不仅在《草原法》中对草原防火制度进行了规定，还专门制定了《草原防火条例》。2022年，为了有效预防和扑救森林草原火灾，保障人民生命财产安全，我国对《森林防火条例》《草原防火条例》的内容进行修改，合并为《森林草原防灭火条例（草案征求意见稿）》。具体而言，我国草原防火要求贯彻预防为主、防消结合的方针，实行地方各级人民政府行政首长负责制和部门、单位领导负责制。草原的经营使用单位和个人，在其经营使用范围内承担草原防火责任。此外，我国《草原防火条例》还规定了草原火灾的预防、扑救、灾后处置、法律责任等具体制度。

五是草原病虫害防治制度。草原病虫害防治由县级以上地方人民政府组织管理,其应当采取措施,加强草原鼠害、病虫害和毒害草监测预警、调查以及防治工作,组织研究和推广综合防治的办法。

六、草原资源监督检查制度

(一) 草原资源的监督管理体制

草原资源的监督管理体制涉及对草原资源进行监督管理的主体间的关系。1985 年《草原法》第 3 条仅笼统规定:"国务院农牧业部门主管全国的草原管理工作,县级以上地方人民政府农牧业部门主管本行政区域内的草原管理工作。"直到 2002 年《草原法》修订时,才进行了较为具体的规定。具体而言,第 8 条第 1 款规定"国务院草原行政主管部门主管全国草原监督管理工作";第 2 款规定"县级以上地方人民政府草原行政主管部门主管本行政区域内草原监督管理工作";第 3 款规定"乡(镇)人民政府应当加强对本行政区域内草原保护、建设和利用情况的监督检查,根据需要可以设专职或者兼职人员负责具体监督检查工作"。由此,形成了国务院草原行政主管部门、省(自治区、直辖市)市县三级地方人民政府、专职或兼职监督检查人员五级草原资源监督管理体制。各级人民政府的责任包括对草原资源的保护、建设和利用的管理,以及将草原资源的保护、建设和利用纳入国民经济和社会规划。国民经济和社会规划是各地经济社会建设的指导和依据,各地都会根据上一级国民经济和社会规划制定本地的国民经济和社会规划。

(二) 监测制度

如前所述,我国于 2008 年制定了《全国草原监测工作方案》,对草原资源监测的工作目标、监测内容、监测任务分工、监测工作要求、监测数据上报、工作进度等作了具体规定。主体上由畜牧业司负责全国草原监测工作,草原监理中心组织编制全国草原资源与动态监测年度计划,组织、协调、指导全国草原监测工作,组织编制草原监测报告。全国畜牧总站组织草原鼠害、病虫害监测和草原保护工程建设效果监测工作,承担草原监测的技术支持与服务。省级草原监测职能部门按照要求组织开展本行政区域内的草原监测工作。监测内容包括以下七个方面:(1) 草原资源状况,即草原面积、类型、等级、分布情况;(2) 草原生态状况,即草原退化、沙化、盐渍化、石漠化等情况;(3) 草原植被状况,即植被组成、盖度、高度、物种数量变化情况等;(4) 草原生产力状况,即全国及各省(区、市)草原植被长势、鲜草及干草总产量、载畜能力以及各类型草原生产力;(5) 草原利用状况,即草原利用方式、载畜量、草畜平衡状况等;(6) 工程建设效果,即草原保护建设重点工程区内外、工程实施前后植被和生态状况,包括草原植被高度、盖度、生产力、植被组成及生态环境变化等情况;(7) 草原灾害情况,即草原火灾、鼠虫害发生次数、面积、分布、特点及灾害损失情况,以及草原雪灾、旱灾等自然灾害情况等。

我国草原资源监测制度尽管得到了一定程度的完善,但仍存在较大问题。例如,草原监测评价制度在监测力量、技术、标准、数据来源、时限、数据共享方面仍旧有局限性。对此，《国务院办公厅关于加强草原保护修复的若干意见》专门要求：健全草原监测评价体系；建立完善草原监测评价队伍、技术和标准体系；加强草原监测网络建设，充分利用遥感卫星等数据资源，构建空天地一体化草原监测网络，强化草原动态监测；健全草原监测评价数据汇交、定期发布和信息共享机制；加强草原统计，完善草原统计指标和方法。

（三）草原防火约谈制度

草原防火约谈制度是我国草原资源保护和草原火灾预防领域的一项新制度，它既是草原防火制度的重要补充，又是草原监督制度的重要组成部分，是促进草原防火责任和制度落实的重要保障制度。我国林业和草原局于 2022 年 3 月 24 日发布了《国家林业和草原局森林草原防火约谈暂行办法》，对森林和草原防火约谈制度作了细致规定。具体而言，该办法从森林草原防火约谈的概念、原则、适用情形等方面进行了规定。

森林草原防火约谈，是指国家林业和草原局约见未履行森林草原防火职责或者履行职责不到位的县级以上地方人民政府、林业和草原主管部门、六大森工集团负责人，就森林草原防火工作中存在的问题采取的提醒告诫谈话、听取情况说明、提出整改要求的行政措施。

自测习题

第十章
海洋资源法

导语 人类的生存和发展始终与自然资源密切相关。随着技术的进步,人类对自然资源的认识和开发利用的程度逐渐加深,陆地资源的枯竭使人类将目光投向了海洋。海洋是地球生命的起源,更是人类发展的生命保障系统,海洋生态系统的健康状态与人类的发展和命运息息相关。21 世纪被誉为海洋世纪,如何运用法律保障海洋资源的合理开发和可持续利用,是我们需要认真思考的时代课题。本章着眼于海洋资源,重点介绍了不同层级的海洋资源立法及主要法律制度。主要内容包括:(1) 海洋的概念、海洋资源的概念;(2) 域外海洋资源主要立法规定、我国海洋资源法的立法沿革;(3) 海洋资源法的主要法律规定。本章重点难点包括海洋、海洋资源等的概念,与海洋资源有关的法律制度,《联合国海洋法公约》中与海洋资源利用与保护相关的规定。

第一节 海洋资源概述

一、海洋

(一) 海洋的概念

在地球科学上,海洋是指地球上最广阔的水体的总称。地球上海洋总面积约为 3.61 亿平方千米,占地球表面积的 70.8%,平均水深约 3 795 米。海洋含有 13.5 亿立方千米的水,约占地球上总水量的 97%。海洋包括"海"和"洋"。按照《气象学词典》的解释,"洋"远离大陆,深度在 2 000—3 000 米以上,有独立的潮汐和海流系统,温度、盐度、密度、水色、透明度等水文状况比较稳定,几乎不受大陆影响,季节变化小。地球上有太平洋、大西洋、印度洋、北冰洋四大洋,它们的总面积占海洋总面积的 89%。"海",乃是海洋之边缘,邻靠陆地,水深较浅,深度在一般 2 000 米以内,盐度、水温受大陆影响显著,季节变化大,透明度低,没有独立的潮汐和海流系统。[①]海的主要类型包括陆间海、边缘海和内海。陆间海即位于大陆之间的海,面积和深度较大;边缘海位于大陆边缘,外侧以半岛、岛屿、群岛等与大洋分隔,如东海;内海是伸入大陆内部的海,通常面积小、受陆地影响强烈,海洋环境的局部特征明显,如渤海。

《辞海》对"海洋"的注释如下:海洋,由作为主体的海水水体、生活于其中的海洋生物、邻近海面上空的大气和围绕海洋的周缘的海岸及海底等组成的统一体。这就是我们通常所说的广义上的海洋。狭义的海洋是指作为海洋主体的广袤无边、连续不断的海水水体。海洋资源法上所说的海洋是广义的海洋。依据《联合国海洋法公约》和我国《领海及毗连区法》《海域使用管理法》等规定,法律上的海洋水域包括:内海、领海、海湾、毗连区、国际海峡、闭海与半闭海、专属经济区和公海。不同海域可能在主权归属上有所区别,海洋环境资源保护的管辖权主体、义务主体也不尽相同。海洋地域是指海洋水域所邻接或覆盖的陆地地带,主要包括海岸带、大陆架、岛礁和国际海底区域。

(二)海洋的生态功能

海洋是人类文明的发源地,地球上最初的生命来自海洋微生物。作为人类赖以生存和发展的自然环境中非常重要的组成部分,海洋在调节气候、缓和气温变化、分解净化污染物以及保存生物多样性等方面发挥着巨大的作用。

1. 海洋是空气调节器

海洋中大量的绿色浮游植物(如海藻)通过光合作用,产生的氧气约占大气总含氧量的3/4,吸收的二氧化碳占大气中二氧化碳总量的2/3左右。因此,海洋通过为地球提供大部分氧气并吸收大量的二氧化碳来保持大气中的气体平衡。

2. 海洋是气候调节器

巨大的海洋水体是影响全球气象的主要因素之一,海洋调节着地球上的气候,使人类得以在自然平衡中生存和发展。大量海水蒸发后通过降水补充了地球上淡水的不足,推动了地球上水的循环。海水里储存着大量的太阳辐射能,通过海水"三态"的变化,吸收和释放巨大的能量,并通过海洋流循环,促进低纬度地区和高纬度地区热量交换,从而调节地球气温。

3. 海洋是环境净化器

人类活动所产生的废物不管是扩散到大气中,丢弃在陆地上,还是排放到江河里,由于风吹、雨淋、江河径流的作用最后都可能把这些污染物带入海洋,而海洋是一个稳定的具有很强自我净化能力的生态系统,绝大多数污染在这里可以被分解净化。当然,随着越来越多的污染物进入海洋,有些海域的生态功能已经被大大降低。[②]

4. 海洋是生物多样性的保存库

辽阔的海洋孕育着难以计数的动物、植物、微生物。海洋是地球生物物种多样性、遗传

---

① 朱炳海等主编:《气象学词典》,上海辞书出版社 1985 年版,第 33 页。
② 张梓太主编:《自然资源法学》,北京大学出版社 2007 年版,第 77 页。

多样性和生态系统多样性的最大保存库。

二、海洋资源

（一）海洋资源的概念

海洋资源是自然资源的一种,结合《中国21世纪议程——中国21世纪人口、环境与发展白皮书》中的表述,[①] 本书将海洋资源的概念界定为:海洋资源是指赋存于海洋环境中,在一定经济技术条件下,可以被人类利用的物质和能量以及与海洋开发有关的海洋空间。

海洋是全球生命支持系统的一个重要组成部分,也是一种有助于实现社会保持经济可持续发展的宝贵财富。开发和利用海洋资源是解决人类面临的人口膨胀、资源短缺、环境恶化的重要途径之一。20世纪60年代开始出现"海洋开发热",传统的海洋产业,如捕捞、海运盐业等有了较快的发展,新兴的海洋产业,如海洋油气、海水养殖、滨海旅游、海洋化工等,正在大规模崛起。据统计,20世纪80年代以来,随着世界上许多国家开发海洋的活动日益高涨,合理开发利用保护和改善海洋资源对于各国解决可持续发展问题具有重要的战略意义,特别是在作为"海洋世纪"的21世纪,其重要性会更加凸显。对于我国这样一个人口多、人均资源少、陆地自然资源相对短缺的国家来说,海洋资源对于国家未来的发展具有尤为重要的意义。在可持续开发利用海洋资源已是全球性趋势和世界各国的重要战略选择的环境下,我国要保障经济、社会的持续、快速、健康发展,就必须迎接海洋经济建设的世界性挑战,把开发利用海洋作为一项长期的战略任务,合理开发利用"蓝色国土",建设海洋经济强国。

（二）海洋资源的分类

海洋资源是一类特殊的自然资源,按照不同的标准可以对其进行不同的分类。按照海洋资源有无生命,可将其分为海洋生物资源和海洋非生物资源。按照海洋资源是否可能耗竭,可将其分成耗竭性海洋资源和非耗竭性海洋资源两大类。耗竭性资源按其是否可以更新或再生,可分为再生性海洋资源和非再生性海洋资源。其中,再生性资源主要指由各种生物及由生物和非生物组成的生态系统,在正确的管理和维护下,可以不断更新利用,如果使用管理不当可能会退化、解体并且有耗竭的可能。按照海洋资源本身的属性和用途,可将其分为海水资源、海底矿产资源、海洋生物资源、海洋能源资源、海洋空间资源和海洋化学资源等。根据海洋资源本身的属性和用途对海洋资源进行分类,更便于强调和突出海洋资源的属性和用途,更有利于对海洋资源的研究、开发、利用和保护。下文重点介绍以下三种海洋资源。

1. 海水资源

海水资源是指海水水体本身以及溶解于海水中的各种可利用物质。海水的资源化利用

---

① 《中国21世纪议程——中国21世纪人口、环境与发展白皮书》认为:海洋资源是指赋存于海洋环境中可以被人类利用的物质和能量以及与海洋开发有关的海洋空间。

主要表现在:(1) 海水淡化,即通过特定的技术、设备和方法从海水中获取淡水,海水淡化已经解决了超过 1 亿人口的供水问题。(2) 海水直接利用,即以海水直接代替淡水作为工业用水和生活用水等,包括海水冷却、海水脱硫、海水回注采油、海水冲厕和海水冲灰、洗涤、消防、制冰、印染等。(3) 海水化学资源综合利用,即从海水中提取各种化学元素、化学品并对其进行深加工,主要包括海水制盐、苦卤化工,提取钾、镁、溴、硝、锂、铀进行深加工等,海水中含有丰富的化学资源,已发现的海水化学物质超过 80 种,其中有 11 种元素占海水溶解物质总量的 99.8% 以上,可提取的化学物质超过 50 种。(4) 海洋运输,即利用海水浮力进行货物和人员运输,这是最传统的利用方式。(5) 海水养殖,即利用海水人工繁殖、养育海洋水产植物、鱼类以满足人类需求。[①]

2. 海底矿产资源

在大陆架、海洋沉积物和大洋底土中蕴藏着丰富的矿产资源,种类可以基本涵盖现代社会对矿产的需求。目前已经探明的海底矿产资源主要包括:(1) 石油、天然气。据估计,世界石油极限储量为 1 万亿吨,可采储量 3 000 亿吨,其中海底石油 1 350 亿吨;世界天然气储量为 255—280 亿立方米,海洋储量占 140 亿立方米。20 世纪末,海洋石油的年产量达 30 亿吨,占世界石油总产量的 50%。(2) 煤、铁等固体矿产。目前已发现的海底固体矿产超过 20 种,世界许多近岸国家海底已开采煤铁矿藏,日本海底煤矿的开采量占其总产量的 30%。(3) 滨海砂矿。海砂除用作建筑材料外,还可提炼多种金属、重金属、宝石及稀有金属,如发射火箭用的固体燃料钛的金红石。(4) 多金属结核。此类矿产含有锰、铁、镍、铜等几十种元素,3 500—6 000 米大洋底土储藏的多金属结核约有 3 万亿吨。其中锰的产量可供世界用 1.8 万年。(5) 热液矿藏。这是一种含有大量金属的硫化物,由海底裂谷喷出的高温岩浆冷却沉积形成,目前已发现超过 30 处矿床,仅美国加拉帕戈斯裂谷的储量就达 2 500 万吨。(6) 可燃冰。这是一种被称为天然气水合物的新型矿物,是在低温、高压条件下,由碳氢化合物与水分子组成的冰态固体物质。可燃冰能量密度高、杂质少、燃烧后几乎无污染、矿层厚、规模大、分布广、资源丰富。据估计,全球可燃冰的储量是现有石油天然气储量的 2 倍,在日本、俄罗斯、美国等海域均已发现大面积的可燃冰分布区。[②]

3. 海洋生物资源

海洋中可为人类利用的生物资源极其丰富。海洋生物有十多万种到几百万种之多,海洋的总生物生产力约为陆地总生物生产力的 7 倍。人类目前主要是将海洋生物用作食物资源和药物资源。随着人类经济技术水平的提高,能被人类认识和利用的海洋资源的种类和数量还会增加。世界水产品中,85% 左右产自海洋。海洋中的鱼类多达 2.5 万多种,甲壳类有 2 万多种。可供人类食用的鱼贝、虾、藻类约为 6 亿吨。海洋的食品供应潜力巨大,其所能提供的食物总量相当于全球耕地所产农产品总量的 1 000 倍,足以满足 300 亿人口的饮食

---

① 宁清同主编:《海洋环境资源法学》,法律出版社 2017 年版,第 33 页。

② 宁清同主编:《海洋环境资源法学》,法律出版社 2017 年版,第 34 页。

需求。此外,部分海洋生物还具有药用价值。据估计,海洋生物资源中可提制出 2 万多种药品,这一领域的开发潜力日益显现。

三、我国海洋资源的现状

我国拥有丰富的海洋资源,不仅品种多样,而且蕴藏量十分可观。海域生物物种繁多,已鉴定的鱼虾、藻类达 20 278 种。油气资源沉积盆地约 70 万平方千米,石油资源量估计为 240 亿吨左右,天然气资源量估计为 14 万亿立方米,还有大量的天然气水合物资源,即最有希望在 21 世纪成为油气替代能源的"可燃冰"。我国管辖海域内有海洋渔场 280 万平方千米,20 米以内浅海面积 2.4 亿亩,海水可养殖面积为 260 万公顷,已经养殖的面积为 71 万公顷。浅海滩涂可养殖面积为 242 万公顷,已经养殖的面积为 55 万公顷。我国已经在国际海底区域获得 7.5 万平方千米多金属结核矿区,多金属结核储量有 5 亿多吨。此外,沿海地区还有 1 500 多处旅游娱乐景观资源,适合发展海洋旅游业。

海洋对于我国可持续发展战略至关重要。目前,我国海洋产业已经成为沿海经济的重要内容之一。根据《2021 年中国海洋经济统计公报》(2022 年 4 月 6 日发布),2021 年全国海洋生产总值首次突破 9 万亿元,达 90 385 亿元,比上年增长 8.3%,对国民经济增长的贡献率为 8.0%,占沿海地区生产总值的比重为 15.0%。[①] 我国多数陆地资源的人均占有量低于世界平均水平,目前陆地资源开发形势十分严峻。丰富的海洋资源,能为我国的经济发展提供一定的保障,海洋越来越成为一块魅力无限的"蓝色国土",向海洋进军,让海洋资源服务于人类,对我国的发展具有重要意义。

四、我国海洋资源开发利用中存在的问题

虽然我国海洋资源的开发利用潜力巨大,前景广阔,但海洋资源开发利用中也存在许多问题。海洋综合管理机制尚未建立,行业用海矛盾影响着海域的综合开发效益,海洋资源开发利用的不合理造成资源与环境的破坏和严重浪费。沿海地区经济发展和海上开发活动对于海洋环境的压力也越来越大。如过度的滩涂围垦,超量的水产养殖,大量的海洋、海岸工程建设对海洋生态环境造成了不同程度的破坏。不少沿海地区抵御海洋灾害的天然屏障,如红树林、芦苇荡、珊瑚礁等遭到了毁灭性的破坏。在过去 50 年里,滨海湿地丧失近 50%,号称南海海岸守护神的红树林已丧失 70% 左右,仅剩 2 万公顷左右,近岸珊瑚礁约 80% 也已遭破坏。而过多的养殖、超量投放的饵料、滥用的药物对原有生物群落产生了极为不利的影响。与此同时,我国的海域,特别是近岸海域、海湾、河口海域污染现象十分严重。从渤海到珠江口,因污染导致的赤潮频频发生,给渔业、养殖业及人民生活造成严重的影响。海

① 自然资源部:《2021 年中国海洋经济统计公报》,载中华人民共和国中央人民政府网。

洋生物资源过度开发和破坏严重,海洋生态系统遭到不同程度的破坏,海洋资源开发利用水平低、不充分,海洋灾害种类多、危害大。我国沿岸近海有不少经济价值高的优势渔业种类,由于过度捕捞,数量和质量都明显下降,如大小黄鱼、带鱼、海蜇等数量锐减,真鲷、梭鱼、鲜蝶、鳄鱼、鲈鱼等都成了稀有种类。20 世纪 70 年代,渤海产对虾 10 万吨以上,90 年代仅剩 0.3 万—0.4 万吨。近年来,河北、山东、江苏沿海出现不同程度的海岸侵蚀。部分入海河流挟带大量泥沙,使港口发生淤积,影响海域功能正常发挥。我国要实现从海洋大国向海洋强国的转变,实现可持续发展,必须要解决这些问题。而解决这些问题离不开法律制度的支撑,我们需要制定相应的法律法规来对此进行规范,因此,规制海洋资源开发保护行为的海洋资源法得以产生。

第二节　我国海洋资源法的立法沿革

海洋资源法,指国家为调整人们在海洋资源开发、利用、保护和管理过程中所产生的各种社会关系的法律规范的总称,具体包括海洋生物资源、矿产资源、旅游资源、海洋能资源、海域资源等方面的法律。相对于环境法中其他的子部门法,海洋资源法的历史相对较短。

一、域外海洋资源法的立法情况

人类在近代社会才真正开始大规模地开发利用海洋。18 世纪工业革命以后,随着人类开发海洋能力的提高和海洋活动的强化,海洋环境污染和海洋资源破坏的问题逐渐凸显。19 世纪以前,各国法律中基本都不涉及海洋资源问题。19 世纪至 20 世纪初,各国对海洋的立法主要强调公海自由和领海自由,但也出现了一些涉及海洋资源保护的法律,如美国1888 年《港口管理法》、1899 年《河流与港口法》、1924 年《防止油污染法》和 1925 年《公共船舶法》等。"二战"后,随着对海洋资源开发能力的增强,各国也意识到需要对海洋资源进行保护,纷纷制定了法律,如美国的《海洋资源与工程发展法》《海洋哺乳动物保护法》《海洋开发、研究和自然保护区》等。日本也相继制定了《水产资源保护法》《海洋水产资源开发促进法》等法律。与此同时,世界各国签订了许多国际条约,其中 1982 年《联合国海洋法公约》是具有里程碑性质的文件。《联合国海洋法公约》是国际社会合作保护海洋环境资源的最引人注目的成就之一,它几乎对海洋环境资源保护的各个方面都进行了规定。此外,还通过了不少区域性的海洋环境资源保护公约,如 1974 年《保护波罗的海海洋环境保护公约》、1976 年《保护地中海免受污染公约》、1986 年《保护南太平洋地区自然资源和环境公约》、1992 年《保护东北大西洋海洋环境公约》等。

二、我国海洋资源法的立法沿革

我国早在民国时期就有了关于海洋资源保护方面的法律,1929 年就曾制定《渔业法》。20 世纪五六十年代,我国涉海立法主要是关于海洋行政管理的法规,并没有制定专门的保护海洋资源的法律。但这些海洋行政管理法规在一定程度上发挥了保护海洋环境资源的作用,也为以后的海洋环境资源立法奠定了基础。例如,1955 年国务院颁布的《关于渤海、黄海及东海机轮拖网渔业禁渔区的命令》。

20 世纪 70 年代,随着海上石油运输的迅速发展,油轮漏油事故时有发生,为了防止海域遭受污染,我国开始陆续制定海洋环境资源保护的法律法规。如 1974 年,国务院批准试行《防止沿海水域污染暂行规定》,促进了海洋水域环境的维护。1979 年,国务院颁布了《水产资源繁殖保护条例》,该条例将具有经济价值的水生动物和植物及其赖以繁殖成长的水域环境纳入保护范围,规定了关于采捕的原则,并对禁渔区、禁渔期、渔具、渔法以及水域环境的维护进行了规定。1978 年《宪法》规定,国家保护环境和自然资源,防治污染和其他公害,原则上适用于海洋资源保护。1979 年《环境保护法(试行)》对海洋资源保护作了一些简单规定。

20 世纪 80 年代以来,我国海洋资源保护立法进入快速发展的时期。1982 年通过了《海洋环境保护法》,这是关于海洋环境资源保护的第一个综合性立法。虽然 1982 年《海洋环境保护法》更多的是关于海洋环境污染防治的规定,但也对海洋资源的开发、利用和保护作出了一些规定。此后我国又陆续颁布了一系列专门的海洋资源利用保护的法律文件。1982 年,国务院颁布《对外合作开采海洋石油资源条例》;1983 年,国务院公布施行《海洋石油勘探开发环境保护管理条例》;1986 年,全国人大常委会发布实施《矿产资源法》;1990 年,国家海洋局发布实施《海洋石油勘探开发环境保护管理条例实施办法》。这一系列的法律规定对海洋石油资源的开发利用起到了一定的保护作用。1983 年《海洋捕捞渔船管理暂行办法》、1986 年《渔业法》及 1987 年《渔业法实施细则》、1993 年《水生野生动物保护实施条例》等立法进一步加强了渔业资源等海洋生物资源的保护、开发和合理利用,促进了渔业生产,保护了渔业生产者的合法权益。1992 年《领海及毗连区法》、1994 年《自然保护区条例》和 1998 年《专属经济区和大陆架法》、2001 年《海域使用管理法》、2003 年《港口法》、2009 年《海岛保护法》以及 1995 年《海洋自然保护区管理办法》、2016 年《深海海底区域资源勘探开发法》等立法对海域资源的开发、利用、保护和对承载海洋资源的海洋生境的保护作了具体规定。

第三节　海洋资源法的主要法律规定

我国拥有绵长的海岸线和丰富的海洋资源,对海洋资源的合理开发和利用是实现我国社会经济可持续发展的重要保证之一。海洋资源法不是指某项具体的海洋法律文件,而是指由一系列有关海洋资源的法律、法规以及其他规范性法律文件有机组成的系统,即海洋资源法体系。海洋资源法律体系,是由相互联系、相互补充、相互制约,旨在调整因开发、利用、保护、改善海洋资源所发生的社会关系的法律、法规、规章和其他具有法律约束力的规范性文件所组成的系统。

我国迄今已颁行了一系列有关海洋资源保护与海洋管理方面的法律法规,初步构成了我国海洋资源保护法律体系。从立法的视角,我国海洋资源保护法律体系由宪法、法律、行政法规、地方性法规、政府规章和其他规范性文件、国际条约构成。这些具有不同法律地位和效力的规范性法律文件,构成了我国海洋资源保护法律体系。

一、宪法

宪法主要规定国家在合理开发、利用、保护、改善环境和自然资源方面(包括海洋资源)的基本职责(即基本权利和义务)、基本政策以及单位和公民在这方面的权利和义务等基本问题。宪法是国家的根本大法,宪法中有关海洋资源保护的规定具有指导性、原则性和政策性,它构成我国海洋资源保护法律体系的基础,内容主要包括关于自然资源的权属、利用和保护这三个方面。《宪法》第9条规定,矿藏、[1] 水流、森林、山岭、草原、荒地、[2] 滩涂[3] 等自然资源,都属于国家所有,即全民所有;由法律规定属于集体所有的森林和山岭、草原、荒地、滩涂除外。国家保障自然资源的合理利用,保护珍贵的动物和植物。禁止任何组织或者个人用任何手段侵占或者破坏自然资源。

二、法律与行政法规

我国目前还没有直接以开发和保护海洋资源为名的法律和行政法规,但是《海洋环境保护法》《海域使用管理法》《海岛保护法》《深海海底区域资源勘探开发法》《领海及毗连区法》《专属经济区和大陆架法》《海警法》《防止船舶污染海域管理条例》《防止拆船污染环境管理条例》《铺设海底电缆管道管理规定》《海洋倾废管理条例》《防治海岸工程建设项目污染损害海洋环境管理条例》《防治陆源污染物污染损害海洋环境管理条例》等法律法规对海洋资源开发与保护的主要方面作出了可操作性规定。2001年10月27日,第九届全国人民代表大会常务委员会第二十四次会议通过了《海域使用管理法》。该法的颁布,进一步完善了我国的海洋资源开发、利用、保护与管理制度,标志着我国海洋资源的开发利用和管理进入一个新的发展阶段。[4]

---

① 可解释为包括了海底矿产资源。
② 可解释为包括无居民海岛资源。
③ 可解释为包括海岸滩涂。
④ 蔡守秋主编:《环境资源法教程》,高等教育出版社2017年版,第259页。

(一)《海洋环境保护法》的主要内容

《海洋环境保护法》是我国在开发和保护海洋环境资源方面的主体性和综合性法律。在其框架下,国务院和国家有关主管部门还制定了一些相关的行政法规、地方性法规、规章和标准等。《海洋环境保护法》规定了海洋资源开发、利用、保护和管理过程中最基本的各项制度。具体包括:

1. 海洋环境标准制度

海洋环境标准是确定和衡量海洋环境好坏的一种尺度。一般分为三类,即海水水质标准、海洋沉积物标准和海洋生物体残毒标准。1982年,我国颁布了《海水水质标准》。我国的《污水综合排放标准》中也包含了对排入各类海域的污水的相关规定。国家根据海洋环境质量状况和国家经济、技术条件,制定国家海洋环境质量标准;对于国家标准中未作规定的项目,沿海省、自治区、直辖市人民政府可以制定地方海洋环境质量标准。

2. 海洋功能区划制度

海洋功能区划是指为了合理使用海域和科学开发海洋资源,依照海洋的自然属性和社会属性以及资源和环境的特定条件所作的主导功能和使用范围的划分。

不同的海洋区域对于人类生活和经济发展、科学研究等的作用不完全一样,环境保护工作也应有不同的措施。我国重要的海洋环境区划包括:海洋特别保护区,即为海洋渔业、航运、军事体育训练等事业的特殊需要而划定的海洋区域;海上自然保护区,即为保护海洋环境及其生态系统和自然资源的完整性,开展有关科学研究而划定的海洋区域;海滨风景游览区,即风景秀丽、气候宜人,适合于游览旅行的海滨地区。国务院曾于1982年、1988年和1994年批准了三批国家重点风景名胜区,其中有北戴河、崂山、三亚等海滨风景游览区。

各级人民政府应根据海洋功能区划制定海洋环境保护规划,确立海洋环境保护目标和实施方案。海洋环境保护规划是各级人民政府和各海洋环境监督管理部门开展海洋环境保护工作的基本依据。

3. 海洋环境监测、监视信息管理制度

《海洋环境保护法》第23条规定:"国务院生态环境主管部门负责海洋生态环境监测工作,制定海洋生态环境监测规范和标准并监督实施,组织实施海洋生态环境质量监测,统一发布国家海洋生态环境状况公报,定期组织对海洋生态环境质量状况进行调查评价。国务院自然资源主管部门组织开展海洋资源调查和海洋生态预警监测,发布海洋生态预警监测警报和公报。其他依照本法规定行使海洋环境监督管理权的部门和机构应当按照职责分工开展监测、监视。"第25条规定:"国务院生态环境主管部门会同有关部门和机构通过智能化的综合信息系统,为海洋环境保护监督管理、信息共享提供服务。国务院有关部门、海警机构和沿海县级以上地方人民政府及其有关部门应当按照规定,推进综合监测、协同监测和常态化监测,加强监测数据、执法信息等海洋环境管理信息共享,提高海洋环境保护综合管理水平。"

《海洋环境保护法》还对海洋生物资源、海岛以及自然岸线的开发、利用和保护作出了规定。《海洋环境保护法》第 36 条第 2 款规定："开发利用海洋和海岸带资源,应当对重要海洋生态系统、生物物种、生物遗传资源实施有效保护,维护海洋生物多样性。"第 38 条规定:"开发海岛及周围海域的资源,应当采取严格的生态保护措施,不得造成海岛地形、岸滩、植被和海岛周围海域生态环境的损害。"第 39 条规定:"国家严格保护自然岸线,建立健全自然岸线控制制度。沿海省、自治区、直辖市人民政府负责划定严格保护岸线的范围并发布。沿海地方各级人民政府应当加强海岸线分类保护与利用,保护修复自然岸线,促进人工岸线生态化,维护岸线岸滩稳定平衡,因地制宜、科学合理划定海岸建筑退缩线。禁止违法占用、损害自然岸线。"

(二)《海域使用管理法》的主要内容

《海域使用管理法》中有关海域资源的法律规定如下:

1. 海域权属制度

海域属于国家所有,国务院代表国家行使海域所有权。任何单位或者个人不得侵占、买卖或者以其他形式非法转让海域。单位和个人使用海域,必须依法取得海域使用权。海域使用权人依法使用海域获得的收益受法律保护,任何单位和个人不得侵犯;对于阻挠、妨害海域使用权人依法使用海域的,海域使用权人可以请求主管部门或法院排除妨害,造成损失的可以请求赔偿损失。海域使用权可以依法转让、依法继承。

(1) 海域使用权的期限。海域使用权最高期限应按照用途确定:养殖用海 15 年;拆船用海 20 年;旅游、娱乐用海 25 年;盐业、矿业用海 30 年;公益事业用海 40 年;港口、修造船厂等建设工程用海 50 年。(2) 海域使用权的续期。海域使用权期限届满,海域使用权人需要继续使用海域的,应当至迟于期限届满前 2 个月向原批准用海的人民政府申请续期。除根据公共利益或者国家安全需要收回海域使用权的,原批准用海的人民政府应当批准续期。准予续期的,海域使用权人应当依法缴纳续期的海域使用金。(3) 海域使用权的变更与转让。因企业合并、分立或者与他人合资、合作经营,变更海域使用权人的,需经原批准用海的人民政府批准。海域使用权人不得擅自改变经批准的海域用途;确需改变的,应当在符合海洋功能区划的前提下,报原批准用海的人民政府批准。(4) 海域使用权的终止。海域使用权期满,未申请续期或者申请续期未获批准的,海域使用权终止。海域使用权终止后,原海域使用权人应当拆除可能造成海洋环境污染或者影响其他用海项目的用海设施和构筑物。(5) 海域使用权的收回。因公共利益或者国家安全的需要,原批准用海的人民政府可以依法收回海域使用权。在海域使用权期满前提前收回海域使用权的,对海域使用权人应当给予相应的补偿。(6) 海域使用权争议的解决。因海域使用权发生争议,当事人协商解决不成的,由县级以上人民政府海洋行政主管部门调解;当事人也可以直接向人民法院提起诉讼。在海域使用权争议解决前,任何一方不得改变海域使用现状。(7) 填海项目的土地权属。国家严格管理填海、围海等改变海域自然属性的用海活动。经过批准的填海项目竣工后形成的土地,属于国家所有。海域使用权人应当自填海项目竣工之日起 3 个月内,凭海域使用权证书向县级以上人民政府土地行政主管部门提出土地登记申请,由县级以上人民政府登记造册,换发国有土地使用权证书,确认土地使用权。

2. 海洋功能区划制度

《海域使用管理法》明确规定,"海域使用必须符合海洋功能区划","国家严格管理填海、围海等改变海域自然属性的用海活动"。2002年国务院批准的《全国海洋功能区划》为加强海域使用管理和海洋环境保护提供了具有法定效力的依据。海洋功能区划,是根据海域区位、自然资源、环境条件和开发利用的要求,按照海洋功能标准,将海域划分为不同类型的功能区。该区划将我国管辖的海域划分为港口航运区、渔业资源利用与养护区、旅游区、海水资源利用区、工程用海区、海洋保护区、特殊利用区、保留区等主要海洋功能区,并确定了辽东半岛西部海域、烟台—威海海域、长江口—杭州湾海域、珠江口及毗邻海域等30个重点海域的主要功能。

(1) 海洋功能区划的编制。国务院海洋行政主管部门会同国务院有关部门和沿海省、自治区、直辖市人民政府,编制全国海洋功能区划。沿海县级以上地方人民政府海洋行政主管部门会同本级人民政府有关部门,依据上一级海洋功能区划,编制地方海洋功能区划。海洋功能区划编制的原则是:① 按照海域的区位、自然资源和自然环境等自然属性,科学确定海域功能;② 根据经济和社会发展的需要,统筹安排各有关行业用海;③ 保护和改善生态环境,保障海域可持续利用,促进海洋经济的发展;④ 保障海上交通安全;⑤ 保障国防安全,保证军事用海需要。养殖、盐业、交通、旅游等行业规划涉及海域使用的,应当符合海洋功能区划。沿海土地利用总体规划、城市规划、港口规划涉及海域使用的,应当与海洋功能区划相衔接。

(2) 海洋功能区划的审批。海洋功能区划实行分级审批。全国海洋功能区划报国务院批准。沿海省、自治区、直辖市海洋功能区划,经该省、自治区、直辖市人民政府审核同意后,报国务院批准。沿海市、县海洋功能区划,经该市、县人民政府审核同意后,报所在的省、自治区、直辖市人民政府批准,报国务院海洋行政主管部门备案。海洋功能区划经批准后,应当向社会公布,但是涉及国家秘密的部分除外。

(3) 海洋功能区划的修改。由原编制机关会同同级有关部门提出修改方案,报原批准机关批准;未经批准,不得改变海洋功能区划确定的海域功能。经国务院批准,因公共利益、国防安全或者进行大型能源、交通等基础设施建设,需要改变海洋功能区划的,根据国务院的批准文件修改海洋功能区划。

3. 海域使用的申请与审批制度

(1) 海域使用的申请。单位和个人可以向县级以上人民政府海洋行政主管部门申请使用海域。申请人应当提交下列书面材料:海域使用申请书;海域使用论证材料;相关的资信证明材料;法律、法规规定的其他书面材料。(2) 海域使用申请的审批。县级以上人民政府海洋行政主管部门依据海洋功能区划,对海域使用申请进行审核,并依照《海域使用管理法》和省、自治区、直辖市人民政府的规定,报有批准权的人民政府批准。海洋行政主管部门审核海域使用申请,应当征求同级有关部门的意见。应当报国务院审批的海域使用申请包括:填海 50 公顷以上的项目用海;围海 100 公顷以上的项目用海;不改变海域自然属性的 700 公顷以上的项目用海;国家重大建设项目用海;国务院规定的其他项目用海。

4. 海域使用权登记和统计制度

(1) 国家建立海域使用权登记制度,依法登记的海域使用权受法律保护。海域使用申请经依法批准后,国务院批准用海的,由国务院海洋行政主管部门登记造册,向海域使用申请人颁发海域使用权证书;地方人民政府批准用海的,由地方人民政府登记造册,向海域使用申请人颁发海域使用权证书。海域使用申请人自领取海域使用权证书之日起,取得海域使用权。(2) 海域使用权除申请取得外,也可以通过招标或者拍卖的方式取得。招标或者拍卖工作完成后,依法向中标人或者买受人颁发海域使用权证书。中标人或者买受人自领取海域使用权证书之日起,取得海域使用权。(3) 海域使用权证书的公告。颁发海域使用权证书,应当向社会公告。

5. 海域有偿使用制度

任何单位和个人使用海域进行生产经营活动,都必须缴纳海域使用金,对使用的国家资源给予补偿。

(1) 海域使用金的征收与缴纳。单位和个人使用海域,应当按照国务院的规定缴纳海域使用金。海域使用金应当按照国务院的规定上缴财政。根据不同的用海性质或者情形,海域使用金可以按照规定一次缴纳或者逐年缴纳。(2) 海域使用金的免缴和减免。军事用海,公务船舶专用码头用海,非经营性的航道、锚地等交通基础设施用海,教学、科研、防灾减灾、海难搜救打捞等非经营性公益事业用海,免缴海域使用金。按照国务院财政部门和国务院海洋行政主管部门的规定,经有批准权的人民政府财政部门和海洋行政主管部门审查批准,公用设施用海,国家重大建设项目用海,养殖用海,可以减缴或者免缴海域使用金。

6. 海域使用活动的监督管理体制

海域作为国家所有的资源,原则上实行中央统一管理,但鉴于地方政府在海域利用方面有许多实际需要,不能完全由中央政府直接管理。对此,《海域使用管理法》明确规定,"国务院海洋行政主管部门负责全国海域使用的监督管理。沿海县级以上地方人民政府海洋行政主管部门根据授权,负责本行政区毗邻海域使用的监督管理",即实行中央统一管理和授权地方分级管理相结合的管理体制。

(三)《深海海底区域资源勘探开发法》的主要内容

1. 特点和意义

该法是我国第一个明确规定适用于人类共同继承财产、维护人类共同利益的国内法律。该法适用的深海海底区域,是指国家管辖范围以外的海床、洋底及其底土。根据我国已经批准的《联合国海洋法公约》,国际深海海底区域资源是"人类的共同继承财产"或"人类共同遗产"，对国际深海海底区域及其资源的一切权利由国际海底管理局代表全人类行使。[①]《联合国海洋法公约》规定：缔约国有责任确保具有其国籍或者其控制的自然人或者法人依照公约开展区域内活动，并对此活动提供担保。担保国对承包者因没有履行公约规定的义务而造成的损害负有赔偿责任，但如担保国已经制定法律和规章，并采取行政措施有效管控其担保的承包者在区域内的活动的，则担保国无赔偿责任。到目前为止，主要发达国家和部分发展中国家已经制定或者正在制定区域资源勘探开发法律。《联合国海洋法公约》及1994年《关于执行1982年12月10日〈联合国海洋法公约〉第十一部分的协定》、国际海底管理局探矿和勘探规章、国际海洋法法庭海底争端分庭咨询意见，已经对开发国际深海海底区域资源作出了具体规定。我国制定和实施《深海海底区域资源勘探开发法》是履行国际义务、维护国家及全人类利益的需要。

2. 监督管理体制

该法规定，国务院海洋主管部门负责对深海海底区域资源勘探、开发和资源调查活动的监督管理，国务院其他有关部门按照国务院规定的职责负责相关管理工作。根据该法，国务院海洋主管部门是以管理者的身份而不是以所有者的身份行使其监督检查职责的。国务院海洋主管部门应当对承包者履行勘探、开发合同的情况进行监督检查。

3. 承包者的权利和义务

该法规定了勘探、开发深海海底区域资源的自然人、法人或者其他组织的权利和义务。国家保障从事深海海底区域资源勘探、开发活动的我国自然人、法人或者其他组织的合法权益。我国自然人、法人或者其他组织在向国际海底管理局申请从事深海海底区域资源勘探、开发活动前，应当向国务院海洋主管部门提出申请，经过国务院海洋主管部门审查并予以许可，获得许可的申请者在与国际海底管理局签订勘探、开发合同成为承包者后，可从事勘探、开发活动。承包者转让或者对勘探、开发合同作出重大变更前，应当报经国务院海洋主管部门同意。承包者应当履行保护海洋环境和联合国海洋法公约、国际海底管理局规定的其他义务；在发生突发事件时，应采取一切实际可行与合理的措施，防止、控制对人身、财产、海洋环境的损害。

承包者应当定期向国务院海洋主管部门报告有关履行勘探、开发合同的事项。从事深海海底区域资源勘探、开发和资源调查活动的自然人、法人或者其他组织，应当将有关资料、实物样本汇交国务院海洋和其他相关主管部门。被检查者应当对检查工作予以配合，并为检查工作提供便利。

4. 环境保护

该法特别强调环境保护，相关法律规定涵盖如下内容：(1) 承包者应当在合理、可行的范

---

① 《联合国海洋法公约》规定：(1) 任何国家不应对区域内的任何部分或其资源主张或行使主权或主权权利，任何国家或自然人或法人，也不应将区域或其资源的任何部分据为己有。(2) 区域内资源的一切权利属于全人类，由管理局代表全人类行使。(3) 任何国家或自然人或法人，除按照本部分外，不应对区域矿产资源主张或行使权利。否则，对于任何这种权利的主张、取得或行使，应不予承认。在海底区域与上覆水域和上空的关系上，公约规定，依海底区域制度授予或行使的任何权利，不应影响区域上覆海域的法律地位，或这种水域上空的法律地位。

围内,利用可获得的先进技术,采取必要措施,防止、控制勘探、开发区域内活动对海洋环境造成的污染和其他危害。(2)承包者应当采取必要措施,维护海洋资源的可持续利用,防止对生物多样性的破坏,保护和保全下列海洋资源:稀有或者脆弱的生态系统;衰竭、受威胁或者有灭绝危险的物种;海洋生物的生存环境。(3)承包者应当依照合同和国务院海洋主管部门相关要求,研究勘探、开发区域的海洋状况,确定环境基线,编制勘探、开发活动的环境影响评估报告,依法进行环境监测。

(四)《海岛保护法》的主要内容

海岛直接涉及一国的主权安全,海岛归属涉及国家主权问题。海岛的生态系统和自然资源有其特殊性和独立性,海岛的生态系统与自然资源之间存在相互制约、唇齿相依的密切关系:如果海岛自然环境被严重污染或破坏,必然引起其生态系统恶化而失衡;反之,如果海岛自然资源能得到很好的维护和可持续利用,其生态系统就能保持长期平衡和稳定。海岛权益直接涉及公民的基本权利,作为海岛权益主体的公民不单是指有居民海岛的单位和岛民,常住户口居住地在岛屿之外的其他单位和公民,也可以投资参与海岛的开发利用,作为海岛开发利用的主体。只要公民通过合法程序取得海岛使用权证,在海岛的开发利用过程中,不违反法律规定,遵守海岛管理制度,履行保护海岛资源和生态环境的义务,公民的海岛权益就应该得到充分尊重,其合法的权益就应受到法律保护并不得被非法剥夺。为了保护海岛及其周边海域生态系统、合理开发利用海岛自然资源、维护国家海洋权益、促进经济社会可持续发展,第十一届全国人民代表大会常务委员会第十二次会议于2009年12月26日通过《海岛保护法》,该法自2010年3月1日起施行。此外,我国对海岛各种资源的开发利用以及海岛生态环境的保护,还适用《环境保护法》《土地管理法》《矿产资源法》《渔业法》《海域使用管理法》《海洋环境保护法》《无居民海岛保护与利用管理规定》等法律法规。

根据《海岛保护法》,有关海岛资源开发和利用的法律规定如下:

1. 立法目的与基本原则

《海岛保护法》的立法目的是:保护海岛及其周边海域生态系统,合理开发利用海岛自然资源,维护国家海洋权益,促进经济社会可持续发展。海岛保护的基本原则是:科学规划、保护优先、合理开发、永续利用。

2. 海岛保护规划

国家实行海岛保护规划制度。海岛保护规划是从事海岛保护、利用活动的依据。制定海岛保护规划应当遵循有利于保护和改善海岛及其周边海域生态系统,促进海岛经济社会可持续发展的原则。全国海岛保护规划应当按照海岛的区位、自然资源、环境等自然属性及保护、利用状况,确定海岛分类保护的原则和可利用的无居民海岛,以及需要重点修复的海岛等。国家建立完善海岛统计调查制度、建立海岛管理信息系统。

3. 海岛保护的一般规定

国务院和沿海地方各级人民政府应当采取措施,保护海岛的自然资源、自然景观以及历史、人文遗迹。禁止改变自然保护区内海岛的海岸线。禁止采挖、破坏珊瑚和珊瑚礁。禁止砍伐海岛周边海域的红树林。国家保护海岛植被，促进海岛淡水资源的涵养；支持有居民海岛淡水储存、海水淡化和岛外淡水引入工程设施的建设。国家支持利用海岛开展科学研究活动，依法保护和管理海岛生物物种，支持在海岛建立可再生能源开发利用、生态建设等实验基地。国家安排海岛保护专项资金，用于海岛的保护、生态修复和科学研究活动。

4. 有居民海岛生态系统的保护

有居民海岛的开发、建设应当遵守有关城乡规划、环境保护、土地管理、海域使用管理、水资源和森林保护等法律、法规的规定，保护海岛及其周边海域生态系统。有居民海岛的开发、建设不得超出海岛的环境容量。有居民海岛及其周边海域应当划定禁止开发、限制开发区域。严格限制在有居民海岛沙滩建造建筑物或者设施。严格限制在有居民海岛沙滩采挖海砂。严格限制填海、围海等改变有居民海岛海岸线的行为，严格限制填海连岛工程建设。

5. 无居民海岛的保护

未经批准利用的无居民海岛，应当维持现状；禁止采石、挖海砂、采伐林木以及进行生产、建设、旅游等活动。严格限制在无居民海岛采集生物和非生物样本。从事全国海岛保护规划确定的可利用无居民海岛的开发利用活动，应当遵守可利用无居民海岛保护和利用规划，采取严格的生态保护措施，避免造成海岛及其周边海域生态系统破坏。

6. 特殊用途海岛的保护

国家对领海基点所在海岛、国防用途海岛、海洋自然保护区内的海岛等具有特殊用途或者特殊保护价值的海岛，实行特别保护。

三、地方性法规和政府规章

我国《环境保护法》《海洋环境保护法》和《海域使用管理法》等法律颁布实施后，沿海各省市大都根据这些法律规定的精神，结合本地情况制定或修改完善了相应的地方性法规或政府规章，以使其与法律的规定相一致并保证其有效贯彻实施。如《山东省海域使用管理条例》《海南省红树林保护规定》《江苏省海岸带管理条例》《广东省渔港管理条例》《天津市海域环境保护管理办法》《青岛市近岸海域环境保护规定》等，为解决本地区海洋资源保护的具体问题提供了法律规范。

四、国际条约

我国政府签订和加入的国际条约对我国具有约束力，也是我国海洋资源保护法律体系中不可或缺的组成部分。当代国际海洋法发展史中最重要的法律文件是《联合国海洋法公约》(以下简称《公约》)，其内容涉及海洋事务的各个方面，对国家在各海洋空间的权利和义务进行了全面、明确的规范，被誉为"海洋宪章"。1982 年 12 月 6 日到 10 日，在牙买加的蒙特哥湾举行的第三次海洋法会议上最后通过了《公约》,1994年11月16日该公约生效。1996年5月15日,我国人大常委会批准了《公约》,同年7月该公约对我国生效,标志着我国海洋事业进入了一个新的历史阶段。

《公约》包括1个序言、17个部分,共320条,另有9个附件和4个决议。其内容包括领海和毗连区,用于国际航行的海峡,群岛国,专属经济区,大陆架,公海,岛屿制度,闭海或半闭海,内陆国出入海洋的权力和过境自由,国际海底区域,海洋环境保护和保全,海洋科学研究,海洋技术的发展和转让以及争端的解决等。时任联合国秘书长佩雷斯·德奎利亚尔在会议闭幕式上说:"在国际关系史上还从来没有这么多国家在经过慎重商讨以后,立即签署他们同意的文件。正当国际合作产生严重危机和运用国际机构来解决世界性问题遇到困难的时候,新的海洋法公约的签署,如同吹来一阵清新的风。"

(一)专属经济区的海洋资源

《公约》第五部分规定了专属经济区内容。《公约》第55条规定:"专属经济区是领海以外并邻接领海的一个区域,受本部分规定的特定法律制度的限制,在这个制度下,沿海国的权利和管辖权以及其他国家的权利和自由均受本公约有关规定的支配。"第57条规定:"专属经济区从测算领海宽度的基线量起,不应超过二百海里。"

沿海国在专属经济区的权利和义务。(1)沿海国在专属经济区的权利主要是与自然资源和经济活动有关的权利,即以勘探和开发、养护、管理海床和底土及其上覆水域的自然资源(不论其是生物或非生物资源)为目的的主权权利,以及在该区域内从事经济性开发和勘探,如利用海水、海流和风力生产能力等其他活动的主权权利。这些权利是沿海国的专属权利,任何其他国家非经沿海国同意,不得进行任何勘探和开发。对人工岛屿、设施和结构的建造和使用、海洋科学研究、海洋环境保护和保全的管辖权。(2)沿海国在专属经济区承担下列义务:应当顾及其他国家的权利和履行义务;应当以符合公约规定的方式行使其权利和履行义务。另外,《公约》第58条规定,在专属经济区内,所有国家,不论为沿海国或内陆国,均享有航行和飞越的自由,铺设海底电缆和管道的自由,以及与这些自由有关的海洋其他国际合法用途。第88至115条有关适用于公海的一般规定以及其他国际法有关规则,只要与本部分不相抵触,均适用于专属经济区。但是各国在专属经济区内行使其权利和履行其义务时,应适当顾及沿海国的权利和义务,并应遵守沿海国制定的与本部分不相抵触的法律和规章。

(二)大陆架的海洋资源

《公约》第六部分规定了大陆架内容。大陆架的外部界限为:沿海国的大陆架包括其领海以外依其陆地领土的全部自然延伸,扩展到大陆边外缘的海底区域的海床和底土,如果从测算领海宽度的基线量起到大陆边的外缘的距离不到200海里,则扩展到200海里的距离。大陆边包括沿海国陆地没入水中的延伸部分,由陆架、陆坡和陆基的海床和底土构成;在大陆边从测算领海宽度的基线量起超过200海里的任何情况下,不应该超过从测算领海宽度的基线量起350海里或不应超过2 500公尺(米)深度各点的2 500公尺等深线100海里。

沿海国的权利与义务。大陆架资源丰富,法律地位十分重要。沿海国对大陆架享有的权利如下:(1) 勘探大陆架并开发其海床和底土的矿物和其他非生物资源以及定居种的生物资源的主权权利。这些是专属性的主权权利,具有独占和排他的意义,任何国家或个人未经沿海国明示同意,也不得在大陆架上进行勘探和开发活动。(2) 授权或管理在大陆架进行钻探活动的专属权利。(3) 授权和管理建造、操作和使用人工岛屿、设施和结构,并对之有专属管辖权。(4) 对于在大陆架区(包括大陆架)设施周围的安全地带内违反沿海国法律的外国船舶,沿海国有紧追权。沿海国在行使以上权利时,还应承担相应义务,即不得对航行自由和公约规定的其他国家的其他权利有所侵害。

(三)公海的海洋资源

《公约》第七部分规定了公海内容。《公约》第 86 条规定,公海是指"不包括在国家的专属经济区、领海或内水或群岛国的群岛水域内的全部海域"。公海是公共的,不是任何国家的财产。公海不具有国家所有或占有的性质,它不与任何国家建立或发生所属或管辖或支配的关系,是一种国际水域,任何国家不能对公海享有主权或管辖。不论沿海国或内陆国均能享有公海的权益。《公约》规定,"公海对所有国家开放,不论其为沿海国或内陆国","任何国家不得有效地声称将公海的任何部分置于其主权之下"。公海供所有国家平等使用。《公约》第 87 条规定公海自由包括航行自由;飞越自由;捕鱼自由;铺设海底电缆和管道的自由;建造国际法所容许的人工岛屿和其他设施的自由以及科学研究的自由。随着社会的发展,科技的进步,公海自由还会出现新的内容。

(四)国际海底区域的海洋资源

《公约》第十一部分规定了国际海底区域内容。它是指国家管辖范围以外的海床洋底及其底土,也就是各国大陆架或专属经济区以外的深海洋底及其底土。1967 年,马耳他常驻联合国大使帕多提议宣布国家管辖范围以外海床洋底及其资源为人类共同继承财产。1968 年,联合国大会以决议的形式对这一概念予以肯定。1970 年,联合国大会通过了第 2749 号决议,即《关于各国管辖范围以外海洋底床与下层土壤之原则宣言》,宣布国际海底区域及其资源为全人类共同继承的财产。

在区域内活动应遵循以下原则:有利于维持和平与安全,促进国际合作与了解;为全人类的利益而进行;开放给所有国家,不论是沿海国或内陆国,专为和平目的利用,不加歧视;适当顾及沿海国的权利和合法利益;促进发展中国家有效参加区域内活动以及保护海洋活动等。平行开发制是指在国家海底管理局的组织和控制下,区域内资源的开发,一方面由国际机构(指国际海底管理局的企业部)来进行;另一方面也有缔约国及其公、私企业通过与管理局签订合同进行勘探和开发。《公约》对此作了较全面的规定,其具体做法是:申请者需向管理局同时提出两块具有同等估计商业价值的矿区,管理局选择其中的一块作为自己的保留区,留给企业部自己开发,或同发展中国家联合开发;另一块则作为合同区,由申请者在同管理局签订合同后自己开发。此外,开发中涉及的生产政策、技术转让、合同的财政条款和审查制度等,《公约》都有相关的规定。

《公约》不仅给我国带来了在更广阔的海域范围内开发利用海洋资源的重要机遇,也为维护海洋权益、保护海洋环境和资源、实施海洋综合管理确立了国际法律依据。《公约》日益显示出以下特点:一是随着《公约》的生效,沿海国管辖海域范围急剧扩大,世界各国对海洋权益和资源的争夺日趋激烈;二是各国纷纷根据《公约》调整海洋发展战略和政策,迎接新的海洋法律制度带来的机遇和挑战,在强化海洋综合管理的同时,不断加强海上执法力量,提高对管辖海域的管控能力;三是根据《公约》的规定,各沿海国广泛开展双边、地区和国际海洋合作。此外,我国已批准的一些区域性双边或多边条约是我国海洋资源开发与保护法律制度的重要组成部分。比较重要的有《南海各方行为宣言》《东南亚友好合作条约》《中越北部湾划界协定》和《中越北部湾渔业合作协定》等。

　　以上法律法规的制定实施,使我国海洋资源保护基本实现了有法可依,既维护了国家主权和海洋权益,也促进了海洋资源的合理开发和海洋环境的有效保护,对海洋综合管理模式作出了有益探索,并使得我国的海洋资源保护法律体系基本形成,海洋管理初步走上法治化轨道。

案例研习

自测习题

第十一章

渔业资源法

导语　渔业资源作为重要的一类自然资源,是人类赖以生存发展的重要基础。人类社会大都经历过狩猎阶段,渔业狩猎是狩猎的一种类型。我国渔业资源非常丰富,养殖渔业、捕捞渔业历史悠久。在现代社会,渔业不仅满足了人们日益增长的生活需要,也是我国国民经济的重要组成部分。本章主要包括:(1) 渔业资源法的概念、基本功能、基本原则;(2) 渔业资源法中的渔业权、渔业监管权;(3) 渔业资源法的主要法律规定。本章重点难点包括:重点是渔业资源法的功能、渔业资源法中渔业权与渔业监管权的内容、渔业资源法的基本制度;难点是渔业资源法的理论基础、渔业权的基本内容、渔业资源法基本制度之间的相互关系。

第一节　渔业资源法概述

一、渔业资源

渔业资源是自然资源的一种类型。关于渔业资源的定义,有人认为:渔业资源又称水产资源,是指具有开发利用价值的鱼、虾、蟹、贝、藻和海兽类等经济动植物的总体,是渔业生产的自然源泉和基础。按水域分为内陆水域渔业资源和海洋渔业资源两大类。[①] 有人认为:渔业资源又称水生生物资源,是指水域中天然蕴藏和在一定经济、技术条件下具有经济开发利用价值的生物资源,主要包括鱼类、甲壳动物类、软体动物类及水生植物类。[②] 这两种定义的区别在于其分类的着眼点不同,前者是从水域和海域来进行分类,而后者是从渔业资源自身的类型来进行分类。另外,后者还认为渔业资源是天然蕴藏的资源,但人工养殖的资源也应作为渔业资源的类型。本书认为:渔业资源是指在一定水域生长的,具有开发利用价值,可以养殖、采捕的水产资源,包括鱼类、甲壳动物类、软体动物类及水生植物类等。渔业资源的特点有以下四个。

---

① 戚道孟主编:《自然资源法》,中国方正出版社 2005 年版,第 37 页。
② 华敬炘主编:《渔业法学通论》(上),中国海洋大学出版社 2017 年版,第 3 页。

（一）可再生性

渔业资源属于可再生资源，如果人类在开发利用渔业资源时，能遵循可持续发展的理念，在可再生的限度内开发利用渔业资源，则渔业资源可以长久地满足人类社会需要。可再生性，也决定了渔业资源受自然环境的影响较大，如降水、气温、环境质量等，其中气候变化对渔业资源有根本性的影响。因此，需要在渔业资源立法中考虑渔业资源的可再生性，从制度层面保障渔业资源的可再生性，防范不利因素对渔业资源再生的影响。

（二）流动性

按照资源是否流动，可将其分为流动性资源和非流动性资源。大多数自然资源具有固定性特点，但也有一些自然资源具有流动性，如水资源和渔业资源。渔业资源的流动性，既体现在渔业资源在水域内的上下流动，也体现在渔业资源在国际海洋中的流动，还体现在河流与海洋之间的流动，这与植物、矿产资源等的固定性特点存在差异。因此，在渔业资源的开发利用中，需要考虑渔业资源流动性。不仅要保障渔业资源的洄流通道问题，在渔业资源的开发利用中，还要重视不同区域甚至不同国家之间共同协作、统一规划，以此实现渔业资源整体性保护。

（三）品种多样性

渔业资源的类型是丰富多样的，不仅具有不同类型的渔业资源，如前述的有鱼类、甲壳动物类、软体动物类及水生植物类等不同等级的物种，而且在同一物种中也分成不同类型，体现了生物多样性。该特点决定了需要对渔业资源进行全面的保护，同时，渔业资源的这些物种也形成了一定的生态系统，在保护时应从生态系统的角度来加以考虑。

（四）国际性

在自然资源中，渔业资源具有非常明显的国际性特点。海洋渔业资源是渔业资源的重要组成部分，而海洋的国际性也决定了渔业资源的国际性。在对渔业资源进行开发利用时，需要各国之间合作，共同开发利用保护渔业资源。多年来，世界各国签署了大量有关渔业资源的国际协定。改革开放以来，我国也签署了一系列有关渔业资源的协议，不仅为世界渔业资源的开发保护作出了贡献，也通过国际合作积累了更多的渔业资源保护方面的经验。

二、我国渔业资源的现状

我国是世界上 12 个生物多样性最丰富的国家之一，拥有种类繁多的水生生物和丰富的水产种质资源。根据资料记载，我国共有海、淡水鱼类 4 000 多种、虾蟹类 1 700 多种、头足类 90 多种、贝类约 3 700 种。[①] 我国历史上就是渔业大国，不仅具有丰富的渔业资源，而且在渔业养殖与捕捞方面具有优良的传统和先进的技术。改革开放以后，更是成绩斐然。据统计，2020 年，我国的渔业产值为 13 517.24 亿元，其中，海洋捕捞产值 2 197.20 亿元、海水养殖

---

① 杨文波等：《我国水产种质资源保护浅析》，载《中国水产》2020 年第 8 期。

产值 3 836.20 亿元、淡水捕捞产值 403.94 亿元、淡水养殖产值 6 387.15 亿元,海水产品与淡水产品的产值比例为 47∶53,养殖产品与捕捞产品的产值比例为 79.7∶20.3。[①] 我国的渔业生产,不仅满足了我国人民对于渔业资源的需要,也向世界许多国家出口了大量的水产品。

但随着人民的消费能力不断提高,渔业资源的消费量大大增加,加之缺乏可持续发展理念和渔业执法的薄弱,我国渔业资源也呈现出严峻的危机。主要体现在:(1) 渔业资源总量在下降。由于捕捞量不断增加,已经超出了渔业资源的可再生性,渔业资源产量下降,并对其生物多样性及生态系统平衡产生了重大影响。(2) 水产品质量问题突出。在渔业养殖中,养殖密度过大会影响渔业产品的品质,环境污染又会对水产品造成污染,从而影响水产品的质量。(3) 养殖与捕捞的违法行为较为严重。由于渔业资源量与市场需求量之间形成了较大的矛盾,养殖与捕捞中的违法行为也较为严重,一些违法捕捞行为更是屡禁不止。并且随着技术的发展,一些新型的电鱼、炸鱼技术也在发展,对鱼类和其他水生资源产生了巨大的危害。这些违法行为导致了严重后果,威胁到渔业资源的可持续发展、生物多样性和生态系统的稳定性。(4) 渔业执法比较薄弱。主要问题是,渔业违法责任较轻,并且渔业执法面临较大的困难。前者主要是立法观念问题,当然,随着立法者观念的变化,违法责任较轻问题在《渔业法(修订草案)》中已经得到了改善,其他类型的渔业资源立法也在不断加大违法责任。后者是因为执法范围较广,渔业违法隐蔽性较强,地方保护主义的影响也较大。(5) 渔业纠纷不断增加。鉴于渔业资源具有较强的国际性,我国渔民近年来不断在公海与毗邻国家和地区发生渔业纠纷,导致渔民的权益受到损害。

三、渔业资源法的理论基础

一般而言,渔业法是涉及渔业资源开发、利用与保护的法。其理论基础有:公地悲剧理论、适应性管理理论、公共池塘理论、渔业权义理论。

(一) 公地悲剧理论

渔业资源具有可再生性和流动性,渔业资源所赖以生存的水域海域也具有流动性,一定的水域海域就形成一个典型的公地,所有人都可以对这一水域或水域中的渔业资源进行开发利用。渔业生产者一般只会考虑捕捞渔业资源而不考虑其可再生性,产生开发利用中的外部性,这会造成渔业资源的枯竭和不可持续,形成公地悲剧。而在渔业养殖中,要克服公地悲剧,就需要对渔业生产活动进行监管与合作。渔业资源法是从监管的角度来避免公地悲剧,通过捕捞总量控制制度、养殖许可制度等一系列的制度,对可能形成公地悲剧的行为进行监管,是避免公地悲剧的有效方式。

渔业资源的开发利用有负外部性甚至正外部性的问题,负外部性体现在:流域内的一些地方如果渔业资源受到破坏,其他地方的渔业资源也会受到相应的损失,例如长江流域上下

---

① 农业农村部渔业渔政管理局:《2020 年全国渔业经济统计公报》,2021 年 7 月 28 日。

流地区渔业资源的破坏可能对相邻地区造成损害;而正外部性典型地体现在一些地方如果增殖放流,则其增加的渔业资源可能会被其他地区无偿开发使用。

渔业资源更加具有公地悲剧的特征,需要通过规制与合作来规范捕捞、养殖行为,从而实现整体渔业资源的可持续性。具体而言,基于公地悲剧的理论,应避免过度开发利用渔业资源,避免渔业资源的过度和不法捕捞,为此,需要实行捕捞许可制度,特别是总量控制制度,防止捕捞超过总量,实现可持续发展,并实行对捕捞方式、渔具的规范要求等;而基于外部性理论,对于增殖放流问题,应实行上下流之间的统一性与规划性,避免搭便车行为,实现上下游之间的统一和协调。

(二)适应性管理理论

适应性管理是指围绕系统管理的不确定性展开的一系列设计、规划、监测、管理资源等行动,确保系统整体性和协调性的动态调整过程,目的在于实现系统健康及资源管理的可持续性。[①] 适应性管理与传统的管理方式存在差别,强调的是根据实际情况不断调整管理方式,以区别于“一刀切”式的管理方式。其在现代各个方面都得到了广泛的应用,在自然资源管理方面有着更大的价值。

适应性管理最早是从渔业资源管理中发展起来的,其理念运用在自然资源管理中最早可追溯到20世纪60年代,最初是用来进行渔场管理的。[②] 适应性管理的理论基础是弹性理论,即现代社会的事务管理都存在科学的不确定性,在这种不确定性的基础上进行管理,只能根据管理事务自身的变化来不断地调整,以实现最佳的管理效能。根据适应性管理理论,行政机关在渔业资源决策与执法中,应根据渔业资源开发利用和保护的状态,不断地调整监管方式,运用动态而非静态的方式来管理渔业资源。确定适应性管理框架,需要从法律法规、规划规范、科研监测和多方合作4个方面着手,[③] 即在立法中体现或者确定适用性管理要求,在渔业资源规划中运用适用性管理方法,同时加大对渔业资源的科学监测,保证渔业监测的科学性并根据科学监测结果进行动态调整,最后在渔业资源保护中,强调公众参与和其他主体之间的合作,通过合作与参与来保证渔业资源管理的有效性。

(三)公共池塘理论

这是由美国经济学家奥斯特罗姆提出的一种理论,是指在具有公共性资源的开发利用过程中,共有人可以通过自治的方式来控制资源的开发利用,从而实现可持续发展。这是应对公地悲剧的一种方式,即通过公共领域开发中的合作,避免对公共之物的非理性开发而可能导致的资源枯竭,实现公共资源的可持续利用。

公共池塘管理是一种通过自治组织的共治实现资源可持续利用的一种理想状态。其有效性的条件是:一是在较为封闭的场所,公共池塘必须存在一个相对封闭的场所,只有在这样的场所中才能相对容易控制外来者的开发利用行为;二是有较为熟悉的合作者,公共池塘

---

① 佟金萍、王慧敏:《流域水资源适应性管理研究》,载《软科学》2006年第2期。
② 冯漪等:《生态系统适应性管理:理论内涵与管理应用》,载《农业资源与环境学报》2021年第2期。
③ 张引等:《野生动物栖息地适应性管理的国际经验及对中国国家公园的启示》,载《中国园林》2022年第9期。

面对着不同的开发者，这些开发者相互熟悉，具有合作意愿，同时具有合作监督的可能性；三是合作协议的达成是一个协商的过程，具有内部协商性而不依赖于外部的权威；四是合作协议具有强制性，在公共池塘的开发利用中，达成的协议必须得到遵守，具有强制性，如果没有强制性，则公共池塘必将陷入公地悲剧的漩涡之内。所以说，公共池塘理论的有效性必须满足一定的条件，在符合这些条件的情况下，可以以较小的成本来实现渔业资源的可持续发展。但在大部分条件下，其有效性值得怀疑。

这一理论也探索了渔业资源这样具有一定开发性空间下政府监管的困难，为共有人的参与和管理提供了一定的空间。说明在公共池塘这样的场景下，可以通过合作来获得可持续发展，如果将一定的流域作为公共池塘，则所有的参与者作为开发者，也可以在上级机关的协调之下实现一种合作，构成公共池塘的一种模拟形态。但是在公共池塘中，每个人都是参与者，而在流域中的参与者是各级人民政府及其主管部门，还有许多次级参与者，即渔业从业人员，如果他们不遵守政府之间的协议，则公共池塘理论就会失效。

（四）渔业权义理论

渔业权义理论，主要界定了在渔业资源开发利用行为中从业者、监管者、利益相关者的权利（力）义务问题，是确定不同主体法律地位的理论依据。这一部分将在第二节中详细分析，此处予以省略。

四、渔业资源法的概念

渔业资源法是指调整渔业资源开发、利用与保护关系的法律规范的总称。渔业资源法调整的是对渔业资源的开发利用与保护行为，开发利用主要是传统的捕捞与养殖行为，而保护则体现了现代渔业发展的新趋势，即利用现代科学方法来保护渔业资源，如划定保护区、增殖放流等方法。开发利用是根本目的，而保护是为了实现对渔业资源的可持续利用。总之，渔业资源法调整的是有关渔业资源开发利用与保护方面的社会关系，以实现渔业资源的可持续利用。

《渔业法》是我国渔业领域的基本法，其基本内容决定了我国渔业资源法的框架。我国《渔业法》在1986年首次制定后进行了多次修改。从《渔业法（修订草案）》的规定可以看出，我国《渔业法》规范的地域包括国内水域和国际水域；规定的行为包括养殖、捕捞、增殖、保护；保护的客体是水生生物，即渔业资源。有的学者认为，按照法规的内容或调整的对象，渔业资源法可以分为渔业基本法、关于渔业资源保护和合理利用的法规、关于渔业水域环境保护的法规、关于渔业生产管理的法规、关于渔业组织的法规、关于渔业经营流通的法规、关于渔船的法规、关于渔船管理的法规、关于渔港的法规、关于渔业监督管理的法规、关于渔业无线电管理的法规、关于渔业保险的法规等类型。[①] 可见，渔业资源法的内容非常丰富。但

---

① 戴瑛、裴兆斌主编：《渔业法新论》，东南大学出版社2017年版，第5页。

这种界定,将渔船、渔港、渔业无线电管理、渔业保险等内容都纳入渔业资源法的范围,会导致渔业资源法的范围过于广泛,不利于渔业资源法的理论与实践。因此,还是以与渔业生产活动联系最为紧密、需要具备相关渔业资源技术为条件界定渔业资源法的范围较为适当,本章将依循这一界定来进行分析。

五、渔业资源法的基本功能

我国《渔业法》第1条规定了渔业法的立法目的,也可以理解为渔业资源法的基本功能。从第1条可以看出,《渔业法》的基本功能体现在以下几个方面。

(一) 实现渔业资源的可持续发展

实现渔业资源的可持续发展,是现代渔业资源法的根本目的。基于环境污染和过度捕捞,渔业资源衰竭已经成为一个世界性难题。尤其是我国,由于捕捞强度和养殖强度较大,导致部分水域、海域的生态系统日益脆弱。为防止长江渔业资源枯竭,恢复长江流域生态系统,我国出台了"十年禁渔"政策,旨在恢复长江水生态系统,实现渔业资源的可持续利用。

渔业资源法在保障渔业资源的可持续发展方面具有基础性的作用。首先,在立法目的上树立可持续发展的目标,将可持续发展作为渔业法的根本指导思想。我国《渔业法》第1条将渔业资源的可持续发展作为立法目的,正体现了渔业资源法的这一价值取向。其次,为了实现可持续发展目的,要在渔业资源法律中构建相应的制度来落实可持续发展目标,例如,我国《渔业法》规定了对种质资源的保护、增殖、养殖制度,同时规定了渔业资源的许可、总量控制、禁限(包括对渔具的方法、捕捞的方法的具体要求)等制度。最后,在法律责任方面,渔业资源法律不仅重视对违法行为的惩罚,而且强调对破坏渔业资源行为的补救性责任和预防性责任。

(二) 规范渔业行为、维护渔业从业者的合法权益

渔业资源法主要调整的是渔业开发利用保护行为,为了实现对渔业资源的可持续利用,就必须对这些行为进行规范。同时,渔业资源的开发利用是一种具有正当性的行为,关系人类社会生存发展及保护渔业从业者的权益。因此,渔业资源法也须维护渔业从业者的合法权益,促进渔业资源产业的发展,满足人民的基本生活需要。

首先,规范渔业资源开发利用与保护行为。渔业资源法主要规范渔业资源的开发利用保护过程中的各种行为,这些行为大部分具有传统性;但随着社会发展以及捕捞技术的进步,如果不加以规范,则会对渔业资源的可持续发展造成严重的威胁。因此,渔业资源法对这些行为加以规范,例如,规定了禁限制度、捕捞方法与渔具标准等。其次,保护合法的渔业资源开发利用行为。渔业资源开发利用行为有其自身的正当性,渔业从业者的利益需要加以保护。这些保护既体现在确定了渔业从业者的参与权、救济权等,也体现在确定了渔业从业者享有获得补偿的权利,例如在长江全面禁渔活动中保护相关从业者的合法权益。最后,

保护在国际渔业资源开发利用活动中渔业从业者的合法权益。随着远洋捕捞业的发展,我国渔民的捕捞行为与外国主体之间的冲突也在不断增加,我国渔业从业者的合法权益也应得到保护。

(三) 规范渔业行政,实现依法行政

渔业资源法的一项重要构成功能,是确定行政机关的行政监管权,包括监管权限、监管内容和监管程序。当然,这些方面有些是通过其他法律,如《行政许可法》《行政处罚法》等行政法律来加以规范的。无论是哪种法律规范,其目的都是促进监管执法、监督行政行为、维护相对人的合法权益。总之,渔业资源法规范渔业行政行为的目的是保障行政机关依法行政。行政机关是实施渔业资源法的主要主体,同时在执法过程中要坚持依法行政,遵循法治政府的基本要求。依法行政,既要求行政机关积极履行职责、不怠权,也要求行政机关严格守法、不滥权。

渔业资源法律规范具有规范行政机关依法行政的功能。首先,渔业法律规范规定了渔业资源方面的处罚权、许可权、强制权。行政机关的职权必须有法律依据,渔业资源法对行政机关授权,可以保障其权力来源的合法性。其次,渔业法律规范规定了行政机关依法行政的基本要求。行政机关不仅要保证其权力来源的合法性,也要保证其权力行使的合法性。虽然《渔业法》没有对行政机关行使处罚权、许可权和强制权提出具体要求,但依据其他行使法律的要求,行政机关在行使职权时也应遵守相应的规定,即《行政许可法》《行政处罚法》《行政强制法》的规定。另外,渔业主管部门也制定了相应的规范,例如,农业农村部制定了《农业行政处罚程序规定》,农业农村部、中国海警局共同制定了《海洋渔业行政处罚自由裁量基准(试行)》,等等。这些都是相关的行政机关行使职权的要求,行政机关必须遵守这方面的规定,保障依法行政的基本要求。渔业法律规范对于依法行政、建设法治政府也是非常重要的一个环节。最后,渔业法律规范规定了渔业从业者的救济权,也是对行政机关行为的规范。实现依法行政与维护渔业者的合法权益之间存在关联性。渔业资源法不仅规定了行政机关的权力及其行使要求,也规定了渔业从业者的合法权益,这些合法权益是对行政机关合法性的另外一个方面的要求,也是对行政机关行为的另外一种规范。

(四) 保护消费者的权益

渔业产品是一种消费品,渔业资源开发利用的根本目的,是满足公众的生活消费需要。从立法目的来看,促进渔业资源的发展,是为了适应社会主义现代化建设和人民日益增长的美好生活需要,这就要求必须增加渔业产品的生产,包括养殖和捕捞。主要的方法是:一是利用市场手段来提高渔业产品的产量和质量;二是增强许可、指导类的行政行为的作用;三是强化科学养殖方面的要求,例如,设置渔业资源的总量环境标准,加强养殖业的安全性,保障消费者的利益和健康。当然,这一目的主要是通过其他法律,如《消费者权益保护法》《产品质量法》等的规定来实现的。

六、渔业资源法的基本原则

（一）保护优先原则

我国现行《渔业法》和待审议的《渔业法（修订草案）》中，都没有规定保护优先问题，但保护优先在我国《环境保护法》中已经得到了确定。保护优先原则要解决的是渔业资源的开发利用与保护之间的关系，指的是当渔业资源的开发利用与保护之间存在不可调和的矛盾时，应秉持资源保护优于开发利用的原则，坚持对渔业资源的保护而限制或停止渔业资源的开发利用。

保护优先原则是在渔业资源开发利用与保护之间进行平衡的解决策略。由于现代渔业资源面临枯竭的危机，保护优先就成为一项非常重要的原则。在我国渔业资源法中法律制度也贯彻了保护优先原则。无论是总量控制制度还是禁限制度，都是保护优先原则的体现。

（二）绿色原则

绿色原则指的是在渔业资源的开发利用过程中，应坚持可持续发展理念，根据渔业资源的可再生性特点，在渔业资源的承载量的限度内开发利用，从而实现渔业资源的可持续发展。

保护优先原则是要解决发展与保护的关系问题，而绿色发展是要解决渔业生产发展方式的问题。渔业资源的可再生性决定了渔业资源的开发利用必须保持一定的限度，同时渔业资源的开发利用必须考虑保护渔业资源的环境、鱼类的洄游路线等方面，即使是渔业养殖，也必须考虑到一定水域或海域的养殖总量。只有将以上因素都考虑在内，才能实现渔业生产的可持续性。这就是绿色原则的基本价值。

（三）安全原则

安全原则，指的是在渔业资源开发利用保护中考虑其安全性，保证渔业资源的整体安全和可持续发展。如果说，绿色原则是一种具体的生产方式，安全原则则具有整体性，要求国家应考虑到整体性渔业资源在满足我国人民日益增长的美好生活需要方面的问题。

随着渔业资源日益枯竭，渔业生产安全已经成为一个十分重要的问题。我国制定了《国家安全法》来调整整体国家安全问题，而渔业资源的安全不仅涉及生物安全、生态安全，还涉及食物供给安全问题。可见，安全原则也是渔业资源法的基本原则。这方面的制度非常多，例如对于种质资源的保护、对于长江生态系统的保护，都是从整体安全的角度来进行规定的。

（四）公平分配原则

公平分配原则，指的是在渔业资源的开发利用与保护中，应贯彻公平原则，保护不同主体的利益，特别是考虑一些特殊主体的利益。公平是基本的法律价值，所有法律领域都应坚持公平原则。特别在渔业资源法中，公平分配具有特殊的价值。渔业资源法会涉及许多主体的利益分配，在利益分配时实现公平非常必要，不仅体现了法律的价值，也体现了建设社会主义法治国家的根本目标。在渔业资源法中，公平分配原则具体体现在：一是在捕捞总量控制制度中，对各地方捕捞量的分配上，应体现公平原则；二是行政机关发放捕捞许可证和养殖许可证时，应优先考虑当地渔民捕捞和养殖许可申请；三是在一些公共政策实施时，应保护利益受损害群体的利益。

七、我国渔业资源法的主要立法

我国渔业资源立法历史悠久，早在古代就已有相关立法。各地也存在渔业资源保护的传统习惯法渊源，例如在查干湖地区，当地渔民就依照长期形成的习惯来保护渔业资源。新中国成立后，我国就开展了渔业资源的立法工作。但在改革开放之前，立法数量较少，也不成体系；改革开放之后，随着法治建设的发展，我国渔业资源立法呈现出快速发展的局面，基本形成了中国特色的渔业资源法律体系。值得注意的是，我国签署了大量渔业资源方面的国际条约，这些条约也是我国渔业资源法的重要渊源。

(一) 渔业资源的国内立法

新中国成立后就开展了渔业资源的立法工作，包括 1955 年《关于渤海、黄海及东海机轮拖网渔业禁渔区的命令》及其 1957 年补充规定、1962 年《渤海区对虾资源繁殖保护试行办法》、1964 年《水产资源繁殖保护条例（草案）》。[1] 但这些立法总的来说数量较少，而且效力等级较低。1979 年，国务院发布《水产资源繁殖保护条例》，为保护水产资源提供了法律依据。同年，国家水产总局发布《渔业许可证若干问题的暂行规定》《渔政管理工作暂行条例》《渔政船管理暂行办法》等，推动了我国渔政管理的开展。

1986 年，第六届全国人民代表大会常务委员会第十四次会议通过了《渔业法》，标志着我国进入了"依法治渔，依法兴渔"的新时代。其后，我国相继颁布了《渔业法实施细则》《渔业捕捞许可证管理规定》《渔业资源增殖保护费征收使用办法》《水产苗种管理办法》等法律规范，基本形成了渔业法律体系。[2] 1990 年以后，随着我国渔业生产事业的快速发展和陆续加入国际公约的现实变化，我国在渔业资源立法方面不断发展，修改了原有的法律规范，如对《渔业法》进行了多次修改，并制定了其他渔业法律规范。

进入新世纪后，为建设渔业强国，我国渔业资源立法不断取得新的进展。在中央层面，除了对《渔业法实施细则》进行多次修改外，农业农村部（原农业部）制定了大量的渔业资源方面的行政规章，例如：在水产种质资源的保护方面，制定了《水产原、良种审定办法》《水生野生动物利用特许办法》《水产苗种管理办法》《水产种质资源保护区管理暂行办法》《水生生物增殖放流管理规定》《渤海生物资源养护规定》；在水产养殖方面，制定了《水产养殖质量安全管理规定》《水域滩涂养殖发证登记办法》；在水产捕捞方面，制定了《农业部

---

① 唐议、邹伟红：《中国渔业资源养护与管理的法律制度评析》，载《资源科学》2010 年第 1 期。
② 戴瑛、裴兆斌主编：《渔业法新论》，东南大学出版社 2017 年版，第 17 页。

关于禁止在公海使用大型流网作业的通知》《渔业捕捞许可管理规定》《远洋渔业管理规定》；在渔业行政执法方面，制定了《渔业行政执法船舶管理办法》《渔业港航监督行政处罚规定》《渔业行政处罚规定》等。另外，出台了大量的行政规范性文件，它们对于规范渔业资源的开发利用和保护，都具有重要的价值。

在地方层面，还有地方性法规和地方政府规章，如《江苏省渔业管理条例》《江西省渔业条例》《山东省渔业养殖与增殖管理办法》《广东省渔业捕捞许可管理办法》。

（二）渔业资源的国际条约

作为渔业生产大国，我国参加了许多国际组织，与许多国家和地区组织开展双边及多边合作，并签订了大量国际渔业条约。根据 1998 年国务院新闻办公室《中国海洋事业的发展》白皮书和农业农村部《中国远洋渔业履约白皮书(2020)》的介绍，我国参与的活动主要有：第一，我国参与了联合国第三次海洋法会议的历次会议和《联合国海洋法公约》的制定工作，并成为缔约国。第二，我国重视公海及其资源的保护管理工作。1993 年至 1995 年，我国参与了联合国关于养护和管理跨界鱼类种群和高度洄游鱼类种群的协定的制定工作。先后与俄罗斯、美国、日本等国就开发和保护白令海渔业资源问题进行谈判，签署并核准了《中白令海狭鳕资源养护与管理公约》。为了保护公海渔业资源，我国参与了保护金枪鱼、鲸类以及濒危物种的国际活动，加入了《养护大西洋金枪鱼国际公约》，并参加了《促进公海渔船遵守国际养护和管理措施的协定》的制定工作。第三，开展双边合作，我国政府积极与有关国家(地区)开展对话和交流，就公海渔业资源养护、区域渔业管理等领域广泛开展合作。我国与美国、澳大利亚、新西兰、俄罗斯、日本、韩国、阿根廷、欧盟等国家(地区)建立了双边渔业会谈或对话机制，与非洲、南美、亚洲的相关国家签订双边合作协议。这些多边或双边协议，也构成了我国海洋渔业资源法的重要渊源。

第二节　渔业资源法的权义结构

法律是以权利(力)义务为基本规范的制度体系。渔业资源法的"权义结构"，对渔业资源法具有基础性作用。

渔业资源法的权义结构主要包括：(1) 渔业生产者的权利义务问题。渔业生产者是渔业资源法中重要的一类主体，因渔业生产具有负外部性特点，不仅需要规范渔业生产者的行为，也应保障其合法权益。在渔业资源法中，对渔业生产者的义务规定越来越多，这也是渔业资源法数量越来越多的重要原因。因此，必须重视渔业生产者的权利义务。(2) 渔业监管者即行政机关的权力义务问题。行政机关的权力是保障其履行职责的条件，在规定渔业生产者义务的同时，实际上也赋予了行政机关的渔业监管权。同时，行政机关也应遵守依法行政的基本要求，这不仅在渔业资源法中有所规定，而且在其他行政法律规范中也有所体现，如《行政处罚法》《行政许可法》《行政强制法》等法律、行政法规和行政规章，构成了渔业资源法的主要内容。

这样,在渔业资源法中就形成了以渔业生产者为主体的权利义务体系和以渔业监管者为主体的权力义务体系。在法律体系中,权利(力)义务具有相对性,本节将从渔业生产者的基本权利,即渔业权的角度来分析渔业生产者的权利;从行政机关的权力,即渔业监管权的角度来分析行政机关的权力。至于两者的义务,会有所涉及。值得注意的是,在渔业资源法中,还涉及其他主体的权利(力)义务问题,由于篇幅所限,不作分析。

一、渔业权的内容

渔业权是一种新型的权利,其在我国并不是一个法律术语,而是法学概念。在我国的渔业资源法中并没有直接规定渔业权,但一些国家和我国台湾地区明确规定了渔业权。有学者认为:渔业权是日本、韩国及我国台湾地区“渔业法”上设定的权利,[1] 这些规定可以作为参考。可以说,渔业权是渔业生产者依法向行政机关申请,经行政机关许可,在公共水域上从事渔业生产活动的权利。

(一) 渔业权的规范依据

渔业权作为渔业生产者的核心权利,应当有法律依据。但在我国,渔业权的法律依据还存在争议。法国、德国、意大利、俄罗斯、日本、韩国的民法典没有规定渔业权。但日本、韩国在单行法中规定了渔业权制度。譬如《日本渔业法》第 23 条规定,渔业权可视为物权,准用土地的有关规定。《韩国水产业法》第 24 条规定,渔业权作为物权,适用于土地的规定。[2]

在我国,无论是原《物权法》还是《民法典》,都没有明确渔业权,连捕捞权和养殖权的规定也比较特殊。《民法典》物权编在“用益物权一般规定”部分第 329 条规定:“依法取得的探矿权、采矿权、取水权和使用水域、滩涂从事养殖、捕捞的权利受法律保护。”有学者认为,《民法典》这一条的规定,并未明确提出养殖权和捕捞权的概念。[3] 作为养殖权与捕捞权的上位权利,渔业权更是缺乏相应的依据。

在单行法(主要是《渔业法》)中是否存在渔业权的依据,也存在不同的观点。有学者认为,由于我国制定了《海域使用管理法》《水法》和《渔业法》,养殖用海权已由《海域使用管理法》设定,为了与之相衔接,内水的养殖权应由《水法》设定,这样,未来我国《渔业法》调整的渔业活动只宜以渔业捕捞为限。[4] 按照这种观点,即使渔业权存在,也是分别存在于不同的单行法之中,即海洋养殖权由《海域使用管理法》确定,内水养殖权由《水法》确定,捕捞权由《渔业法》规定,渔业权是这些不同法律确定的权利中的一种权利。这种解释将极大地冲击渔业资源法的基本结构,使渔业生产活动产生割裂。

---

① 王克稳:《“使用水域、滩涂从事养殖、捕捞的权利”的行政法解析》,载《苏州大学学报(法学版)》2020 年第 4 期。
② 王克稳:《“使用水域、滩涂从事养殖、捕捞的权利”的行政法解析》,载《苏州大学学报(法学版)》2020 年第 4 期。
③ 韩英夫:《渔业权的物权结构及其规范意涵》,载《北方法学》2021 年第 1 期。
④ 王克稳:《“使用水域、滩涂从事养殖、捕捞的权利”的行政法解析》,载《苏州大学学报(法学版)》2020 年第 4 期。

至于渔业权规范依据是否明确的问题,可以通过功能主义的解释方法来解决。虽然《民法典》和《渔业法》并没有明确规定渔业权、捕捞权与养殖权,但实际上捕捞权和养殖权已经构成了一种权利,受到了与其他准物权的同等保护。虽然关于捕捞权并没有类似的规定,但从行政法的基本原理来看,只要是依法取得的许可,其权利就应受到保护,不仅对行政机关具有信赖利益保护请求权,对其他民事主体来说也是避免侵害的请求权,这并不会因为是否有法律明确规定而受到影响。因此,应当将《民法典》中规定的"使用水域、滩涂从事养殖、捕捞的权利"理解为捕捞权与养殖权。

(二)渔业权的法律性质

对于渔业权存在两个方面争议:一是渔业权的权利属性,其是属于公权还是私权;二是渔业权的许可类型,其是以许可形式出现的,这种许可是一般许可还是特许。

1. 渔业权的权利属性

关于渔业权的权利属性,我国学者主要有以下观点:第一,认为渔业权是公法规制下的管制性利益,具体包括的观点有渔业权否定说、公法性质的使用权说、渔获物所有权说。第二,认为渔业权是私法调整下的产权性利益,具体包括的观点有准物权或特种物权说、权利物权说、新型物权说。[①]

现在主流的观点认为渔业权是一种准物权,即兼具公私法属性的权利,该说更加符合实际,从功能主义的角度也可以解释这种权利的保护问题。正如一些学者所分析的,渔业权是渔业权人依法行使以养殖、捕捞水产动植物及其附属加工产品为内容的排他性支配权,即渔业权人可以凭借渔业权直接从事渔业作业;但它同时是受较多限制的准物权,由于渔业资源是与一定的水域、滩涂相联系的,导致渔业资源权属受水面资源的限制。水面、滩涂所有权一般分为国家所有、集体所有、私人所有。渔业法规定的一般为国有或集体所有的水面、滩涂,所以,在国有或集体所有水面、滩涂上经营渔业的权利也带有明显的公法性质,如渔业权是通过政府的特许行为取得的,非经政府特许不得在国有或集体所有水面进行渔业行为。[②]

2. 渔业权的许可类型

在渔业权的许可类型方面,也存在不同的观点。渔业权的获得依赖于行政许可,只有一些基于传统习惯而进行的个人捕捞和养殖行为可以豁免许可。但关于"这类许可的性质是什么"也存在一定的争议。一些学者认为,应当将使用特定水域从事捕捞的权利设定为特许权,通过修订《渔业法》将两种不同情形的捕捞活动设定为不同性质的行政许可:对于使用特定水域从事捕捞活动的情形,以特许许可方式赋予权利人排他的水域使用权即捕捞用水(海)权;对于非特定水域的捕捞活动仍设定为普通的捕捞许可。[③]同时,鉴于目前《水法》设定的水资源特许权仅是取水权,因此,也需要通过修改《水法》的方式将使用内陆水域从

① 韩英夫:《渔业权的物权结构及其规范意涵》,载《北方法学》2021年第1期。
② 戚道孟主编:《自然资源法》,中国方正出版社2005年版,第139页。
③ 王克稳:《"使用水域、滩涂从事养殖、捕捞的权利"的行政法解析》,载《苏州大学学报(法学版)》2020年第4期。

事养殖的权利纳入水资源特许权的范围。① 虽然如前所述,根据不同的法律来确定捕捞权和养殖权,更加容易引起争论,也会与我国法律的体系性解释存在冲突,但这一观点认为渔业权的许可类型存在特许与一般许可之分具有一定的价值。

从许可的特征来看:第一,特许是针对有限自然资源的开发利用,而一般许可没有这方面的限制;第二,特许存在数量的限制,而一般许可没有这方面的限制。根据捕捞许可和养殖许可的属性与权利客体,养殖许可具有排他性,而捕捞许可不具有排他性,养殖许可更符合特许的特征。但随着我国在捕捞制度中确立了总量控制制度,两者之间的差别正在缩小,甚至是可以忽略,并且从法律效果来说,两者之间的法律效果是完全相同的。一些学者认为许可的性质决定了其受到保护的程度不同。② 这种观点并不完全准确,从行政许可法的角度看,获得的许可具有法定权益的特征,无论哪种许可都会受到信赖利益的保护。从学理的角度看,认清渔业权中不同类型许可的性质,对于保证学理上的自洽性、认识不同渔业权的本质,是具有意义的。

(三)渔业权的类型

作为渔业生产者的基本权利,渔业权包括不同的类型。一些国家和地区的渔业法规定的渔业权包括养殖权和捕捞权两种类型,这是一种基本的分类。

1. 养殖权

我国《渔业法》规定,国家鼓励单位和个人充分利用适于养殖的水域、滩涂发展养殖业,这是我国养殖权的法律依据。养殖权是渔业权中最重要的类型,在我国渔业经济中,渔业养殖已经成为我国最重要的一种渔业生产方式。据统计,2020 年,我国的渔业产值达 13 517.24 亿元,养殖产品与捕捞产品的产值比例为 79.7∶20.3。③ 由此可见,我国养殖业已经成为渔业生产发展的主要力量。如何规范养殖业的发展,是渔业资源法的重要任务。

(1)养殖权的概念。养殖权是指有关单位或个人,依法获得的利用一定水域从事渔业养殖活动的权利。养殖权是从事养殖活动的前提性条件,由于现代水域和滩涂基本属于国家和集体所有,只有享有养殖权才能从事渔业养殖活动。当然,在现实生活中,也可能会有一些零星的水域或滩涂,由当地居民自发地从事渔业养殖活动,这是一种传统性的权利,法律可以不予调整。

(2)养殖权的取得方式。养殖权主要通过两种方式取得。一是许可取得方式。对于全民所有的水域或滩涂的养殖活动,采取养殖许可证制度,行为人通过申请许可而取得一定水域或滩涂的养殖许可权。在一定的区域内,只能获得一个养殖证,故养殖许可具有排他性,这符合行政特许的特征。《渔业法》第 11 条规定,单位和个人使用国家规划确定用于养殖业的全民所有的水域、滩涂的,使用者应当向县级以上地方人民政府渔业行政主管部门提出申请,由本级人民政府核发养殖证。二是承包取得方式。《渔业法》第 11 条第 2 款规定,集

---

① 王克稳:《"使用水域、滩涂从事养殖、捕捞的权利"的行政法解析》,载《苏州大学学报(法学版)》2020 年第 4 期。
② 韩英夫:《渔业权的物权结构及其规范意涵》,载《北方法学》2021 年第 1 期。
③ 农业农村部:《2020 年全国渔业经济统计公报》,2020 年 10 月。

体所有的或者全民所有由农业集体经济组织使用的水域、滩涂,可以由个人或者集体承包,从事养殖生产。

(3)养殖权的许可程序。根据《渔业法》的规定,核发养殖证的具体办法由国务院规定,但现在国务院还没有相关规定,主要由2010年《水域滩涂养殖发证登记办法》来加以规范。目前《渔业法》规定了以下内容:一是申请人向县级以上人民政府的渔业行政管理部门提出申请;二是经本部门审查许可后,由县级以上人民政府颁发许可证。在许可过程中,应优先赋予当地的渔民,这是一种传统权利的保护方法。

(4)养殖权的行使。养殖权在行使过程中,应承担较多的义务,这也是由渔业资源法的权义结构所决定的。渔业生产者在行使养殖权的过程中,应遵守的法律义务具体体现在安全生产、环境保护和生态安全等方面。

(5)养殖权的保护。依法获得的养殖许可及由此产生的养殖权,受法律保护。因为养殖许可所依赖的法律、法规、规章发生变化,或者出于公共利益的需要对养殖权加以改变或撤回的,应对养殖许可申请人造成的损失予以补偿。

2. 捕捞权

根据我国《渔业法》的规定,国家对捕捞业实行捕捞许可证制度,即捕捞权主要是通过许可而获得。如前所述,"渔业权的许可类型"存在讨论的空间。如果只是规定了捕捞许可应具有的条件,则符合一般许可的特征,而如果规定了许可的明确区域或者是捕捞的数量,则属于特许。

(1)捕捞权的概念。捕捞权是指行为人经许可后,根据许可证的内容从事渔业捕捞活动的权利。从历史上说,由于人口较少,渔业资源丰富,渔业捕捞技术也比较落后,渔业生产者的捕捞行为较为自由,国家对渔业捕捞行为的规范较少。但随着渔业资源的减少,加之捕捞技术不断发达,渔业资源面临枯竭的危机,国家对捕捞行为的规范较为普遍;随着远洋捕捞业的不断发展,国际上对海洋捕捞业的协调也就更加重要,大量的国际渔业公约对海洋捕捞行为也作出了越来越多的规范。而捕捞许可制度是规范渔业捕捞的基本方法。

(2)根据我国《渔业法》的规定,捕捞许可可以从以下几个方面进行理解:第一,捕捞许可的申请者。一般没有限制,只要符合条件的都可以申请。第二,捕捞许可的审批者。捕捞许可也是行政许可,属于《行政许可法》调整的范围。根据我国《渔业法》的规定,国务院渔业主管部门和县级以上人民政府的渔业主管部门负责渔业捕捞许可的审批,前者审批的范围是批准发放我国与有关国家缔结的协定确定的共同管理的渔区或者公海从事捕捞作业的捕捞许可证,后者审批的范围是其他类型的许可。第三,捕捞许可的条件。一般没有数量的限制,但我国目前渔业政策是压缩渔船的数量和捕捞量,在实际中对数量会进行一定的限制,因此,捕捞许可虽然属于一般许可,但也具有特许的实际功能。第四,捕捞许可的有效范围。根据捕捞水域可以将捕捞许可分为海洋捕捞许可和内水捕捞许可,但由于捕捞行为涉及的范围较广,因而捕捞许可只有一般性的范围规定。第五,我国目前已经开始实行捕捞总量控制制度,申请人应遵守捕捞数量的要求。

（3）捕捞许可的申请程序也具有一般许可申请程序的要求，即申请、审查等。

（4）捕捞权行使。根据我国《渔业法》的规定，捕捞权人在获得捕捞许可行使捕捞权时，应负有相应的义务。主要体现在：第一，遵守捕捞数额的义务；第二，保障渔船适航与安全的义务；第三，遵守渔具标准的义务；第四，登记港口的义务等。这些义务都是捕捞权的基本要求，是保证渔业资源可持续性的基本要求。

（5）捕捞权的保护。捕捞权是一种法定权利，一旦获得就应受到保护。

3. 其他类型的权利

在规定渔业权的国家和地区，一般认为渔业权包括养殖权和捕捞权。随着社会的发展，一些新型行为也需要渔业法来加以调整，这些行为能否构成渔业权的新类型，是渔业资源法需要正视的问题。我国《渔业法（修订草案）》规定了休闲渔业和海洋牧场条款，对"这些新型渔业活动的性质"还没有形成共识。本部分对此进行一些探讨。

（1）休闲渔业经营权。目前对休闲渔业有不同的界定。我国《农业部办公厅关于开展休闲渔业发展监测工作的通知》中对休闲渔业的定义如下：休闲渔业是指利用各种形式的渔业资源（渔村、渔业生产资源、渔法渔具、水产品及其制品、渔业自然生物及人文资源等），通过资源优化配置，主动将渔业与休闲娱乐、观赏旅游、生态建设、文化传承、科学普及以及餐饮美食等有机结合，向社会提供满足人们休闲需求的产品和服务，实现一二三次产业融合发展的一种渔业产业形态。[①] 这一界定是从产业形态的角度出发的，认为休闲渔业是一种混合渔业养殖与休闲产业的新型生产方式。而从法律的角度看，休闲渔业作为一种制度，必须从权利（力）义务方面来加以分析。

休闲渔业涉及的主体很多，主要是从事休闲渔业的经营者和接受休闲渔业的消费者，当然还有作为监管者的相关的行政机关。从休闲渔业的经营者来说，休闲渔业对他们来说是否构成一种权利，如果构成权利，这种权利是否属于渔业权的范畴，还值得进一步思考。一般来说，这种权利是一种经营性权利，而渔业养殖权是休闲渔业的基础性权利，所以休闲渔业经营权可以包含在养殖权里。但休闲渔业与单纯的渔业养殖是不同的，即休闲渔业的养殖行为并不是为了销售，可能只是一种单纯的欣赏、垂钓与品尝活动。另外，一些休闲渔业也不一定需要养殖行为而直接体现为对渔业自然生物及人文资源的欣赏观光。此时，休闲渔业的经营权就区别于传统的养殖权。因此，休闲渔业从业者的权利主要是一种综合性的经营权。当然，也可以将休闲渔业细分为经营者的休闲渔业经营权和一般民众的休闲渔业享用权，即经营者的休闲渔业权和消费者的休闲渔业权。但以休闲渔业经营权为主体，由于这种经营权与渔业资源的开发利用与保护密切相关，而且是以渔业养殖为基础性前提，因此将之归结为渔业权的新分支，具有自洽性。

休闲渔业制度的权义结构。虽然休闲渔业发展历史较短，但已经有越来越多的渔业资源法律对之进行规范。主要是规定休闲渔业应采取许可执照制度，并对休闲渔业中的渔获

---

① 张佩怡等：《中国与澳大利亚休闲渔业管理比较研究》，载《中国渔业经济》2020年第1期，第39—47页。

品种、数量、规格、渔期和渔区进行限制。在这方面,澳大利亚的经验值得借鉴。据研究,澳大利亚6个州和2个领地均出台法律法规,对休闲渔业中渔获数量、规格以及允许垂钓捕捞的渔期和渔区加以严格限制。限制渔获数量和规格的主要手段是设定每日每人可拥有的渔获数量和单品尺寸,休闲入渔者个人渔获不得超出每包数量限制,船钓时全船渔获量不得超出每船数量限制。同时,任何未达到单品尺寸规格的渔获物都必须放生,以免破坏水生物种的自然繁衍周期;任何受联邦和州、领地立法保护的濒危品种都必须放生,以免加剧澳大利亚特有水生物种及全球珍稀水生物种面临的灭绝风险。[①]

(2)海洋牧场经营权。海洋的"牧场理念"最早可追溯到20世纪初美国、英国等工业化国家的"海洋牧场"(Marine Ranching)运动。日本学者三桥宏次将海洋牧场定义为:"以保证人工放流后的海洋生物幼体更好地成长为目标,在自然海域利用生境模拟技术人工营造的种苗培育场。"我国2022年发布的《海洋牧场建设技术指南》国家标准,将海洋牧场定义为:"基于海洋生态系统原理,在特定海域,通过人工鱼礁、增殖放流等措施,构建或修复海洋生物繁殖、生长、索饵或避敌所需的场所,增殖养护渔业资源,改善海域生态环境,实现渔业资源可持续利用的渔业模式。"[②]作为专门规范海洋牧场的地方性立法,《连云港市海洋牧场管理条例》则规定:"海洋牧场,是指在海洋中通过人工鱼礁、增殖放流等生态工程建设,修复或优化海域生态环境、保护和增殖渔业资源,并对生态、生物及渔业生产进行科学管理,使生态效益、经济效益及社会效益得到协调发展的海洋空间。"可见,这些定义是从产业形态或者科学的角度来加以界定的。

海洋牧场与传统的养殖权与捕捞权存在一定的差异,海洋牧场的经营权是否构成渔业权也存在一定争议。传统的养殖权只是一种单纯为了实现捕捞目的而开展的行为,传统的捕捞行为则是单纯地从海洋中捕获渔获物的行为,而海洋牧场还涉及增殖行为、修复行为等恢复海洋生态、增加渔业资源的方法,存在一定的综合性。而且其与渔业资源的开发利用密切相关,因此,也应属于渔业权之下的新权利类型。

依据海洋牧场的功能,可将其分为四种主要类型:第一,增殖型海洋牧场。增殖型海洋牧场是以增殖渔业资源和产出海产品为主要目的的海洋牧场,产出多以鱼、虾、贝、海藻和海参、梭子蟹等海珍品为主。第二,养护型海洋牧场。养护型海洋牧场是以保护和修复生态环境、养护渔业资源或珍稀濒危物种为主要目的的海洋牧场,属于目前海洋牧场受鼓励的发展方向。第三,休闲观光型海洋牧场。休闲观光型海洋牧场以休闲海钓为核心,注重全产业链、全服务链衔接,目的是打造吃、住、行、游、购、娱等配套和特色鲜明的"海上高尔夫"。第四,综合性海洋牧场。我国在建的牧场多以综合性海洋牧场为主,一般兼顾一项或多项功能,最常见的是在增殖型海洋牧场开发休闲垂钓功能,在养护型海洋牧场中开发休闲观光功

---

① 孙吉亭等:《澳大利亚休闲渔业政策与管理制度及其对我国的启示》,载《太平洋学报》2017年第9期,第22—31页。

② 丁德文、索安宁:《现代海洋牧场建设的人工生态系统理论思考》,载《中国科学院院刊》2022年第9期,第47—59页。

能和鱼类增殖功能等。①

关于海洋牧场的法律规范。我国在《渔业法（修订草案）》中增加了第 49 条规定："国家鼓励和支持建设海洋牧场，采取增殖放流、投放人工鱼礁、种植海藻场及海草床等措施养护水生生物资源，修复和改善渔业水域生态环境。"但该规定尚未生效。其他法律规范主要是行政规章和行政规范性文件，例如：为规范增殖放流工作，加大资源养护力度，农业部相继出台了《水生生物增殖放流管理规定》《农业部关于做好"十三五"水生生物增殖放流工作的指导意见》《农业部办公厅关于进一步规范水生生物增殖放流工作的通知》；为规范人工鱼礁建设，农业部发布了《人工鱼礁建设项目管理细则（试行）》，明确规定人工鱼礁项目原则上应在国家级海洋牧场示范区内实施。② 在地方层面，江苏省连云港市在 2016 年出台了第一部海洋牧场地方性法规——《连云港市海洋牧场管理条例》，对海洋牧场的规划建设、开发经营、生态保护和监督管理等作出了规定；海南省三亚市政府在 2015 年印发了《三亚市海洋牧场管理暂行办法》，对海洋牧场的概念、建设原则、经营和监督管理进行了规定，旨在改善海洋生态环境，增殖渔业资源，发展休闲渔业。③

上述其中一些法律规范是对各级行政机关在发展海洋牧场方面的要求，从渔业生产者的角度来看，仍然要重视法律规范确定的海洋牧场经营者的权利义务。具体包括：第一，开发、建设海洋牧场应当依法取得海域使用权，海域使用权人应当依法缴纳海域使用金，依法出租、转让和继承。第二，海洋牧场海域使用申请由市、县（区）人民政府按照分级负责的原则进行审批。第三，在开发过程中应编制环境影响报告书。第四，在开发过程中也要遵循具体的要求。

二、渔业监管权的内容

渔业监管权是渔业资源法中的重要内容。日本经济学家植草益将监管界定为依据一定的规则对构成特定社会的个人和构成特定经济的经济主体的活动进行限制的行为，尤其是指向公共机构对企业活动进行干预的行为，而公共机构的干预应当是以法律及其执行权为依据。现代国家的监管内容日益丰富，现代国家也被称为"监管型国家"，渔业监管权是现代监管权的一类，是与渔业资源的开发利用保护相结合的监管权。渔业监管权不仅具有行政权的一般特征，而且要与渔业资源本身的特点相契合。

监管必备的核心要素包括：监管主体（公共机构）、监管对象（经济或社会活动）及监管依据（法律规则）等。④ 下面围绕这些要素来加以阐述。

---

① 汪倩等：《经略海洋背景下海洋牧场若干法律问题分析——以威海市海洋牧场为例》，载《世界海运》2019 年第 1 期。

② 周翠凤：《我国海洋牧场法律问题研究》，载《陇东学院学报》2021 年第 3 期。

③ 周翠凤：《我国海洋牧场法律问题研究》，载《陇东学院学报》2021 年第 3 期。

④ 张宝：《规制内涵变迁与现代环境法的演进》，载《中国人口·资源与环境》，2020 年第 12 期。

1. 监管主体

监管主体一般指负有相应监管职责的行政机关,虽然在现代社会中法院也可以在很大程度上成为监管主体,但现实生活中还是以行政机关为典型。根据我国《渔业法》的规定,渔业监管主体是渔业主管部门,现在是农业农村部。当然也存在其他监管主体,例如由于海洋养殖、捕捞都在渔业生产中占有重要的地位,所以海洋主管部门也是一类重要的渔业监管主体,具体的监管事项由《渔业法》和《海域使用管理法》等加以明确。另外,在渔业生产活动中还可能涉及其他部门,例如休闲渔业、海洋牧场会涉及市场监管部门、旅游监管部门。但整体而言,渔业主管部门负有主要的监管职责,是渔业资源法所确定的主要监管主体。

2. 监管对象

渔业资源法的监管对象是对渔业资源的开发利用保护行为。渔业资源法是调整渔业资源开发利用及保护的法律。开发利用渔业资源,可能会导致公地悲剧,最终影响到人类的经济发展和粮食安全,所以即使是渔业资源的保护行为,也需要加以规范。国家通过立法授予行政机关权力,对渔业资源的开发利用保护行为加以监管,避免渔业生产者行为的负外部性和公地悲剧的产生。具体而言,渔业主管部门要依法监管渔业生产者的养殖、捕捞、休闲渔业经营、海洋牧场经营等行为。这些行为都具有一定的负外部性,需要行政机关加以监督,以保障渔业资源的可持续性发展。

3. 监管依据

现代监管型国家中,行政监管权越来越大,容易导致行政监管权的滥用,因此,加强对监管权的监督就非常重要,也就是"监管监管者"。[①] 对监管者的监督形式多种多样,其中一个方面就是要求监管者必须具有监管的依据。在渔业资源监管领域,行政机关的监管依据主要包括:(1) 渔业资源法律规范中的专门性规范。我国渔业资源法律规范已经较为完备,而且在不断根据社会发展制定新的法律规范和修改原有的法律规范,这是行政机关在渔业资源领域行使监管权的基本和直接的依据。(2) 与渔业资源相关的法律规范。渔业资源领域涉及的法律规范较多,典型的是休闲渔业,往往要依赖其他相关领域的法律规范,如渔业养殖在环境保护和渔业产品质量方面的法律规范,这就需要渔业部门依据这些法律规范来进行监管。(3) 行政机关行使职权中应遵守的一般性的行政法律规范。行政监管权主要是一种行政权力,必须遵守行政法律规范对行政机关依法行政的要求。行政法可以分为一般行政法与部门行政法,一般行政法中有对行政机关依法行政的基本要求,即行政合法性和行政合理性要求,如《行政处罚法》《行政许可法》等对行政处罚和行政许可的基本要求。(4) 国家政策。我国渔业领域的政策也是行政机关监管的重要依据。当前,监管政策日益丰富,已经成为行政机关行使监管权的重要依据。例如,我国长江流域的"十年禁渔"政策就是政策性依据。

---

① 吕忠梅:《监管环境监管者:立法缺失及制度构建》,载《法商研究》2009 年第 5 期。

第三节　渔业资源法的主要法律规定

渔业资源法规范众多,涉及渔业资源开发利用保护等各个方面。本节将从渔业资源法的基本制度着手,介绍渔业资源法的主要法律规定,为全面认识渔业资源法奠定初步的基础。本节主要介绍五类制度,一是渔业资源管理制度,二是渔业资源利用制度,三是渔业资源保护制度,四是渔业资源恢复制度,五是渔业资源责任制度。需要注意的是,这些制度本身也包括一些更加具体的制度,同时,这些制度的分类并不是绝对的,存在一定的交叉性。这些制度相互配合、共同作用,以实现渔业资源法的整体目标。例如,总量控制制度,既可以包含在利用制度之中,也可以包含在恢复制度之中,并没有严格的界限。

一、渔业资源管理制度

渔业资源管理制度即渔业资源监管制度。现代国家的监管任务众多,管理制度直接关系到监管的效能,每个国家都会根据监管目标和监管任务探索具有本国特色的管理制度。在管理制度中,第一,要确定不同行政机关的职权,即行政机关的职权问题;第二,要确定不同行政机关在监管事务上的关系,即管理体制问题。

(一) 行政机关的监管职权

我国渔业资源法中规定了各行政机关的监管职权,但由于法律规范众多,容易导致各行政机关的监管职权不够清晰。在实践中,各级行政机关通过建立权力清单制度来确定其具体的职权。通过法律规范的授权和权力清单制度,基本上可以确定不同行政机关的监管职权。

(二) 行政监管体制

渔业资源的监管体制,涉及不同行政机关之间的职权分工。我国在确定行政监管体制方面主要考虑以下几个方面因素。一是中央与地方的关系,即考虑中央与地方之间的职权分工,一般而言,我国行政监管的职能主要由地方来承担,尤其是由县级人民政府的职能部门来进行管辖。二是县级以上人民政府及其职能部门的关系,在地方主要由县级以上人民政府的职能部门承担监管职能,但本级人民政府也承担部分监管职能,同时本级人民政府对其职能部门行使监督职能。三是不同的管理部门之间的关系,在行使监管职能时,各部门之间会存在交叉与协调的问题。根据《渔业法》的规定,我国渔业资源管理制度可以从以下几方面来理解。

1. 渔业主管部门

根据《渔业法》的规定,国务院渔业主管部门负责全国的渔业工作,县级以上地方人民政府渔业主管部门负责本行政区域内的渔业工作。可以看出,渔业主管部门是基本的监管主体,行使基本的监管职责。根据我国目前的国务院组成部门,渔业主管部门是农业农村部,县级以下地方渔业资源的主管职能部门是县级以上地方人民政府的农业农村部门。

存在隶属关系的渔业主管部门之间的权限划分,体现了中央与地方、上级渔业主管部门与下级渔业主管部门之间的关系,主要由国务院渔业主管部门根据法律规定或国务院渔业主管部门的规范性文件,确定其与下级主管部门之间的权限分工。

2. 各级人民政府

各级人民政府也具有相应的监管职权,包括:编制渔业资源利用和保护、滩涂资源利用与保护等规划以及颁发养殖许可证的权力;在确定捕捞总量控制的情况下,各级人民政府逐级分解下达的权力;对擅自改变渔港的性质和功能、非法占用渔港或者破坏渔港及其设施,或者擅自占用重要养殖水域滩涂的,由县级以上地方人民政府责令限期改正、恢复原状、处以罚款的权力。这些权力中,有的是对内的权力,有的是对外的权力,还有一些协调的权力,如跨区域间渔业资源的开发利用与保护方面的协调。

3. 海洋管理部门

在渔业资源监管中,还存在海洋渔业监管问题。海洋养殖与捕捞已成为我国渔业产业的重要环节,占到了整个渔业产业相当大的部分,而海域使用的主管部门是自然资源部(对外保留国家海洋局牌子)。在涉及海域资源的使用方面,由海洋主管部门承担相应的职责。《海域使用管理法》第7条规定:国务院海洋行政主管部门负责全国海域使用的监督管理;渔业行政主管部门依照《渔业法》,对海洋渔业实施监督管理;海事管理机构依照《海上交通安全法》,对海上交通安全实施监督管理。可见,在同一海域可能会存在不同的监管部门。

4. 其他部门

渔业资源的开发利用和保护会涉及许多监管部门,这些监管部门可以依据法律授权进行监管。例如《渔业法(修订草案)》第52条规定,县级以上人民政府应当组织渔业、市场监督、海关等行政主管部门对捕捞渔获物的合法性标签进行检查。也就是说,在捕捞渔获物方面,存在不同的监管部门。

二、渔业资源利用制度

开发利用渔业资源,是人类社会生存发展的需要。渔业资源法对开发利用渔业资源行为进行了规范,从而形成了渔业资源利用制度。值得注意的是,这些制度非常多,也与其他类型的制度(如保护制度、恢复制度)相互配合,共同构成了整个渔业资源法律制度。本部分主要介绍两种制度。

(一)渔业资源许可制度

行政许可是行政法中的基本制度,在渔业资源法中存在大量的行政许可要求。根据我国《行政许可法》的界定,行政许可是指行政机关根据公民、法人或者其他组织的申请,经依法审查,准予其从事特定活动的行为。在现代监管型国家中,行政许可是必不可少的一项制度。行政监管出现之初，以命令控制为基本特征。所谓命令控制，指的是国家先制定标准、规则，企业必须达到一定的标准或者要求才能从事某种行为，在从事这样的行为时，如果违反了相应的标准、规则，就给予行为人处罚直至禁止其从事这种活动。命令控制模式，是一种事先控制的方法，具有全局性与整体性。获得许可是行为人从事一定行为的基本前提，未经许可就会被追究法律责任。在渔业资源法中，需要获得许可的事项较多，例如：要使用海域从事渔业生产，就要获得海域许可证；捕捞、养殖、休闲渔业、海洋牧场、水产种质资源的培育、企业与个人的增殖放流等行为，也都需要获得相应的许可。例如，《渔业法实施细则》第24条规定：因养殖或者其他特殊需要，捕捞鳗鲡、鲥鱼、中华绒螯蟹、真鲷、石斑鱼等有重要经济价值的水生动物苗种或者禁捕的怀卵亲体的，必须经国务院渔业行政主管部门或者省、自治区、直辖市人民政府渔业行政主管部门批准，并领取专项许可证件，方可在指定区域和时间内，按照批准限额捕捞。行政许可分为一般许可、特许、登记、核准、认可等类型，在渔业资源法中，主要涉及一般许可和特许两类许可，也涉及其他许可种类。

许可制度的构成要素包括：第一，许可机关。许可机关是依法作出行政许可的行政机关，一般是渔业行政主管机关，其对许可申请人的渔业资源许可申请进行审查，并作出准予或者不予许可的决定。第二，许可申请人。许可申请人一般是渔业生产者，是指为了一定生产经营目的，从事渔业生产经营活动，而依法向行政机关提出申请的主体。在我国可以是公民、法人或其他组织。第三，许可条件。现代行政许可，大部分需要许可申请人具备一定的条件，具体的条件根据不同领域的法律规范来确定。另外，设定行政许可的法律规范本身也有相应的要求。根据《行政许可法》的规定，设定行政许可的法律规范必须符合《行政许可法》的相应规定。第四，许可程序。行政许可是一种应申请行政行为，先由申请人提出申请，才能启动相应的程序，具体程序是：申请——审查——公众参与——作出决定——进行救济。第五，许可监督。根据我国《行政许可法》的规定，对于应获得许可才可以从事的活动，相对人没有获得许可就从事该活动的，许可主管机关应作出取缔的决定；而对于获得许可的行为，在生产经营过程中也应受到监督，监督机关就是作出许可的机关，即"谁许可、谁监督"，这也符合一般许可的基本原理。

下面以《渔业捕捞许可管理规定》的规定为例，来说明渔业资源许可制度。第一，许可机关。《渔业捕捞许可管理规定》将我国海洋捕捞作业场所分为海洋捕捞作业场所和内陆水域捕捞作业场所，而海洋捕捞作业场所又分成 A 类、B 类、C 类、D 类渔区。不同的捕捞场所对应不同的许可机关：(1) 农业农村部，可管辖范围为 A 类、B 类、C 类、D 类渔区和内陆水域。(2) 省级人民政府渔业主管部门，可管辖范围如下：在海洋为本省、自治区、直辖市范围内的 A 类渔区，农业农村部授权的 B 类、C 类渔区；在内陆水域为本省、自治区、直辖市行政管辖水域。(3) 市、县级人民政府渔业主管部门，可管辖范围为由省级人民政府渔业主管部门在其权限内规定并授权的渔区。第二，许可申请人。这里主要是指船舶所有人，特殊情况下徒手作业的，渔业捕捞许可证的申请人应当是作业人本人。第三，许可条件。捕捞许可最初的创设依据是《渔业法》，但具体的依据主要是《渔业捕捞许可管理规定》，该规章规定许可申请人需要提供以下材料:(1) 渔业捕捞许可证申请书;(2) 船舶所有人户口簿或者营业执照;(3) 渔业船舶检验证书、渔业船舶国籍证书和所有权登记证书,徒手作业的除外;(4) 渔具和捕捞方法符合渔具准用目录和技术标准的说明。对于申请远洋捕捞的,还需要具备其他条件。第四,许可程序。许可程序与行政许可法规定的程序是相同的,但这类许可受到捕捞总量的限制。第五,许可监督。(1) 申请人在从事捕捞过程中,应随时携带许可证;(2) 应严格按照许可证规范的内容来从事捕捞活动;(3) 违反规定的,依据《渔业法》进行处罚。

(二)渔业资源禁限制度

随着渔业资源出现危机,渔业资源禁限制度成为实现渔业资源可持续发展的基本制度。该制度既可视为渔业资源利用制度,也可视为渔业资源保护制度。本部分从渔业资源利用制度来进行介绍,因为禁限制度的一些内容也涉及渔业资源开发利用方面。

我国历史上很早就有禁限制度的规定,根据《逸周书·大聚》记载,早在夏朝,就已制定"春三月,山林不登斧,以成草木之长;夏三月,川泽不入网罟,以成鱼鳖之长"。这就是著名的"禹禁",也是我国最早的环保法律。新中国成立后,国务院于1979年2月10日发布的《水产资源繁殖保护条例》中,以立法的形式规定了禁渔期和禁渔区制度,并在其后的《渔业法》等法律规范中不断得到确定和完善。现在,禁限制度已经相对成熟并且在不断发展,长江流域实行的十年期全面禁渔制度,更是创举性措施。

禁限制度包括"禁"和"限"两个方面。"禁"是指禁止,包括在禁渔期和禁渔区不得从事的捕捞行为和禁止采取的捕捞方法;而"限"是指限制,不仅指渔业生产者只能在禁渔期、禁渔区之外的时间和范围内开展捕捞活动,还指行为人只能采取一些受到限制的方法来从事捕捞行为。这一制度主要包括以下内容:

1. 禁渔期、禁渔区制度

禁渔期指的是行政机关依法规定,在一定时间里禁止捕鱼;而禁渔区指的是行政机关依法规定,在一定区域内禁止捕鱼。禁渔期和禁渔区主要是由各省级人民政府的渔业主管部门宣布。

另外,我国《渔业法实施细则》还规定了某些种苗禁限制度。例如,第25条规定,禁止捕捞中国对虾苗种和春季亲虾。因养殖需要中国对虾怀卵亲体的,应当由养殖单位自行培育,期限及管理办法由国务院渔业行政主管部门制定。

2. 捕捞工具和捕捞方法方面的禁限要求

《渔业法》规定,禁止使用炸鱼、毒鱼、电鱼等破坏渔业资源和生态的方法进行捕捞。《渔业法实施细则》规定:禁止使用电力、鱼鹰捕鱼和敲舴作业;禁止制造、销售、携带、使用、存放未列入准用目录的渔具;禁止使用小于最小网目尺寸等不符合规范的网具进行捕捞;渔获物中幼鱼不得超过规定的比例。渔具、渔网要符合相关的技术标准和行政规范性文件的要求。

3. 禁限制度的例外情形

《渔业法实施细则》第19条规定,因科学研究等特殊需要,在禁渔区、禁渔期捕捞,或者使用禁用的渔具、捕捞方法,或者捕捞重点保护的渔业资源品种,必须经省级以上人民政府渔业行政主管部门批准。

三、渔业资源保护制度

保护渔业资源是渔业资源法的首要任务。随着渔业资源的减少,渔业资源的可再生性受到了极大的削弱,其稀缺性特征日益显现,如何保护渔业资源显得尤为重要。我国《环境保护法》规定了保护优先的原则,《渔业法》虽然没有规定保护优先原则,但在《渔业法(修订草案)》中规定了绿色、安全方面的要求,这一规定体现了可持续发展理念,也具有保护优先的含义。渔业资源的保护制度非常多,不仅包括本部分介绍的一些制度,而且在许可制度、禁限制度等其他制度中都体现了保护优先的原则。

(一) 种质资源保护制度

种质资源是现代农业生产的重要资源,是生物多样性的重要内容,甚至可以说是一种战略资源。我国一直高度重视水产种质资源工作,在《野生动物保护法》《自然保护区法》等法律中都规定了对种质资源的保护问题,也出台了一些规章来加以规范。在我国《渔业法(修订草案)》中,更以专章的形式规定了水产种质资源的保护管理制度。

渔业资源的种质资源也称为水产种质资源,是指携带遗传基因并能繁殖后代且可合法用于水产养殖苗种生产和新品种选育的水生动植物活体及其精子、卵子、胚胎、组织、核酸等遗传材料的水生生物资源。根据水产养殖种质资源的特点,将水产养殖种质资源按物种进行归类,每个水产物种可能包含原种、新品种、引进种和其他4种类型资源。[①] 我国《渔业法(修订草案)》中对此也进行了界定,即水产种质资源,又称水产遗传资源,是指具有生物多样性和育种价值,可为捕捞、养殖等渔业生产以及其他人类活动所开发利用,或具有潜在用途或价值的水生生物遗传材料。

水产种质资源保护的主要制度有:

1. 名录制度。

名录制度是指对需要保护的水产种质资源,由行政机关按照法定程序加以确定并发布的制度,列入名录的水产种质资源受到特别的保护。

《渔业法(修订草案)》规定:国家对水产种质资源享有主权,定期公布可供利用的水产种质资源及不对外交换、有条件对外交换和可以对外交换的水产种质资源目录。1979年《水产资源繁殖保护条例》第4条规定,对列举的重要或名贵的水生动物和植物应当重点加以保护。2007年12月,根据《渔业法》和《中国水生生物资源养护行动纲要》有关规定和要求,农业部制定了《国家重点保护经济水生动植物资源名录(第一批)》,共收录166个水生

---

① 第一次全国水产养殖种质资源普查工作办公室:《第一次全国水产养殖种质资源普查操作手册(试行)》,2021年6月。

经济物种。2021 年,农业农村部同林业和草原局联合发布《国家重点保护野生动物名录》,加强旗舰物种保护管理,全面推进珍贵濒危水生野生动物及其栖息地保护,发布并实施中华白海豚、斑海豹、海龟等 7 个保护行动计划并成立保护联盟。[①]

2. 水产种质资源保护区制度

对于一些有重要保护意义的水产种质资源,应通过建立保护区的方式来加强保护。自然保护区制度也是环境资源法的一项重要制度,对于水产种质资源来说,通过建立自然保护区保护其生境,可以更好地恢复与保护有重要价值的水产种质资源。2011 年,农业部公布了《水产种质资源保护区管理办法》,专门规范相应的保护区的建立与管理工作。近年来,农业农村部积极推进水产种质资源保护区建设工作,已审定公布 11 批 535 处国家级水产种质资源保护区。[②] 各省级人民政府也划定了一定数量的省级水产种质资源保护区。当然,全流域的保护对于种质资源也是更有价值的,例如长江流域的全面禁渔制度,有利于恢复一些珍贵的渔业资源。据研究,2021 年 1 月 1 日起,我国正式全面实施长江"十年禁渔期"。禁捕 1 年多来,江豚群体在长江中下游江段出现的频率明显增加,长江刀鱼已上溯至长江中游和鄱阳湖,长江水生生物资源状况逐步好转。[③]

(二)总量控制制度

总量控制制度,也称为总行为控制[④],是为了让人类的捕捞量与渔业资源的承载量相符合的一种制度。渔业资源具有可再生性,只要人类能在其再生限度内进行捕捞,就可以保证其可持续性。由于人类的过度捕捞,渔业资源的可再生性受到了很大影响,只能通过增殖放流、渔业养殖来增加渔业资源的产量。即使如此,保证天然环境里渔业资源的可再生性仍然非常必要,因为增殖放流和渔业养殖都无法保障渔业资源的生物多样性,渔业资源只有在其原有的生态系统中才能保持其原有的遗传信息与遗传功能。为了防止渔业资源的枯竭,必须实行捕捞总量控制制度。国际上对渔业资源实施配额制度,我国也开始采取总量控制制度。2017 年,我国主动提出海洋渔业资源总量管理目标,启动实施海洋渔业资源总量管理制度。截至目前,我国近海实际捕捞量控制在 1 000 万吨以内,沿海 11 个省(区、市)已全部开展限额捕捞管理试点工作。[⑤] 我国的总量控制制度包括控制捕捞能力总量和控制渔业捕捞许可证数量。

总量控制制度的主要构成要素有:第一,总量的确定。根据《渔业法》和《渔业捕捞许可管理规定》的规定,农业农村部主管全国渔业捕捞许可管理和捕捞能力总量控制工作。

---

① 国家海洋渔业生物种质资源库:《全球最大的渔业资源库! 中国渔业 10 年发展综述》,载广东省海洋综合执法总队网站。

② 农业农村部办公厅:《农业农村部办公厅关于组织申报第十二批国家级水产种质资源保护区的通知》。

③ 国家海洋渔业生物种质资源库:《全球最大的渔业资源库! 中国渔业 10 年发展综述》,载广东省海洋综合执法总队网站。

④ 徐祥民:《论我国环境法中的总行为控制制度》,载《法学》2015 年第 12 期。

⑤ 国家海洋渔业生物种质资源库:《全球最大的渔业资源库! 中国渔业 10 年发展综述》,载广东省海洋综合执法总队网站。

县级以上地方人民政府渔业主管部门及其所属的渔政监督管理机构负责本行政区域内的渔业捕捞许可管理和捕捞能力总量控制的组织、实施工作。第二,总量的分配。捕捞限额总量由国务院渔业主管部门确定,报国务院批准后逐级分解下达;国家确定的重要江河、湖泊的捕捞限额总量由有关省、自治区、直辖市人民政府确定或者协商确定,逐级分解下达。第三,总量控制制度构建。总量控制对于各地和捕捞者都有非常大的影响,必须要保障其公平性。无论是中央向地方下达捕捞指标,还是省级政府向市县下达捕捞指标,都必须考虑到各地的公平性总量,通过有效的制度最大限度地保障捕捞指标的公平性。第四,总量控制制度的法律效力。这主要是对于捕捞者而言的,如果超出了许可证确定的捕捞量,就会受到相应的制裁。总量控制现在还主要局限于鱼类的捕捞,对于其他的渔业资源是否需要构建总量控制制度,目前法律还没有相应的规定。

四、渔业资源恢复制度

在现代渔业资源受到极大破坏的情况下,渔业资源的恢复制度显得尤为重要。渔业资源的恢复,最重要的是休养生息。禁渔制度,即在一定的区域或期限内部分或者全面地禁止捕捞的制度,主要是一种消极恢复,是依靠渔业资源的可再生性特征建立的一种自然恢复制度。为了尽快恢复渔业资源,还需要不断拓展积极的恢复制度,这主要体现为增殖放流制度。

(一) 增殖放流制度的法律依据

我国《渔业法》在第四章以专章的形式规定了"渔业资源的增殖和保护",同时在立法目的等多个条款上规定了渔业资源的增殖总量。2009 年,农业部还以《水生生物增殖放流管理规定》这一行政规章的方式,具体明确了渔业资源增殖放流的相关规范。

(二) 增殖放流制度的主要内容

根据相关法律规范,水产资源增殖放流制度主要包括:第一,增殖放流的主体。主要由相关行政机关承担,即由县级以上人民政府的渔业主管部门承担,当然,也鼓励其他主体参与增殖放流活动,单位和个人可自行开展规模性水生生物增殖放流活动,不过要获得相应的许可。第二,增殖放流的物种。在增殖放流过程中,应特别注意外来物种入侵问题。《水生生物增殖放流管理规定》第 9 条规定,用于增殖放流的人工繁殖的水生生物物种,应当来自有资质的生产单位。其中,属于经济物种的,应当来自持有《水产苗种生产许可证》的苗种生产单位;属于珍稀、濒危物种的,应当来自持有《水生野生动物驯养繁殖许可证》的苗种生产单位。第三,增殖放流的技术规范。增殖放流是一项具有较高技术要求的活动,必须遵循相应的技术规范。《水生生物增殖放流管理规定》第 14 条规定,增殖放流应当遵守省级以上人民政府渔业行政主管部门制定的水生生物增殖放流技术规范,采取适当的放流方式,防止或者减轻对放流水生生物的损害。第四,增殖放流的经费。增殖放流需要大量的经费,其经费来源主要是财政投入。国家需要不断加大对增殖放流的财政投入力度,尽快恢复水产资源的种群数量。另外,我国《渔业法》规定捕捞渔业资源的单位和个人应当缴纳渔业资源增殖保护费,这部分经费也是水产资源增殖放流的经费来源。第五,增殖放流的法律责任。违反增殖放流的行为人,应承担相应的责任。根据《渔业法》等的规定处罚违法者,并可以要求其采取相应的补救和恢复措施。

案例研习

自测习题

第十二章

野生动植物资源法

导语　　野生动植物资源作为自然资源的重要组成部分,在整个资源利用体系中具有非常重要的地位。学习野生动植物资源相关法律制度,是进一步发展和完善野生动植物资源相关制度的重要途径。野生动植物资源包含野生动物资源和野生植物资源两类,因此有必要对野生动植物资源分别进行考察。本章内容包括:(1) 野生动植物资源概述,包括野生动植物资源的概念、范围以及野生动植物资源的保护;(2) 我国野生动植物资源法的立法沿革;(3) 野生动植物资源法的主要法律规定。本章重点难点有野生动物的概念、野生植物的概念,野生动物资源及其栖息地保护,野生动物致害赔偿,野生植物保护原则等。

第一节　野生动植物资源概述

野生动植物资源包含野生动物资源和野生植物资源两类,对于野生动植物资源概述应当分为野生动物资源和野生植物资源两类分别论述。并且,从我国的立法情况来看,关于保护野生动物资源的《野生动物保护法》和关于保护野生植物资源的《野生植物保护条例》也是分别规定的。因此,将野生动物资源和野生植物资源分别予以概述,无论从理论研究还是从立法实践来看均属合理举措。

一、野生动物资源概述

野生动物作为自然资源的一种,保护野生动物就是保护自然资源。我国是一个幅员辽阔的国家,有着丰富的野生动物种类,对野生动物进行保护具有非常重要的意义。

(一)野生动物的概念

国际上对野生动物的定义是:所有非经人工饲养而生活于自然环境下的各种动物。学界一般将野生动物定义为:生存在天然的自然状态下或者来源于天然的自然状态,虽经短期驯养,但未产生变异的各种动物。从字面含义上来看,野生动物与家养动物相对应,因此,野生动物也被定义为生活于野外的非家养动物。一般认为,野生动物是指大自然环境下生长的未被驯化的动物。

《野生动物保护法》第2条第2款规定:"本法规定保护的野生动物,是指珍贵、濒危的陆生、水生野生动物和有重要生态、科学、社会价值的陆生野生动物。"由此条可推出,只有珍贵、濒危的陆生、水生野生动物和有重要生态、科学、社会价值的陆生野生动物才能成为野生动物法所保护的对象。

(二)野生动物的范围

广义上的野生动物泛指脊椎动物和无脊椎动物,有哺乳类、鸟类、爬行类、两栖类、鱼类、软体动物、昆虫类以及微生物类等;狭义的野生动物仅指高等的脊椎动物,包括哺乳类、鸟类、爬行类、两栖类等。根据与人的联系密切程度,野生动物又可以分为野外环境下的野生动物和人工繁殖的野生动物。

从《野生动物保护法》的规定可以看出,野生动物主要涉及两类:一类是陆生野生动物;另一类是水生野生动物。实际上,《野生动物保护法》中对野生动物的范围界定明显要小于一般意义上野生动物的涵盖范围。正是如此,有学者认为野生动物包含以森林、草原等自然环境为依托而生存的未经人工驯化的动物。[①]

(三)野生动物的保护

概括来讲,野生动物保护主要有两层含义:其一,野生动物保护是指人类社会所提供的,为了保存野生动物的物种资源或者保育野生动物的种类资源,采取的各种有效的保护措施,比如野生动物保护的各种法律法规、建立野生动物自然保护区等都是保护野生动物的重要举措。该层面的野生动物保护旨在保护野生动物的物种资源和种群。其二,野生动物保护是指通过减少人为活动使野生动物免受身体损伤、病痛折磨以及精神痛苦等。该层面的野生动物保护旨在保护人工驯养繁殖的野生动物。

野生动物的保护从不同的角度出发有不同的分类。(1)从内容的角度来看,野生动物保护可以分为野生动物物种资源保护和野生动物资源利用保护。野生动物物种资源保护就是要在现有的野生动物物种资源的基础之上开展保护工作,使现有的野生动物物种资源不再减少;野生动物资源利用保护则是指在野生动物资源的利用过程中要可持续利用,不能采取破坏性利用野生动物资源的方式进行野生动物资源利用。(2)从技术的角度来看,野生动物保护可以分为就地保护、迁地保护和离体保护。就地保护是指在野生动物现有的栖息地采取措施对野生动物进行保护;迁地保护是指通过人为的努力将野生动物一部分种群迁移到适当地方,通过人工管理和繁殖扩大种群进行保护;离体保护是指通过现代技术储存野生动物的生物体以保持野生动物物种种质的方式进行保护,如建立动物细胞库。

---

① 方印主编:《环境法律前沿问题研究》,知识产权出版社2018年版,第172—173页。

二、野生植物资源概述

野生植物资源是野生动植物资源的重要组成部分,它与野生动物资源共同构成了野生动植物资源这一概念。我国野生植物资源丰富,野生植物资源保护工作迫在眉睫,面临较大挑战。

(一) 野生植物的概念

野生植物是指生存于天然自由状态之下,或者来源于天然自由状态,已经短期栽培但并未产生进化变异的各种植物,能够给人类生活直接或者间接提供原料、食品及其他效益的所有植物的总称。野生植物作为一种资源,能够供给人类开发和利用野生原料,为人类提供资源利益。从一般意义上讲,野生植物是指原生地天然生长的植物,自然资源法关注的是野生植物的资源价值,也就是野生植物作为资源所具有的经济作用。

《野生植物保护条例》第 2 条第 2 款规定:"本条例所保护的野生植物,是指原生地天然生长的珍贵植物和原生地天然生长并具有重要经济、科学研究、文化价值的濒危、稀有植物。"由此可见,这里的野生植物包含了珍贵植物、濒危植物和稀有植物。珍贵植物是指具有经济、科研、文化以及教育方面特殊价值,分布上具有局限性,种群数量上又相对较少的植物。濒危植物是指物种在分布上全部或者部分范围内有随时灭绝危险的植物。通常情况下,这些植物生长稀疏,地理分布局限性明显,仅存在于典型地方和脆弱的生长环境中。稀有植物又称罕见植物,是指那些并不具有立即灭绝危险,但是特有存在的单型科、单型属或者少种属植物。此类植物在分布区内只有很少的群体,或者由于数量特别有限可能会很快消失;或者分布范围较大但种类很少;或者虽然当下没有处于濒危或者渐危的状态,但由于分布范围小,很容易陷入濒危或者渐危的状态。例如,高山、深谷以及海岛上的许多植物就属于此类植物。

(二) 野生植物的范围

广义的野生植物可以界定为,自然界中能够对人类生产、生活和对环境自身产生直接或者间接影响的所有野生植物的总和。具体而言,广义的野生植物范围包括:第一,直接对人类生产和生活产生影响的野生植物;第二,间接对人类生产和生活产生影响的野生植物;第三,直接对环境自身产生影响的野生植物;第四,间接对环境自身产生影响的野生植物。总之,广义野生植物的概念在理解上采用了一种比较宽泛的视角。

《野生植物保护条例》对野生植物的定义在立法上采取了一种狭义的理解。从《野生植物保护条例》对野生植物的定义来看,野生植物仅包含原生地天然生长的珍贵植物,具有经济价值、科研价值和文化价值的濒危植物,以及具有经济价值、科研价值和文化价值的稀有植物。

(三) 野生植物的保护

野生植物的保护,简而言之就是通过国家的法律对野生植物进行保护。从手段上来看,野生植物保护的方式具有多样性,包含了技术手段、经济手段、社会手段以及法律手段等。从技术手段来看,野生植物的保护可以通过科学技术的发展得以实现,并且随着人类科学技术的不断提高,通过技术来实现野生植物资源保护的做法也越来越普遍。比如,通过克隆技术或者基因技术培育濒危野生植物。从经济手段来看,通过经济的激励保护野生植物也是重要的野生植物保护方式。即对有利于野生植物资源保护的行为予以经济上的正向激励,对不利于野生植物资源保护的行为给予经济上的负面惩罚,通过奖惩机制实现野生植物的经济保护。从社会手段来看,野生植物保护需要全社会的重视,因此可以从加强野生植物保护观念的角度做好社会宣传,树立保护野生植物资源的观念。从法律手段来看,可以通过设置权力和权利和具体配置义务和责任的方式规范野生植物资源的保护。保护野生植物的手段虽然路径不一,但殊途同归,都能够达到有效保护野生植物的目的。

在众多保护野生植物的手段当中,法律手段应当是最具有强制力的手段。这是因为其他手段虽然能在一定程度上达到保护野生植物的目的,但都显得柔性有余而刚性不足。法律手段正好避免了这一点,通过刚性方式,更加有效地起到保护野生植物的作用。目前来看,我国的野生植物保护以《野生植物保护条例》为主要依据。为了更好地保护野生植物资源,有必要制定更高位阶的法律。

第二节　我国野生动植物资源法的立法沿革

从历史上看,我国野生动植物资源立法经历了一个发展的过程。无论是《野生动物保护法》,还是《野生植物保护条例》,发展到今天都经历了一个相对漫长的阶段。虽然野生动物资源和野生植物资源具有一定程度的相似性,但是野生动物资源保护法和野生植物资源保护法的立法沿革有所不同,有必要分别对二者进行考察。

一、野生动物资源保护法的立法沿革

我国国土面积广阔,有着非常丰富的野生动物资源。野生脊椎动物有 4 400 余种,占世界该类动物资源总数的 10% 以上;哺乳类动物有 500 种左右,在世界范围内位居第五;鸟类动物有 1 000 多种,在世界范围内居第十;两栖类动物有 200 多种,在世界范围内居第六;爬行类动物有 400 多种;鱼类动物有 3 000 多种;昆虫类动物有 30 000 多种。在全世界 15 种鹤类中,我国有 9 种;在全世界 140 多种雁鸭类中,我国有 40 多种;在全世界 200 多种野生鸡类中,我国有 50 多种。除此之外,我国还有很多世界上闻名的动物,比如大熊猫、金丝猴、华南虎、扬子鳄等。我国的野生动物资源具有两大明显的特点:一是特有的珍稀野生动物多;二是经济性野生动物多。目前,由于环境问题凸显,我国野生动物资源面临前所未有的危机,例如,野生动物的栖息地被破坏,从而导致野生动物生存出现困难。基于此,需要通过法律手段对野生动物资源进行保护。

早在先秦时期,就有相关法令对野生动物保护作了规定。比如,夏禹时期曾有"夏三月,川泽不入网罟,以成鱼鳖之长"之说;周朝时期规定了"凡田猎者受令焉";《礼记》规定"不杀胎,不殀夭,不覆巢";西周时期颁布的《伐崇令》规定"毋坏屋,毋填井,毋伐树木,毋动六畜"等。[①]《秦律》中的《田律》设置了野生动物资源保护的有关规定;南北朝时期,宋明帝规定了禁止不按季节捕鸟;北齐时期规定了禁止网捕猎鹰、鹤和鸟类;唐高祖时期规定了禁止献奇珍异兽;宋太祖时期规定了禁止春夏两季对鱼鸟进行捕猎和射杀;元代规定了"杀胎者有禁,杀卵者有禁"[②];明清时期,政府通过诏书和政令的方式禁止滥杀野生动物,要求放生野山虎、猫、鹰和山猴等。

新中国成立以后,我国开始了现代法治意义上的野生动物资源管理。在林业部设立了狩猎处,专门负责组织和协调全国范围内的狩猎活动和资源的调查以及规划,开启了新中国资源法治的序幕。1950年,中央人民政府颁布了《稀有生物保护法》,标志着新中国野生动物保护立法工作的开端。1959年,资源管理相关部门拟定了天然林区禁伐区和自然保护区等特殊区域,并且把对自然保护区的相关研究列入基础理论研究的项目中。1979年以后,随着对环境保护的逐渐重视,野生动物保护和管理领域取得了多方面成效。1980年初,国务院为了加强对野生动物的保护工作,设立了野生动物保护处(下设濒危动植物进出口办公室),同时成立了全国范围内的野生动物保护组织——中国野生动物保护协会。这一时期,国家层面也颁布了野生动物保护相关立法,如《森林法》《渔业法》等重要法律法规,这些法律法规之中或多或少都有保护野生动物资源的内容。1985年,林业部颁布了《森林和野生动物类型自然保护区管理办法》,专门对野生动物保护的内容作出了规定。1986年,国务院公布了《国家级森林和野生动物类型自然保护区名单》,设立了20个国家级自然保护区。同年,最高人民法院为了制止捕杀大熊猫的行为发布了紧急通知。1988年,《野生动物保护法》颁布,该部法律对野生动物资源的管理、保护等作了全面而详细的规定,自此我国野生动物保护工作开始步入法治化、规范化的道路。[③]

目前,我国已形成比较完备的野生动物资源保护法律体系,现行保护野生动物资源的法律法规包括《野生动物保护法》《进出境动植物检疫法》《陆生野生动物保护实施条例》《水生野生动物保护实施条例》《水产资源繁殖保护条例》《国务院关于禁止犀牛角和虎骨贸易的通知》《陆生野生动物资源保护管理费收费办法》《国家重点保护野生动物驯养繁殖许可证管理办法》以及《国家重点保护野生动物名录》等。其中,最具有代表性的当属1988年通过的《野生动物保护法》,该法颁布以来分别于2004年、2009年、2016年、2018年及2022年进行过五次修改。

---

① 王风雷:《论元代法律中的野生动物保护条款》,载《内蒙古社会科学(文史哲版)》1996年第3期,第46—51页。
② 崔鸿、汪亮:《简论我国古代野生动物保护的法律制度》,载《中国人口·资源与环境》2001年第2期,第150—151页。
③ 张梓太主编:《自然资源保护法》,科学出版社2004年版,第356页。

《野生动物保护法》最新一次修订是在 2022 年,由第十三届全国人民代表大会常务委员会第三十八次会议通过,自 2023 年 5 月 1 日起实施。这次修改具有以下特点:

(1) 秉承生态文明理念,促进人与自然和谐共生。作为生态文明建设内容的重要组成部分,野生动物资源保护法是生态文明法律体系的重要环节。新修订的《野生动物保护法》加强了对重要生态系统的保护和修复,坚持保护优先、规范利用、严格管理的原则,积极回应社会需求。从内容上来讲,新修订的《野生动物保护法》进一步完善了野生动物保护的管理制度,加大了对违法行为的处罚力度。该法很好地与《生物安全法》《动物防疫法》《畜牧法》等法律规范衔接,秉承了生态文明理念,推动了绿色发展的目标,达到了人与自然和谐共生的目的。

(2) 加强对野生动物栖息地的保护。野生动物栖息地是野生动物得以生存的场所,新修订的《野生动物保护法》明确依法将野生动物重要栖息地划入国家公园、自然保护区等保护地进行严格保护,将有重要生态、科学、社会价值的陆生野生动物纳入应急救助范围,加强野生动物收容救护能力建设,建立收容救护场所。

(3) 细化野生动物种群调控措施。随着我国环境保护工作的不断推进,野生动物种群得到了有效恢复,一些地方野猪等野生动物泛滥成灾,危害到了群众的人身财产和农牧生产。鉴于此,新修订的《野生动物保护法》细化了调控措施。一方面,规定县级以上人民政府的野生动物保护主管部门可以根据野生动物栖息地的调查、监测和评估情况,对种群超过环境容量的物种采取迁地保护、猎捕等调控措施;另一方面,中央加大财政对致害防控的补助范围,并且规定对于野生动物危及人身安全造成的损害可以依法不承担责任。

(4) 加强对外来物种的防控。新修订的《野生动物保护法》规定,从境外引来的野生动物物种不得违法放生、丢弃,确实需要放生至野外环境的,应当遵守有关法律法规的规定,发现来自境外的野生动物对生态系统造成危害的,县级以上人民政府野生动物保护等有关部门应当采取相应的安全措施,规范野生动物放生活动。

(5) 健全野生动物致害防控机制。新修订的《野生动物保护法》要求地方政府采取建设隔离防控设施等措施,预防控制野生动物可能造成的危害;将中央财政对野生动物致害的补偿经费补助范围从国家重点保护的野生动物扩大到了其他致害严重的陆生野生动物,明确了在危及人身安全的情况下,采用适当措施造成野生动物损害的,依法不承担法律责任。

该法确立了人工繁育野生动物分类分级管理制度,对人工繁育的国家重点保护野生动物实行许可管理,对人工繁育“三有”动物实行备案管理;同时明确应当区分情况,将相关国际公约名录中的野生动物,按照野生动物管理法的相关规定予以管理。

二、野生植物资源保护法的立法沿革

作为世界上野生植物最丰富的国家之一,我国有着非常丰富的野生植物资源,我国的野生植物种类中高等植物大约有 3 万余种,在世界上位居第三位。其中,裸子植物占了

200 多种，在世界上位居第一位；银杏、银杉、水杉及珙桐等属于我国特有的类型；人参、甘草、肉苁蓉、杜仲、石斛以及红豆杉等药用植物大概有万余种。同时，我国是世界上农业野生植物资源最为丰富的国家之一，大概有 1 万多种，且很多种为我国所独有。我国作为世界上栽培植物重要的起源地之一，拥有大量的野生种群及其近缘种，如野生稻、野大豆和野苹果等。我国还有很多野生花卉，如茶花、杜鹃以及牡丹等，正因如此，我国被称为"花卉之国"。

基于现存的野外植株，可将 283 个调查物种划分为 3 个等级。一是野外未发现的物种，包括屏边三七、小花金花茶和拟豆蔻。二是野外仅存 1—5 000 株的物种，如普陀鹅耳枥、云南蓝果树、光叶蕨等。三是野外存有 5 000 株以上的物种，这些物种较仅存 5 000 株以下的物种而言，基本可以稳定存活，但仍需加强保护。

我国关于野生植物保护的立法起步相对较早，但是一直发展缓慢。早在 1950 年，中央人民政府就发布了《稀有生物保护法》，用来保护野生植物资源。1974 年，国务院环境保护领导小组发布《环境保护规划要点和主要措施》，要求各地方都要制定保护和改善环境的规定，保护森林和草原在内的野生植物资源。《环境保护法（试行）》曾明确规定，"保护、发展和合理利用野生动物、野生植物资源。按照国家规定，对于珍贵和稀有的野生动物、野生植物，严禁捕猎、采伐"。该条将野生植物保护纳入环境保护之中，认为野生植物是环境的一部分。这是我国首次以法律的形式保护野生植物资源。1982 年，《宪法》规定国家要保障自然资源的合理利用，保护珍贵的野生动植物，禁止任何组织和个人用任何手段侵占或者破坏自然资源。1980 年，我国加入了《濒危野生动植物国际贸易公约》。为了更好地履行公约，国家成立了濒危物种科学委员会。同年，我国成立了濒危物种进出口管理办公室，该机构推动了《濒危野生动植物进出口管理条例》的颁布实施。1983 年，《植物检疫条例》对野生植物资源的检疫相关情况进行了规定。1984 年，《森林法》规定对森林内的野生动植物进行保护，促进林业绿色健康发展。同年，为了细化我国珍稀濒危植物的保护，我国发布了《国家保护植物名录》，将植物物种分为濒危、渐危和稀有三种，保护等级依次递减。1985 年，《草原法》规定建立自然保护区对野生植物进行保护，禁止一切砍挖草原上药材和木材等野生植物的行为。1987 年，《野生药材资源保护管理条例》将野生药材物种分为三级分别进行管控，该条例的制定使得我国野生药材资源有了专门的法律予以保护。1991 年，《进出境动植物检疫法》对进出境动植物检疫作出全面规定。1992 年，我国加入《生物多样性公约》。为了配合该公约的履行，我国设立了生物多样性保护办公室，统筹处理各项活动。同年，《国家珍贵树种名录》发布，将珍贵树种分为两级进行保护。1993 年，《农业法》规定发展农业要遵守合理利用野生植物等自然资源的原则，合理开发森林和草原，建立与农业相关的物种资源保护制度，保护生物多样性，重点保护稀有、濒危、珍贵的生物资源及其原生地。1994 年，《自然保护区条例》发布，将珍稀濒危野生植物天然集中分布区划分为自然保护区，并规定了由环境保护主管部门对自然保护区进行专门监管，自然保护区的监管某种程度上就是对野生植物的管理。1996 年，《野生植物保护条例》对野生植物保护进行了全面的规定,这是我国野生植物保护领域的一部综合性法律。为了配合《野生植物保护条例》的实施,国务院批准了《国家重点保护野生植物名录》。1997年,《植物新品种保护条例》对植物新品的概念进行了规定。2004年,《关于加强生物物种资源保护和管理的通知》对我国生物资源保护进行了相关规定。

除了国家层面的法律之外,很多地方性法规也对野生植物保护进行了规定。比如,1987年,云南省的《施行森林法及其实施细则的若干规定》《森林和野生动物类型自然保护区管理细则》《珍稀濒危植物保护大纲》等;新疆维吾尔自治区的《野生植物保护条例》和《重点保护野生植物名录》等;西藏自治区的《野生植物保护法办法》和《林地管理办法》等;海南省的《自然保护区条例》《红树林保护规定》等。

目前,我国关于野生植物资源保护的法律法规中,最具有代表性的当属1996年颁布的《野生植物保护条例》,该法于2017年进行了修订。修改内容主要包括:将《野生植物保护条例》第16条第1款修改为:"禁止采集国家一级保护野生植物。因科学研究、人工培育、文化交流等特殊需要,采集国家一级保护野生植物的,应当按照管理权限向国务院林业行政主管部门或者其授权的机构申请采集证;或者向采集地的省、自治区、直辖市人民政府农业行政主管部门或者其授权的机构申请采集证。"将第20条第1款修改为:"出口国家重点保护野生植物或者进出口中国参加的国际公约所限制进出口的野生植物的,应当按照管理权限经国务院林业行政主管部门批准,或者经进出口者所在地的省、自治区、直辖市人民政府农业行政主管部门审核后报国务院农业行政主管部门批准,并取得国家濒危物种进出口管理机构核发的允许进出口证明书或者标签。海关凭允许进出口证明书或者标签查验放行。国务院野生植物行政主管部门应当将有关野生植物进出口的资料抄送国务院环境保护部门。"将第21条第2款修改为:"外国人在中国境内对农业行政主管部门管理的国家重点保护野生植物进行野外考察的,应当经农业行政主管部门管理的国家重点保护野生植物所在地的省、自治区、直辖市人民政府农业行政主管部门批准。"将第27条中的"或者未经批准对国家重点保护野生植物进行野外考察的"修改为"或者未经批准对农业行政主管部门管理的国家重点保护野生植物进行野外考察的"等。

第三节　野生动植物资源法的主要法律规定

为保护野生动物资源和野生植物资源,国家制定了相应的法律法规,其中包括许多关于野生动植物保护的基本规定、原则、管理体制、主要制度以及法律责任等具体规定。基于此,有必要以《野生动物保护法》和《野生植物保护条例》等法律法规为基础对野生动物资源保护和野生植物资源保护予以考察。

一、野生动物资源保护的具体法律规定

（一）野生动物资源保护的基本规定

《野生动物保护法》的基本规定包含了野生动物保护的理念、对象、权属、保护主体及义务等。就野生动物保护的理念来讲，保护野生动物是为了拯救珍贵、濒危野生动物，维护生物多样性和生态平衡，推进生态文明建设，促进人与自然和谐共生。就野生动物保护的对象来讲，所谓野生动物是指珍贵、濒危的陆生、水生野生动物和有重要生态、科学、社会价值的陆生野生动物。珍贵、濒危的水生野生动物以外的其他水生野生动物的保护，适用《渔业法》等有关法律的规定。就野生动物保护的权属来讲，野生动物资源属于国家所有，同时国家保障依法从事野生动物科学研究、人工繁育等保护及相关活动的组织和个人的合法权益。就野生动物保护的主体来讲，包含了国家、自然人、法人和其他组织。国家保护野生动物及其栖息地，县级以上人民政府应当制定野生动物及其栖息地相关保护规划和措施，并将野生动物保护经费纳入预算。国家鼓励自然人、法人和其他组织依法通过捐赠、资助、志愿服务等方式参与野生动物保护活动，支持野生动物保护公益事业。就野生动物保护的义务来讲，任何组织和个人有保护野生动物及其栖息地的义务。禁止违法猎捕、运输、交易野生动物，禁止破坏野生动物栖息地。社会公众应当增强保护野生动物和维护公共卫生安全的意识，防止野生动物源传染病传播，抵制违法食用野生动物，养成文明健康的生活方式。任何组织和个人有权举报违反野生动物保护法律的行为，接到举报的县级以上人民政府野生动物保护主管部门和其他有关部门应当及时依法处理。

（二）野生动物资源保护的原则

《野生动物保护法》第4条规定："国家加强重要生态系统保护和修复，对野生动物实行保护优先、规范利用、严格监管的原则，鼓励和支持开展野生动物科学研究与应用，秉持生态文明理念，推动绿色发展。"可见，野生动物保护应遵循保护优先、规范利用和严格监管等原则。保护优先原则，是指在野生动物的利用过程中应当坚持保护性利用，把保护放在首位。因为野生动物保护的主要目的是拯救珍贵、濒危的野生动物，维护生物多样性和生态系统平衡，所以要将保护优先置于首要位置，这样才有利于更好地保护野生动物。规范利用原则，是指在野生动物保护过程中不仅要注重保护优先，而且要注重对其规范利用，这是由野生动物作为资源的属性所决定的，野生动物资源的价值重在利用。严格监管原则，是指在野生动物利用过程中要按照相关的规定进行利用，遵守监管规则。否则，对野生动物资源进行破坏性利用，不仅不利于野生动物的生物多样性保护，也会造成对生态系统完整性的破坏。

（三）野生动物资源保护的管理体制

野生动物保护的管理体制作为野生动物保护的重要组成部分，在整个野生动物保护过程中居于重要地位。《野生动物保护法》第7条规定："国务院林业草原、渔业主管部门分别主管全国陆生、水生野生动物保护工作。县级以上地方人民政府对本行政区域内野生动物

保护工作负责,其林业草原、渔业主管部门分别主管本行政区域内陆生、水生野生动物保护工作。县级以上人民政府有关部门按照职责分工,负责野生动物保护相关工作。"可见,我国对野生动物保护采用的是主管和分管相结合的管理体制。具体来讲,主管机关包含全国和地方层面的林业草原和渔业部门;分管部门则包含县级以上人民政府与野生动物保护相关的有关部门。

《野生动物保护法》第35条规定:"县级以上人民政府野生动物保护主管部门应当对科学研究、人工繁育、公众展示展演等利用野生动物及其制品的活动进行规范和监督管理。市场监督管理、海关、铁路、道路、水运、民航、邮政等部门应当按照职责分工对野生动物及其制品交易、利用、运输、携带、寄递等活动进行监督检查。国家建立由国务院林业草原、渔业主管部门牵头,各相关部门配合的野生动物联合执法工作协调机制。地方人民政府建立相应联合执法工作协调机制。县级以上人民政府野生动物保护主管部门和其他负有野生动物保护职责的部门发现违法事实涉嫌犯罪的,应当将犯罪线索移送具有侦查、调查职权的机关。公安机关、人民检察院、人民法院在办理野生动物保护犯罪案件过程中认为没有犯罪事实,或者犯罪事实显著轻微,不需要追究刑事责任,但应当予以行政处罚的,应当及时将案件移送县级以上人民政府野生动物保护主管部门和其他负有野生动物保护职责的部门,有关部门应当依法处理。"

(四)野生动物分类分级保护和栖息地保护的相关规定

1. 野生动物的分类分级保护

国家对野生动物实行分类分级保护。国家对珍贵、濒危的野生动物实行重点保护。国家重点保护的野生动物分为一级保护野生动物和二级保护野生动物。国家重点保护野生动物名录,由国务院野生动物保护主管部门组织科学论证评估后,报国务院批准公布。有重要生态、科学、社会价值的陆生野生动物名录,由国务院野生动物保护主管部门征求国务院农业农村、自然资源、科学技术、生态环境、卫生健康等部门意见,组织科学论证评估后制定并公布。地方重点保护野生动物,是指除国家重点保护野生动物以外,由省、自治区、直辖市重点保护的野生动物。地方重点保护野生动物名录,由省、自治区、直辖市人民政府组织科学论证评估、征求国务院野生动物保护主管部门意见后制定、公布。名录应当每五年组织科学论证评估,根据论证评估情况进行调整,也可以根据野生动物保护的实际需要及时进行调整。

2. 野生动物的栖息地保护

栖息地是野生动物生存及生活的重要场所。各类野生动物在漫长的进化过程中,都逐渐寻觅到最适宜自己生存繁衍的生存环境,包括其生长的水分、食物、气候和繁衍场所等。但是,随着人类活动空间无节制地扩展,很多野生动物的栖息地被破坏,这对野生动物的生存构成极大的威胁。因此,保护野生动物,不仅是保护野生动物本身,也包括保护它们的栖息地。就栖息地保护问题,根据《野生动物保护法》第11条、第12条的规定,县级以上人民政府野生动物保护主管部门应当加强信息技术应用,定期组织或者委托有关科学研究机构对野生动物及其栖息地状况进行调查、监测和评估,建立健全野生动物及其栖息地档案。对野生动物及其栖息地状况的调查、监测和评估应当包括下列内容:(1) 野生动物野外分布区域、种群数量及结构;(2) 野生动物栖息地的面积、生态状况;(3) 野生动物及其栖息地的主要威胁因素;(4) 野生动物人工繁育情况等其他需要调查、监测和评估的内容。国务院野生动物保护主管部门应当会同国务院有关部门,根据野生动物及其栖息地状况的调查、监测和评估结果,确定并发布野生动物重要栖息地名录。省级以上人民政府依法将野生动物重要栖息地划入国家公园、自然保护区等自然保护地,保护、恢复和改善野生动物生存环境。对不具备划定自然保护地条件的,县级以上人民政府可以采取划定禁猎(渔)区、规定禁猎(渔)期等措施予以保护。禁止或者限制在自然保护地内引入外来物种、营造单一纯林、过量施洒农药等人为干扰、威胁野生动物生息繁衍的行为。自然保护地依照有关法律法规的规定划定和管理,野生动物保护主管部门依法加强对野生动物及其栖息地的保护。

县级以上人民政府及其有关部门在编制有关开发利用规划时,应当充分考虑野生动物及其栖息地保护的需要,分析、预测和评估规划实施可能对野生动物及其栖息地保护产生的整体影响,避免或者减少规划实施可能造成的不利后果。禁止在自然保护地建设法律法规规定不得建设的项目。机场、铁路、公路、航道、水利水电、风电、光伏发电、围堰、围填海等建设项目的选址选线,应当避让自然保护地及其他野生动物重要栖息地、迁徙洄游通道;确实无法避让的,应当采取修建野生动物通道、过鱼设施等措施,消除或者减少对野生动物的不利影响。如果建设项目可能对自然保护地及其他野生动物重要栖息地、迁徙洄游通道产生影响,审批部门在审批环境影响评价文件时,涉及国家重点保护野生动物的,应当征求国务院野生动物保护主管部门意见;涉及地方重点保护野生动物的,应当征求省、自治区、直辖市人民政府野生动物保护主管部门意见。

(五) 野生动物环境监测的相关规定

各级野生动物保护主管部门应当监测环境对野生动物的影响,发现环境影响对野生动物造成危害时,应当会同有关部门及时进行调查处理。对野生动物的环境监测是必要的,这是因为对野生动物进行环境监测可以随时掌握野生动物的生存环境,更好地保护野生动物。具体来讲,野生动物的环境监测应当包含两个方面:一方面,野生动物的环境监测应当是对野生动物所生存的环境的监测,这种监测可以使野生动物生存在一个适宜的环境,更好地保护野生动物;另一方面,野生动物的环境监测也可以监测野生动物自身,及时掌握野生动物的种群数量等情况。

(六) 野生动物救护的相关规定

国家重点保护野生动物和有重要生态、科学、社会价值的陆生野生动物或者地方重点保护野生动物受到自然灾害、重大环境污染事故等突发事件威胁时,当地人民政府应当及时采取应急救助措施。国家加强野生动物收容救护能力建设。县级以上人民政府野生动物保护主管部门应当按照国家有关规定组织开展野生动物收容救护工作,加强对社会组织开展野生动物收容救护工作的规范和指导。收容救护机构应当根据野生动物收容救护的实际需要,建立收容救护场所,配备相应的专业技术人员、救护工具、设备和药品等。禁止以野生动物收容救护为名买卖野生动物及其制品。

(七)野生动物致害赔偿的相关规定

野生动物造成人员伤亡、农作物或者其他财产损失的,由当地人民政府给予补偿。具体办法由省、自治区、直辖市人民政府制定。有关地方人民政府可以推动保险机构开展野生动物致害赔偿保险业务。有关地方人民政府采取预防、控制国家重点保护野生动物和其他致害严重的陆生野生动物造成危害的措施以及实行补偿所需经费,由中央财政予以补助。具体办法由国务院财政部门会同国务院野生动物保护主管部门制定。在野生动物危及人身安全的紧急情况下,采取措施造成野生动物损害的,依法不承担法律责任。

(八)野生动物资源管理的相关规定

1. 对符合猎捕条件的单位和个人,颁发猎捕证

禁止猎捕、杀害国家重点保护野生动物。因科学研究、种群调控、疫源疫病监测或者其他特殊情况,需要猎捕国家一级保护野生动物的,应当向国务院野生动物保护主管部门申请特许猎捕证;需要猎捕国家二级保护野生动物的,应当向省、自治区、直辖市人民政府野生动物保护主管部门申请特许猎捕证。猎捕有重要生态、科学、社会价值的陆生野生动物和地方重点保护野生动物的,应当依法取得县级以上地方人民政府野生动物保护主管部门核发的狩猎证,并服从猎捕量限额管理。猎捕者应当严格按照特许猎捕证、狩猎证规定的种类、数量或者限额、地点、工具、方法和期限进行猎捕。猎捕作业完成后,应当将猎捕情况向核发特许猎捕证、狩猎证的野生动物保护主管部门备案。具体办法由国务院野生动物保护主管部门制定。猎捕国家重点保护野生动物应当由专业机构和人员承担;猎捕有重要生态、科学、社会价值的陆生野生动物,有条件的地方可以由专业机构有组织开展。持枪猎捕的,应当依法取得公安机关核发的持枪证。禁止使用毒药、爆炸物、电击或者电子诱捕装置以及猎套、猎夹、捕鸟网、地枪、排铳等工具进行猎捕,禁止使用夜间照明行猎、歼灭性围猎、捣毁巢穴、火攻、烟熏、网捕等方法进行猎捕,但因物种保护、科学研究确需网捕、电子诱捕以及植保作业等除外。前述规定以外的禁止使用的猎捕工具和方法,由县级以上地方人民政府规定并公布。

2. 人工繁育野生动物管理

人工繁育野生动物实行分类分级管理,应严格保护和科学利用野生动物资源。国家支持有关科学研究机构因物种保护目的人工繁育国家重点保护野生动物。人工繁育国家重点保护野生动物实行许可制度。人工繁育国家重点保护野生动物的,应当经省、自治区、直辖市人民政府野生动物保护主管部门批准,取得人工繁育许可证,但国务院对批准机关另有规定的除外。人工繁育有重要生态、科学、社会价值的陆生野生动物的,应当向县级人民政府野生动物保护主管部门备案。人工繁育野生动物应当使用人工繁育子代种源,建立物种系谱、繁育档案和个体数据库。因物种保护目的确需采用野外种源的,应当遵守有关猎捕野生动物的规定。人工繁育子代是指人工控制条件下繁殖出生的子代个体,且其亲本也在人工

控制条件下出生。人工繁育野生动物的具体管理办法由国务院野生动物保护主管部门制定。人工繁育野生动物应当有利于物种保护及其科学研究，不得违法猎捕野生动物，破坏野外种群资源，并根据野生动物习性确保其具有必要的活动空间和生息繁衍、卫生健康条件，具备与其繁育目的、种类、发展规模相适应的场所、设施、技术，符合有关技术标准和防疫要求，不得虐待野生动物。省级以上人民政府野生动物保护主管部门可以根据保护国家重点保护野生动物的需要，组织开展国家重点保护野生动物放归野外环境工作。前述规定以外的人工繁育的野生动物放归野外环境的，适用有关放生野生动物管理的规定。人工繁育野生动物应当采取安全措施，防止野生动物伤人和逃逸。人工繁育的野生动物造成他人损害、危害公共安全或者破坏生态的，饲养人、管理人等应当依法承担法律责任。

3. 野生动物及其制品管控

禁止出售、购买、利用国家重点保护野生动物及其制品。因科学研究、人工繁育、公众展示展演、文物保护或者其他特殊情况，需要出售、购买、利用国家重点保护野生动物及其制品的，应当经省、自治区、直辖市人民政府野生动物保护主管部门批准，并按照规定取得和使用专用标识，保证可追溯，但国务院对批准机关另有规定的除外。出售、利用有重要生态、科学、社会价值的陆生野生动物和地方重点保护野生动物及其制品的，应当提供狩猎、人工繁育、进出口等合法来源证明。实行国家重点保护野生动物和有重要生态、科学、社会价值的陆生野生动物及其制品专用标识的范围和管理办法，由国务院野生动物保护主管部门规定。出售的野生动物，还应当依法附有检疫证明。利用野生动物进行公众展示展演应当采取安全管理措施，并保障野生动物健康状态，具体管理办法由国务院野生动物保护主管部门会同国务院有关部门制定。

4. 对野生动物及其制品的进出口监管

我国缔结或者参加的国际公约禁止或者限制贸易的野生动物或者其制品名录，由国家濒危物种进出口管理机构制定、调整并公布。进出口列入上述名录的野生动物或其制品，或者出口国家重点保护野生动物或其制品的，应当经国务院野生动物保护主管部门或者国务院批准，并取得国家濒危物种进出口管理机构核发的允许进出口证明书。海关凭允许进出口证明书办理进出境检疫，并依法办理其他海关手续。涉及科学技术保密的野生动物物种的出口，按照国务院有关规定办理。禁止向境外机构或者人员提供我国特有的野生动物遗传资源。开展国际科学研究合作的，应当依法取得批准，有我国科研机构、高等学校、企业及其研究人员实质性参与研究，按照规定提出国家共享惠益的方案，并遵守我国法律、行政法规的规定。国家组织开展野生动物保护及相关执法活动的国际合作与交流，加强与毗邻国家的协作，保护野生动物迁徙通道；建立防范、打击野生动物及其制品的走私和非法贸易的部门协调机制，开展防范、打击走私和非法贸易行动。从境外引进野生动物物种的，应当经国务院野生动物保护主管部门批准。从境外引进列入的野生动物应当依法取得允许进出口证明书。海关凭进口批准文件或者允许进出口证明书办理进境检疫，并依法办理其他海关手续。从境外引进野生动物物种的，应当采取安全可靠的防范措施，防止其进入野外环境，避免对生态系统造成危害；不得违法放生、丢弃，确需将其放生至野外环境的，应当遵守有关法律法规的规定。发现来自境外的野生动物对生态系统造成危害的，县级以上人民政府野生动物保护等有关部门应当采取相应的安全控制措施。

二、野生植物资源保护的具体法律规定

（一）野生植物资源保护的基本规定

野生植物资源保护的基本规定包含了保护理念、保护对象、适用范围和保护主体等内容。就保护理念而言，主要包括保护、发展和合理利用野生植物资源，保护生物多样性，维护生态平衡。就保护对象而言，野生植物是指原生地天然生长的珍贵植物和原生地天然生长并具有重要经济、科学研究、文化价值的濒危、稀有植物。药用野生植物和城市园林、自然保护区、风景名胜区内的野生植物也可纳入野生植物资源保护对象的范畴。就适用范围而言，在我国境内从事野生植物的保护、发展和利用活动，都适用野生植物资源保护的相关法律。就保护主体而言，国家、单位和个人都是野生动物资源的保护主体。国家对野生植物资源实行加强保护、积极发展、合理利用的方针。国家保护依法开发利用和经营管理野生植物资源的单位和个人的合法权益。国家鼓励和支持野生植物科学研究、野生植物的就地保护和迁地保护。在野生植物资源保护、科学研究、培育利用和宣传教育方面成绩显著的单位和个人，由人民政府给予奖励。任何单位和个人都有保护野生植物资源的义务，对侵占或者破坏野生植物及其生长环境的行为有权检举和控告。

（二）野生植物资源保护的原则

《野生植物保护条例》第3条规定："国家对野生植物资源实行加强保护、积极发展、合理利用的方针。"可以看出，野生植物资源保护应当遵循以下几个原则。（1）国家主导原则。国家之所以成为保护野生植物的主体，是因为对野生植物的保护并不会带来明显的经济价值，私人缺乏主动性和积极性。正因如此，就需要国家加入并主导野生植物保护。（2）保护优先原则。在野生植物的经济价值和环境价值之间，应当优先选择野生植物的环境价值进行保护。（3）积极发展原则。也就是说野生植物的保护不应仅停留在现有的状况上，还应当通过技术手段和经济手段等方式，积极地推动野生植物种类的保持和人工介入来保护野生植物。（4）合理利用原则。保护野生植物并非将野生植物资源放而不用，相反，应当对野生植物资源进行合理利用，因为野生植物资源的保护最终要指向人类的发展，并且服务于人类的发展。

（三）野生植物资源保护的管理体制

《野生植物保护条例》第8条规定："国务院林业行政主管部门主管全国林区内野生植物和林区外珍贵野生树木的监督管理工作。国务院农业行政主管部门主管全国其他野生植物的监督管理工作。国务院建设行政部门负责城市园林、风景名胜区内野生植物的监督管理工作。国务院环境保护部门负责对全国野生植物环境保护工作的协调和监督。国务院其

他有关部门依照职责分工负责有关的野生植物保护工作。县级以上地方人民政府负责野生植物管理工作的部门及其职责,由省、自治区、直辖市人民政府根据当地具体情况规定。”可以看出,野生植物由国务院林业行政主管部门和农业行政主管部门进行主管,林业行政主管部门主要对林区内野生植物和林区外珍贵野生树木进行监督管理,农业行政主管部门主要对全国其他野生植物进行监督管理。此外,国务院建设行政部门主要对城市园林、风景名胜区的野生植物进行监督管理,国务院环境保护部门主要对全国野生植物环境保护进行监督和协调,国务院其他部门分别对野生植物保护工作负责。总之,野生植物保护采取主管和分管相结合的管理体制,主管部门包括林业行政部门和农业行政部门,分管部门包括建设行政部门、环境保护部门和其他部门等。

(四)野生植物资源及其生长环境保护

国家保护野生植物及其生长环境。禁止任何单位和个人非法采集野生植物或者破坏其生长环境。野生植物资源的生长需要相应的区域作为成长环境,而缺乏适宜的野生植物资源生长环境会导致野生植物面临生存危机。正因如此,作为保护野生植物生长重要主体的国家就必须确保野生植物资源的生长环境。除了国家之外,单位和个人也是野生植物保护的重要主体。一方面,单位和个人作为野生植物的利用主体而存在;另一方面,单位和个人也要对野生植物资源进行保护,只有这样对于野生植物资源的利用才是一种持续性的利用。并且作为野生植物资源利用主体的单位或个人,在利用野生植物的过程中也不能采用非法的手段,或者进行破坏性利用,否则利用主体就需要承担相应的责任。

(五)野生植物资源保护的相关制度

1. 野生植物资源分级制度

野生植物分为国家重点保护野生植物和地方重点保护野生植物。国家重点保护野生植物分为国家一级保护野生植物和国家二级保护野生植物。国家重点保护野生植物名录,由国务院林业行政主管部门、农业行政主管部门会同国务院环境保护、建设等有关部门制定,报国务院批准后公布。地方重点保护野生植物,是指除国家重点保护野生植物外,由省、自治区、直辖市保护的野生植物。地方重点保护野生植物名录,由省、自治区、直辖市人民政府制定公布,并报国务院备案。

2. 野生植物资源分区制度

在国家重点保护野生植物物种和地方重点保护野生植物物种的天然集中分布区域,应当依照有关法律、行政法规的规定,建立自然保护区;在其他区域,县级以上地方人民政府野生植物行政主管部门和其他有关部门可以根据实际情况建立国家重点保护野生植物和地方重点保护野生植物的保护点或者设立保护标志。禁止破坏国家重点保护野生植物和地方重点保护野生植物保护点的保护设施和保护标志。

3. 野生植物资源监测制度

野生植物行政主管部门及其他有关部门应当监视、监测环境对国家重点保护野生植物和地方重点保护野生植物生长的影响并采取措施,维护和改善国家重点保护野生植物和地方重点保护野生植物的生长条件。由于环境影响对国家重点保护野生植物和地方重点保护野生植物的生长造成危害时,野生植物行政主管部门应会同其他有关部门调查并依法处理。

4. 野生植物资源拯救制度

野生植物行政主管部门和有关单位应当对生长受到威胁的国家重点保护野生植物和地方重点保护野生植物采取拯救措施,保护或者恢复其生长环境,必要时应当建立繁育基地、种质资源库或者对其采取迁地保护措施。

（六）野生植物资源管理的相关规定

1. 野生植物资源档案管理

野生植物行政主管部门应当定期组织国家重点保护野生植物和地方重点保护野生植物资源调查,建立资源档案。

2. 野生植物资源采集证管理

《野生植物保护条例》规定,禁止采集国家一级保护野生植物。因科学研究、人工培育、文化交流等特殊需要,采集国家一级保护野生植物的,应当按照管理权限向国务院林业行政主管部门或者其授权的机构申请采集证,或者向采集地的省、自治区、直辖市人民政府农业行政主管部门或者其授权的机构申请采集证。采集国家二级保护野生植物的,必须经采集地的县级人民政府野生植物行政主管部门签署意见后,向省、自治区、直辖市人民政府野生植物行政主管部门或者其授权的机构申请采集证。采集城市园林或者风景名胜区内的国家一级或者二级保护野生植物的,须先征得城市园林或者风景名胜区管理机构同意,分别依照前述规定申请采集证。采集珍贵野生树木或者林区内、草原上的野生植物的,依照森林法、草原法的规定办理。野生植物行政主管部门发放采集证后,应当抄送环境保护部门备案。采集证的格式由国务院野生植物行政主管部门制定。

3. 野生植物资源进出口管理

出口国家重点保护野生植物或者进出口我国参加的国际公约所限制进出口的野生植物的,应当按照管理权限经国务院林业行政主管部门批准,或者经进出口者所在地的省、自治区、直辖市人民政府农业行政主管部门审核后报国务院农业行政主管部门批准,并取得国家濒危物种进出口管理机构核发的允许进出口证明书或者标签。海关凭允许进出口证明书或者标签查验放行。国务院野生植物行政主管部门应当将有关野生植物进出口的资料抄送国务院环境保护部门。禁止出口未定名的或者新发现并有重要价值的野生植物。

案例研习

第十三章

湿地资源法

导语　　湿地具有涵养水源、调节气候、改善环境、维护生物多样性等多种生态功能，被誉为"地球之肾"。我国以占全球 4% 的湿地，满足了世界 1/5 人口对湿地的生产、生活、生态等多种需求，为全球湿地保护和合理利用作出了重要贡献。我国高度重视湿地保护修复工作，将其作为生态文明建设的重要内容。2021 年《湿地保护法》的正式颁布，填补了长久以来我国环境与资源保护法律体系在湿地领域的空白，为湿地保护提供了法律遵循。本章主要内容包括：(1) 湿地资源概述；(2) 我国湿地资源法的立法沿革；(3) 湿地资源法的主要法律规定。本章的学习重点是熟悉理解湿地保护法中的具体法律制度，学习难点是如何加强对湿地的司法保护。

第一节　湿地资源概述

一、湿地概述

湿地是自然界最富生物多样性的生态景观和人类最重要的生存环境之一，与人类的生存、繁衍和发展息息相关。在世界自然保护大纲中，湿地与森林、海洋并称为全球三大生态系统。湿地生态系统虽然具有重要的生态功能，却是最脆弱的生态系统。湿地保护是生态文明建设的重要内容，事关国家生态安全，事关经济社会可持续发展，事关中华民族子孙后代的生存福祉。党的十八大以来，习近平在考察中多次强调湿地的重要性，高度关注湿地的保护和恢复。习近平以视频方式出席在武汉举行的《湿地公约》第十四届缔约方大会开幕式，并在发表致辞时强调："中国将建设人与自然和谐共生的现代化，推进湿地保护事业高质量发展。"

(一) 湿地的定义

1.《湿地保护法》关于湿地的定义

《湿地保护法》第 2 条第 2 款规定："本法所称湿地，是指具有显著生态功能的自然或者人工的、常年或者季节性积水地带、水域,包括低潮时水深不超过六米的海域,但是水田以及用于养殖的人工的水域和滩涂除外。……"

其中,是否"具有显著生态功能"是能否被列入生态保护红线之内的重要依据。2017年2月,中共中央办公厅、国务院办公厅印发了《关于划定并严守生态保护红线的若干意见》,对划定并严守生态保护红线工作作出全面部署。"生态保护红线"被定义为"在生态空间范围内具有特殊重要生态功能、必须强制性严格保护的区域,是保障和维护国家生态安全的底线和生命线",包括"具有重要水源涵养、生物多样性维护、水土保持、防风固沙、海岸生态稳定等功能的生态功能重要区域,以及水土流失、土地沙化、石漠化、盐渍化等生态环境敏感脆弱区域"。早在2015年,中共中央、国务院《关于加快推进生态文明建设的意见》就提出了科学划定湿地等领域生态红线的要求,《生态文明体制改革总体方案》作出了进一步规定。2016年11月,中央全面深化改革领导小组第二十九次会议审议通过了《湿地保护修复制度方案》。同年11月30日,国务院办公厅印发的《湿地保护修复制度方案》明确要求"合理划定纳入生态保护红线的湿地范围,明确湿地名录,并落实到具体湿地地块"。2021年自然资源部发布的《生态保护红线管理办法(征求意见稿)》明确规定,"生态保护红线,是指在陆地和海洋生态空间具有特殊重要生态功能、必须强制性严格保护的区域"[1]。

《湿地保护法》中的湿地的定义体现了生态系统的整体性,强调了湿地与水之间的密切关联,将地球陆地上具有显著生态功能的自然或者人工的常年或者季节性积水地带、水域以及受沿海潮汐影响的地带都划入了湿地范畴。这也符合山水林田湖草沙一体化保护的理念,有利于充分发挥湿地生态系统的多种生态功能。

2. 其他文件中关于湿地的定义

(1)《关于特别是作为水禽栖息地的国际重要湿地公约》(以下简称《湿地公约》)中的湿地定义。《湿地公约》第1条第1款规定,湿地是指天然或人工、长久或暂时性的沼泽地、湿原、泥炭地或水域地带,带有或静止或流动、或为淡水、半咸水、咸水水体者,包括低潮时水深不超过六米的水域。同时,该公约将湿地划分为海洋/海岸湿地(滨海湿地)、内陆湿地和人工湿地3类42型。

(2)《湿地分类》中的湿地定义。2009年发布的国家标准《湿地分类》(GB/T 24708—2009)明确规定,湿地是指天然的或人工的,永久的或间歇性的沼泽地、泥炭地、水域地带,带有静止或流动、淡水或半咸水及咸水水体,包括低潮时水深不超过6 m的海域。该分类标准将湿地分为近海与海岸湿地(滨海湿地)、河流湿地、湖泊湿地、沼泽湿地、人工湿地5类42型。其中,河流湿地、湖泊湿地和沼泽湿地对应《湿地公约》中的内陆湿地。

(3)第三次全国国土调查对湿地的定义。2017年,《土地利用现状分类》(GB/T 21010—2017)进行了修订,增加了"湿地"归类表,并在第三次全国国土调查中全面应用,建立了矢

---

① 王瑞卿等:《从〈中华人民共和国湿地保护法〉解析湿地定义与分类》,载《湿地科学》2022年第20期,第406页。

量数据库。2019年国务院第三次全国国土调查领导小组办公室发布的《第三次全国国土调查工作分类地类认定细则》将湿地定义为:"红树林地,天然的或人工的,永久的或间歇性的沼泽地、泥炭地,盐田,滩涂等。包括红树林地、森林沼泽、灌丛沼泽、沼泽草地、盐田、沿海滩涂、内陆滩涂和沼泽地8个二级类"。

(二)湿地的主要分类

由于湿地自然属性的特殊性——成因多样、分布广泛,加之湿地研究方法、目的及固有的地域性差异,目前世界范围内尚未确立一套完善、统一的湿地分类系统。关于湿地的分类,当前被国际社会和研究人员普遍采用的是《湿地公约》提出的湿地分类系统,即全球湿地被整体划分为海洋/海岸湿地、内陆湿地和人工湿地3类42型。而我国作为世界上湿地类型最齐全的国家之一,湿地面积位居世界第四,涵盖了《湿地公约》定义的所有湿地类型。我国《湿地保护法》中的湿地分类系统与《湿地公约》中的湿地分类系统相同,按照湿地成因,我国湿地生态系统可分为自然湿地和人工湿地两大类。根据《湿地保护法》第31条、第32条、第35条和第63条的规定,自然湿地又可以细分为河流湿地、湖泊湿地、滨海湿地和沼泽湿地。《湿地保护法》第31条规定:"国务院水行政主管部门和地方各级人民政府应当加强对河流、湖泊范围内湿地的管理和保护,因地制宜采取水系连通、清淤疏浚、水源涵养与水土保持等治理修复措施,严格控制河流源头和蓄滞洪区、水土流失严重区等区域的湿地开发利用活动,减轻对湿地及其生物多样性的不利影响。"第32条规定:"国务院自然资源主管部门和沿海地方各级人民政府应当加强对滨海湿地的管理和保护,严格管控围填滨海湿地。经依法批准的项目,应当同步实施生态保护修复,减轻对滨海湿地生态功能的不利影响。"第35条第1款规定:"泥炭沼泽湿地所在地县级以上地方人民政府应当制定泥炭沼泽湿地保护专项规划,采取有效措施保护泥炭沼泽湿地。"第63条规定:"本法下列用语的含义:(一)红树林湿地,是指由红树植物为主组成的近海和海岸潮间湿地;(二)泥炭沼泽湿地,是指有泥炭发育的沼泽湿地。"

综合《湿地保护法》以上的规定,在我国,湿地被划分为河流湿地、湖泊湿地、滨海湿地、沼泽湿地和人工湿地。

(三)湿地的重要功能

1. 净化功能

湿地因其净化功能被誉为"地球之肾",其实质是湿地中的土壤、植物以及微生物对进入湿地的一系列污染物质进行沉降、过滤、吸附、生物吸收以及生化转变等过程的综合。但是,污染问题与日俱增,湿地的系统净化功能会受到损害,甚至最终可能转变为污染源。因此,湿地的净化潜能并不是无限的,我们在享受湿地提供的一系列净化功能时,也应注重湿地的管理和保护,避免将其由"地球之肾"转变为污染源。

2. 蓄水防洪功能

湿地具有水系调节器的生态功能,包括调节河川径流、补给地下水、维持区域水平衡以及洪水减缓等。特别是在减少洪水风险方面,湿地发挥着不可或缺的生态功能,使其成为区域、国家乃至国际上水资源管理政策的重要组成部分。就蓄水防洪而言，在汛期由于湿地土壤孔隙度较高且具有较强的土壤饱和持水度，湿地可通过吸收和储存来水以消减地表径流、降低流速和削弱洪峰从而降低洪水风险；而在非汛期，湿地可以缓慢释水或以下渗侧渗的方式发挥水源供给和补给地下水的作用。

3. 气候调节与固碳功能

湿地在调节区域气候特征和缓解全球气候变化方面也具有重要作用。由于湿地的主体是大面积水体，加之其中的底泥、软岸以及植被等诸多要素的共同作用，湿地得以实现气候调节这一极为重要的生态功能。在区域尺度上，湿地的气候调节主要通过其本身巨大水面的水蒸气蒸发以及周边植被的水汽蒸腾作用实现湿地和大气之间的能量和物质交换，进而改变周边区域空气的温度和湿度。而在全球尺度上，湿地的气候调节主要通过吸收和固定大气中的二氧化碳起到减缓气候变暖趋势的作用。我国拥有亚洲面积最大的湿地，若按固碳速率计算，其碳汇功能超过 1.71 亿吨碳 / 年。[①]

二、我国湿地资源与开发保护现状

（一）湿地资源的分布与演化

根据第三次全国湿地资源调查结果，我国湿地总面积达 5 635 万公顷，占我国国土面积的 5.58%，位列亚洲第 1 位、世界第 4 位。公开数据显示，我国有湿地高等植物 800 科 692 属 2 315 种，是全球湿地植物多样性最为丰富的国家之一。

2022 年 11 月，《湿地公约》第十四届缔约方大会"中国国家湿地公园的保护与发展"论坛在武汉举办。会上有专家指出，经过多年努力，通过"试点制"和"晋升制"等设立方式，31 个省（区、市）的国家湿地公园总数已达 901 处，有效保护了 240 万公顷湿地，带动区域经济增长 500 多亿元。另外，我国先后指定了 82 处国际重要湿地、29 处国家重要湿地、1 021 处省级重要湿地、13 座"国际湿地城市"，建立了 600 余处湿地自然保护区，设立了 1 600 余处湿地公园。

然而，过去半个多世纪，由于气候变化和人类活动的双重影响，导致湿地严重退化，已危及区域生态安全和经济社会的可持续发展。《千年生态系统评估报告》指出，全球湿地上世纪的退化率已超过 50%。而我国湿地生态状况也不容乐观，据 2015 年国务院新闻办公室报道，近 50 年我国湿地损失率达 21.6%。

（二）湿地资源的开发利用

作为地球上最为重要的生态系统之一，湿地涵盖广泛的食物链，为人类生产生活提供了大量的物质资源。特别是进入 21 世纪以来，随着人口增长和经济社会的迅猛发展，人们对于湿地食用、药用等资源的需求日益增长，由此发展出一系列具有良好经济效益和社会效益的利

---

① 裴理鑫等：《中国湿地资源与开发保护现状及其管理建议》，载《中国地质》2023 年第 2 期，第 459—478 页。

用模式。湿地农业主要通过培育湿地动植物产品，为人类社会提供食物及生产原料。湿地种植利用、湿地水产养殖都是传统湿地农业的常见形态。湿地旅游是生态旅游中的一种，既能以湿地生态和环境为取向获得经济效益，又能促进湿地的生态保护。湿地产品加工是指，利用生长于湿地的动植物提供的大量原材料加工制作成各种产品。例如，在辽河三角洲湿地，芦苇湿地被广泛地进行人工管理以最大限度地提高芦苇产量用于造纸业。泥炭是在沼泽湿地发育过程中由动植物残体经漫长的生物地球化学过程形成和积累的有机矿产，其质轻、持水、通气性良好，含有很高的有机质、腐殖酸等营养成分，是良好的土壤调节剂和栽培基质。据统计，我国共有泥炭资源量 46.87 亿吨，位居世界第三，集中分布在西南的诺尔盖高原、云贵高原、长江中下游平原及长白山、三江平原等地。在我国，泥炭用途广泛，在农业上常被用作有机肥料和育苗及花卉培植的基质，在工业上被用作燃料发电以及化工、医药、制陶和建筑材料等。

（三）湿地资源的保护政策与实践

自 1992 年加入《湿地公约》后，我国湿地保护管理工作不断加强。国家林业局于 2007 年设立了专门的湿地保护和履约机构，在地方层面也逐渐建立起湿地保护管理机构，并出台了相关的政策和规划，为湿地的保护修复提供了有力的支撑。经过 30 多年的努力，我国已初步建立起以自然保护区为主体，湿地公园与保护小区并存，森林公园、水源保护区等互为补充的湿地保护体系。截至 2021 年底，我国共拥有重要国际湿地 64 块、湿地自然保护区 602 个，国家湿地公园和众多湿地保护小区 1 600 余处，湿地保护率达 52.65%。[①]

1. 湿地保护政策

我国政府高度重视湿地保护工作，先后出台了一系列的湿地保护政策，包括 2000 年《中国湿地保护行动计划》、2004 年《国务院办公厅关于加强湿地保护管理的通知》、2005 年《国家林业局关于做好湿地公园发展建设工作的通知》以及 2013 年《推进生态文明建设规划纲要（2013—2020 年）》等。2017 年，国家林业和草原局贯彻落实国家《湿地保护修复制度方案》，修订了《湿地保护管理规定》，27 个省份出台了省级湿地保护立法。为了进一步加强湿地保护，实现人与自然和谐共生，2021 年 12 月 24 日，首部专门保护湿地的《湿地保护法》出台，标志着我国湿地保护法治化水平迈上了新台阶，为我国湿地保护创造了良好条件。在湿地保护工程规划上，2022 年国务院批准了《全国湿地保护工程规划（2022—2030)》，标志着我国湿地保护工作进入新的历史阶段，之后湿地保护工作被纳入国民经济和社会发展的"五年计划"。

2. 湿地保护实践

2017 年，国家林业和草原局为贯彻落实国家《湿地保护修复制度方案》，实施湿地保护修复工程和补助项目 1 500 多个，恢复湿地 350 万亩，安排退耕还湿 76.5 万亩。如在东北湿地区，针对该地区大规模的农业开发、保护管理能力薄弱和湿地资源保护和利用缺乏统一规划和协调机制问题，开展了退耕还湿、植被恢复、水环境治理等一系列退化湿地生态系统恢复工程，

---

① 国务院新闻办公室：《中国的生物多样性保护》2021 版，第 65 页。

以提高湿地生态系统的自我维持能力,维护区域湿地生态系统健康;在黄河中下游湿地区,针对该地区水资源匮乏问题,每年6月进行大规模调水调沙工程,同时实施退耕还湿等措施,以恢复湿地保水蓄水等生态功能;在长江中下游湿地区,针对该地区围湖造田和城市化问题,采取退耕还湖、还泽、还滩等措施,以扩大湿地面积,实现区域生态惠民和经济可持续发展;在滨海湿地区,针对油田开采、盐田和农业开发等湿地资源不合理和过度开发问题,主要围绕重点河口湿地和鸟类迁移重要驿站开展湿地保护和恢复项目,包括在盐城湿地保护区侵蚀海岸采用生态桩防止海岸侵蚀,在辽河三角洲进行植被修复提高碳汇和提高生物量进行造纸等,将其打造为具有良性循环和经济增值的湿地开发利用示范样板;在东南和南部湿地区,针对该地区泥沙淤积、水质污染和生物多样性减少问题,主要通过对来自工农业的污染源进行控制来加强重要湿地保护力度等措施,以完善湿地保护,维持湿地健康;在西南湿地区,针对该地区一些近城湖泊有机污染严重、湿地开发不合理等问题,开展典型高原湿地保护体系项目建设,以完善高原湿地生态监测体系,促进湿地可持续利用理念的推广;在西北干旱半干旱湿地区,针对该地区干旱和上游截流导致的湿地大面积萎缩和干涸问题,主要通过完善区域水资源的管理和协调来改善荒漠区湿地生态环境,以维持其湿地生态系统健康;在青藏高原湿地区,针对该地区过度放牧、湿地萎缩和功能减退问题,通过科学控制放牧强度实现湿地面积扩增和功能恢复。

第二节 我国湿地资源法的立法沿革

一、中央层面的立法沿革

我国自1992年加入《湿地公约》以后,逐渐将湿地保护立法提上议程。1999年《海洋环境保护法》修订时增加了关于滨海湿地保护的内容,这是"湿地"一词首次出现在全国人大及其常委会制定的法律条款之中。此后较长一段时间内,关于湿地保护的规定主要见于一些部门规章、地方性法规和其他规范性文件,在法律和行政法规中的分布则较为零散。2013年国家林业局发布的《湿地保护管理规定》,是湿地保护领域的首个专门性部门规章。2016年国务院办公厅发布的《湿地保护修复制度方案》,要求完善湿地分级管理体系,实行湿地保护目标责任制,健全湿地用途监管机制,建立退化湿地修复制度,健全湿地监测评价体系。除此之外,中央层面为加强湿地保护出台的规范性文件还有:1994年《国家环境保护总局关于加强湿地生态保护工作的通知》、2004年《国务院办公厅关于加强湿地保护管理的通知》、2015年《国家林业局关于严格禁止围垦占用湖泊湿地的通知》、2016年《国家海洋局关于加强滨海湿地管理与保护工作的指导意见》、2018年《国务院关于加强滨海湿地保护严格管控围填海的通知》等。2021年12月24日,《湿地保护法》正式颁布,这是我国首次颁布关于湿地管理、保护修复与合理利用的综合性法律,填补了长久以来我国环境与资源保护法律体系在湿地领域的空白。

（一）《湿地保护管理规定》

为了加强湿地保护管理，履行国际湿地公约，根据法律法规和国务院的有关规定，国家林业局在广泛征求意见的基础上于2013年公布了《湿地保护管理规定》。与以往的规范性文件不同，这是首次以部门规章的形式对湿地整体作出规定，改变了之前依靠其他部门法调整单一湿地要素的做法。值得注意的是，林业部门作为颁布机关，受其自身行政职权的影响，未能明确提出像《全国湿地保护工程规划》(2004—2030年)中"综合协调，分部门实施"这样具有高度指向性的规定，只是确立了自身的综合协调地位。但这与之前相比也是一种进步，集中表现为中央层面"综合协调、分部门实施"的管理体制由单一的政策规定演进为法律制度。林业部门（现国家林业和草原局）承担湿地修复、拟订保护规划和相关国家标准、监督管理湿地的开发利用和有关国际公约的履约工作。内部设有湿地管理司，由其负责湿地工作。其他部门在自身职能范围内负责湿地保护的相关工作，如水利部门指导湿地水资源保护、湿地水文工作等。

（二）《湿地保护法》

2021年12月24日，第十三届全国人民代表大会常务委员会第三十二次会议表决通过了《湿地保护法》，该法自2022年6月1日起施行。该法的最大意义是，弥补了我国法律体系的生态短板，在很大程度上有利于扭转"重环境、重资源、轻生态"的失衡局面，推动生态法治建设。为了更好地保护湿地的生态服务功能，该法对湿地管理体制进行了更加明确的规定。此前涉及湿地保护的相关法律法规分散在《水法》《水污染防治法》《森林法》《草原法》《环境保护法》《海洋环境保护法》中，主要侧重于单一要素或单一功能的保护，缺乏对湿地生态空间、湿地要素生态功能的保护和湿地生态系统的统筹管理。《湿地保护法》规定，国家林业和草原局负责湿地资源的监督管理，负责湿地保护规划和相关国家标准拟定、湿地开发利用的监督管理、湿地生态保护修复工作。国家自然资源、水行政、住房城乡建设、生态环境、农业农村等其他有关部门，按照职责分工承担湿地保护、修复、管理有关工作。此外，国家林业和草原局会同国务院自然资源、水行政、住房城乡建设、生态环境、农业农村等主管部门建立湿地保护协作和信息通报机制。针对湿地保护进行专门立法，有利于从湿地生态系统的整体性和系统性出发，为强化湿地的保护和修复提供强有力的法治保障。

二、地方层面的立法沿革

通过对地方性法规的检索发现，除了山西省、山东省、湖北省三个省份尚未制定省级湿地保护条例，甘肃省于2022年废止《甘肃省湿地保护条例》以外，其他省份的湿地保护立法活动从2003年之后陆续展开。截至目前，总共20个省、3个直辖市、4个自治区制定了地方性湿地法规，如表13-1所示。

各地的地方性湿地法规采用的是"湿地保护条例"这一地方立法机关所采用的立法名

称,并且根据地方湿地资源的特性形成了独立的湿地保护体系。2015年《立法法》颁布施行以前,大部分湿地保护条例都是由省级人大制定颁布的省级湿地保护条例,各省下属的地区关于湿地保护的立法活动却不频繁,且设区的市一级关于湿地保护的规范性文件多以"若干规定""管理规定"的形式存在。2015年《立法法》颁布施行以后,将立法权限扩大至设区的市和自治州,有力地推动了设区的市人大开展湿地保护立法工作。2023年修正《立法法》时将设区的市人大的立法权从"环境保护"改为"生态文明建设",从而明确赋予了地方立法机关在生态文明建设领域的立法权,这对于加强湿地保护地方立法活动具有重要意义。

地方立法大致分为一体式和分章式两种形态。分章式通常包括总则、湿地保护规划、湿地保护措施、湿地利用、监督管理、法律责任六章。在权重上前三章大于后三章。目前大量的地方立法在内容上趋同性和特色性并存,部分地方立法过于原则性,具体条款缺乏具体可操作性,关于湿地概念、法律制度、行政管理体制和法律责任部分的具体规定多沿用《湿地保护管理规定》。

表13-1 地方性湿地法规

颁行及修改时间	名称	颁行及修改时间	名称
2003年公布 2010年、2015年、2018年修改	黑龙江省湿地保护条例	2012年公布 2020年修改	新疆维吾尔自治区湿地保护条例
2003年公布 2013年修改	甘肃省湿地保护条例(2022年废止)	2012年公布 2019年修改	北京市湿地保护条例
2005年公布 2020年、2021年修改	湖南省湿地保护条例	2013年公布 2018年、2020年修改	青海省湿地保护条例
2006年公布 2023年修改	陕西省湿地保护条例	2014年公布	广西壮族自治区湿地保护条例
2006年公布 2022年修改	广东省湿地保护条例	2015年公布	河南省湿地保护条例
2007年公布 2018年修改	内蒙古自治区湿地保护条例	2015年公布 2018年修改	安徽省湿地保护条例
2007年公布 2011年修改	辽宁省湿地保护条例	2015年公布 2023年修改	贵州省湿地保护条例
2008年公布 2018年修改	宁夏回族自治区湿地保护条例	2016年公布 2020年、2023年修改	天津市湿地保护条例
2010年公布	四川省湿地保护条例	2016年公布	河北省湿地保护条例
2010年公布 2017年修改	吉林省湿地保护条例	2016年公布 2022年修改	福建省湿地保护条例
2010年公布	西藏自治区湿地保护条例	2018年公布 2023年修改	海南省湿地保护条例
2012年公布 2019年修改	江西省湿地保护条例	2019年公布	重庆市湿地保护条例

第三节　湿地资源法的主要法律规定

　　《湿地保护法》的正式颁布,填补了长久以来我国环境与资源保护法律体系在湿地领域的立法空白,为湿地保护提供了法律遵循,丰富和完善了我国生态文明制度体系。《湿地保护法》是贯彻习近平生态文明思想的重要立法成果,是推进新时代湿地保护高质量发展的重要法治保障,是我国引领全球生态治理、彰显大国责任担当的重要法治实践。

　　《湿地保护法》分为7章,共65条,对湿地管理体制、湿地资源管理制度、湿地保护与利用制度、湿地修复制度、法律责任等都作了具体规定。本节将具体分析《湿地保护法》的主要法律规定。

一、湿地管理制度

（一）湿地资源调查评价制度

　　国家建立湿地资源调查评价制度。国务院自然资源主管部门应当会同国务院林业草原等有关部门定期开展全国湿地资源调查评价工作,对湿地类型、分布、面积、生物多样性、保护与利用情况等进行调查,建立统一的信息发布和共享机制。

（二）湿地面积总量管控制度

　　国家实行湿地面积总量管控制度,将湿地面积总量管控目标纳入湿地保护目标责任制。国务院林业草原、自然资源主管部门会同国务院有关部门根据全国湿地资源状况、自然变化情况和湿地面积总量管控要求,确定全国和各省、自治区、直辖市湿地面积总量管控目标,报国务院批准。地方各级人民政府应当采取有效措施,落实湿地面积总量管控目标的要求。

（三）湿地分级管理及名录制度

　　国家对湿地实行分级管理,按照生态区位、面积以及维护生态功能、生物多样性的重要程度,将湿地分为重要湿地和一般湿地。重要湿地包括国家级重要湿地和省级重要湿地,重要湿地以外的湿地为一般湿地,重要湿地依法划入生态保护红线。国务院林业草原主管部门会同国务院自然资源、水行政、住房城乡建设、生态环境、农业农村等有关部门发布国家级重要湿地名录及范围,并设立保护标志。国际重要湿地应当列入国家重要湿地名录。省、自治区、直辖市人民政府或者其授权的部门负责发布省级重要湿地名录及范围,并向国务院林业草原主管部门备案。一般湿地的名录及范围由县级以上地方人民政府或者其授权的部门发布。

（四）湿地保护规划制度

　　国务院林业草原主管部门应当会同国务院有关部门,依据国民经济和社会发展规划、国土空间规划和生态环境保护规划编制全国湿地保护规划,报国务院或者其授权的部门批准后组织实施。县级以上地方人民政府林业草原主管部门应当会同有关部门,依据本级国土空间规划和上一级湿地保护规划编制本行政区域内的湿地保护规划,报同级人民政府批准后组织实施。湿地保护规划应当明确湿地保护的目标任务、总体布局、保护修复重点和保障措施等内容。经批准的湿地保护规划需要调整的,按照原批准程序办理。编制湿地保护规划应当与流域综合规划、防洪规划等相衔接。

(五) 湿地占用与临时占用的限制制度

国家严格控制占用湿地,明令禁止占用国家重要湿地,国家重大项目、防灾减灾项目、重要水利及保护设施项目、湿地保护项目等除外。建设项目选址、选线应当避让湿地,无法避让的应当尽量减少占用,并采取必要措施减轻对湿地生态功能的不利影响。建设项目规划选址、选线审批或者核准时,涉及国家重要湿地的,应当征求国务院林业草原主管部门的意见;涉及省级重要湿地或者一般湿地的,应当按照管理权限,征求县级以上地方人民政府授权的部门的意见。除因防洪、航道、港口或者其他水工程占用河道管理范围及蓄滞洪区内的湿地外,经依法批准占用重要湿地的单位应当根据当地自然条件恢复或者重建与所占用湿地面积和质量相当的湿地;没有条件恢复、重建的,应当缴纳湿地恢复费。缴纳湿地恢复费的,不再缴纳其他相同性质的恢复费用。湿地恢复费缴纳和使用管理办法由国务院财政部门会同国务院林业草原等有关部门制定。建设项目确需临时占用湿地的,应当依照《土地管理法》《水法》《森林法》《草原法》《海域使用管理法》等有关法律法规的规定办理。临时占用湿地的期限一般不得超过 2 年,并不得在临时占用的湿地上修建永久性建筑物。临时占用湿地期满后 1 年内,用地单位或者个人应当恢复湿地面积和生态条件。

(六) 湿地动态监测、评估与预警制度

国务院林业草原主管部门应当按照监测技术规范开展国家重要湿地动态监测,及时掌握湿地分布、面积、水量、生物多样性、受威胁状况等变化信息。国务院林业草原主管部门应当依据监测数据,对国家重要湿地生态状况进行评估,并按照规定发布预警信息。省、自治区、直辖市人民政府林业草原主管部门应当按照监测技术规范开展省级重要湿地动态监测、评估和预警工作。县级以上地方人民政府林业草原主管部门应当加强对一般湿地的动态监测。

二、湿地保护和利用制度

(一) 促进湿地保护和利用相协调的规定

国家坚持生态优先、绿色发展,完善湿地保护制度,健全湿地保护政策支持和科技支撑机制,保障湿地生态功能和永续利用,实现生态效益、社会效益、经济效益相统一。地方各级人民政府及其有关部门应当采取措施,预防和控制人为活动对湿地及其生物多样性的不利影响,加强湿地污染防治,减缓人为因素和自然因素导致的湿地退化,维护湿地生态功能稳定。在湿地范围内从事旅游、种植、畜牧、水产养殖、航运等利用活动时,应当避免改变湿地的自然状况,并采取措施减轻对湿地生态功能的不利影响。县级以上人民政府有关部门在

办理环境影响评价、国土空间规划、海域使用、养殖、防洪等相关行政许可时,应当加强对有关湿地利用活动的必要性、合理性及湿地保护措施等内容的审查。地方各级人民政府对省级重要湿地和一般湿地利用活动进行分类指导,鼓励单位和个人开展符合湿地保护要求的生态旅游、生态农业、生态教育、自然体验等活动,适度控制种植养殖等湿地利用规模。地方各级人民政府应当鼓励有关单位优先安排当地居民参与湿地管护。县级以上地方人民政府应当充分考虑保障重要湿地生态功能的需要,优化重要湿地周边产业布局。县级以上地方人民政府可以采取定向扶持、产业转移、吸引社会资金、社区共建等方式,推动湿地周边地区绿色发展,促进经济发展与湿地保护相协调。

(二)湿地生态保护补偿制度

国家建立湿地生态保护补偿制度。国务院和省级人民政府应当按照事权划分原则加大对重要湿地保护的财政投入,加大对重要湿地所在地区的财政转移支付力度。国家鼓励湿地生态保护地区与湿地生态受益地区人民政府通过协商或者市场机制进行地区间生态保护补偿。因生态保护等公共利益需要,造成湿地所有者或者使用者合法权益受到损害的,县级以上人民政府应当给予补偿。

(三)禁止破坏湿地及其生态功能的一般规定

禁止下列破坏湿地及其生态功能的行为:(1) 开(围)垦、排干自然湿地,永久性截断自然湿地水源;(2) 擅自填埋自然湿地,擅自采砂、采矿、取土;(3) 排放不符合水污染物排放标准的工业废水、生活污水及其他污染湿地的废水、污水,倾倒、堆放、丢弃、遗撒固体废物;(4) 过度放牧或者滥采野生植物,过度捕捞或者灭绝式捕捞,过度施肥、投药、投放饵料等污染湿地的种植养殖行为;(5) 其他破坏湿地及其生态功能的行为。

(四)不同类型湿地管理与保护的专门规定

1. 河流湿地与湖泊湿地的管理与保护规定

国务院水行政主管部门和地方各级人民政府应当加强对河流、湖泊范围内湿地的管理和保护,因地制宜采取水系连通、清淤疏浚、水源涵养与水土保持等治理修复措施,严格控制河流源头和蓄滞洪区、水土流失严重区等区域的湿地开发利用活动,减轻对湿地及其生物多样性的不利影响。

2. 滨海湿地的管理与保护规定

国务院自然资源主管部门和沿海地方各级人民政府应当加强对滨海湿地的管理和保护,严格管控围填滨海湿地。经依法批准的项目,应当同步实施生态保护修复,减轻对滨海湿地生态功能的不利影响。

3. 城市湿地的管理与保护规定

国务院住房城乡建设主管部门和地方各级人民政府应当加强对城市湿地的管理和保护,采取城市水系治理和生态修复等措施,提升城市湿地生态质量,发挥城市湿地雨洪调蓄、净化水质、休闲游憩、科普教育等功能。

4. 红树林湿地的保护规定

红树林湿地所在地县级以上地方人民政府应当组织编制红树林湿地保护专项规划,采取有效措施保护红树林湿地。红树林湿地应当列入重要湿地名录;符合国家重要湿地标准的,应当优先列入国家重要湿地名录。禁止占用红树林湿地,经省级以上人民政府有关部门评估,确因国家重大项目、防灾减灾等需要占用的,应当依照有关法律规定办理,并做好保护和修复工作。相关建设项目改变红树林所在河口水文情势、对红树林生长产生较大影响的,应当采取有效措施减轻不利影响。禁止在红树林湿地挖塘,禁止采伐、采挖、移植红树林或者过度采摘红树林种子,禁止投放、种植危害红树林生长的物种。因科研、医药或者红树林湿地保护等需要采伐、采挖、移植、采摘的,应当依照有关法律法规办理。

5. 泥炭沼泽湿地的保护规定

泥炭沼泽湿地所在地县级以上地方人民政府应当制定泥炭沼泽湿地保护专项规划,采取有效措施保护泥炭沼泽湿地。符合重要湿地标准的泥炭沼泽湿地,应当列入重要湿地名录。禁止在泥炭沼泽湿地开采泥炭或者擅自开采地下水;禁止将泥炭沼泽湿地蓄水向外排放,因防灾减灾需要的除外。

6. 国家重点保护野生动植物集中分布湿地的保护规定

县级以上人民政府应当加强对国家重点保护野生动植物集中分布湿地的保护。任何单位和个人不得破坏鸟类和水生生物的生存环境。禁止在以水鸟为保护对象的自然保护地及其他重要栖息地从事捕鱼、捡拾鸟蛋、破坏鸟巢等危及水鸟生存、繁衍的活动。开展观鸟、科学研究以及科普活动等应当保持安全距离,避免影响鸟类正常觅食和繁殖。在重要水生生物产卵场、索饵场、越冬场和洄游通道等重要栖息地,应当实施保护措施。经依法批准在洄游通道建闸、筑坝,可能对水生生物洄游产生影响的,建设单位应当建造过鱼设施或者采取其他补救措施。禁止向湿地引进和放生外来物种,确需引进的应当进行科学评估,并依法取得批准。

三、湿地修复制度

(一)湿地修复的一般规定

县级以上人民政府应当坚持自然恢复为主、自然恢复和人工修复相结合的原则,加强湿地修复工作,恢复湿地面积,提高湿地生态系统质量。县级以上人民政府对破碎化严重或者功能退化的自然湿地进行综合整治和修复,优先修复生态功能严重退化的重要湿地。县级以上人民政府组织开展湿地保护与修复,应当充分考虑水资源禀赋条件和承载能力,合理配置水资源,保障湿地基本生态用水需求,维护湿地生态功能。县级以上地方人民政府应当科学论证,对具备恢复条件的原有湿地、退化湿地、盐碱化湿地等,因地制宜采取措施,恢复湿地生态功能。县级以上地方人民政府应当按照湿地保护规划,因地制宜采取水体治理、土地整治、植被恢复、动物保护等措施,增强湿地生态功能和碳汇功能。禁止违法占用耕地等建设人工湿地。

（二）湿地修复责任主体的规定

因违法占用、开采、开垦、填埋、排污等活动导致湿地破坏的,违法行为人应当负责修复。违法行为人变更的,由承继其债权、债务的主体负责修复。因重大自然灾害造成湿地破坏,以及湿地修复责任主体灭失或者无法确定的,由县级以上人民政府组织实施修复。

（三）湿地修复方案的编制规定

修复重要湿地应当编制湿地修复方案,并按照经批准的湿地修复方案进行修复。重要湿地的修复方案应当报省级以上人民政府林业草原主管部门批准。林业草原主管部门在批准修复方案前,应当征求同级人民政府自然资源、水行政、住房城乡建设、生态环境、农业农村等有关部门的意见。

（四）湿地修复的验收与后期管护规定

重要湿地修复完成后,应当经省级以上人民政府林业草原主管部门验收合格,依法公开修复情况。省级以上人民政府林业草原主管部门应当加强修复湿地后期管理和动态监测,并根据需要开展修复效果后期评估。

（五）红树林湿地修复规定

红树林湿地所在地的县级以上地方人民政府应当对生态功能重要区域、海洋灾害风险等级较高地区、濒危物种保护区域或者造林条件较好地区的红树林湿地优先实施修复,对严重退化的红树林湿地进行抢救性修复,修复应当尽量采用本地树种。

（六）泥炭沼泽湿地修复规定

泥炭沼泽湿地所在地的县级以上地方人民政府应当因地制宜,组织对退化泥炭沼泽湿地进行修复,并根据泥炭沼泽湿地的类型、发育状况和退化程度等,采取相应的修复措施。

案例研习

自测习题

第十四章

可再生能源资源法

导语 可再生能源资源作为重要的自然资源,在应对能源危机、环境污染和气候变化等方面发挥着重要的作用。可再生能源资源法是促进可再生能源资源利用和发展的基本保障。本章共分为三节: (1) 可再生能源资源概述;(2) 我国可再生能源资源法的立法沿革; (3) 可再生能源资源法的主要法律规定。本章重点是可再生能源资源与自然资源的关系、我国可再生能源资源法律体系的构成及可再生能源资源法的基本制度。本章难点是可再生能源资源法的基本法律制度。

第一节　可再生能源资源概述

一、能源资源

自然界中存在的且能被人类利用来获取能量的自然资源称为能源资源。能源资源与能源是两个不同的概念。能源,是指拥有某种形式的能量,在一定条件下可以转换成人类生产、生活所需要的燃料和动力来源的物质。能源包括能源资源和能源产品。能源资源是指能源在未被开发以前,处于一种自然储存状态的资源。如埋藏于地下的煤炭、石油、天然气、核燃料、地热,以及处于地面、空间的水力、太阳能、风能、海洋能、生物质能资源等;能源产品是指经过劳动加工转换而成为符合人们需要的能源,包括煤炭产品、石油产品、电力、热力等。能源资源是生产加工能源产品的物质和能量基础。作为自然资源的能源资源不包括煤炭产品、石油产品、电力、热力等能源产品在内。

能源资源是维系国家安全的重要战略资源,对社会发展、国民经济运行及人民生活具有重要的价值和作用。各个国家和地区的能源资源储量及开发难易程度存在天然差异性。为了确保能源资源的安全和高效利用,各个国家都会对本国能源资源的勘探、开发、利用等行为进行管理,从而产生相应的能源资源法律制度。

二、可再生能源资源

(一) 可再生能源资源的概念

可再生能源资源是指与煤炭、石油、天然气等不可再生能源相对应的能源资源,即从自然界中获取的可持续再生、永续利用的能源。根据经济学理论,稀缺性是资源的基本特性,不具有稀缺性的物质不是资源。因此,可再生能源资源长期以来被经济学排除在自然资源范畴之外。然而,面对不可再生能源资源的枯竭以及全球气候变暖的威胁,风能、太阳能等可再生能源的利用显得尤为迫切。但目前的问题是可再生能源的利用还不足以完全替代传统能源。太阳能、风能等仍具有稀缺性,其稀缺不是源于风能、太阳能等物质能量的消耗,而是源于能量的非稳定性供给以及开发、利用技术的限制。风能、太阳能等并非属于经济学中取之不尽、用之不竭,可以自由利用的"自由物品",仍然远远不能满足人类的需要。因此,相对于人的需求而言,可再生能源具有稀缺性,仍属于资源范畴。自然资源法的任务就在于通过一系列制度促进可再生能源资源的有序利用。

(二) 可再生能源资源的分类

我国《可再生能源法》规定,可再生能源是指风能、太阳能、水能、生物质能、地热能、海洋能等非化石能源;水力发电对该法的适用,由国务院能源主管部门规定,报国务院批准。通过低效率炉灶直接燃烧方式利用秸秆、薪柴、粪便等,不适用该法。据此,我国法律上的可再生能源资源,包括风能、太阳能、水能、生物质能、地热能、海洋能等可再生能源。

1. 风能

风能是指由于空气在气压高低之间的流动而形成的能源,其大小决定于风速和空气的密度。风力发电是风能的主要利用形式,运用设备将风力转化成电能或者其他利用形式。风能资源的优点在于可再生性和清洁性,但由于其连续性差,具有供给不稳定等缺点,需要强大的技术支持。

2. 太阳能

太阳能是由于太阳内部不停地进行核裂变,能量在裂变过程中得到释放,然后通过太阳光传递到地球表面的能源。早在远古时期,人类就利用太阳能进行取火、取暖等。目前太阳能的主要利用方式包括:(1) 太阳能的热利用,最具有代表性的是太阳能热水器的使用;(2) 太阳能的光电利用,最具代表性的是光伏发电;(3) 太阳能的光化学利用,主要用于太阳能发电和电池的生产。

3. 水能

水能是将水流从地势高的地方流向地势低的地方所产生的动力进行转化而形成的能源。地球上江河纵横,海洋辽阔,蕴藏着丰富的水能。广义的水能包括河流水能、潮汐水能、波浪能、海流能等能量资源;狭义的水能是指河流水能,目前最易开发和利用的比较成熟的水能是河流能源。水力发电是水能最主要的利用方式。

4. 生物质能

生物质能是指自然界生物及其代谢物能够作为能源的生物质能量。自然界生物质种类繁多,分布广泛,包括陆生、水生的生物及其代谢物、废弃物,但只有能够作为能源的生物质才属于生物质能源,其基本条件是资源的可获得性和可利用性。按原料的化学成分,生物质能主要有糖类、淀粉和木质纤维素物质。按来源分,主要有农作物、林木、水生植物、薪柴(枝杈柴、柴草等)、农业生产废弃物、农林加工废弃物、人畜粪便和有机生活垃圾、有机废水和废渣等。其中,各类农林、工业和生活的有机废弃物是目前生物质能利用的主要原料。地球上的生物质能资源较为丰富且无害,但目前的利用率不到3%。[①]

5. 地热能

地热能是指地球内部的岩石和流体中存在的热能。地球本身就是一个巨大的热源,其内部蕴藏的巨大热能来自重力分异、潮汐摩擦、化学反应和放射性元素衰变所释放的能量等途径。放射性热源是地球内部的主要热源。在现代技术条件下,除了有可能利用某些"温和的"火山发电外,能被我们利用的地热能主要是地下水、地球蒸汽和热岩层。根据其水、汽温度不同,在农业、工业和人们生活中有多种应用。我国地热资源丰富,现已建成多个地热发电站。

6. 海洋能

海洋能是指来自海洋的波浪能、海洋温差能、潮汐能和盐浓度梯度中的能量。海洋能因清洁干净、可再生,被联合国环境组织视为目前最理想、最有前景的替代能源之一。据科学家估算,全世界海洋能的储量约1 500亿千瓦,技术上便于利用的储量约为70亿千瓦,大约与当前全世界发电装机总功率相当。惊人的海洋能储量顺应了可再生能源发展的潮流,也成为各国发展的新热点。

党的十八大以来,全国能源行业深入贯彻习近平生态文明思想和"四个革命、一个合作"能源安全新战略,齐心协力,攻坚克难,大力推动可再生能源实现跨越式发展,取得了举世瞩目的伟大成就。开发利用规模稳居世界第一,技术装备水平大幅提升,已形成较为完备的可再生能源技术产业体系。可再生能源是绿色低碳能源,是我国多轮驱动能源供应体系的重要组成部分,对于改善能源结构、保护生态环境、应对气候变化、实现经济社会可持续发展具有重要意义。

(三)可再生能源资源的特点

相较于矿藏、森林等自然资源,可再生能源资源往往不依附于土地而存在,因此具有不同于其他传统能源资源的特点。

1. 动态性

可再生能源资源往往以无体资源的形态存在,不像煤炭、石油等能源资源以固定形态存在于自然界。可再生能源资源的动态性,使其在资源权属问题上存在一定的模糊性。可

[①] 马林转等:《环境与可持续发展》,载《冶金工业出版社》2016年版,第57页。

再生能源资源能否像其他传统能源资源一样,由国家享有所有权,目前在理论界存在一定争议。以风能、太阳能等气候资源为例,有学者认为,气候资源归国家所有具有正当性和合理性,应通过法律界定气候资源国家所有的性质;[①] 有学者认为,气候资源既不是国家所有,也不是个人所有,而是全人类共同且平等享用的共用物,全人类对气候资源均享有所有权与使用权。[②]

2. 可再生性

煤炭等矿藏资源开采后则不复存在,而可再生能源资源归根到底来自太阳辐射,如果利用合理、保护得当,它将可以被反复、永久利用。

3. 清洁性

传统化石能源资源在利用过程会产生大量的有害物质,如温室气体会对环境造成污染。而可再生能源资源则是清洁无污染的,对环境的破坏极小,不会对环境构成威胁或者破坏生态的可持续性。

4. 不稳定性

可再生能源所依存的物理现象具有的不稳定性特点,使得可再生能源资源的稳定性要差于传统化石能源资源。可再生能源资源会随时间、气候条件的变化而产生变化,同时不易储存,这给可再生能源资源的开发利用带来了一定的难度。

第二节　我国可再生能源资源法的立法沿革

可再生能源的利用可谓历史悠久,古代砍柴做饭、取暖和照明就是对生物质能资源的利用。现代意义上的可再生能源开发利用则是 20 世纪以后的事情。我国从 20 世纪 50 年代开始大力发展水电,20 世纪 80 年代后,风能、太阳能、生物质能等的技术应用和产业开发也逐渐得到很大发展。随着可再生能源资源开发利用技术的不断成熟和开发利用规模的扩大,可再生能源资源制度也不断发展。我国可再生能源资源法的立法沿革主要经历了以下三个阶段。

一、新中国成立至 20 世纪 80 年代

新中国成立初期,面临能源供应不足的现实状况,为了解决遗留的能源问题,主要集中于发展小水电和生物质能的开发利用。1978 年,党的十一届三中全会提出把农业和能源建设列为发展重点,在此背景下,风电、太阳能、现代生物质能等应用产业稳步发展。20 世纪

---

① 王树义、冯汝:《气候资源国家所有权问题探析》,载《学习与实践》2014 年第 11 期,第 44—51 页。

② 高利红、程芳:《气候资源的属性及权属问题研究——兼评〈黑龙江省气候资源探测与保护条例〉》,载《重庆大学学报(社会科学版)》2013 年第 5 期,第 28—34 页。

80年代,随着能源需求日益增加,我国开始制定可再生能源的宏观政策。如1986年,国家经济委员会下发了《关于加强农村能源建设的意见》,提出各省、自治区、直辖市在编制发展农村能源的长远规划时,应包括"节柴灶、沼气、森林能源、小水电、小火电、小窑煤、秸秆利用、太阳能、风能、地热能、海洋能等能源的研究开发和推广规划,农村用能规划(包括乡镇企业商品煤、电、油供应)和节能规划";还提出"特别注意小煤窑、薪炭林、小水电的开发,同时,积极进行风能、太阳能、地热能、海洋能和能源作物方面的开发试点"。该意见主要是针对农村地区燃烧秸秆的用能规划和节能规划,并没有对太阳能、风能等可再生能源的开发利用作出实质性安排。在法律层面,1988年颁布的《水法》第16条明确规定"国家鼓励开发利用水能资源"。这一时期,有关可再生能源的政策与法律较为单薄。

二、20世纪90年代

20世纪90年代,可持续发展战略提出促进可再生能源发展的要求。1995年《电力法》与1997年《节约能源法》都明确鼓励可再生能源的开发利用。同时,国家加大对可再生能源的项目资助,并相应作出多部规划和发展纲要。在此阶段,风电是可再生能源发展重点,我国对风电价格与税收政策进行规范管理,鼓励发展风电产业。20世纪90年代,我国可再生能源建设范围不断得到扩充、国家合作日益加强,也越来越倾向于市场激励的政策,可再生能源产业发展处于系统的法制环境中。

三、21世纪以来

21世纪以来,我国可再生能源开发利用稳步发展,可再生能源产业已经小有规模并带动相关产业,创造了可观的社会价值。可以将2005年作为我国可再生能源政策的分界点。《可再生能源法》由第十届全国人民代表大会常务委员会第十四次会议于2005年2月28日通过,自2006年1月1日起施行。2009年修改《可再生能源法》,将气候变化写入该法,这与低碳发展背景相符,为我国政府的碳减排承诺提供注解。气候变化正在越来越成为我国加强可再生能源法治的主要驱动力与源泉,我国可再生能源法治已逐步形成一个规模庞大的体系。

第三节　可再生能源资源法的主要法律规定

我国可再生能源资源法的基本制度包括总量目标制度、分类电价制度、强制上网制度和强制配额制度等。

一、总量目标制度

总量目标制度是指,可再生能源在能源消费市场中占据的份额需要达到一定目标。总量目标制度是一种趋向型目标政策,国家对一定时期内可再生能源发展总量作出强制性规定,并通过系列政策措施保证目标的实现。

根据国家发展改革委、国家能源局等9部门联合印发的《"十四五"可再生能源发展规划》,"十四五"期间,江苏省、浙江省、天津市等地对可再生能源总量目标一一作出规定。例如,《内蒙古自治区"十四五"可再生能源发展规划》明确提出可再生能源发电装机达到1.35亿千瓦以上,其中风电8 900万千瓦,光伏发电4 500万千瓦,新能源装机规模超过燃煤火电装机规模,新能源发电量占自治区总发电量比重超过35%。"十四五"期间可再生能源新增装机8 000万千瓦以上,占全部新增装机的比重超过60%,成为新增装机的主力。与此同时,国家发展改革委、国家能源局发布《"十四五"现代能源体系规划》,从能源低碳转型、能源系统效率、节能降耗、创新发展能力、普遍服务水平方面确立了我国"十四五"时期现代能源体系建设的主要目标。《"十四五"现代能源体系规划》提出,展望2035年,能源高质量发展取得决定性进展,基本建成现代能源体系。非化石能源消费比重在2030年达到25%的基础上进一步大幅提高,可再生能源发电成为主体电源,新型电力系统建设取得实质性成效,碳排放总量达峰后稳中有降。总量目标制度在风电领域、光伏行业、小水电领域和生物质能领域都有明确体现。该制度具有强制性、战略性、指导性等特点,[①] 其设立为可再生能源持续平稳的发展带来保障。

二、分类电价制度

分类电价制度是指,由于可再生能源发电成本高,按照不同的技术类型和成本水平,分门别类地确定电价或招标电价。《可再生能源法》第19条第1款规定,可再生能源发电项目的上网电价,由国务院价格主管部门根据不同类型可再生能源发电的特点和不同地区的情况,按照有利于促进可再生能源开发利用和经济合理的原则确定,并根据可再生能源开发利用技术的发展适时调整。上网电价应当公布。国家发展改革委在《关于印发〈可再生能源发电价格和费用分摊管理试行办法〉的通知》中明确,风力发电项目、生物质发电项目、通过招标确定投资人的生物质发电项目、太阳能发电、海洋能发电和地热能发电项目的上网电价均实行政府定价。该通知第10条规定,公共可再生能源独立电力系统,对用户的销售电价执行当地省级电网的分类销售电价。完善的分类电价制度,能够使市场主体在不同地区、不同时段,开发利用不同可再生能源的投资回报大体相同。分类电价制度,为投资商和电网

---

① 于文轩主编:《可再生能源政策与法律》,中国政法大学出版社2019年版,第49页。

公司带去便利,也降低了可再生能源发电的经济成本。

三、强制上网制度

《可再生能源法》第 14 条第 3 款规定,电网企业应当与按照可再生能源开发利用规划建设,依法取得行政许可或者报送备案的可再生能源发电企业签订并网协议,全额收购其电网覆盖范围内符合并网技术标准的可再生能源并网发电项目的上网电量。发电企业有义务配合电网企业保障电网安全。

四、强制配额制度

配额制作为可再生能源总量目标的控制机制,一般由政府用法律的形式对市场份额作出强制性规定,以确保可再生能源在消费市场占有一定的比例。配额制作为能源市场的基础制度,有利于促进可再生能源产业发展,并可通过与绿色证书强制交易降低可再生能源的交易成本,助力建设全国统一的能源市场。目前来看,在小水电、风电、太阳能、生物质、地热、潮汐等可再生能源中,尤以小水电、风电、太阳能(光伏发电)市场发展最为成熟,风电和光伏发电最有前景。

2005 年,我国《可再生能源法》首次提出了可再生能源配额的概念。2020 年 6 月 1 日,国家发展改革委、国家能源局在《关于印发各省级行政区 2020 年可再生能源电力消纳责任权重的通知》中,明确了可再生能源电力消纳责任权重。我国配额制自此正式落地。可再生能源配额制度包括配额总体目标、配额指标分解和证书交易体系等内容,其主要目的是促进优先消纳可再生能源。通过明确可再生能源在全部能源消费中的比例,将责任强制性通过配额分解到能源供给主体、能源销售主体和能源消费主体。[1] 基于现行政策的非效率性和可再生能源补贴缺口日益增大的双重压力,适时实行配额制有助于中国低碳能源转型。美国、英国、荷兰、瑞典、日本等国家也实施了不同形式的可再生能源配额制。

案例研习

---

[1] 赵爽主编:《能源法学》,法律出版社 2002 年版,第 165—166 页。

自测习题

第十五章

国际自然资源法

导语 　在自然资源法学体系中,国际自然资源是一个比较特殊的部分。由于生态系统和环境问题不分国界,一国的自然资源问题也可能成为全球性问题。因此,许多全球范围的自然资源保护制度措施与各国国内自然资源法的规定具有高度的趋同性。本章主要内容包括:(1) 国际自然资源法的概念和渊源;(2) 国际自然资源法的基本原则;(3) 国际自然资源法的实施。教学重点难点为国际自然资源法的基本原则和国际自然资源法的主要法律规定。

第一节　国际自然资源法概述

一、国际自然资源法的概念和渊源

(一) 国际自然资源法的概念

国际自然资源法是调整国际法主体间在开发、利用、保护和管理国际自然资源过程中所形成的各种社会关系的法律规范的总和。学者习惯将国际自然资源分为广义和狭义。狭义的国际自然资源是指处于两个或两个以上领土之内或管辖之下或各国管辖范围以外的自然资源,主要包括国际土地资源、国际水资源、国际矿产资源、国际生物资源、国际森林资源等。广义的国际自然资源不仅包括狭义的国际自然资源,还包括处于各国境内、对国际有重要影响的自然资源。

从广义的国际自然资源法来看,作为自然资源法的一个分支,国际自然资源法不仅具有自然资源法共有的特征,还具有自己独特结构的二元性和立法的区域性等特征。结构的二元性,即"硬法"与"软法"的二元结构,是国际自然资源法的独有特征。软法与硬法是相对于法律约束力而言的。硬法是指具有法律约束力的国际文件;软法是指严格意义上不具有法律约束力,但又具有一定法律效果的国际文件。这个特征说明了在处理国际自然资源问题上的灵活性。立法的区域性特征,主要体现在国际自然资源保护的因地制宜性。虽然国际自然资源对整个人类都很重要,需要全人类的共同关注,但由于国际自然资源所处不同地区的特点,要求适用不同的方法手段来保护,并且区域性立法较之国际性立法更易于有效执行。

（二）国际自然资源法的渊源

国际自然资源法的渊源是指国际自然资源保护的原则、规则和制度第一次出现的地方，是国际自然资源法的具体表现形式。国际自然资源法的渊源与国际法的渊源基本相同。公认的国际法渊源是《国际法院规约》第38条的规定，其规定全文如下："1.法院对于陈述各项争端，应以国际法裁判之，裁判时应使用：（1）不论普通或特别国际协约，确立诉讼当事国明白承认之规条者。（2）国际习惯，作为通例之证明而接受为法律者。（3）一般法律原则为文明各国所承认者。（4）在第59条规定之下，司法判例及各国权威最高之公法家学说，作为确立法律原则之补助资料者。2.前项规定不妨碍法院经当事国同意本公允及善良原则裁判案件之权。"①

通过以上规定我们可以看出，国际法的渊源包括国际条约、国际习惯、一般法律原则以及辅助性渊源。国际自然资源法的渊源与国际法的渊源相类似，也包括国际条约、国际习惯、一般法律原则、辅助性渊源。

1. 国际条约

国际自然资源条约是国际自然资源法的主要渊源，包括双边、多边的条约或协定。目前，国际自然资源条约已经涵盖了水、土地、森林、生物资源、矿产及世界文化和自然遗产等国际自然资源的各种领域，如《联合国海洋法公约》《中华人民共和国政府和日本国政府保护候鸟及其栖息环境协定》等。

2. 国际习惯

国际习惯是各国重复类似的行为并具有法律约束力的结果。国际习惯的形成需要一定的过程，既需要各国的重复的类似行为，又需要各国在这种行为中逐步承认它的法律约束力。由于国际自然资源法的历史较短，目前较少形成国际自然资源保护的习惯。

3. 一般法律原则

一般法律原则是指各国法律体系中所共有的原则。一般法律原则中的"公允及善良原则""约定必须遵守""使用自己财产时不应该损害他人财产"等原则，也是国际自然资源法的渊源。

4. 辅助性渊源

辅助性渊源主要是指司法判例和各国权威最高之法学家学说，对国际自然资源法的原则的形成具有重要的意义。例如，1929年河流秩序国际委员会地域管辖权案在确定"平等原则"中的作用。此外，国际法院审理的多瑙河盖巴斯科夫—拉基玛洛大坝争端和关税与贸易总协定的案例，都是十分有意义。

（三）软法

软法是国际自然资源法较之国际法所独有的一个渊源，它虽然不具有法律约束力，但对于国际自然资源的保护具有很大的促进作用，并可以通过各国的实践和签订国际条约或

---

① 王铁崖主编：《国际法》，法律出版社1995年版，第11页。

协议的形式变成硬法。软法是国际环境特别是国际自然资源保护领域中一个十分引人瞩目的现象,严格意义上它不具有法律约束力,但又具有一定法律效果。国际组织和国际会议的决议、决定、宣言、建议和标准等绝大多数属于这一范畴。软法对各国不具有法律约束力,通过的程序较为简单,可以在各国就有约束力的法律法规达成共识以前,迅速地反映国际社会或有关国家对某一领域或问题的关注和愿望。软法在国际自然资源保护中得到了广泛的应用。有些软法性质的文件,如《世界自然宪章》等,反映了国际社会对自然资源保护的重大问题所普遍持有的政治和道德态度,为国际自然资源法的进一步发展确立了目标和纲领。有些软法性质的原则,经由各国的国家实践,可以转化为具有法律约束力的习惯法规范,或者被纳入正式的国际条约中,对缔约国产生法律约束力。[①]

二、国际自然资源法的发展历程

(一)自然资源法早期(19 世纪以前)

人类社会诞生以来,人类活动始终围绕着开发、利用自然资源而展开,因为人类的生存、发展离不开自然资源。奴隶社会、封建社会、资本主义社会早期,无论农牧业还是工业的发展,很大程度上直接依赖自然资源开发、利用的规模和程度。早期有关自然资源的立法,其主要目的是促进自然资源的开发、利用,以满足人们的基本生活需求。然而早期社会皆为私有制社会,对自然资源的开发、利用属于私人经济的组成部分。而自然资源作为自然物,又有别于其他财产的特殊性,它作为主要的生产资料就必然有对其分配和保护的特别需要,伴随着私有制社会的发展,加强对私有权的法律保护,资源物权就必然是自然资源保护的主要法律内容。

有关自然资源保护的法律源远流长,在早期的习惯法以及最初的成文法中都有一些体现和规定。例如,古罗马的《十二铜表法》中第七表土地和房屋问题就是关于土地物权的规定。另外,自然资源的早期利用,一般是与土地资源分不开的,为了满足人们的基本生活需要,发展农业和畜牧业是必然的,这就需要大量砍伐森林来扩大耕地,而且在阶级社会土地始终是统治阶级掠夺、占有的主要目标,土地是私有制的重要内容。然而在相当漫长的历史中,经济生产的分工和利用资源的科技发展,还没有达到在法律上需要对各种资源物权给以专门识别的程度,其他各种资源物权也被包括在土地物权之中,这一切充分说明这个时期自然资源法律关系比较简单,单项自然资源保护的立法很少,还没有大量单项立法的社会需要。而土地物权的内容在法律上只是以特别条款的形式存在于民法中,这时土地关系作为一种商品关系,由民法加以调整,如 1804 年《法国民法典》。因此,这个时期的自然资源法属于萌芽时期,它的立法归属于民法范畴。

总之,早期自然资源法的特点是以促进自然资源开发为立法目的,以资源物权为主要内

---

① 王铁崖主编:《国际法》,法律出版社 1995 年版,第 456 页。

容,以特别条款的形式存在于民法中。因此,有学者称这个时期为"特别"物权法时期。

（二）现代自然资源法的产生时期（19世纪初至20世纪60年代）

这一时期,产业革命促使经济发展达到前所未有的规模和速度,社会生产力的提高使人类开发利用自然资源的能力迅速增强,与此伴随而来的是自然资源的大量消耗和生态的破坏。为此,各国开始陆续制定保护和管理各种自然资源的单行法规,主要的相关立法有以下方面:

1. 水资源立法概况

水资源的节约利用和保护需要每个国家共同的努力。目前,绝大多数国家和地区都已拥有自己的水法,并随着本国国情发展对水法进行适时调整。例如,美国1948年就出台了《联邦水污染控制法》(PL80-845),但该法不能适应后来控制水污染的情形,于是在1972年又通过了《联邦水污染控制法》(PL92-500),使自己的水污染控制进入了新阶段。到1983年,美国的《净水法案》在10年间已历经了30次修正。美国环保局根据《净水法案》制定了一系列的相应法规,以保证该法实施。[①] 还有一些国家已开始对特定水资源进行独具特色的规定,但也随着经济发展、保护生态环境的需要而进行修改。如法国的水法体系由近50种法典、法律、条例、政令组成,但1804年颁布的《法国民法典》很多条款都至今有效。《法国民法典》通过所有权制度规定了地下水所有、使用的法律秩序,第642条规定,自己的土地上拥有水源的人,得在其地产的界限之内并为其土地之需要,任意利用该水源之水。[②] 该条确立了基于私人土地所有权的地下水使用制度。1964年颁布的《法国水法》建立了以流域为单位的管理体制,扩大了地下水取水管理的范围并建立了排污许可制。1992年修订的《法国水法》则直接用到了"水生环境"的概念,在立法目的中强调对水资源的均衡管理。2006年法国颁布的《关于水和水生环境的第2006-1172号法律》对水管理制度进行了改革,地下水的所有权性质由私人所有转变为国家公有。[③]

2. 野生动物保护立法概况

1980年《世界自然资源保护大纲》发布,国际资源与自然保护联合会、联合国环境计划委员会和世界野生生物基金会呼吁各国加强立法,用法律手段对野生动植物加以保护。许多国家制定了保护野生动物的综合性法律,例如:罗马尼亚、蒙古、德国颁布《狩猎法》,苏联颁布《动物保护和利用法》,泰国颁布《野生动物保存保护法》,匈牙利颁布《森林和野生动物法》,日本颁布《鸟兽保护和狩猎法》。[④] 各国的野生动物保护立法会遵循各自的野生动物存在特征和历史上的法律习惯,兹以英国、美国、日本的野生动物保护立法为例进行说明。

英国以多部法律来保障野生动物生存、活动,如《动物保护法》《兽医法》等。这些法虽然较为琐碎,但面面俱到,并且根据形势不断进行修订。英国1981年制定的《野生动植

---

① 袁铭道编著:《美国水污染控制和发展概况》,中国环境科学出版社1986年版,第1页。
② 罗结珍译:《法国民法典》(上册),法律出版社2005年版,第512页。
③ 周珂主编:《生态文明建设与法律绿化》,中国法制出版社2018年版,第208页。
④ 徐军、王洪杰:《国外保护野生动物法规简介》,载《野生动物》1989年第4期,第3—5页。

和乡村法》，具体可以根据保护对象分为对野生鸟类的保护和对野生兽类的保护。

美国对野生动物保护采取的方式是制定法，针对一些特殊的野生动物物种还专门制定单行法予以保护，如《海洋哺乳动物保护法》等。1972年，美国总统尼克松提出《濒危物种法案》，确立了美国濒危物种名录制度。学者对这部法案的评价是，"它体现了濒危物种优先原则、豁免申请机制、生态评价机制、公众参与制度与公众诉讼制度的先进立法理念，赋予了美国政府定义濒危物种的权威和迅速采取行动拯救濒危物种的权力"①。对于野生动物栖息地的保护，美国出台了《荒野保护法》等法律。此外，美国颁布了很多法案来稳定野生动物保护财政来源，如《候鸟狩猎印花税法案》《皮特曼－罗伯逊联邦援助野生动物恢复法》《丁格尔－约翰逊联邦援助渔业恢复法案》等。

1918年，日本颁布《狩猎法》，后于1972年修订，该法的立法目的主要是保护鸟兽和狩猎正当化，规定了日本野生动物休猎区、狩猎区进入检查、野生动物禁猎地、狩猎区警察职权等。1992年，日本出台《濒危野生动植物物种保存法》，虽然立法目的并不是保护保全受威胁的野生动物，但是该法对面临灭绝危险的野生动物规定了很多保护措施。

3. 渔业资源及其他水产资源立法概况

此类资源的保护各国也十分重视，其中渔业比较发达的国家，如日本、美国、加拿大、俄罗斯、英国、挪威等尤为重视。

日本作为以海洋渔业为主的岛国，早在1901年就颁布了《渔业法》，之后陆续制定和颁布了《水产品输出取缔法》(1934年)、《水产资源保护法)(1951年)、《海岸法》(1956年)、《沿岸渔业振兴法》(1963年)、《海洋水产资源开发促进法》(1971年)等。美国亦非常重视渔业立法，这一时期相关的立法有《鱼类和野生生物条例》(1956年)、《渔业保护和管理法》(1976年)等。

综上，各国在这一时期都通过立法，运用法律手段加强对自然资源的保护和管理，形成一种趋势。随着新的经济部门和行业(如林业、渔业、矿业等)分化出来，不仅产生了许多资源行业法，如林业法、渔业法、矿业法；还产生了资源保护法，如水法、土地法、河流法、森林法等，并以单行法律的形式出现。由此可见，这个时期的自然资源法的主要特点与前一个时期有显著的区别，它是以规范行业经济关系和单项资源利用关系为立法目的，以行业管理和资源管理为主要内容，以单行法律为主要形式。所以，也可以称这个时期为自然资源法的单行法时期。

另外，需要说明的是，这个时期国际自然资源的保护也引起了国际社会的重视，尤其是1945年联合国的成立，促进了国际领域自然资源的保护。②《联合国宪章》第1条第3款规定，联合国的宗旨是"促成国际合作……"，它为国际社会在国际自然资源保护领域的合

---

① 王显、李媛辉：《美国野生动物保护法律制度探析》，载《环境保护》2015年第2期，第65—68页。

② 这一时期与国际自然资源保护有关的典型国际组织，是在联合国教科文组织支持下成立的国际自然保护同盟。它是第一个国际环保组织，在后来的国际环境保护，尤其是自然资源保护事业中发挥了巨大的作用。这一时期还有一个与国际自然资源保护相关的有影响的司法案例，即1957年拉努湖仲裁案。仲裁决定认为国际河流的沿岸国一方面享有使用河水的主权权力，另一方面还负有顾及其他沿岸国的同样权力的义务。

作奠定了基础。这一时期陆续签订了一些相关的国际自然资源保护公约或区域性条约，如《国际捕鲸管制公约》(1946 年)、《国际鸟类保护公约》(1950 年)、《国际植物保护公约》(1951 年)、《捕鱼及养护公海生物资源捕捞公约》(1958 年)、《东北大西洋渔业公约》(1959 年)、《莱茵河保护公约》(1963 年)、《养护大西洋金枪鱼类的国际公约》(1966 年)、《非洲保护自然和自然资源公约》(1968 年)等。

(三) 现代自然资源法的发展时期(20 世纪 70 年代至 90 年代)

联合国于 1972 年在斯德哥尔摩召开了人类环境会议。这是一次关系人类前途命运的重要会议，体现在各国对自然资源问题认识水平的普遍提高和深化，尤其是对自然资源宏观整体性、有限性有了深刻认识。各种自然资源之间的相互关系、共同性及有机统一性被揭示，这一切都使人们对自然资源的整体概念有了更加深刻的了解和科学的界定。对自然资源问题认识的这种新观点，促进了这一时期各国自然资源的立法，各国在上一个时期单行立法的基础上，各种此类立法又陆续补充产生或修订，使之逐渐健全起来，形成一种法群。与此同时，国家针对各种资源利用之间的相互关联，一些新的法律制度应运而生，例如，采矿后土地复原更新利用制度、以资源整体开发利用为目的的国土整治规划制度等，都突破了仅从单一行业、单一资源利用为目的的资源立法模式。以上这些法律制度，加强了各国单行自然资源法之间的联系，使各国立法朝着自然资源法的体系化方向发展。总之，与前一个历史时期相比较，这一个时期的主要特点是以资源保护和资源合理利用为立法目的，以各种资源利用之间的制度化建设为主要内容，向自然资源法的体系化发展。换言之，20 世纪 90 年代初，自然资源法已经基本形成体系。

1972 年联合国人类环境会议之后，自然资源保护方面的国际合作得到加强。经联合国环境规划署和国际自然资源同盟共同努力起草，于 1980 年 3 月 5 日公布了《世界自然资源保护大纲》，其宗旨是保护人类赖以生存的自然环境和自然资源，防止生态系统的失调和野生动植物的破坏，为发展经济提供物质基础，给整个人类造福。《世界自然资源保护大纲》强调，要采取国际行动，促进、支持和协调各国之间的合作，进一步完善各项公约，加强国际协定的约束力和加强执行机构的能力。国际合作的加强，促进了国际自然资源法的发展。之后，又签订了一系列重要的国际自然资源保护类的公约。如《关于特别是作为水禽栖息地的国际重要湿地公约》(1971 年)、《保护世界文化和自然遗产公约》(1972 年)、《濒危野生动植物物种国际贸易公约》(1973 年)、《保护野生动物迁徙物种公约》(1979 年)、《南极海洋生物资源养护公约》(1980 年)、《联合国海洋法公约》(1982 年)、《跨界水道和国际湖泊保护和利用公约》(1992 年)等。

此外，这一时期的国际环境保护组织迅速增加，对国际自然资源保护起到了应有的重要作用；国际有关司法判例也有进一步发展。[①] 显然，这一时期国际自然资源法的发展，已经成

---

① 例如，"渔业管辖权案" (1974 年)、《关贸总协定》范围内的"加拿大金枪鱼案" (1982 年)、"美国加工鲜鱼案" (1988 年)、"墨西哥金枪鱼案" (1991 年)等。

为自然资源法中一个不可缺少的重要组成部分。综上,这一时期自然资源法的体系化发展并基本形成体系以及国际自然资源法的发展状况,显示国外自然资源法已进入新历史发展阶段。

(四)现代自然资源法的完善时期(20世纪90年代至今)

1992年联合国环境与发展大会是人类社会发展史上又一次重要的国际会议。会议通过了三项重要文件(《里约环境与发展宣言》《21世纪议程》《关于森林问题的原则声明》)和两项条约(《联合国气候变化框架公约》《生物多样性公约》)。上述三项重要文件和两项条约无疑都与自然资源保护问题密切相关,是自然资源法发展史上的又一个里程碑。《里约环境与发展宣言》是大会最重要的成果,是《人类环境宣言》的重大发展,包含27项原则。会上可持续发展战略被世界各国普遍接受,成为共识。这些会议成果深深影响着各国自然资源法的发展。

这一时期各国对自然资源问题的认识进一步深化,对自然资源概念的理解和资源问题严重性的认识,对自然资源整体性、区域性和全球性的认识程度都是以前无法达到的。同时,这一时期制定的相关法律的数量和质量都得到提升,如日本颁布了8个循环经济方面的法律,德国、美国、英国、法国、意大利、韩国、新加坡以及北欧国家等都分别制定了一系列资源循环利用的单项法律。同时,里约会议促进了国际自然资源法的发展,会上通过了《关于森林问题的原则声明》《联合国气候变化框架公约》《生物多样性公约》。会后又陆续缔结《东北大西洋海洋环境保护公约》(1992年)、《联合国防治荒漠化公约》(1994年)等。此外,作为软法的国际文件也有新的发展,主要涉及土地、森林的保护、国际河流淡水资源的利用、保护原则和规则以及生态利益问题。

总之,这个时期以资源保护和资源合理开发利用、循环利用为立法目的,强调资源与生态保护的整体性、区域性和全球性,以可持续发展战略思想和法律生态化观点重新审视各国已有的自然资源立法,不断进行全面修订和补充新法,推进自然资源法体系化进一步得到完善。

三、国际自然资源法的基本原则

国际自然资源法的基本原则是指被各国所公认的,普遍适用于国际自然资源保护领域,对国际自然资源保护活动具有普遍指导意义并构成国际自然资源法基础的准则。早期的环境与自然资源问题主要是在国内法层面上进行调整的。从国际法方面来说,其主要致力于划定国家的主权权力范围以及边界,而对于一国国境范围内的环境、自然资源问题,国际社会和国际法尊重国家主权的管辖权,并未直接设置义务与责任等限制性规定。但是,这样的国际法、国内法规则在面对跨越国境的环境问题时往往显得非常有限,例如,全球水资源保护以及跨界大气、水、生物资源的保护等,都远远超越了一国的权利与能力能够解决的范围,必须有跨越国境的法律机制以及规则进行规制。顺应这一需求,国际自然资源法这一跨越国境、跨越学科的法律部门，因为其关系到整个人类的生存、发展与未来命运，在其产生之初就一直受到联合国的高度关注。

（一）可持续发展原则

可持续发展概念[①]及原则，正是联合国体系推动建立的国际环境法、国际自然资源法坚持的核心指导思想。可持续发展一经提出就受到国际社会的关注，很快发展成为一项基本原则。可持续发展原则在国际条约实践中的运用很广泛，在多边、区域以及次区域条约中都有运用。在不断运用中，可持续发展原则的含义随着社会发展的需要不断丰富。总结这些含义的变化发展对揭示正在形成中的国际自然资源法的核心指导思想有重要意义。从数量上来说，规定有可持续发展原则的条约一直呈增长趋势。该原则在环境保护类型的条约中较为常见，但事实上，在人权条约、一般性政治条约等中也常有涉及，这也是可持续发展概念多维化、立体化的体现。总之，多边条约实践中的许多领域都引入了该原则。

鱼类资源方面，较早就规定了该原则。在 1946 年《国际捕鲸管制公约》、1958 年《捕鱼及养护公海生物资源公约》、1982 年《联合国海洋法公约》的相关制度中，都有关于如何在保障鱼类资源可持续开发的前提下，实现捕捞量最大化的制度设计与尝试，从而对可持续开发原则的贯彻及其基本含义的稳定作出了积极贡献。1995 年《鱼类种群协定》针对跨界与高度洄游鱼类的可持续开发进行了专门规定，以明确各相关国家的具体义务。

生物资源方面，1992 年《生物多样性公约》明确规定各缔约国有义务维护本国的生物多样性并应当以可持续的方式持久使用本国生物，1994 年《能源宪章条约》明确规定各缔约国应当追求可持续发展，且有义务"尽力减少有害环境的影响"。2000 年《生物多样性公约卡特赫纳生物安全议定书》和 2001 年《粮食和农业植物遗传资源国际条约》均重申并进一步发展了该原则。后者第 1 条第 1 项中将粮食和农业植物资源的保护、可持续使用和使用所产生的公平、公正的利益共享作为目标，试图实现资源保护与可持续开发和开发利益的公平共享等多方面的综合平衡。新提出的资源开发利益共享这一思想，使得人们对可持续发展的理解更加全面。另外，全球治理理论所主张的以多边主义的方式逐步实现全球治理的视角也必将对未来可持续发展原则新内涵的界定，以及跨界自然资源国际治理规则的形成都产生了重要影响。[②]

（二）只有一个地球原则

只有一个地球原则，最早由英国经济学家 B. 沃德和美国微生物学家 K. 杜博斯提出，又

[①] 可持续发展的概念是 1987 年挪威首相布伦特兰夫人在发表的题为《我们共同的未来》中提出的，是指"既满足当代人的需要，又不对后代人满足其需要的能力构成危害的发展"。其主要内容包括四个方面：代际公平，即每一代人都是后代人的地球权益的托管人，要实现每一代人之间在开发、利用自然资源方面的权利的平等；代内公平，即代内的所有人不论其国籍、种族、性别、经济发展水平和文化等方面的差异，对于利用自然资源和享受清洁、良好的环境有平等的权利；可持续利用，以可持续的方式利用自然资源，其核心是利用的"度"，即自然资源的再生和永续能力；环境与发展一体论，两者应相互协调发展，不应以一方来限制或破坏另一方。

[②] 黄颖：《跨界自然资源国际法规则的新发展——从"可持续发展原则"说起》，载《云南师范大学学报（哲学社会科学版）》2011 年第 3 期，第 124—130 页。

称地球整体原则、珍视地球原则或地球一体原则。只有一个地球原则也是国际环境法的基本原则之一。该原则强调地球上各环境要素是相互依存、牵制的，地球环境的任何部分都相互联系、制约，任何国家或国家集团都不可能脱离地球却又独享其舒适的环境。这一原则与上述可持续发展原则相互联系，其主要内容为：尊重自然资源的限度和承载永续能力，持续利用自然资源；认清自然资源的极限，反对破坏性地开发自然资源；改变生产方式和消费方式，倡导可持续的生产和生活方式，节约利用自然资源。[①]

因为只有一个地球，面对有限的资源，尤其是面对跨境自然资源保护的问题，提出了全球"公益物"供给理论。该理论呼吁在新多边主义的时代，必须确保全球"公益物"的供给。事实上，全球"公益物"理论的出现，是国际社会在面对跨越国境（cross-border）的威胁，开始探索国际法规则对那些很难完全归入单纯的"国内"（domestic）或者"国外"（foreign）的事项进行调整的可能，而这也符合对跨越国境的全球性问题进行国际治理的需要。所以说，这一理论是全球治理理念发展到新时代后，在"公共性"事务领域的新表现和新要求。正是因为如此，全球"公益物"理论在对全球治理产生重要影响的同时，也不可避免地对跨界自然资源管理、开发的国际法规则产生持续影响。"共享自然资源""跨界自然资源"等新概念的提出正是这种影响的体现，虽然现在的国家实践还主要限于双边层面上，但不能否认，国际法已经开始关注对跨界自然资源共同开发利用、保护以及损害赔偿等事项的调整。这些现象是对国际法、国内法界限的进一步突破，在国际自然资源法基本理论上具有重要意义。

然而，作为一种理论而言，全球"公益物"理论虽具有显而易见的积极意义，但也存在许多先天缺陷。例如，国际自然资源法上公益的范围目前界定很模糊且很敏感，如果任意进行解释，可能会与传统主权管辖产生激烈冲突。

（三）国家资源主权承认和限制原则

国家资源主权承认原则是国家主权原则的延伸，联合国一系列决议中确认对国家自然资源享有主权，如1962年联合国大会通过的《关于天然资源之永久主权宣言》宣布"各民族行使其对天然财富与资源之永久主权必须为其国家发展着想，并以关系本国人民之福利为依归"，1974年联合国通过的《建立新的国际经济秩序宣言》重申"每一个国家对自己的自然资源和一切经济活动拥有充分的永久主权"。此后通过的许多决议条约中都有国家对自然资源享有主权的规定。历史上，自然资源永久主权不仅是领土主权的延伸，而且凝结了发展权之价值。

要应对晚近自然资源永久主权原则解释和适用上的困境与挑战，既应从理论上确立该国际自然资源法的原则在法律位阶上的优先性，也应嵌入发展权的法律价值，并遵循利益平衡的方法，以协调永久主权权力与投资保护、自由贸易和环保等相关国际法律义务。"全体人民的发展权"和"人类共同利益"在当代自然资源永久主权原则下确定的核心乃是可持

---

① 林灿铃主编：《国际环境法》，人民出版社（北京）2004年版，第160—162页。

续发展权。[1] 在这些国家间资源分配的方法中,最广泛和最重要的是一个国家可以获得对特定资源的主权或专属管辖权的原则。这一原则最著名和最重要的应用是位于一个国家领土上的资源,包括其领海都受其主权管辖的规则。随着 200 英里海洋专属经济区的建立,地球上大多数有经济价值的矿产和生物资源现在都有效地处于某个国家的控制之下。国家对资源的主权原则通常又被认为,拥有这种主权的国家可以拒绝所有或某些其他国家获得或使用这种资源,例如,通过签订特许权协议或贸易协议,或通过颁布控制外国人开采自然资源的法律。然而,尽管根据这一原则,本国对自己的资源有广泛的控制权,但它们仍可能依赖其他国家来实现控制权所带来的一些利益。

国家资源主权限制原则是指各国在开发、利用本国的自然资源时,不得对其他国家造成危害。这一原则的主要内容包括:国家对本国的自然资源享有主权,任何国家都不能以任何理由侵犯他国的自然资源;国家必须保证开发本国自然资源的活动不得损害他国或国际公有的自然资源;人类共同继承财产权,即各国管辖范围外的全球性的自然资源,应视为人类共同继承财产,由国际社会共同享有、保护和管理。国家资源主权限制原则也包含了"相互依存"的国际社会理论。[2] 在"相互依存"的国际社会中,国际法已经从共存法发展成了合作法。当然,在自然资源国际规则方面也是如此。

由于全球自然资源的有限性,各国经济、社会高速发展使得某些重要战略资源供需矛盾冲突更加尖锐和急迫。在这一全新的国际形势下,传统的国际规则中关于"全球合作""共同分享"等观念的内涵都正在发生一系列微妙的变化。所以说,"相互依存"国际社会的理论,对可持续发展原则、国家资源主权承认和限制原则等原则的适用,均产生了巨大的影响。尤其在气候变化、自然资源保护等全球公共领域,国际、国内法律规则的制定与执行,已经越来越受到国际社会"相互依存"需要的限制,更加强调在全球资源安全和可持续发展与单个国家的资源安全之间,实现一种新的平衡。例如,1974 年联合国《各国经济权利和义务宪章》第 3 条提出了这一概念,其中规定,在开发两个或多个国家共有的自然资源时,每个国家必须在信息和事先协商制度的基础上进行合作,以便在不对其他国家的合法利益造成损害的情况下实现此资源的最佳利用。[3] 这种共同控制、共同分享的概念在构成国家间共同边界或位于一个以上国家的河流或湖泊的公平利用或分配的原则中得到了最重要的应用。

(四)国际合作开发原则

在国际自然资源保护领域,国际社会成员应进行广泛密切的合作,以保护和合理利用国际自然资源。另外,国际自然资源的有限性和稀缺性,也要求各国进行最广泛的合作。这一

---

① 龚向前:《发展权视角下自然资源永久主权原则新探》,载《中国地质大学学报(社会科学版)》2014 第 2 期,第 69—74 页。

② 黄颖:《跨界自然资源国际法规则的新发展——从"可持续发展原则"说起》,载《云南师范大学学报(哲学社会科学版)》2011 年第 3 期,第 124—130 页。

③ 联合国大会第 3281 号决议:《各国经济权利和义务宪章》,14NTL LEGAIMATERIALS 251 (1975) At.3.

原则的主要内容为：建立全球性的保护自然资源的系统，保护和管理国际自然资源；世界各国在平等互利的基础上，采取全球性的措施来共同利用、开发、保护和管理国际自然资源；充分考虑发展中国家的特殊需要和情况，对发展中国家进行技术上、经济上的援助，以谋求共同利益；国际自然资源受到严重破坏，影响其他国家时，应预先通知、协商并采取合作措施进行。国际合作开发原则也强调各国有义务在环境领域开展合作，保护和合理利用两个或多个国家共有的自然资源。因此，根据公共利用共有自然资源的概念，各国应进行合作，以控制、预防、减少和消除利用这些资源可能产生的不利环境影响。这种合作应在平等的基础上进行，并应适当考虑有关国家的主权和利益。① 将共同环境问题的合作管理付诸实践的公约包括 1972 年《防止倾倒废物和其他物质污染海洋的伦敦公约》、1974 年《保护波罗的海区域海洋环境公约》、1976 年《保护地中海免受污染公约》和联合国环境规划署等国际协定。与国际宣言、决议和原则声明相比，国际协定当然具有法律约束力，并且通常提供执行程序。

关于国际合作开发原则的适用，一个比较典型的例证是南极大陆的开发和利用。南极大陆上的活动受 1959 年《南极条约》的管辖，该条约目前有 20 个国家参加。该条约以和平和科学研究为目的，将南极大陆非军事化，禁止核爆炸或处理放射性废物；在条约的 30 年有效期内，"冻结"各国对领上的冲突主张；科学家可以不受限制地在南极洲大陆的任何地方开展工作。缔约方每两年举行一次会议，交流信息，就共同关心的问题进行磋商，并制定、审议和向其政府建议促进该条约原则和目标的措施。这些措施可能包括保存、开发或保护资源。随着不断增长的能源和资源需求，各国可能会试图重申国家对南极陆地和海洋资源的专属权的主张，对资源的争议可能会挑战南极条约制度的稳定性，资源勘探和开采可能会威胁到南极环境，这些都促使条约参与国开展新的合作。这些合作的努力包括，就《南极海洋生物资源养护公约》进行谈判，就在南极洲自愿暂停矿物资源勘探和开采达成协议，并达成共识，即条约缔约方应立即开始讨论制定国际商定的矿物资源制度。

第二节　国际自然资源法的主要法律规定

一、国际土地资源保护法

（一）概述

土地是一种有限的资源，也是自然资源的依托。随着人类对土地资源需求的日益增长，产生了竞争和冲突，从而引起土地退化。《21 世纪议程》中关于可持续的土地资源管理和使

---

① 《两国或多国共享的自然资源问题政府间专家工作组的报告》，于 1978 年 5 月 19 日经联合国环境规划署理事会第六届会议通过。

用的建议,重点在决策上,例如:政府应用经济手段,发展结构机制和制订奖励办法,鼓励土地的尽可能最佳使用和陆地资源的可持续管理。

再如,应该把制止荒漠化和旱灾的行动计划列入国家环境计划和发展计划等。政府有必要加强各机构的能力,以发展和实施这些计划,这要求增加地区的和国际之间的合作和支持。为了制止土地的荒漠化,在有关国际和区域组织的支助下,各国对土地资源国际保护合作都持积极态度,并通过制定一些软法来保护土地资源,例如:在干旱与荒漠化防治方面,有 1977 年的《阻止荒漠化行动计划》;在防治土地盐碱化方面,有 1981 年的《世界土壤宪章》。具有法律约束力的土地资源保护国际公约主要有 1994 年《联合国防治荒漠化公约》和 1991 年《阿尔卑斯山公约》。荒漠化是地球土地资源面临的一个严峻问题。1994 年 6 月 17 日,《联合国防治荒漠化公约》在巴黎通过,其全称是《联合国关于在发生严重干旱和 / 或沙漠化的国家特别是在非洲防治荒漠化的公约》。该公约于 1996 年 12 月 26 日正式生效,我国于 1996 年 12 月 30 日加入该公约。

(二)《联合国防治荒漠化公约》

《联合国防治荒漠化公约》的全称是《联合国关于在发生严重干旱和 / 或荒漠化的国家特别是在非洲防治荒漠化的公约》。该公约的目的是实现受干旱和荒漠化影响地区的可持续发展,通过国际合作防治干旱和荒漠化。公约包括序言、六个部分和四个附件。序言主要指出了国际社会对干旱和荒漠化问题的关注。第一部分"导言"界定了有关的术语,宣布了公约的目的和四个指导原则。第二部分规定三类义务,即所有缔约方的一般义务、受影响国家缔约方的义务和发达国家缔约方的义务。规定发达国家应积极支持受影响发展中国家缔约方尤其是其中的非洲国家和最不发达国家。第三部分对行动方案、科技合作和支持措施作了规定,要求各国制定国家行动方案并对其内容作了具体规定。第四部分是关于机构的规定:决定设立缔约方大会,此机构有权力为促进公约的有效实施作必要的决定:设立常设秘书处和科学技术委员会。第五部分规定了有关的事项,如争端解决办法等。第六部分规定了公约的签署、生效等事项。四个附件分别对公约在非洲、亚洲、拉丁美洲和加勒比海地区、北地中海地区的实施作了具体规定。[①]

《联合国防治荒漠化公约》是关于防治干旱和荒漠化问题最主要的国际公约,它强调了国家行动过程而非国家行动的重要性,并且保障公众参与到防治荒漠化计划的制定和实施中来,规定受影响国家有义务谋求解决荒漠化的深层原因和要求那些采取错误政策促成荒漠化的发展中国家承担责任。

(三)《阿尔卑斯山公约》

为保护和合理利用阿尔卑斯山脉,相关国家于 1991 年在奥地利签订《阿尔卑斯山公约》。它是一个保护阿尔卑斯山的国际法律框架,是国际社会第一部以保护山脉生态系统为

---

① 戚道孟主编:《自然资源法》,中国方正出版社 2005 年版,第 207—208 页。

宗旨的公约。①《阿尔卑斯山公约》的目标是在保护自然资源的同时维持这个环境中的人类对资源的持久管理。该公约要求各缔约国家采取行动保障生态系统,以持久运作的方式恢复自然,保护动植物生存环境,并以传统的自然保护方式对国家的生产能力进行严格控制。该公约承认各国的平等利益并保障自然资源的可持续利用,确认了环境保护的预防原则和国际合作原则,并期望缔约国议定书对具体环境问题作出具体规定,其中包括保护动植物和森林的规定。同时设立缔约方大会,保证公约的实施和监督。②

二、国际水资源保护法

(一) 概述

关于国际水资源,现代国际法和国际环境法都未对此作出明确的定义,不过,有三点值得我们注意。第一,它是一个相对于海洋的概念,指的是内陆的水资源,包括河流、湖泊、运河和地下水体等。第二,它具有国际性,一般处于两个或两个以上的国家的领土之内或管辖之下。第三,它不同于国际法上的内水的概念,即国际水资源不包括内海,也不包括陆地领土上仅处于一国管辖之下的河流、湖泊、运河等。本节所称的国际水资源主要是指处于两个或两个以上国家领土内或管辖下的河流、湖泊、运河和地下水等,主要包括界河、多国河流、跨国湖泊和跨国地下水体等。

国际水资源保护法是国际自然资源法分支之一。其保护对象为两国以上共有的国际性河流和湖泊。现代社会随着经济活动的增加、人口数量的快速增长,对水的需求量也在不断增加,有些地方已经出现了缺水、断水的危机,甚至引起了武装冲突。国际社会越来越重视对水资源的保护,签订了一系列国际性或区域性的条约。另外,现代工业和航运的发展,造成许多国际性河流湖泊的污染,直接影响各沿岸国的开发利用活动,危害水生生物资源。为解决这些问题,自 20 世纪初,许多国际河流和湖泊沿岸国家相继签订了双边或多边条约、协定,设立控制、防治水污染的国际合作委员会。如 1909 年美国、加拿大边界河流条约规定,禁止那些损害缔约国沿岸居民健康和财产的污染,并设立了国际合作委员会。类似的机构有蒙塞鲁河、莱茵河、萨尔河的三个国际委员会,湄公河委员会,乍得湖委员会等。此外,对污染的监测、水质污染的允许标准、污染损害的调查等,也有一系列提议,并制定了一些国际条约。如《北美五大湖水质协定》等,这些条约和协定构成了国际河流和湖泊保护法的内容。欧洲在这方面的法律发展较快,例如:1950 年,欧洲中部的莱茵河沿岸国家成立了"国际莱茵河防污委员会";1963 年,签署了国际协定;1970 年,成立了"国际莱茵河流域水处理厂协作组";1976 年,召开第三届莱茵河国家部长会议,签署了一项欧洲共同体水系保护政策,同年又签订了两项对恢复莱茵河水质有重要作用的协定。这些条约和合作活动,推动了

---

① 潘抱存主编:《国际环境法新论》,苏州大学出版社 2008 年版,第 162 页。
② 林灿铃主编:《国际环境法》,人民出版社 2004 年版,第 471 页。

莱茵河的治理和保护工作。

(二) 水资源的全球性保护

国际水资源的全球性保护经历了一个由禁止污染、要求对河流的利用进行协商的简单规则转向对水资源进行共同管理、共享资源的过程,并建构了一整套的原则和规则,签订了一系列的条约协议等。1921 年国际联盟主持制定的《国际可航水道制度的国际公约与规约》,是国际水道保护与利用的全球性条约,该公约界定了国际水道的定义、航行权、海关、税收、工程建设及费用分担等内容。[①]1966 年,国际法协会制定并通过了《国际河流水利用规则》。1984 年 11 月的世界环境会议在世界淡水资源污染严重的情况下召开,这是第一次世界性的国际水环境保护会议,会上通过了《琵琶湖宣言》。1997 年,联合国国际法委员会通过了《国际水道非航行利用法公约》,它的制定是国际水资源利用和保护法律制度发展史上一个具有里程碑性质的重大事件。

1. 《国际河流水利用规则》

1966 年,国际法协会通过了《国际河流水利用规则》,又称《赫尔辛基规则》。它虽然是国际法学团体制定的文件,却是最早和最常被援引的国际水法文件,它的很多规则被认为是"适用于国际流域内水的利用的国际法的一般原则,除非流域国之间有公约、协定或有约束力的习惯另行规定"。[②]因此,该规则也可以被认为是国际水道使用与保护的软法。《国际河流水利用规则》不仅对国际河流利用的规则作了系统的编纂,而且其规定的各种规则所依据的各项原则制度,如对等享有原则、有利的利用原则等,对指导各国对其他形式的国际水资源的利用和保护发挥了承前启后的作用。联合国国际法委员会在制定《国际水道非航行利用法公约》时对其进行了借鉴。1992 年《跨界水道与国际湖泊的保护和利用公约》、1994 年《多瑙河保护和可持续利用合作公约》、1995 年南部非洲发展共同体《关于共享水道系统的议定书》、1998 年《莱茵河保护公约》也都对《国际河流水利用规则》进行了借鉴,这些公约没有使用"国际流域"的提法,而是分别使用了"跨界水体"和"共享水道系统"概念。[③]《国际河流水利用规则》包括总则、国际流域水资源的公平利用、污染航运、木材浮运、争端的防止和解决办法,共 6 章 37 条。我国也有学者认为它对国际水法的贡献非凡。[④]

《国际河流水利用规则》的重要性体现在:第一,规定了国际河流的概念,即"国际河流是指跨越两个或两个以上国家,在水系的分水线内的整个地理区域,包括该区域内流向同一终点的地表水和地下水。"这一定义为国际河流的综合利用提供了法律基础。第二,编纂并宣告适用于国际流域内的水域利用的国际法一般规则。第 1 条规定,本规则各章所宣告的

[①] 刘恩媛主编:《跨境环境损害防治的国际法律问题研究》,知识产权出版社 2018 年版,第 90 页。

[②] [英]詹宁斯、瓦茨修订,王铁崖等译:《奥本海国际法》(第一卷第二分册),中国大百科全书出版社 1995 年版,第 15 页。

[③] 刘恩媛主编:《跨境环境损害防治的国际法律问题研究》,知识产权出版社 2018 年版,第 92 页。

[④] 王文革教授认为,《国际河流水利用规则》对国际水法的贡献主要包括以下四个方面:编集并宣告适用于国际流域利用的国际法一般规则;明确提出"国际流域"这一概念,并对其加以界定;确认了国际流域的公平合理利用原则;规定了国家有责任防止和减轻对国际流域水体的污染。

国际法一般规则适用于国际流域内水域的利用,除流域国之间有条约、协定或有约束力的习惯另行规定者外。第三,确认了国际河流的公平利用原则。第4条规定,国际河流内的每个国家有权公平合理分享国际流域内水域和利用的水益。"公平合理"是指在考虑水量、流域的气候、河流利用的影响和其他国家的经济需要的基础上加以利用,特别是不应该对其他国家造成损害。[①]第四,规定了国家有责任防止和减轻对国际流域水体的污染,采取合理措施保护水体,对于利用国际河流所产生的争端应予以和平解决并规定了解决程序。

《国际河流水利用规则》规定的规则被认为是对管理、分享和保护国际水道的习惯规则和表述,对建立国际水资源管理制度具有重要意义。它在以后的国际会议中得到了进一步的发展,如1972年的人类环境会议上为防止水污染和保护水资源进行国际合作的《关于一国以上管辖的共用水资源的第51号建议书》,1979年联合国环境规划署以它为蓝本,批准了《指导国家保护和谐利用两个或多个国家共享资源的环境行为规则》。

2.《国际水道非航行利用法公约》

1997年,联合国国际法委员会通过《国际水道非航行利用法公约》,该公约于2014年生效。该公约是国际水资源保护中最重要的一个公约,与《国际河流水利用规则》不同,它被各国所接受,成为一项具有约束力的国际法文件。该公约的目的是"保障国际水道的利用、开发、保存、管理和保护,并为当代人及其后代而促进对国际水道的最佳和可持续利用"。《国际水道非航行利用法公约》共37条,分为7个部分:导言、一般原则、计划采取的措施、保护保全和管理、有害状况和紧急情况、杂项规定、最后条款。该公约是目前唯一的全球性国际淡水资源保护与利用公约,也是在《国际河流水利用规则》之后又一个具有里程碑意义的公约。从性质上来看,它属于框架性公约,它指出"国际水道"不仅是超国界的河流,还有超国界的湖泊、运河、水库等。它规定水道沿岸国有防止损害的义务,并在第7条对不造成重大损害义务作出详细规定;同时在第20条规定,水道国有保护利用全国际水道生态系统的义务。

概括而言,该公约主要内容有三个方面:

(1)适用于所有国际水道的非航行利用的一般规则,主要包括平等、合理利用和参与原则、不引起严重损害原则、合作原则、定期交流数据和信息原则,以及不同用途之间的关系原则。平等、合理利用和参与原则是指水道国应在其领土上以平等的和合理的方式利用国际水道,参与国际水道的利用、开发和保护,并进行合作;[②]不引起严重损害原则是指水道国在本国领土利用国际水道应采取一切适当措施防止该利用对其他水道国造成严重损害;[③]合作原则是指通过联合机制或联合委员会的方式,在主权平等、领土完整、互利善意的基础上,实现国际水道的最佳利用和充分保护;[④]定期交流数据和信息原则是指水道之间应定期交流

①《国际河流水利用规则》第5条。
②《国际水道非航行利用法公约》第5条。
③《国际水道非航行利用法公约》第7条。
④《国际水道非航行利用法公约》第8条。

有关水道的易于得到的数据和信息,对于不易得到的数据和信息,水道国应尽力满足,并有权索取合理费用;[①] 不同用途之间的关系原则是指在不存在相反的协议或惯例的情况下,国际水道的任何一项用途都不对其他用途享有固有的优先。[②]

(2) 实施这些规则的程序规则。这些程序规则的目的在于防止和减轻计划中的有关国际水道的各种措施的不利影响,要求水道国之间就其计划中的措施对国际水道的可能影响进行信息交换和磋商,如有必要,甚至进行谈判;在水道国实施或许可实施一项计划中的可能对其他水道国带来严重的不利影响的措施之前,它应及时通知其他水道国;在发生有害状况和紧急情况下,各水道国应联合制订应急计划。

(3) 关于国际水道的保护、保存和管理的规定。[③] 公约要求水道国保护和管理国际水道及其水体,特别是保护水道的生态系统;要求防止对国际水道的生态系统引进外来的或新的对生态系统有害并对水道国造成严重损害的物种;要求通过磋商建立国际水道联合管理机制。

3.《关于跨界地下水的汉城规则》和《关于水资源法的柏林规则》

国际法协会在 1986 年通过了《关于跨界地下水的汉城规则》,该规则是对《国际河流水利用规则》的补充,它承认《国际河流水利用规则》界定的地下水包括不与任何地表水相连的封闭地下水。1992 年《跨界水道与国际湖泊保护和利用公约》是地区性国际水道条约的典型代表,美国、加拿大和很多欧洲国家都是缔约国。国际法协会从 20 世纪末开始对《国际河流水利用规则》进行全面修订,2004 年通过了《关于水资源法的柏林规则》。该规则重新界定了"国际流域"的概念:"一个延伸到两个或多个国家的流域",而"流域"的分界由水系(包括流入共同终点的地表水和地下水)流域分界决定,它将不与任何国家地表水相连的跨国界地下水包括在内。

（三）水资源的区域性保护

国际水资源的利用和保护的国际法规始于双边或区域性的国家实践,北美洲、南美洲、欧洲、非洲、亚洲等国家的双边或区域性的实践为国际水资源保护制度的形成作出了重要的贡献。下面分别对不同区域的水资源保护作简单的介绍。

1. 北美洲

北美洲最重要的国际水资源保护协定主要是美加条约和美墨条约。美加条约主要有两个:一是 1909 年美国和英国(加拿大)签订的《边界水域条约》,全称为《关于边界水域和美加边界有关问题的华盛顿条约》,目的是解决美加在利用水域方面发生的纠纷。它的内容比较广泛,涉及边界水域的利用和保护等许多问题。它的宗旨是防止在利用边界水域方面发生争议,解决目前在美国和加拿大自治领域共同边界地区有关双方之间以及同对方居民之间的权利、义务和利益有关的一切悬而未决的问题,并作出规定以调解和解决今后可能发生

[①] 《国际水道非航行利用法公约》第 9 条。
[②] 《国际水道非航行利用法公约》第 10 条。
[③] 《国际水道非航行利用法公约》第 4 部分。

的问题。另一个条约是 1978 年签订的《美加大湖区水质协定》。美墨条约主要也有两个：一是 1944 年签订的《利用科罗拉多河、提华纳河以及格兰德河水域的公约》，该公约对这三条河流的水域分配、水流量的分配、水利工程的修建、防洪等问题作了规定，并设立了国际边界和水委员会；二是 1973 年签订的《关于永久彻底解决科罗拉多河含盐量的国际问题的协定》，该协定旨在恢复科罗拉多河的正常含盐量。

2. 南美洲

南美洲有两个重要的关于国际水资源的利用和保护的条约。

其一，1969 年《银河流域条约》。银河流域由巴拉那河、乌拉圭河、巴拉圭河和银河四条河流组成。1967 年，银河流域 5 国（阿根廷、玻利维亚、巴西、巴拉圭、乌拉圭）召开了银河流域五国外长会议，并在会上通过了指导全面开发银河流域的《银河流域开发大纲》。1969 年，银河流域 5 国在此基础上签订了《银河流域公约》，旨在加强银河流域国家在开发利用银河流域的合作，"通过联合行动将使本地区的巨大自然资源得到协调和均衡的发展，并获得最高效益，将通过对自然资源的合理使用为后代保护这些资源"[①]。该条约的签订加强了银河流域各国的合作，为银河流域的综合利用和开发奠定了法律基础，并为国际水资源的保护立法的发展作出了贡献。

其二，1978 年《亚马逊河合作条约》。亚马逊河是南美洲最大的河流，流域资源相当丰富。为了协调各国对亚马逊河资源的开发和保护，签订了这个条约。公约在序言中明确宣布了共同的目标是"在各国的领土范围内以及相互间为促进亚马逊区域的和谐发展，并在各缔约国之间平均分配发展所得到的利益以提高各国人民的生活水平和使亚马逊地区与本国经济相融合而联合努力"，并对亚马逊河资源的利用和保护方面作了较全面的原则性规定。该条约主要包括 3 个方面的内容，即合作开发、流域国家享有平等权利和保护环境。

3. 欧洲

关于欧洲水资源保护的条约主要有两个。一是 1968 年欧洲理事会通过的《欧洲水宪章》，主要内容是：水是必不可少的资源，并非不会耗竭，水的质量必须得到保护，对水的管理要进行国际合作等，唤起人们对水资源保护的认识。二是 1992 年欧洲经济委员会通过的《跨界水道和国际湖泊保护和利用公约》，它代表着国际水资源利用和保护法律制度的最新发展，吸收了国际环境领域很多新的原则。另外，1999 年于伦敦签订、2005 年生效的《水与健康议定书》再次强化水质管理。

4. 亚洲

在亚洲，有关国际水资源的利用和保护的条约主要有 1960 年《印度巴基斯坦关于印度河水域条约》、1977 年《孟加拉国和印度关于分享恒河水和增加径流量的协定》、1995 年《湄公河流域可持续发展合作协定》和 1996 年印度与尼泊尔之间的《关于马哈卡利河综合开发

[①] 《银河流域公约》序言。

的条约》,其中最重要的是《湄公河流域可持续发展合作协定》。《湄公河流域可持续发展合作协定》将可持续发展的原则贯穿湄公河流域开发和保护的各个方面,规定了合作的目标和原则,规定各缔约国在可持续开发、利用、管理和保护湄公河的水资源和有关资源的一切领域里进行合作。这种合作包括灌溉、水电、航运、防洪、渔业、木材漂流、娱乐和旅游业。协定规定保护湄公河流域使其不受污染或其他开发计划和水资源利用的有害影响,确认了关于国际淡水资源的合理和平等的利用原则,并分别规定了在雨季和旱季流域内和流域外水资源利用必须遵守的通知和磋商程序。[①]

5. 非洲

在非洲,有关国际水资源的区域性或双边性协定出现很早并且数量很多,如 1959 年《苏丹共和国阿拉伯联合共和国关于尼罗河河水充分利用的协定》、1964 年《乍得湖流域开发公约和规约》、1978 年《冈比亚河协定》。其中《乍得湖流域开发公约和规约》对水资源的开发利用和保护作了比较全面的规定。《乍得湖流域开发公约和规约》的宗旨是开发和保护乍得湖的水资源,并对此作出具体规定且成立了流域委员会。缔约国在规约中承诺在征求乍得湖流域委员会意见之前不采取任何可能导致大量水土流失、影响流域的水文和湖水构成及水位、影响其他沿岸国的用水和影响水域的卫生条件或生物学特征的措施。缔约国承诺其管辖下的水域部分,在通告和征询委员会的意见之前不进行任何可能对流域的地表水和地下水的水流造成重大影响的水利工程和土地开发计划。在不损害乍得湖自然状态的前提下,缔约国可继续执行正在进行中的计划和项目或在签署公约后 3 年内即可开始的项目。[②]

三、国际矿产资源保护法

(一)概述

国际矿产资源主要是指处于两国或两国以上领土内或管辖范围下,或各国管辖范围之外的矿产资源。矿产资源是人类生产生活的重要物质来源,但由于矿产资源在世界范围内分布不均,各国都将矿产资源纳入自己的主权之内,国际矿产资源较少。目前,可供人们利用的国际矿产资源主要包括南极矿产资源和海底区域内的矿产资源。目前较有影响的有关国际矿产资源的条约是《南极矿产资源活动管理公约》和《联合国海洋法公约》。

深海海底的矿产资源也逐渐引起人们的重视,尤其是深海海底中的锰结核最引人注意。20 世纪 60 年代,一些工业发达国家逐渐认识到锰结核的经济价值,调查研究工作也随之开展起来。进入 20 世纪 70 年代,锰结核越来越受到许多国家的重视,并将其列为开发深海海底资源的重点项目。1970 年举行的第二十五届联合国大会通过了《关于各国管辖范围以外

---

① 《湄公河流域可持续发展合作协定》第 1、2、5 条。
② 《乍得湖流域开发公约和规约》第 5 条。

海床洋地与下层土壤的原则宣言》,明确规定了深海海底及其资源是人类的共同继承财产。第三次联合国海洋法会议于 1982 年通过的《联合国海洋法公约》,除再一次肯定这一原则外,还确立了深海海底的国际制度,制定了勘探和开发深海海底资源的原则、规章和程序,规定了勘探和开发的基本条件。

(二)《南极矿产资源活动管理公约》

1959 年订立的《南极条约》除了"南极生物资源的保护和养护"条款,并没有载入有关南极资源的条款。20 世纪 80 年代初,面对一些国家对于南极资源日益强烈的兴趣,《南极条约》协商国开始制定一项大家都能接受的南极矿产资源管理制度。1988 年 6 月,第四届《南极条约》特别协商会议在惠灵顿召开,会议目的在于谈判并制定南极矿产资源活动管理制度。经过长达 6 年共 11 次特别会议的艰苦谈判,于 1988 年通过了《南极矿产资源活动管理公约》。《南极矿产资源活动管理条约》被纳入了南极条约体系,并扩大和进一步完善了南极条约体系。

《南极矿产资源活动管理公约》允许在南极"谨慎"开发,旨在规范有关南极矿产资源开发的环境保护问题。该公约包括序言、正文 67 条及 1 个附件。序言重申《南极条约》的宗旨和原则,强调应特别重视对南极环境和生态平衡的保护,并保证南极矿产资源活动中的国际参与使这种活动符合全人类的利益。该公约设有总委员会、管理委员会、咨询委员会和缔约国特别会议等管理机构。为保护南极的生态环境,该公约建立了一套比较严格的矿产资源活动管理制度、科学技术评估和咨询制度,以及关于责任赔偿和补偿、视察、监测和争端解决的法律制度。公约还规定应促进南极矿产资源活动中的国际参与和国际合作,并考虑发展中国家的特殊情况。我国于 1991 年缔结《关于环境保护的南极条约议定书》后,有学者认为《南极矿产资源活动管理公约》实际上已失去效力。

1. 南极矿产资源制度的一般保护原则

《南极矿产资源活动管理公约》主要包括 7 章内容:总则、机构、普查、勘探、开发、争端解决和最后条款。公约第 2 条规定了矿物资源制度目标和一般原则,规定了一切矿物资源活动受矿物资源制度支配的原则。此外,公约的其他条款也对一般原则作了规定,如第 6 条规定了增进所有缔约国的参与机会并考虑整个国际社会利益的原则,第 15 条规定了尊重对南极进行其他合法利用的原则等。由于此制度在南极条约体系内部形成,因此也包含了该体系内的诸多原则,如专为和平目的利用南极的原则、保护环境的原则等。

2. 南极矿产资源活动的相关规定

《南极矿产资源活动管理公约》认为"矿产资源是一切非生物、非再生的自然资源,包括矿物燃料、金属和非金属矿物"[①]。南极矿产资源活动,是指普查、勘探或开发,但不包括属于《南极条约》第 3 条范围的科学研究活动。[②]

---

① 《南极矿产资源活动管理公约》第 1 条第 6 款。
② 《南极矿产资源活动管理公约》第 1 条第 7 款。

针对普查,《南极矿产资源活动管理公约》明确规定:普查不应赋予任何经营者以对南极矿产资源的任何权利;普查的进行在任何时候予以许可,但每一经营者应保证普查一旦终止即撤除所有设施和设备,并使现场恢复原状,且担保国应大致确定拟进行普查的一种或多种矿产资源;就普查而言,包括对拟使用的方法、拟进行工作的总规划及预定的普查期作出说明;就普查可能产生的环境和其他影响作出评估;说明为避免有害环境后果和对南极其他利用的不当干扰所拟采取的措施。[①]

针对勘探,《南极矿产资源活动管理公约》规定,任何缔约国可向执行秘书提交通知,要求委员会划定一个可供勘探和开发一种或多种特定矿产资源的区域;执行秘书应立即将通知转送所有缔约国并召开咨询委员会和缔约国特别会议,由其来讨论要划定的区域并对拟划定的区域是否符合公约要求进行审议,并将报告提交总委员会,由其最终决定是否划定所请求的区域;此后,任何缔约国可代表自己为其担保国的经营者在规定的时间内向管理委员会提出管理计划和勘探许可申请,由管理委员会审查并授予经营者勘探管理的权利。

针对开发,《南极矿产资源活动管理公约》规定,已批准的管理计划和勘探许可对任一经营者在有效期间的任何时候,担保国可代表该经营者向管理委员会申请开发许可;管理委员会应在申请提交后尽快召开会议,对申请进行详细审查并决定是否颁发开发许可证。

(三)《联合国海洋法公约》

岛屿之争、海界之争的核心是海底资源,尤其是天然气和石油。国际海底区域是指国家管辖范围以外的海床洋底及其底土,其蕴藏有锰结核和金属泥等丰富的矿物资源。近年来,随着各种高新技术的应用,海洋油气勘探已经从大陆架浅海扩展至大陆坡、大陆基和深海盆地等深水海域,深海区的油气层也屡有发现。[②]1958年日内瓦海洋法四公约由于制定国较少、公约存在缺陷,未能发挥预期作用。

1960年,联合国在日内瓦举行第二次海洋法会议,专门研究领海宽度问题,但没能达成协议。1970年联合国大会通过的《关于各国管辖范围以外海床洋底及其底土的原则宣言》,将国际海底区域的资源作为全人类共同继承的财产。任何国家或个人不得以任何方式将其据为己有或对其任何部分主张或行使权利或主权权利,所有关于勘探和开发该区域资源的活动均将受国际海底区域开发制度的管制。1973年,联合国第三次海洋法会议在纽约开幕,该次会议历时9年,在充分协商的基础上,经反复修订,1982年终于在牙买加会议上通过了《联合国海洋法公约》。该公约进一步规定,国际海底区域内的一切权利属于全人类,区域内资源的勘探开发由国际海底管理局代表全人类共同行使。[③]于此,"全人类共同继承财产"这一概念以法律的形式确立下来,并对区域及其资源的开发制度作了详尽的规定。

---

① 《南极矿产资源活动管理公约》第37条。
② 吴显庆主编:《国际公共事务管理概论》,华南理工大学出版社2007年版,第154页。
③ 当时表决的情况是130票赞成(包括中国),17票弃权(包括苏联),4票反对(美国、以色列、土耳其、委内瑞拉)。梁西主编:《国际法》,武汉大学出版社1993年版,第158页。

1994 年 11 月 16 日,该公约正式生效。我国于 1996 年批准加入该公约。①

《联合国海洋法公约》分为 17 个部分,9 个附件,主要内容覆盖了用语和范围,领海和毗连区,用于国际航行的海峡,群岛国,专属经济区,大陆架,公海,岛屿制度,内陆国出入海洋的权利和过境的自由,"区域",海洋环境的保护和保全,海洋科学研究,海洋技术的发展和转让,争端的解决,一般规定,最后条款,高度洄游鱼类,大陆架界限委员会,探矿、勘探和开发的基本条件,企业部章程,调解,国际海洋法法庭规约,仲裁,特别仲裁,国际组织的参加。《联合国海洋法公约》明确了 200 海里专属经济区制度,海洋国土不再仅是 12 海里的领海和岛屿。该公约生效后,地球上 36% 的公海变成沿海各国的专属经济区。②

1. 区域和资源的定义及其法律地位

《联合国海洋法公约》第十一部分对深海海底区域进行了具体的规定。其规定:区域是指国家管辖范围以外的海床和洋底及其底土,区域内活动是指勘探和开发区域的资源的一切活动。③资源指区域内在海床及其下原来位置的一切固体、液体或气体矿物资源,其中包括多金属结核,从区域回收的资源称为矿物。④区域及其资源是人类的共同继承财产。⑤对区域内资源的一切权利属于全人类,由管理局代表全人类行使。这种资源不得让渡。但从区域内回收的矿物,只可按照本部分和管理局的规则、规章和程序予以让渡。任何国家或自然人或法人,除按照本部分规定外,不应对区域矿物主张、取得或行使权利。否则,对于任何这种权利的主张、取得或行使,应不予承认。⑥

2. 区域活动政策

各国对于区域的一般行为,应按照本部分的规定、《联合国宪章》所载原则以及其他国际法规则,以利维护和平与安全,促进国际合作和相互了解。⑦区域内活动应按照本部分的明确规定进行,以求有助于世界经济的健全发展和国际贸易的均衡增长,并促进国际合作,以谋所有国家(特别是发展中国家)的全面发展。⑧

3. 勘探和开发制度

针对海底区域的矿物资源的勘探和开发,公约规定:区域内活动应由管理局代表人类,按照公约第 153 条、第十一部分和有关附件的其他有关规定,和管理局的规则、规章和程序,予以安排、进行和控制。区域内活动应依第 153 条第 3 款的规定:(a)由企业部进行,和(b)由缔约国或国营企业,或在缔约国担保下的具有缔约国国籍或由这类国家或国民有效控制的自然人或法人、或符合本部分和附件三规定的条件的上述各方的任何组合,与管理局以协

---

① 鲍君忠主编:《国际海事公约概论》(第二版),大连海事大学出版社 2016 年版,第 23 页。
② 高兰主编:《冷战后美日海权同盟战略:内涵、特征、影响》,上海人民出版社 2018 年版,第 50 页。
③ 《联合国海洋法公约》第 1 条。
④ 《联合国海洋法公约》第 133 条。
⑤ 《联合国海洋法公约》第 136 条。
⑥ 《联合国海洋法公约》第 137 条。
⑦ 《联合国海洋法公约》第 138 条。
⑧ 《联合国海洋法公约》第 150 条。

作方式进行。管理局为确保本部分和与其有关的附件的有关规定,管理局的规则、规章和程序,以及按照第 3 款核准的工作计划得到遵守,应对区域内活动行使必要的控制。缔约国应按照第 139 条采取一切必要措施,协助管理局确保这些规定得到遵守。管理局有权随时采取本部分所规定的任何措施,以确保本部分条款得到遵守。管理局有权检查与区域内活动有关而在区域内使用的一切设施。第 3 款所述的合同应规定期限内持续有效的保证。因此,除非按照附件三第 18 条和第 19 条的规定,不得修改、暂停或终止合同。①

4. 国家义务和损害赔偿责任

公约规定国家有遵守本公约义务和损害赔偿的责任。缔约国应有责任确保区域内活动,不论是由缔约国、国营企业或具有缔约国国籍的自然人或法人所从事者,一律依照本部分进行。国际组织对于该组织所进行的区域内活动也应有同样责任。在不妨害国际法规则和附件三第 22 条的情形下,缔约国或国际组织应对于其没有履行本部分规定的义务而造成的损害负有赔偿责任;共同进行活动的缔约国或国际组织应承担连带赔偿责任。但如缔约国已依据第 153 条第 4 款和附件三第 4 条第 4 款采取一切必要和适当措施,以确保其根据第 153 条第 2 款(b)项担保的人切实遵守规定,则该缔约国对于因这种人没有遵守本部分规定而造成的损害,应无赔偿责任。为国际组织成员的缔约国应采取适当措施确保本条对这种组织的实施。②

四、国际生物资源保护法

(一) 概述

生物资源是指"对人类具有实际或潜在用途或价值的遗传资源、生物体或其部分、生物群体或生态系统中任何其他生物组成部分"③。生物资源是人类文明发展的支柱,是生物多样性中对人类具有现实和潜在价值的基因、物种和生态系统的总称。它们是生物多样性的物质体现,是人类赖以生存的物质基础。④ 因此,为了保护生物资源,国际社会签订了大量保护生物资源的国际性和区域性条约,分别从对生物资源的生境保护、贸易控制等各方面来保护。这些国际性和区域性的条约协议构成了生物资源国际保护的基本法律依据,对保护全球的生物资源起到了重要的作用。国际生物资源保护法是国际自然资源法分支之一。其保护对象主要是那些生存流动于两国以上共有的大气、海域、河流或湖泊中的生物资源。对这些生物资源的保护在许多国际条约、区域性协定中已有规定。现有的国际生物资源条约可以分为三类,即有关保护生物资源的全球性公约,有关生物资源保护的区域性条约,有关特定类型的生物资源保护的条约和其他文件。

---

① 《联合国海洋法公约》第 153 条。
② 《联合国海洋法公约》第 139 条。
③ 《生物多样性公约》第 2 条。
④ 张维平主编:《保护生物多样性》,中国环境科学出版社 2001 年版,第 7 页。

例如,1902年签订的《保护农业益鸟公约》是这方面的第一个世界性的公约。1958年《日内瓦公海公约》规定了各国养护公海资源的措施和义务。为保护南极洲及南冰洋的生物资源,提出了《南极洲动植物保护措施》。1980年联合国颁布的《世界自然资源保护大纲》,是国际自然资源保护的纲领性文件,旨在达成生物资源的三个主要目标:保持基本的生态过程和生命维持系统;保存遗传的多样性;保证生态系统和生物物种的持续利用。较重要的国际公约还有1958年《捕鱼和养护公海生物资源公约》、1971年《关于特别是作为水禽栖息地的国际重要湿地公约》等。此外还有许多区域性协定和双边协定,如1968年《养护自然和自然资源的非洲公约》、1940年《西半球自然保护和野生生物保护公约》、1979年《保护欧洲野生生物及其自然栖息地公约》、1973年《北极熊保护协定》等。

(二) 保护生物资源的全球性公约

有关生物资源保护的全球性公约很多,其中比较典型的有以下三个:

1.《濒危野生动植物种国际贸易公约》

1973年,在美国华盛顿召开了关于缔结《濒危野生动植物种国际贸易公约》的全权代表大会,80多个国家代表出席了该会议。同年3月3日,21个国家签署了《濒危野生动植物种国际贸易公约》(又称为《华盛顿公约》)。该公约于1975年7月1日正式生效。此公约的目的是通过设计一种贸易许可证制度控制国际贸易,防止过度开发以求保护某些濒危物种。该公约共25个条款,对野生动植物种及其贸易、科学机构、管理机构等明确定义,对三个附录中的物种进出口许可、豁免作出说明,并指出缔约国应采取的措施。公约采用对不同种类的野生生物物种的国际贸易,按该物种的濒灭程度分别予以控制的办法,将濒危物种分为三类,以附录的形式列出。附录一列举的物种为所有受到和可能受到贸易的影响的而有灭绝危险的物种,如灵长类、猛禽类。附录二所列举的物种是"目前虽未濒临灭绝,但如果对其贸易不严加管理,以防止不利其生存,就可能变成有灭绝危险的物种"和"为了使附录一所列某些标本的贸易能得到有效的控制,而必须加以管理的其他物种",如黑猩猩、灰熊。附录三所列物种为"成员国认为属其管辖范围内,应进行管理以防止或限制开发利用,而需要其他成员国合作控制贸易的物种"。[①]公约对附录所列的物种的国际贸易分别规定了管制措施,并禁止违反这些措施而进行国际贸易。

2.《生物多样性公约》

《生物多样性公约》于1992年5月22日在内罗毕通过,1992年6月5日在里约热内卢联合国环境与发展大会上开放签署。该公约的目的在于保护可持续利用的生物资源和遗传资源惠益分享,是第一部保护生物遗传资源与可持续利用的全球性国际协议。它不仅包括动物、植物、微生物等所有物种及其组成的生态系统,也包括物种在生态系统中的生态过程,是迄今为止最具普遍性的全球性公约,为保护生物多样性和持续利用生物资源建立了法律框架,并于2000年1月29日通过了《生物多样性公约卡塔赫纳生物安全议定书》。该公约

---

① 《濒危物种贸易公约》第2条。

由序言、41 个条款以及 2 个附件组成,大多是就保护生物资源作总体原则性的规定,意义广泛而又深刻。[1] 公约还对有关术语、保护和利用生物多样性的基本措施、遗传资源的取得、生物技术的取得和转让、生物技术的处理及其利益的分配、资金和财务问题作出规定并设立了有关管理机构,规定了争端解决机制。

《生物多样性公约》所确立的目标是"按照本公约有关条款从事保护生物多样性,持久使用其组成部分以及公平合理分享由利用生物遗传资源而产生的惠益"。针对保护生物多样性,公约规定:(1) 每一缔约国应按照其特殊情况和能力,制定有关保护和持久使用生物多样性的国家战略、计划和方案;(2) 查明与监测对保护和持久使用生物多样性至关重要的生物多样性组成部分,查明与监测对保护和持久使用生物多样性产生或可能产生重大不利影响的过程和活动种类;(3) 就地保护,包括建立保护区系统和向发展中国家提供财务和其他支助;(4) 移地保护,并就移地保护向发展中国家提供财务和其他援助。针对生物多样性组成部分的持久使用,公约规定:在国家决策过程中考虑到生物资源的保护和持久使用;避免或尽量减少对生物多样性的不利影响,保障及鼓励那些按照传统文化管理而且符合保护或持久使用要求的生物资源习惯使用方式;[2] 在查明保护和持久使用生物多样性及其组成部分的措施方面建立和维持科技教育和培训方案;宣传公众教育,进行影响评估尽量减少不利影响,[3] 并进行信息交流和科学技术合作。[4]

3.《保护野生动物迁徙物种公约》

《保护野生动物迁徙物种公约》又称《波恩公约》,是为保护通过国家管辖边界以外野生动物中的迁徙物种而订立,并经联合国大会批准的国际公约。该公约承认种类繁多的野生动物是地球自然系统中无可代替的一部分,为了全人类的利益,必须加以保护;对迁徙物种予以定义,并且指出应被认为是有利的"保护状况"以及什么情况是"不利的",将"承认保护迁徙物种的重要性和范围国在任何可能的和适当的时候为此目的而协议采取行动,特别关注保护状况不利的迁徙物种,为保护这些物种和它们的栖息地单独或合作采取适当的和必要的步骤的重要性"作为公约的基本原则。

除以上三个公约外,还有很多其他国际公约,如《国际捕鲸管制公约》《世界保护益鸟公约》等。1981 年 4 月 8 日,《濒危野生动植物种国际贸易公约》对我国生效,这标志着我国对野生动物的保护被正式纳入世界的范畴,也表明了我国野生动植物保护管理进入了一个新的阶段。目前,除《保护野生动物迁徙物种公约》外,我国已加入了大部分的野生动物保护国际公约,并与多个国家签署了保护野生动物的多边、双边协定,我国也牵头了一些协定,为保护全球生态文明作出了重大贡献。[5]

---

① 朱源编著:《国际环境政策与治理》,中国环境出版社 2015 年版,第 1 页。
② 《生物多样性公约》第 6、7、8、9、19 条。
③ 《生物多样性公约》第 12、13、14 条。
④ 《生物多样性公约》第 17、18 条。
⑤ 邹瑜、顾明主编:《法学大辞典》,中国政法大学出版社 1991 年版,第 1668 页。

（三）保护生物资源的区域性公约

各区域都有一些保护该区域生物资源的条约,这些条约为生物资源的保护作出了巨大贡献,并为国际立法提供了法律框架,主要有:

1. 非洲

非洲地区最主要的有关生物资源保护的条约是 1968 年《养护自然和自然资源非洲公约》。此公约内容比较全面,不仅对动植物保护作了规定,还对水资源和土地资源作了规定。此外还有 1967 年《非洲植物卫生公约》、1985 年《保护、管理和开发东非地区沿海和海洋环境的内罗毕公约》和《关于东非区域保护区和野生动植物的内罗毕议定书》。

2. 美洲和加勒比地区

在美洲和加勒比地区,有关生物资源保护的条约主要有 1940 年《西半球自然和野生生物保护公约》、1983 年《保护和开发泛加勒比地区海洋环境公约》等。

3. 南太平洋地区

南太平洋地区有关生物资源保护的条约主要有 1976 年《南太平洋自然保护公约》和 1986 年《南太平洋地区自然资源和环境保护公约》。

4. 欧洲

欧洲地区有关生物资源保护的条约很多,主要有 1970 年《鸟类狩猎和保护比荷卢公约》、1979 年《养护欧洲野生生物和自然生境公约》、1982 年《荷比卢自然养护和风景保护公约》、1992 年《养护波罗的海和北海小鲸类协议》等。

5. 亚洲

亚洲有关保护生物资源的条约主要有 1956 年《东南亚和太平洋区域植物保护协定》、1981 年《中华人民共和国政府和日本国政府保护候鸟及其栖息环境协定》等。

（四）保护特定类型的生物资源的条约

除了以上这些条约外,还有一些保护特定类型的生物资源的条约。现将重要的条约列举如下:(1) 植物:《国际植物保护公约》(1951 年)、《国际植物新品种保护公约》(1978 年)、《粮食和农业植物遗传资源国际条约》(2001 年);(2) 鸟类:《候鸟条约》(1916 年)、《保护对农业有益鸟类公约》(1933 年)、《候鸟条约法案》(1936 年)、《国际鸟类保护公约》(1950 年);(3) 鲸类:《国际捕鲸管制公约》(1946 年);(4) 海豹:《保护北太平洋海豹临时公约》(1957 年)、《南极海豹保护公约》(1972 年)、《瓦登海海豹协定》(1990 年)[①];(5) 北极熊:《北极熊保护协定》(1973 年);(6) 羊驼:《小羊驼保护和管理国际公约》(1979 年);(7) 海龟:《美洲保护和养护海龟公约》(1996 年);(8) 鱼类:《东北大西洋渔业公约》(1959 年)、《养护大西洋金枪鱼国际公约》(1966 年)、《北大西洋鲑鱼保护公约》(1983 年)、《太平洋鲑鱼条约》(1985 年)等。

---

① 《瓦登海海豹协定》是在联合国《野生动物迁徙物种保护公约》(CMS)的框架下达成的第一个地区性协议。

五、国际森林资源保护法

（一）概述

森林资源对于发展全球环境保护至关重要。合理使用森林资源，可以创造就业机会，有助于减少贫困，还可以生产很多有价值的森林产品。保护全球森林资源十分重要，一些国际组织和会议中都把对全球森林资源的保护提上议程，并成立了专门的国际组织。世界各国也开始建立自然保护区、国家公园来保护森林资源。

在国际上，有关森林资源保护的重要会议是1992年的环境与发展大会，它的主要议题之一就是森林保护，并通过了《关于森林问题的原则声明》。《关于森林问题的原则声明》在原则2（B）款规定：森林资源和森林土地应以可持续的方式管理，以满足这一代人和子孙后代在社会、经济、文化和精神方面的需要。这些需要是森林产品和服务，例如木材和木材产品、水、粮食、饲料、医药、燃料、住宿、就业、娱乐、野生动物住区、风景多样性、碳的汇和库以及其他森林产品。应采取措施来保护森林，使其免受污染的有害影响，包括空气污染、火灾、虫害和疾病，以便保持它们全部的多种价值。同时在《21世纪议程》中强调关于以有益于生态的方式管理、保护和开发所有类型的森林。有关森林资源保护的专门性国际组织是森林管理委员会和政府间森林论坛。森林管理委员会成立于1993年，它支持环境方面合适的对社会有益同时又是经济上可行的世界森林资源管理，采用国际森林产品认证制度，为来自管理良好的森林的产品提供可靠担保。政府间森林论坛是为保护森林生态系统于1997年开始启动的，它在联合国专门机构发起了森林保护规划、寻求资金、促进对各种森林的不同保护，还把森林贸易和环境问题纳入考虑议题中。[①] 虽然在森林保护方面国际社会进行了积极的合作，但签订的相关条约却很少。主要有《国际热带木材协定》和《关于森林问题的原则声明》这两个条约。

（二）保护森林资源的全球性公约

1.《国际热带木材协定》

《国际热带木材协定》是1983年11月18日在日内瓦签订的，它代表着全球90%的热带木材以及主要的木材生产者和消费者，为了实现联合国贸易和发展会议关于商品综合方案的第93（Ⅳ）号和第124（Ⅴ）号决议的有关目标，为解决热带木材经济所面临的各种问题而为热带木材生产国和消费国之间的合作建立了一个法律框架。全球51个国家于1994年1月26日签订了新的《国际热带木材协定》，取代了1983年《国际热带木材协定》。

《国际热带木材协定》的主要目标是：提供有效的与世界木材经济方面有关的磋商、国际合作和政策发展的框架；通过磋商论坛促进正常的木材贸易活动；致力于可持续发展进程；实施提高成员供应能力战略；在2000年前获得可持续的能管理的资源以开展热带木材

---

① 林灿铃主编：《国际环境法》，人民出版社2004年版，第402页。

及其产品的出口;促进国际热带木材贸易的扩展和多元化;促进和支持木材方面的研究和开发;提高木材市场信息的充分性;促进在生产成员内热带木材及其产品进出口;促进国际热带木材贸易的扩展和多元化;促进和支持木材方面的研究和开发;促进在生产成员内热带木材的深加工;鼓励成员方支持和开展热带木材森林的再造、森林管理活动以及恢复退化的森林土地;提高热带木材从可持续有管理的资源中出口的营销与分销水平;促进木材加工技术的获得、交换和技术合作;鼓励分享国际木材市场的信息等。[1]

2.《关于森林问题的原则声明》

1992年在巴西里约热内卢举办的联合国环境与发展大会,通过了《关于森林问题的原则声明》。同年,第四十七届联合国大会通过决议,表示赞同该声明。该声明确认了各国对其森林资源所拥有的主权,并就有关森林管理、维护和持续发展,以及森林方面的国际合作与林业产品的贸易等,制定了一系列基本原则。[2]该声明包括一个序言和15条原则要点,这些原则的指导目标是促进森林的管理、保存和可持续开发,并使它们具有多种多样和互相配合的功能和用途。[3]该声明虽无法律约束力,但为各国保护和合理利用森林资源的实践提出了指导原则。

(三)保护森林资源的区域性条约

在保护森林资源方面,1989年12月15日签订的第四个《洛美协定》强调了砍伐森林的危害,呼吁缔约国遏止土地和森林资源的恶化,并建议扩大农业森林系统和制定森林管理计划。2001年7月16日至18日,"亚欧森林保护与可持续发展国际研讨会"在中国贵阳举行。各方围绕森林保护与可持续发展的有关政策、技术问题开展了广泛交流和研讨,并通过了《贵阳宣言》。此宣言对亚欧森林保护具有实质的意义,加强了亚欧国家之间森林与可持续发展长期科技合作,促进了生态建设和环境建设。[4]

六、国际海洋资源保护法

(一)《联合国海洋法公约》

如前所述,《联合国海洋法公约》首次为科学管理海洋资源及为后代子孙保护海洋资源提供了一个通用的法律框架。该公约作为自1945年《联合国宪章》被批准以来最重要的国际成就而受到广泛欢迎。我国于1996年6月7日批准加入《联合国海洋法公约》。《联合国海洋法公约》是一部规模宏大的海洋法典,内容涉及海洋法的各个主要方面。

1994年11月16日《联合国海洋法公约》正式生效之前,联合国大会于同年7月制定

---

① 刘德标、祖月主编:《国际经贸组织条约惯例手册》,中国商务出版社2005年版,第175—176页。
② 计翔翔主编:《联合国知识词典》,杭州出版社2000年版,第255页。
③ 杨宇光主编:《联合国辞典》,黑龙江人民出版社1998年版,第213页。
④ 林灿铃主编:《国际环境法》,人民出版社2004年版,第402页。

通过了《关于执行〈联合国海洋法公约〉第十一部分的协定》,形成了对《联合国海洋法公约》之第十一部分的根本性修改。该协定的订立实质上构成了对国际海洋法中国际海底区域制度的新发展。《联合国海洋法公约》第十一部分对适用于国际海底区域的原则、区域内资源的开发、国际海底管理局的机构及其职能等作了详细的规定。

《联合国海洋法公约》首先确认了"区域"及其资源是人类的共同继承财产的原则,并根据这一总原则,规定了适用于"区域"的五项具体原则:(1) 不应将"区域"及其资源为己有的原则;(2) 对"区域"及其资源实行国际管理的原则;(3) "区域"内的活动为全人类的利益而进行和公平分配经济利益的原则;(4) 和平利用"区域"的原则;(5) 保护海洋环境的原则。

《联合国海洋法公约》规定设立国际海底管理局,负责对"区域"内的活动的组织和控制,特别是对于"区域"资源的管理。按照公约的规定,管理局下设以下几个机构:大会、理事会、秘书处和企业部。大会由全体成员国参加,是管理局的最高机关。理事会是管理局的执行机关,主要是监督和协调《联合国海洋法公约》规定的关于管理局职权范围内所有事项的实施。理事会的表决程序采取了实质性问题的三级表决制,这一制度在国际机构的表决制度中被认为是独一无二的。企业部分管勘探和开发活动事宜,内设董事会负责其业务的指导。

(二)《防止倾倒废物及其他物质污染海洋的公约》

《防止倾倒废物及其他物质污染海洋的公约》,即通常所说的《海洋倾废公约》,于1972年12月29日通过,1975年8月30日生效,后经1978年和1980年两次修改。该公约于1985年11月21日对我国生效。《海洋倾废公约》的宗旨是为控制因倾弃而导致的海洋污染并鼓励签订该公约的区域协定。《海洋倾废公约》的主要内容有[1]:条约适用于所有海洋以及船只、飞机等正常操作之外的一切有意倾弃废物;禁止倾弃"附件一"所列的物质,"附件二"所列的只有得到特别许可后才能准许,而"附件三"所列的只有得到普通许可后才能容许倾弃;只有在特殊情况下才容许例外;缔约国将设立主管当局来发给许可证,保存记录和监测海洋情况;缔约国对所有国籍船只和飞机,以及在其领土领海内装载货物的船只和飞机都有权执行措施;缔约国将鼓励制定措施以防止碳氢化合物、倾弃方式以外所运输的其他物质和船只操作期间所产生的废物等,以及放射性污染物及因勘探海床而产生的物质的污染。[2]

(三)《国际防止船舶造成污染公约》

1973年,71个国家的代表和7个国家的观察员在伦敦签订了《国际防止船舶造成污染公约》。该公约共有20条正文、2个议定书和5个附则,其目的是彻底消除有意排放油类和其他有害物质而污染海洋环境并将此物质的意外排放量减至最低限度。1978年,国际油

---

① 鲍君忠主编:《国际海事公约概论》(第二版),大连海事大学出版社2016年版,第23页。
② 黄志、李永峰、丁容主编:《环境法学》,哈尔滨工业大学出版社2015年版,第16页。

轮安全和防治污染会议上通过了《关于 1973 年国际防止船舶造成污染公约的 1978 年议定书》，该议定书与 1973 年公约合称《73/78 国际防止船舶造成污染公约》，于 1983 年生效。[①]

七、国际文化和自然遗产保护法

(一) 概述

人类社会在发展过程中留下了许多价值不可估量的人文遗迹，主要是指从历史学、艺术学、文学或科学等角度看，具有突出普遍价值的文化、古建筑群和名胜。地球经过亿万年的漫长演化过程形成了大量珍贵的自然奇特景观、动植物物种和天然名胜等自然遗迹，主要是指从美学、科学或保存的角度来看，具有突出普遍价值的自然景观、濒危动植物生物区和天然名胜区。世界自然遗产和文化遗产不仅是它们所在国的也是全人类的宝贵财产，不仅是当代人的也是后代人的，它们对人类社会的发展具有非常重要的意义。然而，由于缺乏有效的保护，一些世界自然文化古迹有毁掉的危险，独特的古建筑群也因各种原因失修或造成破坏，珍贵文物严重流失。为了保护这些宝贵的人类财产，国际社会不断加强合作，签订了一些全球性的和区域性的保护文化和自然遗产的公约。

(二) 保护文化和自然遗产的全球性公约

保护文化和自然遗产的全球性公约主要有两个：一是 1970 年在巴黎签订的《关于禁止和防止非法进出口文化财产和非法转让其所有权的方法的公约》；二是 1972 年在巴黎签订的《保护世界文化和自然遗产公约》(以下简称《世界遗产公约》)。其中，《世界遗产公约》是一个重要的国际性立法，自诞生以来对世界文化和自然遗产的保护作出了巨大的贡献。

《世界遗产公约》主要规定了文化遗产和自然遗产的定义、文化和自然遗产的国家保护和国际保护措施等条款。公约规定各缔约国可自行确定本国领土内的文化和自然遗产，并向世界遗产委员会递交其遗产清单，由世界遗产大会审核和批准。凡是被列入世界文化和自然遗产的地点，都由其所在国家依法严格予以保护。[②]《世界遗产公约》的宗旨是保护具有"著名国际价值"的文化和自然地带，为国际社会集体保护具有重大价值的文化遗产和自然遗产建立一个长久性的有效制度。这个制度的性质是通过提供集体援助来参与保护具有突出普遍价值的文化遗产和自然遗产，并为此设立了"世界遗产委员会"，建立有助于实现宗旨的"保护世界文化和自然遗产基金会"，颁布了《世界遗产目录》和《处于危险的世界遗产目录》。

《世界遗产公约》规定，确定保存、保护具有重大价值的文化遗产和自然遗产，首先应发挥各缔约国本国的作用，缔约国应尽力做到：(1) 制定一项把遗产保护工作纳入全国规划纲要的总政策；(2) 如本国尚未建立负责文化遗产和自然遗产的保护、保存和展出机构，则建立

---

① 蔡守秋主编：《环境法教程》，法律出版社 1995 年版，第 311 页。
② 新华网记者：《保护世界文化和自然遗产公约》，载中华人民共和国中央人民政府网。

一个或几个此类机构,配备适当的工作人员和为履行其职能所需的手段;(3) 发展科学和科学研究,并制订出能够抵抗威胁本国文化或自然遗产的危险的实际方法;(4) 采取为确定、保护、保存、展出和恢复这类遗产所需的适当的法律、科学、技术、行政和财政措施;(5) 促进建立或发展有关保护、保存和展出文化和自然遗产的国家或地区培训中心,并鼓励这方面的科学研究;①(6) 通过宣传和教育计划,使公民增强对文化遗产和自然遗产的鉴赏和尊重。

关于文化遗产和自然遗产的所有权等,公约明确规定,缔约国在充分尊重"文化和自然遗产的所在国的主权,并不使国家立法规定的财产权受到损害的同时,承认这类遗产是世界遗产的一部分,因此,整个国际社会有责任合作予以保护"。各缔约国不得故意采取任何可能直接或间接损害本公约领土内的文化和自然遗产的措施。另外,列入世界文化遗产的条件包括具有突出普遍价值、有充足的法律依据、历史比较久远、现状保护较好。

同时,《世界遗产公约》还规定了整个国际社会有责任进行合作,并规定了国际援助的程序。②按照公约的规定,缔约国可以提出申请,要求将本国的若干文化和自然遗产列入《世界遗产目录》,并据以申请公约规定的经济和技术援助,使之受到国际性的保护。③根据公约的规定,世界遗产委员会设立濒危世界遗产名录。列入濒危世界遗产名录的遗产首先要具备世界遗产的资格,同时面临被毁坏的危险。这些危险包括蜕变加剧、大规模公共或私人工程的威胁、城市或旅游业迅速发展带来的破坏、未知原因造成的重大变化、随意摈弃、武装冲突的爆发或威胁、火灾、地震、山崩、火山爆发、水位变动、洪水、海啸等。在紧急情况下,世界遗产委员会可以在任何时候把面临上述危险的遗产列入濒危遗产名录。有濒危遗产的国家、世界遗产委员会成员或世界遗产委员会世界遗产中心可以提出对濒危遗产的援助申请。

2004 年 7 月 7 日,第 28 届世界遗产委员会会议通过"苏州决定",将《世界遗产公约》缔约国原先每年只能申报一项世界遗产的"凯恩斯决定"修改为:从 2006 年起,一个缔约国每年可至多申报两项世界遗产,其中至少有一项是自然遗产。《世界遗产公约》是目前加入缔约国最多的国际公约之一。中国于 1985 年加入《世界遗产公约》。

(三) 保护文化和自然遗产的区域性公约

欧洲,法国、希腊、比利时等国家于 1969 年在伦敦签订了《保护考古遗产欧洲公约》。该公约的宗旨是将严格的科学方法应用于考古研究和发现,防止非法发掘,通过教育给予考古发掘以完整的意义。该公约的主要内容包括缔约国应划定并保护有考古价值的地点地区;缔约国应禁止非法发掘,而交由合格人员进行发掘,并确保对考古发现的管制和保护;缔约国应就公有——可能时包括私藏——古物建立全国登记和科学记录;为科学、文化和教育目的,促进古物的巡回展览。

在美洲,哥斯达黎加、巴拿马等国家于 1976 年在圣地亚哥签订了《保护美洲国家考古、历史和艺术遗产公约》。该公约的宗旨是:在国家和国际各级采取步骤,以便有效保护文化

---

① 《保护世界文化和自然遗产公约》第 5 条。
② 《保护世界文化和自然遗产公约》第 19—26 条。
③ 《保护世界文化和自然遗产公约》第 11 条。

宝库,并履行将这些文化遗产转交给后代子孙的义务。该公约的主要内容是:文化遗产的鉴定、登记、保护和保管以防止其非法输出和输入,并增进对文化遗产的了解和鉴赏;缔约国采取国内措施来进行这一类文化遗产的收藏登记,并对这类遗产的买卖进行登记,禁止在没有适当授权的情况下从其他国家输入这类遗产;缔约国应防止文化遗产的非法输出和输入,并应将这类非法转移的遗产交还其原属国家;缔约国在文化遗产的流通、交换和展览方面进行合作,并应交换这类遗产的资料,在考古学的发掘和发现方面进行合作。

案例研习

自测习题

第十六章

自然资源纠纷解决机制

导语　　自然资源纠纷是指自然人或法人在占有、使用、收益、处分天然存在的自然资源过程中引发的纠纷。较之传统的合同纠纷、侵权纠纷,自然资源纠纷具有产生的必然性、呈现的破坏性与解决的复杂性三方面的特征。本章的主要内容为:(1) 自然资源纠纷的形态;(2) 自然资源纠纷解决的举措。本章重点难点为:环境资源民事公益诉讼与环境资源行政公益诉讼,通过国际条约化解资源利用争端的解决机制。

第一节　自然资源纠纷的形态

一、自然资源纠纷的概念

根据《现代汉语词典》的界定,纠纷是指"争执的事情"。[①] 根据《辞海》的界定,自然资源是指"天然存在的并有利用价值的自然物,如土地、矿藏、气候、水利、生物、森林、海洋、太阳能等资源"[②]。《现代汉语词典》并未对自然资源进行界定,与之密切关联的是自然物,其对自然物的界定是"天然存在,没经过人类加工的东西,如禽兽、虫鱼、草木、矿物等"[③]。由此可见,自然资源与自然资源加工的产品是不同的类别。例如,天然的水在湖泊中属于"水资源",而被加工灌装在矿泉水瓶中则变成"水产品"。因此,对于各种自然资源经过加工之后变成商品所引发的纠纷,不属于自然资源纠纷。例如,商品房纠纷不属于自然资源纠纷,而商品房所附着的土地使用权出让纠纷一般构成自然资源纠纷。自然资源纠纷的形态众多,例如,自然资源权属争议被界定为"因自然资源所有权、使用权权属界限不明确而引起的争议"。[④] 自然资源利用冲突被界定为"在开发、利用、保护、管理自然资源的社会经济活动中

---

① 中国社会科学院语言研究所词典编辑室编:《现代汉语词典》,商务印书馆 2012 年版,第 693 页。
② 夏征农、陈至立主编:《辞海》,上海辞书出版社 2009 年版,第 3066 页。
③ 中国社会科学院语言研究所词典编辑室编:《现代汉语词典》,商务印书馆 2012 年版,第 1727 页。
④ 蒋伟龙:《论自然资源权属争议解决机制》,载《中国地质大学学报(社会科学版)》2015 年第 6 期,第 61—67 页。

发生的冲突"①。考虑到权属争议仅是自然资源纠纷的一种典型形态,还存在其他类型的争议,本书认为,自然资源纠纷是指自然人或法人在占有、使用、收益、处分天然存在的自然资源过程中引发的纠纷。

二、自然资源纠纷的形态

根据自然资源的类型不同,自然资源纠纷可以分为水资源纠纷、土地资源纠纷、森林资源纠纷、草原资源纠纷、野生动植物资源纠纷、可再生能源纠纷、海域使用权纠纷、探矿权纠纷、采矿权纠纷、养殖权纠纷、捕捞权纠纷等形态。例如,水资源纠纷中的水量分配纠纷,土地资源纠纷中的农村土地承包经营权纠纷,森林、草原资源中的权属争议纠纷,可再生能源纠纷中的可再生能源设施占地纠纷等,均是比较常见的纠纷形态。

根据自然资源纠纷涉及的范围不同,自然资源纠纷可以分为国内自然资源纠纷、国际自然资源纠纷。例如,国际河流上下游国家对于水量分配的纠纷、争议海域海洋渔业资源的捕捞权纠纷、福岛核废水排放方案引发的国际纠纷等。

根据自然资源纠纷主体的不同,自然资源纠纷可以分为私主体间的自然资源纠纷、私主体与政府之间的自然资源纠纷、政府间的自然资源纠纷。例如,县级政府间对辖区土地资源的划界纠纷、村民对各自土地承包经营权的范围纠纷、私主体与政府之间对资源确权产生的纠纷等。

根据自然资源纠纷的内容不同,自然资源纠纷可以分为所有权纠纷、占有权纠纷、使用权纠纷、收益权纠纷、处分权纠纷、环境污染或生态破坏纠纷等。例如,矿业权纠纷就属于自然资源纠纷中以用益物权为内核的争议,矿业权纠纷内部又可以区分为矿业权合同纠纷和矿业权侵权纠纷,前者包括矿业权转让、租赁、承包、抵押等合同纠纷,后者包括探矿权侵权纠纷、采矿权侵权纠纷和矿产资源个人所有权侵权纠纷。② 环境污染或生态破坏纠纷包括违法排污引发的环境污染纠纷、矿业权开发中的土地损毁纠纷等。③

根据自然资源纠纷法律责任性质的不同,自然资源纠纷可以分为自然资源民事纠纷、行政纠纷与刑事纠纷。其中,自然资源民事纠纷是主要类型,行政纠纷主要集中于行政处罚和行政确认中,刑事纠纷则主要集中在非法采矿罪、破坏性采矿罪等资源开采领域。

三、自然资源纠纷的特殊性

相较于常态化的债权、侵权等纠纷,自然资源纠纷具有以下一些特征。

---

① 奉晓政:《资源利用冲突解决机制研究》,载《资源科学》2008年第4期,第540—545页。

② 张忠民:《矿业权纠纷司法救济的学理与裁判》,载《求索》2019年第4期,第113—127页。

③ 刘超:《矿产资源开发中土地损毁法律治理模式探究》,载《暨南学报(哲学社会科学版)》2018年第8期,第50—62页。

其一,自然资源纠纷产生的必然性。根据《中国自然保护纲要》的界定,在一定的技术经济条件下,自然界中对人类有用的一切物质和能量都称为自然资源。"对人类有用"是自然资源较之于其他自然物的重要特征。虽然随着人类科学技术的进步,诸多原本不属于自然资源的自然物被逐步纳入自然资源的范畴,如气候资源、太阳能资源、核能资源等,但是迄今为止,资源仍然是人类赖以生存与可持续发展的物质基础。一方面,绝大部分自然资源,如石油、天然气、煤炭等,在特定时间段的总量是有限的;另一方面,随着人口的增加与消费主义盛行,人们对资源及资源加工后的产品的需求是无限的。此时就存在一个资源有限性和需求不断增长的矛盾。[①] 因此从某种程度上来说,自然资源纠纷的产生具有必然性、长久性,甚至可以认为自然资源纠纷是社会生活无法克服的常态现象。[②]

其二,自然资源纠纷呈现的破坏性。与生活中常见的合同纠纷、交通事故纠纷等常态性纠纷相比,自然资源纠纷呈现出极强的破坏性。一方面,自然资源纠纷的参与人数一般较多。例如,农村土地征用或城市拆迁引发的纠纷,不同区域为获取水量、水能、水环境容量而产生的水事纠纷,环境污染等危害不特定多数人引发的纠纷,自然保护地与周边社区的纠纷等,[③] 纠纷的一方或多方存在多个主体,且具有一定的组织性。另一方面,自然资源纠纷呈现的方式日趋激烈,处理不当极易酿成重大社会事件。

其三,自然资源纠纷解决的复杂性。主要表现在:首先,自然资源的所有制不同,我国对于自然资源的所有权根据种类的不同作了区分,如矿产、水资源、野生动植物、海域等自然资源属于国家所有,而土地、森林、草原等自然资源根据分布区域的不同,可以表现为国家所有或集体所有,其中的林木、牧草等还可以基于法律的规定而实现个人所有。其次,由于自然资源国家所有权制度的确立,为了激活自然资源的使用效率,在自然资源国家所有权的基础上还形成了形式多样的使用权,如农村土地承包经营权,为了盘活大批被撂荒的土地,在农村土地承包权内部又延伸出经营权,由此造成同一自然资源之上权利的叠加,其纠纷解决需要考量的因素也更多。最后,基于历史遗留的原因,诸多自然资源的产权界定不清。[④] 自然资源纠纷的类型庞杂、解决程序多元、牵涉利益众多,造成自然资源纠纷解决时间更长、成本更高,而且由于历史遗留问题等因素的影响,当事人难以在诉讼等纠纷解决程序中服判息诉,[⑤] 提起上诉和申请再审的频率高,影响社会和谐稳定发展,难以从根本上解决争议问题。

---

① 奉晓政:《资源利用冲突解决机制研究》,载《资源科学》2008 年第 4 期,第 540—545 页。
② 顾培东:《试论我国社会中非常规性纠纷的解决机制》,载《中国法》2007 年第 3 期,第 3—19 页。
③ 方言、吴静:《中国国家公园的土地权属与人地关系研究》,载《旅游科学》2017 年第 3 期,第 14—23 页。
④ 蒋伟龙:《论自然资源权属争议解决机制》,载《中国地质大学学报(社会科学版)》2015 年第 6 期,第 61—67 页。
⑤ 张忠民:《矿业权纠纷司法救济的学理与裁判》,载《求索》2019 年第 4 期,第 113—127 页。

第二节　自然资源纠纷解决的举措

为化解自然资源纠纷,我国既有专门性的纠纷解决法律文件,也存在涵盖自然资源纠纷解决机制的综合性法律文件。专门性的自然资源纠纷解决法律最为典型的是《农村土地承包经营纠纷调解仲裁法》,为细化实施该法,农业农村部办公厅颁布了《农村土地承包经营纠纷调解仲裁工作规范》。综合性的自然资源法律,如《水法》《湿地保护法》《长江保护法》《黄河保护法》《生物安全法》《草原法》《森林法》《土地管理法》《矿产资源法》《海岛保护法》《深海海底区域资源勘探开发法》《野生动物保护法》《可再生能源法》《煤炭法》《海域使用管理法》等法律文件,其中也包含诸多自然资源纠纷解决条款。司法解释也是解决自然资源纠纷的重要法律渊源,如《最高人民法院关于审理矿业权纠纷案件适用法律若干问题的解释》《最高人民法院关于审理森林资源民事纠纷案件适用法律若干问题的解释》等。最高人民法院发布的诸多答复等司法解释性质文件,如《最高人民法院行政审判庭关于流经集体土地的水流或水资源权属问题的答复》等,也是指导诉讼解决机制顺畅运行的重要渊源。国务院出台的诸多自然资源类行政法规,如《对外合作开采海洋石油资源条例》《濒危野生动植物进出口管理条例》也构成自然资源纠纷解决的重要规范依据。概括而言,国内自然资源纠纷的解决机制大致可以分为四类:(1) 自行处理,包括协商、调解;(2) 行政处理,包括行政调解、行政裁决和行政复议;(3) 仲裁;(4) 司法处理,包括民事、行政和刑事诉讼。[①] 本文将前三种纠纷解决机制概称为非诉解决机制,将第四种纠纷解决机制概称为诉讼解决机制。

一、非诉解决机制

(一)自行处理

自行处理可以分为协商和非政府第三方的调解,由于非政府第三方的调解缺乏法律效力,争议的解决仍然以双方当事人的肯认为前提,因此非政府第三方调解实际上也是当事人协商的一种途径。协商被认为是"最为平和的资源利用冲突解决手段",是纠纷当事人在自愿的前提下依靠自身力量解决资源利用纠纷,维护自身权益。[②] 这一解决方案广泛存在于我国的自然资源类法律中。例如,《水法》第56、57条规定,不同行政区域之间以及单位之间、个人之间、单位与个人之间发生水事纠纷,应当协商解决;《草原法》第16条规定,草原所有权、使用权争议,由当事人协商解决;《矿产资源法》第49条、《海域使用管理法》第31条等

---

① 蒋伟龙:《论自然资源权属争议解决机制》,载《中国地质大学学报(社会科学版)》2015年第6期,第61—67页。
② 奉晓政:《资源利用冲突解决机制研究》,载《资源科学》2008年第4期,第540—545页。

也有类似的规定。可见,基于协商解决所具有的巨大成本优势,是当前资源法采用的首要纠纷解决方式,其特点是平和、快速,但是也存在无强制力、难以达成妥协、容易反复等弊端。

(二) 行政处理

1. 行政调解

自然资源纠纷的行政调解是指行政主管部门按照有关法律规定,以第三人的身份居间对自然资源纠纷的双方当事人进行调解的活动。[①] 因为政府及其部门作为第三人的介入,较之于自行处理,行政调解是更加具有公信力和刚性的纠纷解决策略。《森林法》第 22 条规定,个人之间、个人与单位之间及单位之间发生的林木所有权和林地使用权争议,由乡镇以上人民政府依法处理。《矿产资源法》第 49 条规定,矿山企业之间的矿区范围等争议协商不成的,由有关县级以上人民政府处理。《草原法》第 16 条规定,草原所有权、使用权争议协商不成的,由有关人民政府处理。上述资源法律对于自然资源纠纷的解决策略均是协商不成的由政府处理。那么,处理的性质是什么呢? 根据《海域使用管理法》第 31 条的规定,海域使用权争议协商不成的,由县级以上人民政府海洋行政主管部门调解。那么此处的行政调解和上文的政府处理是何关系呢? 根据当前的主流观点,自然资源纠纷的政府处理属于行政调解,因不具有法律效力而属于不可诉行为。[②] 这在《全国人民代表大会常务委员会法制工作委员会关于正确理解和执行〈环境保护法〉第四十一条第二款的答复》中亦得到证实,回复指出,对上述纠纷的处理属于行政机关居间对当事人之间的资源争议的调解处理,因此,不服该调解仅能向对方当事人提起民事诉讼,而不能向行政机关提起行政诉讼。可见,调解与协商最大的不同在于引进了中立的第三方——调解人,调解人在争执双方间沟通信息,摆事实讲道理,促成双方相互谅解、妥协,但是调解人,即使是政府或其部门充当调解人,也无权强加某种观念给争议双方,只是起到调停者、中间人或事实发现者的作用。因此,行政调解基于其简便、快捷、友善、自主、手段多样、自愿履行、成本低廉等优点,在“和为贵”的中华法文化中占有重要地位,也被西方学者誉为“东方经验”。但是即使有政府或其职能部门充当调解人,行政调解也仍然存在公正性不能完全保证、和谈效果存疑等弊病。[③]因此,有学者指出,纠纷解决应区分公益和私益,协商、调解等解决途径只能适用于私益纠纷,而不能介入生态环境损害等公益维护领域。[④]

2. 行政裁决

自然资源纠纷的行政裁决是指行政主管部门根据当事人的申请,依照有关法律法规授权,居中对与行政管理活动密切相关的民事纠纷进行裁处的行为。与行政调解不同,行政裁决具有主体专门化、裁决专业化、程序司法化等特点,具有准司法的性质,[⑤] 无论当事人是否

[①] 崔凤友、柏杨:《环境纠纷的行政处理机制探析》,载《学术交流》2004 年第 6 期,第 36—38 页。

[②] 崔凤友、柏杨:《环境纠纷的行政处理机制探析》,载《学术交流》2004 年第 6 期,第 36—38 页;宋宗宇:《环境纠纷行政处理机制研究》,载《科技进步与对策》2006 年第 5 期,第 23—25 页。

[③] 奉晓政:《资源利用冲突解决机制研究》,载《资源科学》2008 年第 4 期,第 540—545 页。

[④] 吴昂:《论生态环境法典编纂中纠纷解决机制的构建》,载《中国法律评论》2022 年第 2 期,第 50—59 页。

[⑤] 奉晓政:《资源利用冲突解决机制研究》,载《资源科学》2008 年第 4 期,第 540—545 页。

接受,都不影响自然资源行政裁决的成立和实施,也不影响其应有的法律效力。[①] 行政裁决属于具体行政行为的范畴,不服行政裁决可以以裁决机关为被告提起行政诉讼。[②] 如《水法》第56条规定,不同行政区域间的水事纠纷协商不成的,由上级人民政府裁决,有关各方必须遵照执行。《土地管理法》第14条亦规定,土地所有权和使用权争议协商不成的,由人民政府处理,当事人对有关人民政府处理决定不服的,可以向人民法院起诉。之所以强制性规定自然资源权属等争议必须由政府介入,对政府处置不服的才能提起诉讼,是因为资源权属争议的根本解决,需要查明资源权属的初始登记,而此方面法院并不擅长,政府则掌握有行政区划、资源权属的诸多历史材料,因此更适宜对相关争议做根本性且有说服力的解决。[③] 鉴于行政裁决具有效率高、成本低、专业性强、程序简便的特征,中共中央办公厅、国务院办公厅发布《关于健全行政裁决制度加强行政裁决工作的意见》,要求发挥行政裁决促成矛盾纠纷快速解决的优势,发挥其化解民事纠纷的"分流阀"作用。

3. 行政复议

自然资源纠纷的行政复议是指行政相对人认为行政机关作出的涉及自然资源权属等具体行政行为侵犯其合法权益,按照法定程序向复议机关申请对行政行为的合法性、适当性进行审查,由复议机关作出行政复议决定的一种行政机关内部的纠纷解决制度。《行政复议法》第11条规定了可以依法申请行政复议的15种具体情形,直接涉及自然资源纠纷行政复议的共3种,分别是第4项规定的"对行政机关作出的确认自然资源的所有权或者使用权的决定不服",第8项规定的"认为行政机关侵犯其经营自主权或者农村土地承包经营权、农村土地经营权",以及第13项规定的"认为行政机关不依法订立、不依法履行、未按照约定履行或者违法变更、解除政府特许经营协议、土地房屋征收补偿协议等行政协议"三种情形。根据《行政复议法》第19条的规定,行政复议的被申请人一般是作出行政行为的机关或者法律、法规、规章授权的组织。两个以上行政机关以共同的名义作出同一行政行为的,则共同作出行政行为的行政机关均是被申请人。当行政行为由受委托的组织作出,则委托的行政机关是被申请人。《行政复议法》第24条改变了以往由各级人民政府工作部门履行行政复议职责的规定,除海关、金融、外汇管理等实行垂直领导的行政机关、税务和国家安全机关保留行政复议职责外,一般的行政复议均由县级以上人民政府统一行使行政复议职责。行政复议的提起时间一般为自知道或者应当知道该行政行为之日起60日内,但是法律规定申请期限超过60日的除外。行政复议机关可以维持、变更、撤销、部分撤销原行政行为,或者确认原行政行为违法或无效。一般而言,在解决行政争议上,行政复议属于与行政诉讼并行不悖的手段,但是在一些特殊场合,有"复议前置"的要求。例如《行政复议法》第23条就规定,"对行政机关作出的侵犯其已经依法取得的自然资源的所有权或者使用权的决定不服"的,申请人应当先申请行政复议,对行政复议决定不服的,才可以再提起行政

① 宋宗宇:《环境纠纷行政处理机制研究》,载《科技进步与对策》,2006年第5期,第23—25页。
② 崔凤友、柏杨:《环境纠纷的行政处理机制探析》,载《学术交流》2004年第6期,第36—38页。
③ 蒋伟龙:《论自然资源权属争议解决机制》,载《中国地质大学学报(社会科学版)》2015年第6期,第61—67页。

诉讼。

（三）仲裁

《仲裁法》第2条规定，平等主体的公民、法人和其他组织之间发生的合同纠纷和其他财产权益纠纷，可以仲裁。第3条进一步规定，依法应当由行政机关处理的行政争议不能仲裁。理论界普遍认为，第2条中的"其他财产权益"不包括环境资源纠纷。① 但是也有论者认为，仲裁机制具有经济、便捷等优势，也比协商和调解具有更高的权威性和公正性，且仲裁书具备与法院生效裁判同样的强制执行力，因此仲裁应当成为解决环境资源民事纠纷的重要手段。② 我国比较成熟的自然资源仲裁解决机制，是《农村土地承包经营纠纷调解仲裁法》确立的土地承包经营纠纷的调解仲裁制度。依据《农村土地承包经营纠纷调解仲裁法》的规定，仲裁适用于农村土地承包合同相关的纠纷，但是征收集体所有的土地及其补偿所发生的纠纷不属于农村土地承包仲裁委员会的受理范围。农村土地承包仲裁委员会在当地人民政府指导下设立。农村土地承包仲裁委员会应当在从事农村土地承包管理工作满5年，或从事法律工作满5年或在当地威信较高并熟悉相关法律及国家政策的居民中聘任仲裁员。农村土地承包经营纠纷仲裁应当开庭进行。当事人不服仲裁裁决的，可以自收到裁决书之日起30日内向人民法院起诉。逾期不起诉的，裁决书即发生法律效力。

二、诉讼解决机制

司法被视为维护社会公平正义的最后一道防线。除《行政复议法》中关于国务院对于资源权属等争议的行政复议决定为最终裁决不得起诉之外，其余情形均允许当事人提起诉讼。

（一）民事诉讼

1. 民事私益诉讼

根据救济目的和利益归属的不同，诉讼可以分为公益诉讼与私益诉讼。如《海域使用管理法》第31条规定，因海域使用权发生争议协商不成的，当事人可以直接向法院提起诉讼。自然资源纠纷民事私益诉讼一般发生在私主体之间，由一方当事人或双方当事人基于自然资源的权属等权利内容向对方提出停止侵害、排除妨碍、恢复原状、赔偿损失等请求。根据《民事诉讼法》的规定，只要满足原告与本案有直接利害关系、有明确的被告、有具体的诉讼请求和事实、理由且属于法院管辖范围，原告即可提起民事诉讼。自然资源纠纷民事诉讼可以大致分为两类，一种是自然资源权属纠纷，另一种是自然资源侵权纠纷。自然资源权

---

① 袁周斌：《论我国环境资源纠纷解决机制的完善——以"两型社会"的构建为背景》，载《湖北社会科学》2009年第2期，第133—136页；吴昂：《论生态环境法典编纂中纠纷解决机制的构建》，载《中国法律评论》2022年第2期，第50—59页。

② 袁周斌：《论我国环境资源纠纷解决机制的完善——以"两型社会"的构建为背景》，载《湖北社会科学》2009年第2期，第133—136页；奉晓政：《资源利用冲突解决机制研究》，载《资源科学》2008年第4期，第540—545页。

属纠纷遵循传统的民事诉讼规则,要求"谁主张、谁举证",然而在自然资源侵权纠纷中,由于原被告实力的差异、因果关系链条的疏远等因素,确立了无过错责任原则、举证责任倒置规则等特殊的规则。

2. 民事公益诉讼

《民事诉讼法》第58条规定,对污染环境等损害社会公共利益的行为,法律规定的机关和有关组织可以向人民法院提起诉讼。人民检察院在履行职责中发现破坏生态环境和资源保护等损害社会公共利益的行为,在没有规定的机关和组织或其不提起诉讼的情况下,可以向人民法院提起诉讼。《民事诉讼法》第58条关于公益诉讼的规定构成对该法第122条关于原告与案件有直接利害关系这一限定的突破,其原因在于利害关系的限定主要源于"每个人是自己事务的最好代理人",然而在现代社会,仅依靠公民个人为自身权利而斗争,并不足以产生良好的社会秩序,尤其是在一些公共利益保护领域,倘若叠加行政失灵,而私主体又因对公共事务缺乏利害关系而不能将纠纷诉至法院,则可能出现大范围公益保护不力的问题。为此,《民事诉讼法》第58条确立了民事公益诉讼规则,允许法律规定的机关和组织代表公共利益提起诉讼,公共环境和自然资源是公共利益的重要组成部分,因此,对生态环境和资源保护损害行为提起的环境公益诉讼成为公益诉讼的重要组成部分。比较有代表性的案例如云南绿孔雀案等。

环境民事公益诉讼的适格原告包括行政机关、检察院和社会组织。根据《最高人民法院关于审理生态环境损害赔偿案件的若干规定(试行)》第1条的规定,行政机关限于省级、市地级人民政府及其指定的相关部门、机构,或者受国务院委托行使全民所有自然资源资产所有权的部门。根据《环境保护法》第58条的规定,可以向人民法院提起诉讼的社会组织应当依法在设区的市级以上人民政府民政部门登记,且专门从事环境保护公益活动连续5年以上且无违法记录。环境民事公益诉讼原则上由中级人民法院管辖,仅在刑事附带民事公益诉讼中,可以基于刑事诉讼的法院调整公益诉讼的级别管辖规则。诉讼请求包括停止侵害、排除妨碍、消除危险、修复生态环境、赔偿损失、赔礼道歉等民事责任。根据《人民陪审员法》第16条规定,根据《民事诉讼法》《行政诉讼法》提起的公益诉讼案件应当由人民陪审员和法官组成7人合议庭。《最高人民法院、最高人民检察院关于检察公益诉讼案件适用法律若干问题的解释》第7条也规定,人民法院审理人民检察院提起的第一审公益诉讼案件,适用人民陪审制。但是实践中诸多环境资源民事公益诉讼案件,尤其是刑事附带民事公益诉讼案件,存在不实行人民陪审制的现象。

(二)行政诉讼

1. 行政私益诉讼

《行政诉讼法》第12条规定,对行政机关作出的关于确认土地、矿藏、水流、森林、山岭、草原、荒地、滩涂、海域等自然资源的所有权或者使用权的决定不服的,公民、法人或其他组织可以提起行政诉讼。由于自然资源纠纷的行政私益诉讼大多规定复议前置,所以行政私益诉讼的被告选择就相对明确。根据现行法规定,经复议的案件,倘若复议机关维持的,原机关与复议机关是共同被告；复议机关改变的，复议机关是被告。这样规定的原因在于，1990年实施的《行政诉讼法》第25条规定，经复议的案件，复议机关决定维持原具体行政行为的，作出原具体行政行为的行政机关是被告。由于上级行政机关不愿意做行政诉讼的被告，因此尽量维持原具体行政行为就成了规避成为被告的重要手段。修改后的《行政诉讼法》关于行政诉讼被告的确定更具合理性。环境资源行政诉讼遵循行政诉讼的一般原理，如被告承担证明责任、不适用调解以及对具体行政行为进行合法性审查等规则。[①]

2. 行政公益诉讼

《行政诉讼法》第25条规定，人民检察院在履行职责中发现生态环境和资源保护、国有财产保护、国有土地使用权出让等领域负有监督管理职责的行政机关违法行使职权或者不作为，致使国家利益或者社会公共利益受到侵害的，应当向行政机关提出检察建议，督促其依法履行职责。行政机关不依法履行职责的，人民检察院依法向人民法院提起诉讼。该条确立了我国的环境行政公益诉讼制度。就制度内容来看，当前能够提起行政公益诉讼的适格主体仅有人民检察院，其他机关和组织并无法律授权提起行政公益诉讼。从管辖来看，基层人民检察院提起的第一审行政公益诉讼案件，由被诉行政机关所在地的基层人民法院管辖。但是需要注意的是，与刑事公诉有别，检察机关刑事公诉一审败诉的，上级检察机关将向上级法院抗诉。然而检察机关在环境资源行政公益诉讼中充当的是公益诉讼起诉人，而非公诉人，因此一审行政公益诉讼败诉的检察机关不服的，只能向上一级人民法院提起上诉，人民法院审理第二审案件的，提起公益诉讼的检察院应当派员出庭，上级检察院也可以派员参加，以此彰显检察机关的公益诉讼起诉人角色而非法律监督机关的角色。检察机关作为案外人，也存在对公益诉讼缺乏利害关系进而缺乏相关证据材料的问题。为此，《最高人民法院、最高人民检察院关于检察公益诉讼案件适用法律若干问题的解释》第6条规定，检察机关可以向行政机关以及其他组织、公民调查收集证据材料，相关主体应当配合。

为了督促行政机关依法履职，避免随意动用司法资源，我国的环境资源行政公益诉讼设置有诉前督促程序，即检察机关发现生态环境和资源保护领域负有监督管理职责的行政机关违法行使职权或者不作为，致使国家利益或者社会公共利益受到侵害的，检察机关不能直接提起环境资源行政公益诉讼，而应当先向行政机关提出检察建议，督促其依法履职。仅在行政机关收到检察建议2个月或紧急情况15日内未依法履职的，检察机关才能向法院提起环境资源行政公益诉讼。通过诉前的检察建议，绝大部分行政机关为避免被提起行政公益诉讼，会在规定时间依法履职。因此，诉前的检察建议制度起到了良好的督促执法、案件过滤的功能。但是也存在行政机关未在规定时间依法履职，而在检察机关提起环境资源行政公益诉讼期间行政机关依法履职使检察机关的诉讼请求全部实现的情形，此时检察机关可以撤回起诉，也可以变更诉讼请求，请求确认原行政行为违法。

---

① 奉晓政：《资源利用冲突解决机制研究》，载《资源科学》2008年第4期，第540—545页。

（三）刑事诉讼

环境资源类的刑事责任被置于《刑法》分则第六章第六节，其中又可以具体分为环境类犯罪和资源类犯罪。由于此前环境资源刑事责任威慑力不足，因此在《刑法修正案（十一）》中，将污染环境罪的责任从7年以下有期徒刑，改成了情节特别严重的4种情形可以处7年以上有期徒刑的规定，同时明确倘若同时构成其他犯罪，可以依照处罚较重的规定定罪处罚。由此极大地提升了对环境资源类犯罪的威慑力。由于《固体废物污染环境防治法》要求国家逐步实现固体废物零进口，因此《刑法》对擅自进口固体废物、非法处置进口固体废物罪的罚则也进行了相应提升，最高可以处10年以上有期徒刑。对于野生动物的犯罪，可以分为水生野生动物犯罪和陆生野生动物犯罪，分别规定了非法捕捞罪和非法狩猎罪等罪名。为了避免食用野生动物带来的传染性疾病传播，《刑法修正案（十一）》确立了非法猎捕、收购、运输、出售陆生野生动物罪，惩罚以食用为目的非法猎捕、收购、运输、出售陆生野生动物等情节严重行为。为了推动以国家公园为主体的自然保护地体系建设，《刑法修正案（十一）》在非法占用农用地罪的条文下新设"之一"确立了破坏自然保护地罪，对在国家公园等自然保护区开垦、开发、修建建筑物等活动予以规制。非法采矿罪和破坏性采矿罪是重要的资源类犯罪条款，实践中经常出现的在河道内非法采砂就是通过非法采矿罪予以规制。近年来，非法引进、释放、丢弃外来入侵物种造成了诸多生态灾难，为此，《刑法》新设非法引进、释放、丢弃外来入侵物种罪，填补了规制相关行为的法律空白。盗伐林木罪、滥伐林木罪和非法收购、运输盗伐、滥伐林木罪是对森林资源进行保护的规定，也是实践中应用较广的资源类犯罪条款。

三、国际争端的解决机制

一直以来，有关自然资源的国际争端屡见不鲜。虽然每个国家的自然资源理应是互不重叠、互不干涉的，但是现实中存在诸多模糊地带。例如我国虽然规定珍贵、濒危的野生动物归国家所有，但是一些迁徙性候鸟会随着季节迁徙，其并不会考虑国界线的问题。在国际自然资源纠纷中最为典型的是以水为载体的纠纷，如游动的鱼的捕捞权、河流上下游的用水权等。我国是一个典型的上游国家，例如雅鲁藏布江的下游是印度的"生命河"恒河，澜沧江下游是流经缅甸、老挝、泰国、柬埔寨和越南的湄公河，汇入北冰洋的额尔齐斯河等，因水产生的国际争端众多。因此，本书以国际河流为例，展示当前国际河流纠纷化解的主要途径。

1. 运用受益补偿原则保护国家利益

作为上游国家，我国在澜沧江、雅鲁藏布江等水系修建大坝等过程中，都会遭受到来自下游国家的反对，它们认为我国对于水资源的使用会侵犯他们的历史用水权利。上述观点看似有理，但是也存在诸多问题，倘若不能开发利用水能等资源，亦是损害上游国家应有之发展权利。为此，有学者提出，国际水域中应当遵循公平合理利用原则、不造成重大损害原则、受益补偿原则和国际合作原则。尤其是受益补偿原则在国际河流使用争端中占据重要地位，因为上游国家如果污染水资源，下游国家可以要求上游国家公平合理利用水资源，在造成重大水污染事故时承担相应的责任。同理，倘若上游国家规范保护水资源，使水质、水量均有明显改善，那么下游国家则应当补偿上游国家。[①] 国际河流的受益补偿原则为我国对外的河流谈判提供了重要的理论支撑，应当运用好该原则维护我国的国家利益。

2. 通过国际条约化解资源利用争端

国际河流的相关国家可以通过签订稳定、长期的条约来规定国际河流的利用规则，避免冲突。其中，最为典型的是1960年《印度政府、巴基斯坦政府和国际复兴开发银行关于印度河的水条约》。该条约以"公平分配"印度河水资源为原则，基于双方的用水现状并考虑未来计划用水而达成流域水系使用权分配方案，运用合理补偿原则有效解决了双方利益的协调分配，同时明确规定了双方的权利与义务，也为纠纷的解决拟定了具体的操作规程，进而为两国开发印度河干支流、促进当地经济社会发展发挥了重要作用，被视为南亚地区最完善的水条约典范。[②] 我国应当制定和执行国际河流管理的有关法律文件，在大坝建设及运行上采取有效措施避免断流或剧烈的流量变化，加强国际河流流域合作，以化解资源利用争端。

自测习题

---

① 黄锡生、张雏：《论国际水域利用和保护的原则》，载《西南政法大学学报》2004年第1期，第19—22页。

② 胡文俊、杨建基、黄河清：《印度河流域水资源开发利用国际合作与纠纷处理的经验及启示》，载《资源科学》2010年第10期，第1918—1925页。

参考文献

（一）著作

［1］张文显主编:《法理学》(第五版),高等教育出版社 2018 年版。

［2］吕忠梅:《环境法学》(第二版),法律出版社 2008 年版。

［3］李昌麒主编:《经济法学》(第三版),法律出版社 2016 年版。

［4］肖乾刚主编:《自然资源法》,法律出版社 1992 年版。

［5］江平主编:《物权法教程》(第三版),中国政法大学出版社 2017 年版。

［6］马怀德主编:《行政法与行政诉讼法》(第二版),中国政法大学出版社 2012年版。

［7］蔡守秋:《基于生态文明的法理学》,中国法制出版社 2014 年版。

［8］肖国兴、肖乾刚主编:《自然资源法》,法律出版社 1999 年版。

［9］黄锡生:《自然资源物权法律制度研究》,重庆大学出版社 2012 年版。

［10］肖乾刚、肖国兴编著:《能源法》,法律出版社 1996 年版。

（二）期刊论文

［1］蔡守秋:《论公众共用自然资源》,载《法学杂志》2018 年第 4 期。

［2］黄锡生、王中政:《论自然资源的法律概念》,载《资源科学》2022 年第1 期。

［3］习近平:《共同构建人与自然生命共同体》,载《环境》2022 年第 3 期。

［4］肖国兴:《论中国自然资源产权制度的历史变迁》,载《郑州大学学报(哲学社会科学版)》1997 年第 6 期。

［5］李艳芳:《论生态文明建设与环境法的独立部门法地位》,载《清华法学》2018 年第 5 期。

［6］巩固:《自然资源国家所有权公权说》,载《法学研究》2013 年第 4 期。

［7］王克稳:《自然资源国家所有权的性质反思与制度重构》,载《中外法学》2019 年第 3 期。

［8］叶榅平:《自然资源国家所有权的双重权能结构》,载《法学研究》2016 年第 3 期。

［9］王涌:《自然资源国家所有权三层结构说》,载《法学研究》2013 年第 4 期。

［10］吕忠梅:《环境法典编纂:实践需求与理论供给》,载《甘肃社会科学》2020 年第 1 期。

[11] 张伟等:《自然资源管理制度研究进展与展望》,载《自然资源学报》2020年第1期。

[12] 成升魁等:《中国自然资源研究的发展历程及展望》,载《自然资源学报》2020年第8期。

[13] 叶榅平、郭军武:《自然资源国家所有权收益共享的基本路径与制度保障》,载《管理世界》2018年第2期。

[14] 蔡守秋:《论公众共用自然资源》,载《法学杂志》2018年第4期。

[15] 巩固:《自然资源国家所有权公权说再论》,载《法学研究》2015年第2期。

[16] 孙兴丽等:《面向统一管理的自然资源分类体系研究》,载《资源科学》2020年第10期。

[17] 唐远雄、李浩:《从统治到治理——中国自然资源管理合法性的转向》,载《社科纵横》2015年第11期。

[18] 徐绍史:《创新国土资源管理 促进生态文明建设》,载《求是》2012年第19期。

[19] 岳文泽、王田雨:《资源环境承载力评价与国土空间规划的逻辑问题》,载《中国土地科学》2019年第3期。

[20] 李显东、刘志强:《论矿业权的法律属性》,载《当代法学》2009年第2期。

郑重声明

高等教育出版社依法对本书享有专有出版权。任何未经许可的复制、销售行为均违反《中华人民共和国著作权法》,其行为人将承担相应的民事责任和行政责任;构成犯罪的,将被依法追究刑事责任。为了维护市场秩序,保护读者的合法权益,避免读者误用盗版书造成不良后果,我社将配合行政执法部门和司法机关对违法犯罪的单位和个人进行严厉打击。社会各界人士如发现上述侵权行为,希望及时举报,我社将奖励举报有功人员。

反盗版举报电话　(010)58581999　58582371

反盗版举报邮箱　dd@hep.com.cn

通信地址　北京市西城区德外大街4号
　　　　　高等教育出版社知识产权与法律事务部

邮政编码　100120

读者意见反馈

为收集对教材的意见建议,进一步完善教材编写并做好服务工作,读者可将对本教材的意见建议通过如下渠道反馈至我社。

咨询电话　400-810-0598

反馈邮箱　gjdzfwb@pub.hep.cn

通信地址　北京市朝阳区惠新东街4号富盛大厦1座
　　　　　高等教育出版社总编辑办公室

邮政编码　100029